中国文化国际社交媒体传播研究

基于社交媒体挖掘与数据分析

徐 翔 著

图书在版编目(CIP)数据

中国文化国际社交媒体传播研究:基于社交媒体挖掘与数据分析 / 徐翔著. —上海:同济大学出版社, 2019.8
 ISBN 978-7-5608-8618-3

Ⅰ.①中… Ⅱ.①徐… Ⅲ.①中华文化-文化传播-研究 Ⅳ.①G125

中国版本图书馆CIP数据核字(2019)第146235号

中国文化国际社交媒体传播研究
——基于社交媒体挖掘与数据分析

徐 翔 著
责任编辑 丁会欣 **责任校对** 徐春莲 **封面设计** 陈益平

出版发行	同济大学出版社　www.tongjipress.com.cn	
	(地址:上海市四平路1239号　邮编:200092　电话:021-65985622)	
经　　销	全国各地新华书店	
排　　版	南京新翰博图文制作有限公司	
印　　刷	常熟市大宏印刷有限公司	
开　　本	700 mm×1000 mm　1/16	
印　　张	26.5	
字　　数	530 000	
版　　次	2019年8月第1版　2019年8月第1次印刷	
书　　号	ISBN 978-7-5608-8618-3	
定　　价	88.00元	

本书若有印装质量问题,请向本社发行部调换　　版权所有　侵权必究

自序
Preface

社交媒体正在崛起为一种强势的媒介形态和传播文化,在全球范围内产生着日益深刻的影响作用。全球社交媒体平台中的中国文化传播和文化形象呈现,关系到我国软实力发展和新媒介语境下的文化强国构建。面对新型社交媒体在全球范围的强势崛起,本书通过理论考察和实证分析,选取若干具有重要性和代表性的社交媒体平台,对中国文化在国际社交媒体渠道中的传者(who)、内容(says what)、受众(to whom)、效果(with what effect)这几大方面展开,在传者机制、内容生成、传受结构、效果机理方面进行分析,并得出了一些具有共性和一般意义的观点。

  对于传者以及传播主体运作,本书从其国家和区域、信息主题、个体与组织类型、互动特征等角度予以考察,明确了中国文化在国际社交媒体传播中的重要传者元素和构成,得到了中外传者构成比例及其影响力差异、个体和机构传者中的主要组成部分、企业传播的重要性等观点和结果;也为我国的意见领袖策略、组织传播和社交媒体"文化外交"、面向海外的企业传播等操作对策提供了有益的学术参考和实际坐标。对于传播内容的考察明确了中国文化在全球社交媒体中的形象呈现特征及其类型差异,进行了基于内容分析以及网络挖掘的大量实证分析,运用了文本挖掘和社会网络分析(SNA)等方法进行高频词议题呈现和语义关系网络的分析,运用共词聚类方法对于国际社交媒体中传播的中国文化内容的类型及其呈现比重、中心度等进行了定量的分析,明确了在国家文化传播中一些特定门类内容的传播动力及其地位和影响。从传受关系的角度,对传者和受众在有效信息流动中的区域结构、话语圈层进行了实证量化分析,明确了全球格局中信息流动的区域差异和结构,呈现和挖掘了借助部分重点国家推动中国文化面向全球社交媒体的"间接传播"路线,同时也原创性地提出并分析、检验了中国文化在面向国际社交媒体传受结构上"话语圈层"现象和效应。从传播效果的角度,考察了多层面的作用因素及其关联机理,为改善中国文化的国际社交媒体传播提供了有益实证支持。在传播效果方面,从内容类型、内容丰富度、传者影响力、传者互动性等多层面考察了中国文化的传播效果,提出影响其传播效果的主要因素并对实践策略加以审视。基于实证调研基础,提出了改善海外"企业传播源"和"知识技术阶层意见领袖"的建设、加强"亚太亲邻"国家的文化次级传播和"中介突围"等若干方面的建议。

本书针对的是传播学中关于社交媒体传播的问题,同时也针对中国当下文化建设、全球文化传播的现实语境,结合理论分析、统计分析、文本挖掘和计算传播学等方法进行了多角度和多层面的考察。包括新闻传播学在内的各个学科,普遍面临着新环境、新技术、新方法的更新和影响,其研究路径也应更为多元和并包。对每一种研究范式和研究手段,都有其自身的长处和存在的原因,当然也不能靠一种方法包打天下。对于研究者而言,评判和选择一种方法,首先要对这种方法的经典成果有一定的阅读和知晓,对方法本身有一定的了解和尝试,甚至切身的"体验"。同时,也应清楚的意识到,不同的研究方法,能解决的问题和重点是不同的。高深华丽和扎实迟钝,都是人类精神在探索外部世界中所需的。光有高深而无"迟钝",则思考需要更为坚实的根基;光有扎实而无"华丽",则容易成为思维偷懒的借口。毕竟,学术研究不是写科幻小说,而人类精神至今在黑暗中的探索仍是格外艰难,每走一小步都是这种渺小智慧值得欣慰的成果。无论飞翔的翅膀还是前行的足迹,一方面,都须把创新和深度作为至关重要的思维品格;另一方面,为思维和知识尽可能寻求确定性,尽管这个任务比粗看起来要艰难很多,甚至在遥远的未来依然艰难,但也仍始终是学术的主要任务之一。

时代在抛弃我们的时候,往往不会说再见。希望作为一个学者,继续不断去认识和接纳新的可能性,争取做一个尽可能迟些被时代抛弃的人。

徐 翔

2019 年 1 月 28 日

目录
Contents

自序

第一章 绪论   1
  一、研究背景   1
  二、研究理论背景与文献综述   7
  三、研究概念界定   14
  四、研究内容与结构   20
  五、研究设计与研究方法   21

第二章 中国文化在国际社交媒体传播中的传者主体   23
  一、Twitter 传者分析   26
  二、Google＋传者分析   51
  三、YouTube 传者分析   69
  四、Flickr 传者分析   90
  五、结语   105

第三章 中国文化在国际社交媒体传播的内容构成与特征   108
  一、研究设计与抽样方法   108
  二、热词特征与议题类型   110
  三、共词结构与语义网络   146
  四、共词聚类与文化构成   152
  五、传播主题与内容分类   162

第四章　中国文化在国际社交媒体传播的受众特征与传受结构　　183
　　一、受众区域分布与传受区域结构　　184
　　二、受众网络互动与话语特征　　206
　　三、内容类型与受众分析　　234
　　四、传受话语结构与圈层特征　　256

第五章　中国文化在国际社交媒体的传播效果及其影响因素　　315
　　一、研究框架与研究设计　　315
　　二、Twitter 传播效果及其影响因素　　317
　　三、Google＋传播效果及其影响因素　　335
　　四、YouTube 传播效果及其影响因素　　351
　　五、Flickr 传播效果及其影响因素　　371
　　六、小结　　390

第六章　结语　　395
　　一、总结　　395
　　二、对策与建议　　399

参考文献　　405

后记　　416

第一章

绪 论[*]

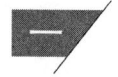 **研究背景**

近年来,各种社交媒体(social media)强势崛起和迅猛增长,成为影响广泛而深刻的社会文化现象,对传统媒介生态与传播格局形成深度渗透与冲击,成为全球范围内得到高度重视与积极利用的传播媒介新向度。中国文化的国际传播是关系到我国软实力发展和文化强国建设的重要组成部分。国际传播视野中的中国文化形象,是我国国家形象的主要构成部分,也是我国着力推进的战略和政策路径。随着社交媒体在全球范围内的崛起和纵深推进,国际传播的格局和特征也发生着重大变化和转型,网络社交媒体在全球传播领域具有着越来越显著的地位和作用。

(一)社交媒体的崛起与影响

早在20世纪90年代,国外的社交网站就已初步兴起,例如sixdegrees.com等网站的出现。1993年,博客网雏形生成,到1999年,定名为blog。新世纪以来,社交媒体在国外迅速崛起壮大。2003年8月,聚友网(MySpace)出现。2004年,图片社交网站Flickr、社交网站脸书(Facebook)以及掘客网(Digg)相继建立。2005年,视频社交网站YouTube出现。到了2006年,另一重要的社交媒体Twitter也得以建立。就国内而言,我国的社交媒体如SNS社交网站、微博在2009年左右迅速崛起,2009年被称为"微博元年"。社交媒体在我国迅速成为一种强势媒介文化形态,并对传统媒体在社交媒体化语境下的运营、传播、发展、转型带来显著而重要

---

[*] 本章第一节、第二节由徐翔、孙书敏、王晶共同撰写完成。

的影响。当前,社交媒体继续保持火热的发展态势,向深度和广度不断渗透和推进,延伸到网络信息社会的各个方面,例如知名的职场社交网站领英网(Linkedin)以及国内类似的若邻网,具有社区性和群体性的豆瓣网,类似于YouTube而具有社交性的视频网站优酷网,等等。关注亚洲尤其是中国社交媒体的唐克文(Thomas Crampton)对于我国国内外的社交媒体的主要范围和类型进行描述[1],如图1-1所示,从中可以看出社交媒体多头路径形态以及广泛辐射渗透。

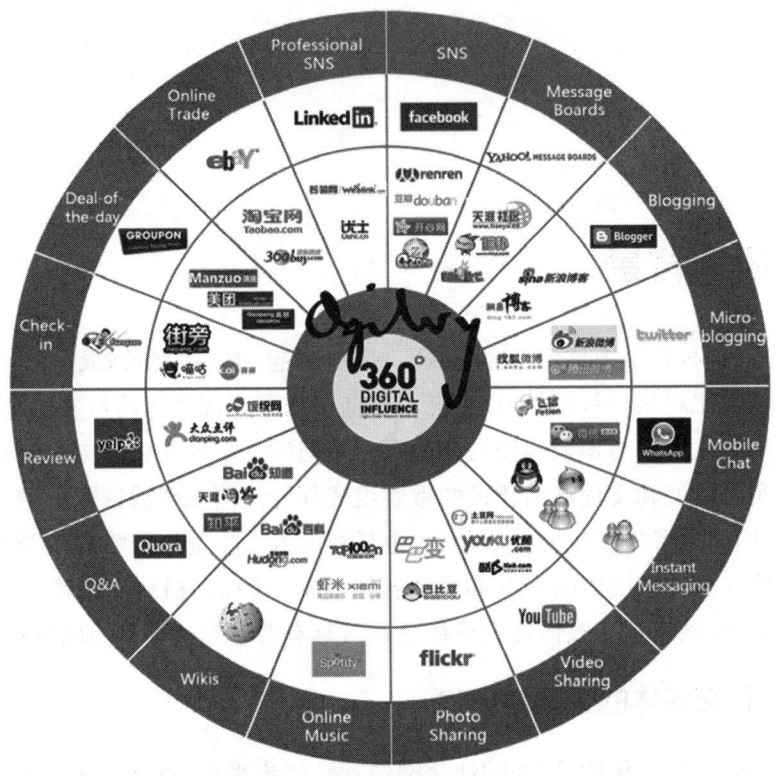

图1-1 我国国内外的社交媒体的主要范围和类型

包括Twitter、YouTube、Facebook、Google+、微博等在内的国内外诸多社交媒体,掀起了新的互联网热潮,突破传统媒体的主导地位,改变着旧有的传播格局和传播生态,成为网民信息获取、社会互动、公众传播的新的热点应用和重要渠道。在国际政治领域,"阿拉伯之春"通过YouTube和Facebook等社交媒体得到迅速的爆发性蔓延,美、英等诸多国家纷纷把社交媒体作为其政治和外交的重要建构方

---

[1] Thomas Crampton. Infographic:China's Social Media Evolution[EB/OL]. http://thomascrampton.com/china/china-social-media-evolution.

向。许多重要的信息通过在社交媒体中的流动、发酵迅速膨胀和生成社会效果。《2011年全球社交媒体报告》调查显示,全球有超过10亿人使用社交网络,占全球网民的70%。截至2015年初的统计,全球72.1亿人口中,活跃网民为30.1亿,活跃的社交媒体用户达20.78亿。[1] WeAreSocial发布的《2019年全球数字报告》显示,全球社交媒体用户数量在2019年初已约达35亿。[2]

图1-2 全球人口、网民和社交媒体用户情况[3]

在2014年8月11日的Alexa全球网站排名数据中,社交网站Facebook仅次于网络巨头Google位居全球第2位,YouTube位列全球第3位,Twitter高居第7位,我国社交媒体巨头QQ排在第8位,Linkedin显示出迅猛地蹿升排至全球12位,Tumblr居39位,Reddit居50位,Flickr居102位。在2015年2月21日的Alexa全球网站排名数据中,Facebook、YouTube、Twitter三大社交媒体巨头分别居于全球网站的第2、3、8位;Linkedin居于全球第13位;我国的QQ、新浪微博高居全球第10位和第15位。WeAreSocial发布的《2015年全球数字、社交和移动报告》显示,截至2015年1月全球最大的社交媒体Facebook拥有13亿的活跃用户数,我国的社交空间Qzone拥有6.29亿的用户数,Google+和Twitter分别达到3.43亿和2.84亿的用户数;我国国内的社交媒体活跃账号数达到6.29亿,社交媒

---

[1] WeAreSocial. 2015年全球移动&社交报告精华解读[EB/OL]. http://www.199it.com/archives/326417.html.
[2] WeAreSocial. 2019年全球数字报告[EB/OL]. http://www.199it.com/archives/829519.html.
[3] WeAreSocial. 2015年全球移动&社交报告精华解读[EB/OL]. http://www.199it.com/archives/326417.html.

体账号数占国内总人口比例达到了46%[1]。这些显示着社交媒体在数字网络时代无法被忽视和回避的重要地位。

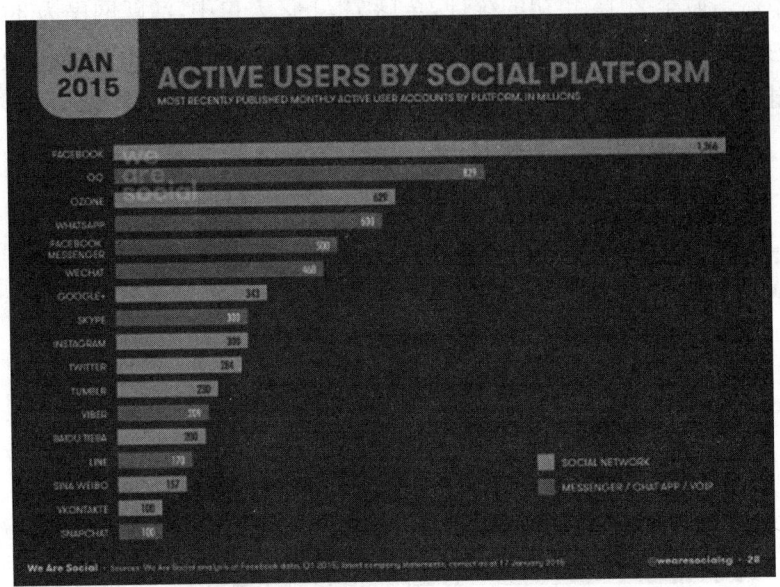

图1-3 社交平台活跃用户数情况(2015年1月)[2]

社交媒体的强势崛起,也表现为与其他媒介的广泛融合,对于传统媒体乃至新媒体在"社交化"时代背景下的跨界提出了深刻的内在要求。在技术上,由于数字技术和网络技术的飞速进展,各种技术和媒介形式逐渐汇聚到一起。在媒体产业上,媒介融合是"印刷的、音频的、视频的、互动性数字媒体组织之间的战略的、操作的、文化的联盟"。媒介融合在产业和需求上已经展现出强劲的现实驱动,对于融合媒体、跨媒介等现象和行为产生显著效应。在融合性的媒介环境中,媒介受众形成了跨媒体的媒介使用,一份调查显示,40%的受众同时接触5种以上的媒体类型,58%的受众同时接触电视、广播和互联网;67%的受众同时接触互联网、车载电视和报纸。[3]在媒介融合的背景下,"融合文化"(convergence culture)成为受到关注的理论与概念。詹金斯的《融合文化》基于媒介融合、参与性文化等概念搭建起其理论的主旋律。在新的历史情境之下,融合文化就是一个"新旧媒介碰撞、草

---

[1] WeAreSocial. Digital, Social & Mobile Worldwide in 2015[EB/OL]. http://wearesocial.net/blog/2015/01/digital-social-mobile-worldwide-2015.

[2] WeAreSocial. Digital, Social & Mobile Worldwide in 2015[EB/OL]. http://wearesocial.net/blog/2015/01/digital-social-mobile-worldwide-2015.

[3] 王兰柱.跨媒体传播中的受众选择[J].现代传播,2009(5).

根媒介和公司媒介交汇、媒介生产者的权力和媒介消费者的权力互动"的场域,在这种权力交互之中,"跨媒介叙事"(transmedia storytelling)提出对于媒介融合时代的技术融合与内容融合也具有积极的探索性意义。詹金斯将媒介融合定义为三方面的整合:跨越多个媒介平台的内容流动,多种媒介产业之间的合作,以及媒介受众的主动信息获取行为。[1] 詹金斯的理论视野下融合文化不仅是媒介的跨界与融合,也包含着受众的参与性和主动性,这与社交媒体的自媒体属性、"参与文化"特质也是高度吻合的。这也使得社交媒体的传播表现出强劲的用户动力和渠道渗透性。社交媒体作为具有强互动性、开放性等特征的"第二媒介时代"乃至朝向更为开放、卷入和去中心化的"第三媒介时代"的典型,对于媒体传播在新时代的发展无疑具有关键的意义,显示着社交媒体生态圈的内在张力和态势诉求。

(二)社交媒体语境下的国际传播

在"社交化"的媒介背景下,文化传播、国际传播也都受到其深刻的影响。社交媒体不同于传统的电视、广播、报刊甚至政府网站、门户网站等媒体形式,其传播具有典型的交互性、人际性、公众性,社交媒体时代的对外传播也具有更为鲜明的"网络对外传播2.0"的特点。一些西方国家开始对社交媒体新语境下的国际传播战略进行及时的调适和创新,这既对我国在国际传播的竞争与国家媒介文化安全方面形成了新的挑战,也对我国探索新时期对外传播新的战略建构提供了驱力与借鉴。例如美国及时而积极地重视开展社交媒体时代的网络外交、公共外交及至明确的"微博外交",把社交媒体看做"美国的重要战略资产";其国防部等部门也相继出台《公共事务主席的社交媒体战略》和进行"社交媒体战略传播"(SMISC)等项目;白宫对博客、Twitter、Facebook乃至LBS社交网络服务的多元应用,提升了政府的传播渠道和能力。相较之下,我国对社交媒体国际传播的重视程度及其相关能力体系建设,还处于起步和相对薄弱的状态,亟需提升社交媒体传播在新时期国家传播战略中的重要地位,推进国家对外传播在社交媒体时代的转型与升级。

社交媒体传播与传统大众媒体相比,其内容具有非正式性、人性化、快捷性、碎片化乃至娱乐化等特点,世界上一些国家对于社交媒体国际传播的利用,也都充分重视这些特点进行较为潜在和隐蔽的"战略传播"或"精心运作的传播"(deliberate communications)。例如美英等西方国家的"微博外交"中,较为重视其内容的日常化和娱乐化,甚至提出"娱乐外交""外交游戏"等概念。一些国家尝试将社交媒体

---

[1] 韦路.传播技术研究与传播理论的范式转移[M].杭州:浙江大学出版社,2010:236.

与传统媒体进行深入结合,展开所谓的"双屏外交"等诸多形式。"美国之音"、BBC等媒体在社交媒体背景下也进行了战略转型和拓展,加大社交媒体中其广电内容"从电波到比特"的转型以及向社会化媒体的融合嵌入。西方国家高度重视社交媒体的战略传播,把社交媒体作为其国家和地区文化传播渗透乃至社会操纵的重要工具和"箭袋中的一支新箭"。近年来,美国等西方国家对华意识形态战略中逐步加大对网络新媒体尤其是社交网络媒体的重视,中国成西方国家在全球进行意识形态社交媒体渗透的重点对象。[1] 从国际话语竞争的动态来看,社交媒体成为美国等霸权国家进行网络意识形态渗透的新方式,甚至宣称用"Twitter 挑战中国网络长城"。奥巴马政府上台后,美国加大在 Twitter、YouTube 以及我国的新浪微博、QQ 空间等社交媒体的"公共外交"和视听传播。2012 年的一份调查显示,美国驻华大使馆在中国的微博视频使用率达到 18.97%,[2] 并对我国的舆论和民意产生了不可忽视的影响力。

加强社交媒体的管理引导是我国网络文化建设与新媒体国际传播中面临的重要问题和难点问题。从互联网络发展背景来看,近几年在摩尔多瓦、突尼斯、埃及、伊朗等地区爆发的"推特革命""茉莉花革命"中社交媒体都起到了显著的助推作用,美国的"占领华尔街"、英国的伦敦骚乱等全球诸多公共事件中也到处可见社交网络的身影,我国同样面临着"社交媒体革命"或社交网络公共事件等新型重大社会风险。社交媒体大大便利了文化内容在"网众"中的分享、互动与社会性传播,以其草根化、人际性、分享性、日常化、即时化等诸多新特点,催生了新兴社交媒体文化的勃兴。就传播方式而言,人际性、互动性和"病毒式"的传播使得社交媒体传播在引爆社会意见和公共事件方面具有更大的效力与不可控性。就传播主体而言,既有传媒企业或网络机构,也有政府部门、NGO、社会团体或个人,既有境内主体也有境外的直接或间接主体,其传播成本低廉、传播主体芜杂,具有广泛的草根个体性和自媒体性,对传统的监管体系带来难度和挑战。

社交媒体平台的壮大和崛起,已经体现出并将继续深化体现其全球性和超国家性的效应,成为一种具有高度国际互动性与国际参与性的公共领域。社交媒体中的文化内容正在成为舆论生成、社会动员的巨大驱动力量,带来社会管理和文化秩序维护中的重要风险。2012 年美国影片《无知的穆斯林》剪辑在 YouTube 传播后引起阿拉伯世界激烈的反美浪潮;韩国音乐视频《江南 style》也是通过社交网络

---

[1] 董青岭,孙瑞蓬.新媒体外交:一场新的外交革命?[J].国际观察,2012(5).
[2] 包雪琳,刘昶.试论公共外交的针对性和人文指向——以美、英、法驻华使馆的"微博外交"为例[J].现代传播(中国传媒大学学报),2012(6).

传播而爆红全球并提升了韩国文化的国际影响力;纪录短片《科尼2012》(Kony 2012)在社交网络上传后短短几天达到数千万的点击量,并引发全球性的舆论关注。2010年底,突尼斯小贩博阿齐齐自焚的视频及相关事件内容通过Twitter、YouTube等社交媒体得到广泛传播,并成为引爆"阿拉伯之春"的导火索。社交媒体传播的文化内容具有多元复杂的格局,也构成发酵社会情绪、升级国际舆情的有力"推手"。

社交媒体的全球化传播机制及其效应既是我国对外传播需要妥善应对的可能挑战和危机,也是需要加以重视和有效利用的传播能量。中国的对外传播能力和国际传播体系建设要正视与积极应对社交媒体时代带来的挑战和机遇,加强社交媒体对外传播的战略规划与策略优化。这是改变当前中国社交媒体对外传播薄弱状态、推进我国现代传播体系建设的现实要求,是应对国际势力在新兴社交媒体领域进行传播渗透的现实诉求,也是在新媒体背景下提升我国国际传播能力和话语权、推动国际传播新秩序构建的战略需要。本书的研究意义,在于通过强调社交媒体战略,推进中国文化对外传播和文化"走出去"的发展创新,提升中国文化影响力;通过增强文化建设与发挥文化优势,提升中国的国际社交媒体话语权与软实力;促进中国社交媒体国际传播能力建设,推动新媒体背景下国际传播新秩序的构建。

研究理论背景与文献综述

面对社交媒体时代的兴起,国内外学者从新媒介研究、国际传播研究、国际关系研究、国家战略研究、全球文化研究的多维角度,对社交媒体的国际文化传播问题进行了及时的理论追踪和实践思考。

社交媒体具有不同于其他网络媒体的文化特质,这些对于社交媒体中的文化传播都具有潜在而重要的影响,关系到社交媒体的文化逻辑。国外学者从"参与式文化"(participatory culture)、"融合文化"、"连接文化"(connected culture)等角度,对社交媒体中的文化元素和传受特点进行了理论探讨。Watkins等人研究了社交媒体中的参与式设计和文化卷入、参与式传播。[1] Rotman、Vieweg等人指

---

[1] Watkins, J. Social media, participatory design and cultural engagement[A]. Proceedings of the 19th Australasian Computer-human Interaction Conference[C]. 2007:161-166; Russo, A., Watkins, J., Kelly, L., Chan, S. Participatory Communication with Social Media[J]. Curator: The Museum Journal, 2008, 51(1):21-32.

出,社交网络(如 Facebook)、微博(如 Twitter)、内容分享网站(如 YouTube、Flickr)等社交媒体促进了大规模的在线社会性参与。[1]Farrelly 也检视了社交媒体是否有助于促进亨利·简金斯提出的"参与式文化"。[2]Burgess 以 YouTube 为对象,审视了在线视频中的参与文化。[3]Allocca 等人探讨了社交媒体时代的"连接文化"。[4]Dijck 从历史的和批判的视角,以 Facebook、Twitter、Flickr、YouTube 和 Wikipedia 为例,分析了社交媒体中的"连接文化"(the culture of connectivity),以及它们如何作用于在线互动和沟通的逐渐改变。[5]从社交媒体的媒介逻辑与文化特性对其受众、参与、内容流通的研究,有助于我们深入了解社交媒体中文化传播的规律和属性。一些研究者结合媒介文化理论与传统文化、流行文化、艺术文化等具体内容考察了社交媒体文化的内涵特征、形态内容和传播特点,这些为我国的社交媒体文化建设与传播提供了必要的学理基础与参考借鉴。E.Giaccardi 的专著分析了社交媒体时代的传统和文化遗产问题;[6]Gibbons、Leisa 分析了 YouTube 的文化遗产传播;[7]Melissa 分析了社交媒体中的业余文化和文化遗产。[8]此外,还有研究者分析了社交媒体中视觉文化、数字艺术、数字媒体文学以及宗教文化的传播现象与机制。例如 Reardon 结合个人摄影以及后现代性视角,分析了社交网站中的时间、空间和视觉文化问题。[9]Russo 和 Watkins 分析了社交媒体与博物馆的传播及其文化互动。[10]Russo、Watkins 也分析了社交媒体中的文学生成和传播、受众现象,他们以实际案例分析数字内容生

---

[1] Rotman, D, Vieweg, S., Yardi, S., Chi, E., Preece, J. From slacktivism to activism: participatory culture in the age of social media[J]. Chi 11 Extended Abstracts on Human Factors in Computing Systems. 2011:819-822.

[2] Farrelly,G. Does Rotten Tomatoes Spoil Users? Examining Whether Social Media Features Foster Participatory Culture[J]. Stream Culture/politics/technology, 2009,1(2).

[3] Burgess, J,E. & Green, J,B. YouTube:online video and participatory culture[M]. Cambridge:Polity Press, 2009.

[4] Allocca, J. Connected Culture: The Art of Communicating with the Digital Generation[M]. New York: Connected Culture Publishing,2011.

[5] Dijck, J.V. The Culture of Connectivity: A Critical History of Social Media[M]. Oxford: Oxford University Press, 2013.

[6] Giaccardi, E. Heritage and social media: Understanding and experiencing heritage in a participatory culture. London & New York:Routledge,2012.

[7] Gibbons, L. Testing the continuum: user-generated cultural heritage on YouTube[J]. Archives & Manuscripts,2009, 37(2):89-112.

[8] Melissa, T. The Digital Wunderkammer: Flickr as a Platform for Amateur Cultural and Heritage Content[J]. Library Trends, 2011, 59(4):686-706.

[9] Reardon, K.J. Personal photography, mobile media, and postmodernity: Analyzing space, time, and the visual culture of Social Networking Sites[J]. Dissertations & Theses, Gradworks, 2012.

[10] Russo, A., Watkins, J., Kelly, L., Chan, S. Social media and cultural interactive experiences in museums[J]. Nordisk Museologi, 2007(1):19-29.

产和社交媒体的革新能否带来一种新的文化参与式的受众。[1]社交媒体中的流行文化、"迷文化"现象也得到了较多的关注,例如Burns的专著从"celeb2.0"的角度,分析了社交媒体如何促进对于流行文化的迷恋;[2]Cross等人研究了社交媒体如何影响与改变流行文化。[3]社交媒体中的流行传播和文化品牌问题也得到学者们的关注,Acar、Takamura、Sakamoto以Facebook和Twitter的实际案例,探讨了美国和日本在社交网络中的文化品牌传播。[4]社交媒体的传播中具有多种多样态的文化内容,内容与媒体的结合及其接受对国家的文化传播具有必不可少的借鉴意义。

社交媒体给国际传播带来深刻影响与转变,也给国家外交和"战略传播"带来新的可能性。在此意义下,社交媒体与"公共外交"、"推特外交"、"YouTube外交"、战略传播的关系范式及其实践得到了较多关注与探讨。关于如何利用微博、社交网络为依托的"E-外交"穿透别国信息管制,影响他国内部变革并塑造本国影响力,越来越成为美欧等国鼎力支持的新一波战略研究主题。Seib分析了社交媒体时代的"实时外交",提供了社交媒体国际传播的有益范式借鉴。[5]Cull认为,利用社交媒体的"公共外交2.0"不仅在传播速度上比"公共外交1.0"更进了一步,而且弥补了"公共外交1.0"没有给予公共外交收受主体同等传播权利的缺点,让"像我一样"的大众成为传播主体,微博赋予了公共外交人性化特点。[6]Matthew Fraser从实证的角度,以西亚、北非的"推特革命"等为重点对象,从"公共外交2.0"、新型国际政治等角度,分析了社交媒体在全球传播和国际政治所产生的作用和影响。Neumayer、Raffl分析了社交媒体传播在国际政治中的作用;Hazel Warlaumont注重法国抵抗政治中"全球社群"的作用;Solomon研究了社交网络在国际舆论中的作用。[7]Uysal、

---

[1] Russo, A., Watkins, J. New literacy, new audiences: social media and cultural institutions[J]. Eva London: Electronic Visualisation & the Arts, 2008:225-239.

[2] Burns, K.S. Celeb 2.0: how social media foster our fascination with popular culture[M]. Westport: Praeger Publishers, 2009.

[3] Cross, M. Bloggerati, twitterati: how blogs and Twitter are transforming popular culture[M]. Westport: Praeger Publishers, 2011.

[4] Acar, A., Takamura, D., Sakamoto, K. Culture and brand communications in social media: an exploratory analysis of Japanese and US brands[J]. International Journal of Web Based Communities, 2013, 9(1):140-151.

[5] Seib, P. Real-time diplomacy: Politics and power in the social media Era[M]. New York: Palgrave Macmillan, 2012.

[6] Cull, N.J, wikileaks public diplomacy 2.0 and the state of digital public diplomacy cull[EB/OL]. http://palgrave-ournals.eom/pb/journal/v7/nl/full/pb20112a.

[7] Solomon, A.N. Measuring international public opinion using social networks: Can Twitter replace or complement public opinion polls? [A]. International Studies Association Annual Conference[C]. San Diego, California, 2012.

Schroeder等人以推特中的土耳其形象为例,分析了社交媒体与国家软实力的关系。[1]研究者对于美国、法国、西亚北非等地社交媒体国际传播、公共外交的措施和实施状况、影响作用进行了实践研究,例如Burns、Eltham对于伊朗大选、Cottle关于"阿拉伯之春"之中Twitter使用状况及其机制后果的分析。Beata Ociepka对实际国家和地区进行实证研究,分析了社交媒体对于国家公共外交的意义和作用及其使用方式。Hayden从传播学的角度,探讨全球语境下公共外交与软实力的关系,并有对于中国、越南、日本、美国等的案例研究。[2] Helle结合Facebook、Twitter以及在伊朗等地的美国公共外交2.0,分析了web2.0在公共外交中的价值和潜质,分析了虚拟外交的发展、战略、好处和风险,美国联邦社交网络的效用。[3]有研究者提出"YouTube外交"的理念与战略,将其用于对奥巴马政府外交政策和实践的分析。公共关系也是研究社交媒体与国家传播的另一重要视角,例如Wright从公共实践演变的角度,分析了社交媒体的影响[4];Smith从公共关系(public relation)角度,以推特和海地为例,分析社交媒体与国际传播之间的作用关联。Cambie和Silvia等人分析了全球化和互联网如何改变公共关系,探讨了社交媒体在国际传播中的角色,包括社交媒体的文化景观、社会媒体作为生活的一部分、权威和信任、联结社群、支撑新的表达形式等。[5]

基于文化传播与国际传播的双重视阈,社交媒体在国际文化传播、跨文化传播中的机制和作用问题也得到学者们日渐增多的关注分析。这些研究,分析了社交媒体使用与传播的跨文化差异与国家间差异;考察了社交媒体作为促进跨文化交流以及跨文化传播的工具和途径;探讨了社交媒体的国际文化传播机制与策略、路径。研究者们关注了不同文化语境的社交媒体应用、内容、传播等方面的差异。例如Thomas Mandl分析了社交媒体在世界范围内不同国家和地区的使用特征,提出了用于分析文化和信息工具使用之间关系的文化理论模型。A.Dotans以Flickr为案例,研究文化背景差异在多大程度上影响用户内容驱动网站如Flickr,涉及秘

---

[1] Uysal, N., Schroeder, J., Taylor, M. Social Media and Soft Power: Positioning Turkeys Image on Twitter[J]. Middle East Journal of Culture & Communication, 2012, 5(3):338-359.

[2] Hayden, C. The Rhetoric of Soft Power: Public Diplomacy in Global Contexts[M]. Lanham, MD: Lexington Books, 2011.

[3] Helle,C.D. Public Diplomacy 2.0: Where the US Government Meets 'new Media'[EB/OL]. http://s3.amazonaws.com/thf_media/2009/pdf/bg2346.pdf.

[4] Wright, D.K., Hinson, M. An updated look at the impact of social media on public relationspractice[J]. Public Relations Journal, 2009,3(2).

[5] Cambie, S., Yang, M. O. International communications strategy: Developments in cross-cultural communications, PR and social media[J]. Journal of Communication Management, 2010, 25(4): 1314-1319.

鲁、以色列、伊朗、美国之间的差异。[1] Ramlochansingh 和 Carroll 对美国、澳大利亚、爱尔兰等国 MySpace、Facebook 使用者内容的文化特点,进行不同国别之间的实证分析比较。[2] S.Fragoso 探讨了巴西和美国对于 SNS 网站 orkut 使用的文化差异。研究者们也从跨文化交流与传播的工具角度分析了社交媒体的效果与机制,分析研究了社交媒体对于跨文化认知、促进跨文化交流、推进文化适应中的作用,例如 Russo 分析了社交媒体对于"文化交流的变革"的作用。基于社交媒体的"文化外交"(cultural diplomacy)、文化认同等问题在此背景下得到较多的重视,例如 Grincheva 探讨了文化外交中的社交媒体使用形态,及社交媒体使用在地理、文化、社会、政治上的多元性。[3]

就国内的研究而言,我国社交媒体在 2009 年左右显现飞速发展并迅速成为一种强势媒介文化形态,社交媒体新语境下的中国文化传播问题也逐步引起国内学者不同角度的关注。李希光、程曼丽、关世杰、王庚年、田智辉、相德宝等学者,从国际传播和新媒体发展视野肯定和强调了国际话语竞争中的社交媒体意义和作用,并结合传播主体、内容、方式等方面对中国对外社交媒体传播的运作进行了一些实践考察和对策探讨;钟新、栾轶玫、赵可金、唐小松、刘昶等学者,较多地结合公共外交、网络外交、文化外交等国际关系学理资源,考察与审视了西方"公共外交 2.0"等实践,提出或研究了我国"微博外交"等社交媒体战略及其文化策略;吴瑛、陈月华等少部分学者侧重于文化建设发展、文化外宣与文化"走出去"的文化视角,初步探讨了社交媒体的文化构建及其在中国文化对外传播中的应用机制。彭侃通过《江南 style》的案例,注意和强调了社交网络的文化层面及其文化软实力意义,而不仅仅是一种传播工具。[4] 这个层面的重视和研究还是有待加强的。

社交媒体在国际传播中的重要性以及对于新型国际传播的影响,越来越多地得到国内学者的重视。刘瑞生从国际传播转型的角度,分析了 Twitter 等社交媒体的重要时代意义。[5] 龙小农分析了国际传播技术范式变迁对国际话语权的影响,指出当前进入了 web2.0、个体和移动互联网时代范式,Twitter、Facebook 等成

---

[1] Dotan,A. A Cross-Cultural Analysis of Flickr Users from Peru,Israel,Iran,Taiwan and the United Kingdom[R].MSc Project report,supervised by Dr.Panayiotis Zaphiris,City University.
[2] Carleen,R.,Ryall,C. Social Networking Profiles & Cultural Dimensions:An Empirical Investigation [A]. Margaret, C., Campbell, J. I., Pieters, Rik., Duluth, M. N. (eds.). Advances in Consumer Research Volume 37[C]. Association for Consumer Research:888-889.
[3] Grincheva,N. The "Starfish" of Cultural Diplomacy:Social Media In the Toolbox of Museums[M]. New York:Social Science Electronic Publishing, 2011.
[4] 彭侃.社交网络里的文化软实力[N].新华每日电讯,2012-10-25.
[5] 刘瑞生.新媒体时代的国际传播转型[N].中国社会科学报,2012-01-04.

为西方对华传播的重要工具，指出 BBC、VOA 等陆续停播对外短波广播转向依赖互联网对外传播是这次技术范式变迁的主要代表现象。[1] 廖雷分析了"新新媒介"的内涵以及社会性媒体在其中的重要意义，指出"新新媒介"是方兴未艾的第二代互联网媒介，特别是微博/推特（Twitter、Facebook）等社会性、互动性更强的媒介，在此基础上分析了"新新媒介"在公共外交中的作用以及相关的提升效果策略，其策略主要包括注重受众效果、加强与传统媒体的结合。[2] 郑华从"新公共外交"的角度，分析了 web2.0 时代尤其是社会媒体对于新公共外交内涵、特征的地位和意义。[3] 王帆在分析我国对外传播现状以及面临的挑战时，关注了 YouTube、Facebook、Twitter 等跨国传播平台对于国际传播的挑战和改变。[4] 谭天、王晶晶分析了社会化媒体在新媒体对外传播中的重要地位，强调了我国"外交小灵通"等微外交概念和途径。[5]

社交媒体在国际传播和对外传播中的特性是具有基础性的问题之一。田智辉分析了新媒体语境下国际传播的新特点如主体和渠道等[6]；邓建国分析了微博、社交网站等新媒体在国际传播中的新的应用特征以及我国对策；[7] 吴兵、王立分析了微博在对外传播中的作用特点，并提出了我国微博对外传播的若干策略；[8] 肖薇对 Twitter 在国际传播中的优势和劣势进行了分析，分析了其信息同质化和信息泛滥、信息可信度低等问题。[9] 周庆安对于公共外交的传播模式的研究对于社交媒体的公共外交也具有重要的启示和借鉴意义；其中在本国政府和大众传媒之间，存在着官方媒体、非政府组织、个人三大中间因素，它们一起构成对外国公众的传播，而这完全可为社交媒体模式所用。[10]

国外运用社交媒体进行文化传播的实践，包括公共外交、文化外交、对外文化传播中的社交媒体运用，是国内学者关注的另一重要主题，其中包括李希光、程曼丽、贾庆国、钟新、栾轶玫、赵可金、檀有志、唐小松等一系列国际传播或国际政治等领域的研究者。李希光以美国为主要对象考察了国际上运用 Twitter 等工具进行

---

[1] 龙小农.从国际传播技术范式变迁看我国国际话语权提升的战略选择[J].现代传播（中国传媒大学学报），2012(5).
[2] 廖雷.提升外交"四力"的重要新渠道——试析"新新媒介"在公共外交中的作用[J].当代世界，2011(11).
[3] 郑华.新公共外交内涵对中国公共外交的启示[J].世界经济与政治，2011(4).
[4] 王帆.我国对外传播的现状及面临的挑战[J].新闻传播，2012(3).
[5] 谭天，王晶晶.对外传播新媒体平台的构建与应用[J].对外传播，2012(12).
[6] 田智辉.论新媒体语境下的国际传播[J].现代传播（中国传媒大学学报），2010(7).
[7] 邓建国.融合与渗透：网络时代国际传播的新特征及对策[J].对外传播，2009(12).
[8] 吴兵，王立.微博在对外传播中的作用及其实现[J].对外传播，2011(1).
[9] 肖薇.Twitter 在国际传播中的优劣势分析[J].中国报业，2010(10).
[10] 周庆安.从传播模式看 21 世纪公共外交研究的学术路径[J].现代传播（中国传媒大学学报），2011(8).

网络公众外交的发展状况,介绍了美国对伊朗等地的网络公共外交,并对中国如何面对网络公众外交的对策提出了若干建议。[1] 钟新、陆佳怡对美国在中国运用微博、博客的公共外交 2.0 进行实践分析,考察了美国驻华使馆运用社交媒体的要素、特点、议题和实际效果。[2] 毕研韬、王金岭对美国政府、军方的战略传播进行了详细的分析,对公共外交、战略传播等核心概念,以及其基本模式进行了剖析,并从目标、原则、官民合作、社交媒体等方面对美国的战略传播进行了较为详细的实践考察。[3] 吴泽林分析了英国文化协会运用新媒体进行文化外交和公共外交的实践现象和策略。[4] 包雪琳、刘昶分析了美、英、法驻华使馆对华的"微博外交",并对中国的对策和策略进行了分析。[5] 闵令超对于对外传播中的"社会化媒体优化"(Social Media Optimization, SMO)进行了关注和探讨。[6]

关于中国文化在社交媒体中的国际传播和"走出去",部分研究者着重于中国的文化元素、民族文化资源与社交媒体的结合,探讨新的媒介中的文化保护、文化展示和文化传承,例如探讨新媒体与非物质文化遗产结合的形态和方式。[7] 陈月华等人指出,为了推动中国传统文化"走出去",要重视互联网手段,可以在社交网络中创建与中国传统文化相关的小组等,并鼓励我国民众积极加入。[8] 在社交媒体的对外文化传播方面,主要从中国的文化外宣、国际传播、文化"走出去"的角度展开分析和阐述。吴瑛在专著《文化对外传播:理论与战略》中对于媒体走出去的理论机制和形态以及战略进行了阐述。[9] 梁岩对媒体文化外宣、网络文化外宣的形态进行了理论分析。[10] 对于"微博外宣"以及具体文化内容的对外传播案例的分析,是我国实践研究的主要涉入点。例如王珺从微博上的"中法文化之春"案例探讨中国公共外交的新媒体应用,分析新兴媒体形式在公共外交领域中的特点和影响力。[11] 杨佳对微博中的传播者进行个案分析,指出地方政府等在民

---

[1] 李希光.网络公众外交平台上的国际话语竞争[J].中国记者,2009(8).
[2] 钟新,陆佳怡.公共外交 2.0:美国驻华使馆微博博客研究[J].国际新闻界,2011(12).
[3] 毕研韬,王金岭.战略传播纲要[M].北京:国家行政学院出版社,2011.
[4] 吴泽林.英国对华新公共外交:以英国文化协会为例[J].国际论坛,2012(5).
[5] 包雪琳,刘昶.试论公共外交的针对性和人文指向——以美、英、法驻华使馆的"微博外交"为例[J].现代传播(中国传媒大学学报),2012(6).
[6] 闵令超.建立超越 Web2.0 的交互式传播模式——关于在对外传播中应用新媒体的几点思考[J].对外传播,2010(4).
[7] 曾芸.媒体视角下非物质文化遗产发展研究[J].传媒观察,2010(8).
[8] 陈月华,迟玉琴,盖龙涛.中国传统文化走出去的民众助推机制研究[J].哈尔滨工业大学学报(社会科学版),2011(5).
[9] 吴瑛.文化对外传播:理论与战略[M].上海:上海交通大学出版社,2009.
[10] 梁岩.中国文化外宣研究[M].北京:中国传媒大学出版社,2010.
[11] 王珺.从微博上的"中法文化之春"看公共外交的新媒体应用[J].中国传媒科技,2012(8).

族文化对外传播中的作用,分析了微博通过议程设置、舆论领袖、整合传播等具体的方式和形态进行的民族文化对外传播。[1] 芦鑫指出2011年"微博外宣"成为中国新媒体外宣的亮点之一,也对"西藏在线"等的微博外宣机制及其粉丝状况进行了初步的实践考察。[2]

研究概念界定

本书针对中国文化在社交媒体的国际传播问题,其主要与关键的概念离不开社交媒体、文化、国际传播等。

(一)社交媒体

社交媒体(social media)在国内也被称为社会化媒体或社会性媒体。2000年出现了在线社交网络(online social network)概念;之后出现了social websites的概念,按照Kim的研究,它主要指允许用户形成社群并生成用户自生成内容(user-created contents)。[3] D. M. Boyd 和 N. B. Ellison[4] 对 Social Networking Services(SNS)进行了流行的界定。但这种界定遭到了D.Beer[5] 的批判和争论,认为其过于宽泛,而Marcus和Krishnamurthi也对SNS进行了较为明确的界定。2007年,安东尼·梅菲尔德(Antony Mayfield)将社交媒体定义为一种给予用户极大参与空间的新型在线媒体,它具有以下几个特征:参与、公开、交流、对话、社区化、连通性。[6] "社会化媒体"在概念起源阶段,最受到关注的特征是"互动性"和"用户贡献内容",而后补充了其基于"关系网络"的重要特征。[7]

Kaplan和Haenlein对社交媒体的概念与内涵进行理论辨析,指出社交媒体不同于web2.0和UGC(用户生成内容)之处,在此基础上他们对社交媒体进行了分类,包括协作性项目(collaborative projects)、博客(blogs)、内容社区(content communities)、社会服务网络(social networking sites)、虚拟游戏世界(virtual

---

[1] 杨佳.微博与民族文化对外传播——以伍皓微博征歌为例[J].红河学院学报,2012(3).
[2] 芦鑫.新媒体外宣的三个亮点[J].对外传播,2011(12).
[3] Kim,W.,Jeong,O.R.,Lee,S.W.On social Web sites[J].Information Systems, 2010,35:215-236.
[4] Boyd,d.m., Ellison, N.B.Social Network Sites: Definition, History and Sholarship[J]. Journal of Computer-Mediated Communication,2008,13(1),210-230.
[5] Beer,D.Social network(ing)sites... revisiting the story so far: A response to danah boyd& Nicole Ellison[J]. Journal of Computer-Mediated Communication,2008,13(2),516-529.
[6] Mayfield, A.What is social media[EB/OL]. http://www.icrossing.co.uk/fileadmin/uploads/eBooks/What_is_Social_Media_iCrossing_ebook.pdf.
[7] 田丽,胡璇.社会化媒体概念的起源与发展[J].新闻与写作,2013(9).

game worlds)和虚拟社会世界(virtual social worlds)。[1]有研究者按照社交媒体属性的不同将其归为五类:第一类为创作发表型,主要由博客网站(Blog)和论坛网站(Message Boards)、微博(Micro-blog)组成;第二类为资源共享型,照片分享网站(Photo Sharing)、视频分享网站(Video Sharing)、音乐分享网站(Online Music),还有评论网(Review),是内容共享型社会性媒体的典型代表;第三类是协同编辑型,包括维基(Wikipedia)以及社交型问答网站(Q&A);第四类是社交服务型,如社交网络(SNS)、Check-in、即时通信(Instant Message)、Mobil Chat等;第五类是C2C(Consumer to Consumer)商务型,代表网站是淘宝网(Online Trade)和团购网站(Deal-of-the-day)。[2]

结合社交媒体的特性,可以认为:"社交媒体是建立在互联网技术,特别是web2.0基础之上的互动社区,它最大的特点是赋予每个人创造并传播内容的能力。它是用来进行社会互动的媒体,是一种通过无处不在的交流工具进行社会交往的方式。"[3]值得注意的是,社交媒体和通信媒体虽然有类似之处,但是仍存在着重要的区别,社交媒体也有主体间的交互,但是重点仍在于其中蕴含的社会性。本书中的社交媒体强调媒体与关系交往性、互动性、资源分享性方面的关系,包含社交网络、微博、视频或图片等资源分享互动网站等通常意义上的网络社交媒体。

(二) 文化与文化传播

关于文化的概念与内涵,学者们从理论角度进行了多层面探讨。美国学者克罗伯和克拉克洪在《文化:概念和定义批判分析》一书中曾列举164个有关"文化"的定义(Kroeber & Kluckhohn,1952)[4],殷海光在《中国文化的展望》一书中列举分析了47个关于文化的定义。通常来说,文化可从物质文化、精神文化、行为文化、制度文化的层面加以考量。例如,从二分法分为物质文化(有形文化)与精神文化(无形文化);从三分法则加上行为文化;从四分法则再加上制度文化。[5]著名文化研究学者钟敬文在物质文化、精神文化等分类方式的基础上认为,"凡人类(具体点说,是各民族、各部落乃至于各氏族)在经营社会生活过程中,为了生存或发展

---

[1] Kaplan, A. M., Haenlein, M. Users of the World, Unite! The Challenges and Opportunitiesof Social Media[J]. Business Horizons, 2010, 53(1).
[2] 王晓光,郭淑娟.社会性媒体初论[EB/OL].http://news.163.com/08/1217/14/4TCEO1DH000131UN.html.
[3] 曹博林.社交媒体:概念、发展历程、特征与未来[J].湖南广播电视大学学报,2011(3).
[4] Kroeber, A. L., Clyde Kluckhohn, Culture: A Critical Review of Concepts and Definitions[M]. Cambridge, Mass.: Peabody Museum Papers, 1952.
[5] 冯辉.关于文化的分类[J].中州大学学报,2005(4).

的需要，人为地创造、传承和享用的东西，大都属于文化范围。它既有物质的东西（如衣、食、住、工具及一切器物），也有精神的东西（如语言、文学、艺术、道德、哲学、宗教、风俗等），当然还有那些为取得生活物质的活动（如打猎、农耕、匠作等）和为延续人种而存在的家庭结构以及其他各种社会组织"。[1]

依据不同的标准，文化及其所传播的内容可以划分为诸多不同的类型。例如："依据所处理的关系的不同，可划分为科学与人文；根据与行为的关系不同，可分为知识、观念和技术；依据产生和流行的人群差别，可分为精英文化和大众文化；依据政治地位的不同，可分为官方文化和民间文化；依据产生和流行的地域不同，可分为本地文化、外地文化和外来文化；依据与现时代关系的不同可分为古代文化、近代文化、现代文化和未来文化。"[2]传播学者吴瑛在国际文化传播的研究中认为："将'文化'分为物质文化、行为文化、精神文化则是比较清晰可操作的角度，也是跨文化传播学者倾向使用的分层方式。"[3]关于这种三分法的具体内涵，吴瑛指出："物质文化包括中国概况、物质遗产、物质非遗产；行为文化包括日常行为习惯、传统民俗；精神文化……既包括文学艺术，也包括孝、俭、礼、勤、恭、慎、谦等价值观。"[4]

有的学者从文化反映的事物的性质出发，将人类所创造的文化分为以下六类：伦理道德文化，科学技术文化，管理文化，思想哲学文化，历史文化和艺术文化及体育文化。芬妮氏在《教育的社会哲学》一书里，分文化为两大类：一为社会生活的知识的渊源，一为社会的制度。从这两大类里，又可分为下列各项：(1)社会生活的知识的渊源：①交通方法。②工业技术。③游戏技术。④科学。⑤美术。⑥公共信仰。⑦流行观念。⑧民俗。⑨民型。(2)社会的制度：①家庭。②地方团体。③国家。④工业。⑤教会。⑥学校。⑦报纸。⑧生活程度。⑨常规的娱乐。⑩康乐保存的活动。⑪杂项。[5]刘雪对公开文化和隐藏文化进行了细分。公开的文化，即肉眼可见的表象化的文化形式，它包括物质文化、事实文化、风俗文化和制度文化。其中物质文化是指满足人类基本物质生活的吃、穿、住、用、行五方面；具体说来，饮食、服饰、建筑和交通都属于物质文化。事实文化的范畴较广泛，它包括文化存在和发展所依托的客观自然环境和历史背景以及由人类智慧创造的一切可见的文化形式，因此，可以把地理、历史、名胜古迹、语言文字、科技成就和各类艺术形式

---

[1] 钟敬文.关于文化建设问题的一点意见[A].东西方文化研究(第一辑)[C].郑州：河南人民出版社，1987：11.
[2] 杜献宁，杨英法，李文华.文化分类之我见[J].电影评介，2006(18).
[3] 吴瑛.孔子学院与中国文化的国际传播[M].杭州：浙江大学出版社，2013.
[4] 吴瑛.中国文化对外传播效果研究——对5国16所孔子学院的调查[J].浙江社会科学，2012(4).
[5] 陈序经.文化学概观[M].长沙：岳麓书社，2009：280-281.

都归为事实文化的范畴。而风俗文化，是流行于民间的，没有强制规定的，由习惯养成并被一代一代传承下来的文化形式，如节日、风俗习惯、民间文化等等。与风俗文化相反，制度文化是由国家或统治者为维护其阶级统治及社会制度而规定或制定的国家机构、社会体制和典章制度等。此外，属于精神文化范畴的价值系统，包括哲学思想、宗教信仰、人权观、道德观、婚姻观等价值观念都应归入隐藏文化之列。[1]

侧重于文化传播的构成，学者们进行了多种研究和阐释。李树榕认为，文化资源大致可分为三个基本类别：一是物质实证性文化资源；二是文字与影像记载性文化资源；三是行为传承性文化资源。[2] 王文杰"从文化本身的属性出发将文化从三个层面进行概括，即意识形态层面的文化、历史遗产层面的文化和生活方式层面的文化"。[3] 王文杰结合文化的不同层面探讨了中国文化走出去的主要形式，例如饮食文化、服饰文化、中医药文化、茶文化、武术文化、书画文化、器乐文化、传统节日、特殊的中国文化符号（熊猫）。[4] 乌丙安等人则侧重于中国民间文化的分类，指出其包含的如下类型：①生产贸易民俗；②衣食住行民俗；③社会家庭民俗；④人生仪礼民俗；⑤生态、科技民俗；⑥信仰民俗；⑦岁时节令民俗；⑧语言文学民俗；⑨民间游乐民俗；⑩民间艺术。[5] 相德宝、安珊珊等对于网络媒体、新媒体的传播学研究和实际采样操作中，从政治、经济、军事、环境、文化等不同主题对样本进行了分类，其中安珊珊关于网帖中的文化类的操作化定义为"哲学、文学、艺术、宗教、体育、习俗、仪式、价值观、生活方式、个人角色定位等"[6]。本书结合我国对外文化传播的实际现状和研究可操作性的需要，基于相对狭义和具体的角度把文化界定为文化产品、文化行为和文化精神，它不包括广义的制度、政治、社会、科技、道德等文化和文明内容。文化主要包括以下层面：文学、历史、思想和哲学、宗教、仪式和节庆、生产生活习俗、人文景观和旅游、音乐、美术、工艺、戏剧舞蹈、饮食、服饰、武术、杂技、中医药、汉语、影视动漫、游戏、娱乐、体育等。在此意义上，中国文化面向国际的传播也是这些文化构成和因素的传播。

文化传播是文化资源和文化元素在空间和地区、社会或群体之间的辐射传播。刘建明等人认为，文化传播是"在人们的社会交往过程中产生于社群、群体及所有

---

[1] 刘雪.文化分类问题研究综述[J].岱宗学刊,2006(4).
[2] 李树榕.怎样为文化资源分类[J].内蒙古大学艺术学院学报,2014(3).
[3] 王文杰.文化走出去[M].北京:人民日报出版社,2013;2.
[4] 王文杰.文化走出去[M].北京:人民日报出版社,2013;11-32.
[5] 乌丙安,向云驹,潘鲁生,等.中国民间文化分类[J].中国民族,2003(5).
[6] 安珊珊.公共性的衰落:网络舆论中的互动参与及影响[M].北京:中国社会科学出版社,2013;263.

人与人关系之间的一种文化互动现象"。[1]吴瑛指出:"文化传播是指发生在特定时空范围内,人们的精神追求、行为模式的交互、互动过程,这既包括特定族群、社会内部,也包括不同族群、社会之间的发生的文化互动现象。"[2]在当今的文化竞争中,文化传播的能力与程度关系着一个国家或地区产生文化辐射力、文化影响力的基础和能效。本书所针对的文化传播现象,是中国文化在国际社交媒体的传播,其传播的媒介和渠道是国际范围内的社交媒体,是国际语境中文化软实力的生成与体现。

(三)国际传播、对外传播与全球传播

国际传播在信息全球化、传播国际化的角度研究跨越国家范围内的传播现象。"在现实的使用中,国际传播这个概念更多地指向经由现代组织化的大众传播媒介所进行的、具有特定政治、经济和文化目的的跨越国际的传播活动。"[3]刘继南等人认为,国际传播是"特定的国家或社会集团通过大众传播媒介面向其他国家或地区受众所进行的跨国传播或全球范围传播,它是世界各国、各地区政治、经济与文化发展综合实力的一个局部具体体现"。[4]程曼丽等学者认为,国际传播主要指跨越国界的大众传播,"即主要依靠大众传播媒介进行的跨越国界的信息传播"。[5]美国学者Mowlana认为,国际传播是跨越两个或以上国家的文化体系的信息交流,而信息交流则指通过个人、团体、政府或科技而转移的信息及数据。国际传播就是研究国与国、文化与文化之间的信息交流。[6]

在超越国家范围以及传播渠道和方式等方面,对外传播与国际传播有着其多层面的一致性。对外传播主要是一国的政治、文化、社会等内容基于大众媒介等渠道所进行和实现的超越国家范围的传播,其传播主体既可以是传媒、政府部门,也可以是社会组织等多元主体的声音。对外传播不同于对外宣传等概念,注重受众的反馈和传播过程中的互动与效果。"随着传播规律的逐渐被认识,一些研究者开始用'对外传播'的概念取代'对外宣传',以表明对外的这种信息交流活动不是单向的,而是双向的。"[7]新阶段的对外传播已不再停留于政府外宣、文化外宣等层

---

[1] 刘建明.宣传舆论学大辞典[M].北京:经济日报出版社,1993:296-297.
[2] 吴瑛.文化对外传播:理论与实践[M].上海:上海交通大学出版社,2009:14.
[3] 王庚.新媒体国际传播研究[M].北京:中国国际广播出版社,2012:1
[4] 刘继南,周积华,段鹏.国际传播与国家形象——国际关系的新视角[M].北京:北京广播学院出版社,2002:2.
[5] 程曼丽,王维佳.对外传播及其效果研究[M].北京:北京大学出版社,2011:3.
[6] Hamid Moelana. Global Information and World Communication[M]. New York:Longman,1986:123.
[7] 程曼丽,王维佳.对外传播及其效果研究[M].北京:北京大学出版社,2011:9.

面,而是注重传播所应具有的国际化视野和思维背景,注重在国际新环境下的信息的有效交流与传播。有研究者指出,需注重对外传播和国际传播的一致性,"考察一国的对外传播现象,不能脱离国际传播的整体,只有站在国际传播的高度,才能更好地理解对外传播的需要"。[1]

随着当今媒介传播和信息技术的全球化,拉近了"地球村"之中不同国家和地区之间的距离,促进了信息和文化在全球范围内更为自由和迅速、有效的流动,全球传播成为需要强调的重要问题。"全球传播是研究个人、群体、组织、民众、政府以及信息技术机构跨越国界所传递的价值观、态度、意见、信息和数据的各种学问的交叉点。"[2]在全球化的语境下,国际传播、媒介空间的全球化趋势和张力都不断增强。国际传播全球化是"正在形成中的一种传媒发展新趋势,系指传媒在全球化浪潮影响和推动下,凭借高新通信技术,试图弥合地域和文化差异,在全球范围内向任何潜在目标受众所进行的超时空、跨国界的资讯传播理念和行为"[3]。全球传播具有的特征包括"传播主体的多元性、传播内容的多样性、传播手段的融合性、传播受众的主动性和传播态势的不均衡性"[4]。全球传播强调传播的非国界性和全球化,例如李智指出,全球传播"是无特定主体的跨国传播(而且,有时也无特定传播客体或目标对象),或者说,是多元主体的跨国界信息交流……作为一种特殊的跨国传播形态,全球传播的根本特性在于其非国界性"[5]。

社交媒体是在全球网络媒介时代出现的一种新的媒介形态和信息传播空间,国际性、全球性的社交媒体中的传播具有不同于传统媒介的内涵。"从历史上看,全球传播网络或者说传博的全球网络化始于书籍、报刊等印刷媒介在全球范围内的传播。而后,随着传播媒介的不断改进,人类社会相继出现了覆盖全球的调频广播网络、卫星电视网络等。再后来,在用互联网数字化连接的全球中,穿越国界的数据流量越来越大,覆盖面越来越广,其增长的速度也越来越快。"[6]对于国际社交媒体的传播而言,它具有全球化的传播格局,也即不应将视野局限于国家主体,而是在全球范围内的一种信息交互与传播的过程。在主体层面,社交媒体由于社会性、社交性乃至个体性的层面,它的传播主体也超出传统的政府部门、传媒机构

---

[1] 程曼丽,王维佳.对外传播及其效果研究[M].北京:北京大学出版社,2011:9.
[2] Howard, H. F. Global Communication and International Relations [M]. Belmont, California: Wadsworth Publishing Company,1993:61.
[3] 孔祥军.传媒全球化与中国新闻传播学发展[J].新闻与写作,2007(12).
[4] 李智.全球传播学引论[M].北京:新华出版社,2010:7.
[5] 李智.全球传播学引论[M].北京:新华出版社,2010:4-5.
[6] 李智.全球传播学引论[M].北京:新华出版社,2010:6.

或社会组织,而是更为丰富多元的主体的综合场域,跨国企业和公司人员、公益机构、个体都是国际社交媒体中的主要使用者和参与者。使用者的身份和边界方面也具有更多的匿名性和流动性,可能是一个传者在本国或他国面向全球进行的传播行为。在内容层面,国际社交媒体的内容具有隶属于社交媒体特性的"用户生成内容"(UGC)特征,其内容在此意义上与报刊、书籍、影视广播等主要媒体有着重要的差异,这也关系到国际社交媒体中传播内容的要素与特征构成。

四 研究内容与结构

面对新型社交媒体在全球范围的强势崛起,本书主要针对中国文化在国际社交媒体传播的机制与特征问题,就中国文化在国际社交媒体传播的状况进行实践调研,分析中国文化国际社交媒体传播的现状、格局和特征、机理,并提出相应的对策建议。拉斯韦尔在1948年于《传播在社会中的结构和功能》论文中首次提出构成传播过程的五种基本要素,形成后来的"5W模式"或"拉斯维尔程式",这5个W分别是:Who(谁),Says What(说了什么),In Which Channel(通过什么渠道),To Whom(向谁说),With What Effect(有什么效果)。

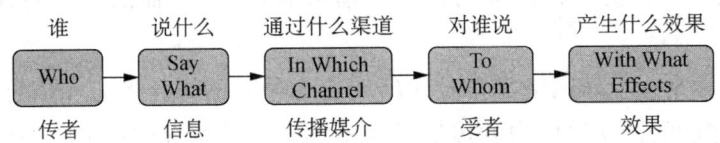

图 1-4 拉斯韦尔"5W"理论模式

基于"5W"的理论模型,本书对中国文化在国际社交媒体渠道中的传者(who)、内容(says what)、受众(to whom)、效果(with what effect)这几大方面展开研究。研究的架构主要从以下层面进行:(1)中国文化在国际社交媒体传播的传者主体研究,从传播主体角度研究中国文化在国际传播的传者机制及其交互角色;(2)中国文化在国际社交媒体传播的内容生成研究,对中国文化在国际社交媒体中传播的信息生产、议题构成、内容特征进行审视分析;(3)中国文化国际社交媒体传播发展的受众特征研究,对中国文化在国际社交平台中的受众与接受维度以及传受关系进行分析;(4)中国文化在国际社交媒体传播的效果机理研究,对其社交传播所取得的反馈状况及其影响机制进行实际考察。通过上述方面,对中国文化在国际社交媒体的传播现状和特征、机制予以较为系统的实践审视和调研分析。

五 研究设计与研究方法

本书在理论阐释和实践态势的基础上，紧密结合实证调查分析，系统翔实地考察新语境下中国文化国际社交媒体传播的格局与现状，研究分析中国文化在国际社交媒体传播的效果与机理，提出社交媒体时代推进中国文化"走出去"和文化影响力提升的优化对策建议。本书结合理论思考与实证研究、数据分析与定性研究、抽样调查与个案审视，尤其注重内容分析法以及计算机辅助的网络挖掘方法。

结合前文的理论界定，本书涉及的社交媒体渠道主要如下：

Twitter 是全球具有代表性和重大影响力的微博平台；

YouTube 是全球最大和最主要的视频社交媒体；

Google＋是具有综合性且兼有博客功能的大规模 SNS 网络媒体，例如全球的大规模知名博客网站 blogspot 自动链接到 google 的 blogger，而 blogger 的东西又可以发到 Google＋，因此可用 Google＋在一定程度上形成对前两者的反映乃至代表；

Flickr 是最具有代表性的图片型分享网站和社交平台之一；

Facebook 是全球最为重要的社交网络之一；

Reddit 是新闻领域的自媒体和社交媒体；

Tumblr 是国际范围内具有代表性的"轻博客"社交媒体。由于部门媒体所能提取的资料和信息的差异，对帖子内容的分析会涉及这上述七种样本媒体；而对于传者、受众以及传播效果影响因素的分析，以 Twitter、YouTube、Google＋、Flickr 为媒介样本对象，这四种各有特点，且也涉及微博、SNS、视频、图片、综合性、专门性等各个领域，对社交媒体的状况具有总体上良好的代表性。

上述几种媒体有良好的代表性，在全球网站中的规模和使用度、影响力等都处于领先地位。在 Alexa 的全球网站排名中，根据笔者在 2013 年 9 月 11 日、2014 年 8 月 11 日和 2015 年 2 月 21 日的数据统计，部分结果如下：2013 年 9 月 11 日的全球网站排名数据中，Google 居第 1，Facebook 居第 2，YouTube 居第 3，Twitter 居第 10，Tumblr 居第 24，Flickr 居第 66，Reddit 居第 89 位；2014 年 8 月 11 日的全球网站排名数据中，Google 居第 1，Facebook 居第 2，YouTube 居第 3，Twitter 居第 7，Tumblr 居第 39，Reddit 居第 50，Flickr 居第 102；2015 年 2 月 21 日的全球网站排名数据中，Google 居第 1，Facebook 居第 2，YouTube 居第 3，Twitter 居第 8，Reddit 居第 26，Tumblr 居第 31，Flickr 居第 127。GlobalWebIndex 发布的一份全

球社交网站报告中,居于前四位的依次是 Facebook、YouTube、Google＋、Twitter,Tumblr 和 Reddit 分别居于第 10 和第 12 位。[1] BusinessInsider 按用户人数排名的全球社交网络列表(用户人数的统计时间截止日为 2013 年 10 月 30 日)中,Facebook 居第一,月度活跃用户人数为 11.5 亿人;YouTube 居第二,月度活跃用户人数为 10 亿人;Google＋居第六,月度活跃用户人数为 3.27 亿人;Tumblr 居第七,月度独立用户访问量为 3 亿人次;Twitter 居第九,月度活跃用户人数为 2.4 亿人。[2]

本书的总体研究思路是:对这些媒体中发布的关于中国文化的帖子及其各项元素进行抓取和抽样,分析其传者、内容、受众、效果等方面的构成与特征、机理,并进行总结评估和优化对策分析。在具体问题上既考察各类媒体单独的特点和现状,也分析各种社交媒体平台的总体状况,并在此基础上提出针对性的策略建议。各部分的研究思路和研究设计如下:

1. 中国文化国际社交媒体传播的传者主体研究。该部分对几种主要的社交媒体平台中的传者状况进行调研,主要包括传者的基础情况、社会特征、信息特征、互动特征及其关联因素。

2. 中国文化国际社交媒体传播发展的内容生成研究。该部分对社交媒体平台上发布的与中国文化相关的推文、帖子、日志等内容进行抓取。对所得的大量文本,结合 SPSS 统计软件、ROST CM 等内容挖掘工具进行分析,呈现中国文化内容和主题特征。

3. 中国文化在国际社交媒体传播的受众分析研究。对国际主要"社交化"媒介平台上的中国文化受众资料数据,分析受众的构成和特征,同时也从传者、内容等角度探讨受众的呈现以及传受关系、信息流动与接受,为传播的优化提供受众基础。

4. 中国文化在国际社交媒体的传播效果研究。对所得的社交媒体文化内容,结合被阅读数、评论数、被点赞数等情况,考察中国文化在社交平台传播内容的实际反馈度和影响力,并结合内容、传者的多重维度分析其关联因素和内在机理。

5. 中国文化在国际社交媒体传播的优化对策分析。在实践考察与总结分析中国社交媒体文化传播现状的基础上,重视和强化"社交媒体文化"战略意识,把握和发挥社交媒体文化传播在主体建设、媒介渠道、传受形态、内容资源等方面的特殊性,针对新时期中国对外社交媒体文化传播提出优化建议。

---

[1] 西部 e 网.2013 全球年度社交网站排行榜(名单)[EB/OL]. http://www.weste.net/2014/1-24/95247.html.

[2] 中关村在线.全球社交网络排名出炉:腾讯名列前茅[EB/OL]. http://soft.zol.com.cn/421/4218409.html.

第二章

中国文化在国际社交媒体传播中的传者主体*

传播主体是中国文化传播中的传者，关系到"5W"模型中"谁在说"的问题。本章考察中国文化在国际社交媒体的传播中，传者具有什么样的结构和特征，传者的身份及其互动性和影响力如何，并在此基础上提出针对性的策略建议。

研究的思路是，选取 Twitter、Google＋、YouTube、Flickr 这四种具有重要性和代表性的社交媒体，根据帖子内容和中国文化的相关性，得到帖子的传者。对传者的主体特征，从几大重要方面进行：①社会特征；②信息特征；③互动特征。其中，社会特征是传者的线下实体属性与特征，例如国家归属、个体或组织属性、个体职业、组织机构类型。信息特征是传者在社交媒体线上表现出的特征，包括信息主题特征、头像类型、链接情况等。本研究主要从传者在个人简介、个人说明以及标签语等传者主页的信息，来区分其关切或偏向的信息主题。互动特征是指传者通过社交媒体的交互平台，表现出的信息生成与表达的活跃度、与其他用户行为交互的互动性、在社交媒体中的影响力。除了对各项进行基本的统计分析和呈现之外，还对发布主体特征之间的交互关系进行考察。运用的方法是内容分析法，采集机器抓取字段和人工编码相结合。具体而言，本章对四种媒体的传者进行分析的框架如表 2-1 所示。

分析的类目元素中，对国家归属主要区分传者主体属于国外还是国内，国内包括中国大陆和港澳台传者；个体/组织属性是区分传者属于个人还是组织机构。

对于个人传者，除了其他一些个体特征外，还涉及对其职业领域的区分。不同的媒体在分析时会根据实际情况略有细微的差异，不影响总体的区分。具体的分

---

* 本章中，由徐翔进行研究框架设计、主体部分的分析撰写以及对研究生的指导和修改，同济大学研究生宋薇、周伟琳、王晓露参与了部分样本数据的编码和分析。

表 2-1 对四种媒体的传者的分析框架

（一）发布主体的社会特征分析	1. 发布主体的国家分布及其特征	(1) 发布主体的国家和地域分布
		(2) 发布主体所属国家与其组织机构特征的交互分析
		(3) 发布主体所属国家与其信息主题特征的交互分析
		(4) 发布主体所属国家与其个体职业类型的交互分析
		(5) 发布主体所属国家与其组织机构类型的交互分析
	2. 发布主体的个体和组织属性	(1) 发布主体的个体/组织属性分布
		(2) 个体传者特征
		(3) 组织传者特征
		(4) 个体/组织属性与国家分布的交互分析
		(5) 个体/组织属性与信息主题特征的交互分析
（二）发布主体的信息特征分析		
（三）发布主体的互动特征分析	1. 发布主体的互动特征	
	2. 发布主体所属国家与互动特征的交互分析	
	3. 发布主体组织机构属性与互动特征的交互分析	(1) 个体/组织与互动特征
		(2) 个体类型与互动特征的交互分析
		(3) 组织类型与互动特征的交互分析
	4. 发布主体的信息主题类型与互动特征的交互分析	

类包括：大学教师或学者、中小学/培训机构/初等教育教师；影视音乐娱乐界公众人物；体育运动员；记者；除记者以外的传媒从业人员（例如编辑、杂志摄影师等）；专业技术人员（如设计师、翻译、医护工作者等）；国家机关/党政组织领导人；国家机关/党政组织工作人员；企事业单位管理层；企事业单位职员/办事人员；个体/独立经商；自由职业者；军人；学生；农民/牧民/渔民；不详；其他。

对于组织机构，对其类型进行划分，不同的媒体在分析时会根据实际情况略有细微的差异，不影响总体的区分。具体包括：政府外交部门/外宣部门/宣传部门（例如外交部、地方外宣办）；政府的文化管理部门（例如文化部、广电新闻出版局、文物局、精神文明办）；政府的旅游管理部门（如旅游局、景区的管委会）；政府的教育管理部门（教育部）；高等学校，中小学或初等教育学校；中国官方设在海外的中国文化教育推广机构（例如中国文化中心、孔子学院）；专门的语言培训机构（不含各类高等学校的相关学院或培训中心）；专门的文化艺术培训机构（不含各类高等院校的相关学院或培训中心）；文化公共服务机构（非营利性的或不以盈利为主要目的的，例如博物馆、历史文化遗产、艺术馆、美术馆、基层文化活动中心、档案馆）；大众媒体（例如报纸、电视台、出版社、门户网站），不包括大众媒体的文化企业（以盈利为主要目的的文化机构，例如旅游公司、会展公司、艺术品拍卖行、演艺公司、动画制作公司）；文化类的非政府组织和社会团体（例如作家协会、艺术家协会、文化基金会、文化类的学术研究会）；非文化类的企业（例如银行、汽车企业、能源企业）；非文化类的组织机构和社会团体（例如慈善组织、人权组织、扶贫组织、智库）；不详；其他。

  对于传者在其页面信息所显示出的主题偏向，对其基本划分如下信息主题类型，不同的媒体在分析时会根据实际情况略有细微的差异，不影响总体的区分：①政治：涉及国家或地方的行政机构、政党、政治组织或政治人物的政治行为、政府管理、政治系统、政治事件和政治体制、政策。②经济/商务：国家、地区或企业、个人的经济活动、经营、收支、发展状况，涉及生产、消费、财政、金融、商业、税收、建设等。③教育：初等教育、学校教育、高等教育、社会教育的体系、活动、人物、事件、成果。④文化艺术：狭义的文化，包括文学、美术、音乐、戏剧、舞蹈、杂技、功夫、工艺、装饰、建筑、思想和哲学、文化典籍等。⑤社会/民生：涉及社会成员间的关系、结构以及社会体系，包含社会事件、社会公共活动、社会矛盾、社会群体、慈善公益、社会救助等。⑥司法：国家司法机关及其工作人员依照法定职权和法定程序，具体运用法律处理案件的专门活动，涉及司法机关，如法院、法律；司法工作人员，如律师、法官；以及司法案件的处理等。⑦国防/军事：以军事力量为核心的保卫国家安全的行为，包括军队、武器、国防政策、战争等具体问题。⑧宗教：涉及宗教的场所、经典、人物、仪式、活动、事件的内容。⑨民族：涉及中国的民族关系、民族文化、民族发展以及中外民族交流、互动的内容。⑩医疗/卫生/健康：人类健康、医院和药物治疗以及卫生防疫等问题。⑪科技/自然：认识世界事物的知识体系和各种工艺操作方法、技能，以及物化的各种生产手段和物质装备，涉及科学规律、科学研究、技术研发、新理论、新方法、新材料、新工艺、新产品等；与人类社会相区别的物质世界，涉及自然现象、自然灾害、自然环境保护等。⑫历史：包括古代和近现代在内的过去的事物、实践和人物，与当代的事物、实践和健在人物相区别。⑬环境/生态：与自然环境以及生态的状况、发展、保护相关的内容。⑭旅游：涉及旅游目的地点、旅行过程、旅行经历、旅游介绍、旅游组织的内容。⑮影视/流行/娱乐明星：涉及电影、电视、动漫、流行音乐、娱乐偶像和明星、流行文化的内容。⑯体育：涉及竞技体育、体育门类、体育人物、体育事件的内容。⑰新闻媒体：以报刊、广播电视、互联网、出版等媒体为讨论对象的内容。⑱个人生活议题：关于个人的生活和情感，包括个体的经历、情感、体验、家庭生活等。⑲哲学与生活哲理：关于人生、生活或工作的感悟、道理。⑳身份介绍：对自身的个人特点与情况的介绍、说明。㉑综合：同时包含上述多种领域或主题，具有明显的交叉性与复合性内涵。㉒其他：不包含在上述所有门类中，或者门类的归属不明确的内容。

需说明的是，本章的社交网络例如 Twitter、Facebook 等，大多数在中国大陆难以登录，但在港、台地区能登录，使用以及采样。这并不妨碍本书的研究及结论，本研究也是在这种有限登录的情况下，对于扩大中国文化声音的分析与考察。

一、Twitter 传者分析

为了获取中国文化在对外社交媒体之一 Twitter 上的传者特征，研究采用八爪鱼数据采集器以"China"和"culture"为关键词，抓取了 2014 年 10 月 11 日至 2015 年 10 月 10 日所有推文中最相关的推文并删除重复项后共计 13 472 条推文。在此基础上，根据获得的推文进行等距的随机抽样分析，得到的样本量为 500。鉴于大样本中有些数据缺失项较多，研究对于原始数据中除"贴文 URL"项目外，其余项目空白处多于两个的数据不予选取，并以离其最近的数据作为替代，一方面保证了数据的完整性，另一方面又有效降低了等距抽样的周期性问题，使得样本更具有代表性。之后对目标样本采取内容分析法做编码统计分析，由编码员制定编码表并完成编码表。最终得出与中国文化相关的 Twitter 传播主体的共性与个性特征。在经过抽样及编码统计后，得到目标样本量为 500 的推文数据，其中 16 条推文页面不存在或被冻结，因此实际样本量为 484 个。

对样本中的个人传者的职业作如下分类：A.大学教师或学者、中小学/培训机构/初等教育教师；B.影视音乐娱乐界公众人物；C.体育运动员；D.记者；E.除记者之外的传媒从业人员（例如编辑、杂志摄影师等）；F.专业技术人员（如设计师、翻译、医护工作者等）；G.国家机关/党政组织领导人；H.国家机关/党政组织工作人员；I.企事业单位管理层；J.企事业单位职员/办事人员；K.个体/独立经商；L.自由职业者；M.军人；N.学生；O.农民/牧民/渔民；P.不详；Q.其他；R.旅游行业从业人员。

对于组织机构，其类型划分包括：A.政府外交部门/外宣部门/宣传部门；B.政府的文化管理部门；C.政府的旅游管理部门；D.政府的教育管理部门；E.高等学校、中小学或初等教育学校；F.中国官方设在海外的中国文化教育推广机构；G.专门的语言培训机构；H.专门的文化艺术培训机构(不含各类高等院校的相关学院或培训中心)；I.文化公共服务机构；J.大众媒体、文化企业；K.文化类的非政府组织和社会团体；L.非文化类的企业；M.非文化类的组织机构和社会团体；N.不详；O.其他。

对信息主题类型划分如下：A.政治；B.经济/商务；C.教育；D.文化艺术(侧重于狭义的文化，例如文化典籍、古典音乐等)；E.社会/民生(如社会矛盾、慈善公益、社会救助等)；F.司法；G.国防军事；H.宗教；I.民族；J.医疗/卫生/健康；K.科技/自然；L.历史；M.环境/生态；N.旅游；O.影视/流行/娱乐明星；P.体育；Q.新闻媒体；R.个人生活议题(如个人情感、经历等)；S.综合；T.其他；U.哲学/哲理；V.身份介绍。

(一) 发布主体的社会特征及其交叉分析

对发布主体的社会特征的分析包括其所属国家和地区、个体组织属性(是组织机构还是个人)。

1. 国家分布及其特征

(1) 国家和地域分布

在国家分布上，Twitter样本中来自中国的传者占10.4%，国外传者占69%，国家归属不详的占20.6%。Twitter上关于中国文化的声音，仍主要由国外传者所发出。

表 2-2 变量"传者所在国家"的频率分布

所在国家范围	频率	百分比	有效百分比	累积百分比
不详	103	20.6	20.6	20.6
国外	345	69.0	69.0	89.6
中国	52	10.4	10.4	100.0
合计	500	100.0	100.0	

对发布主体标注的所属国家和所处城市做进一步的分析统计，如表2-3所示。不难发现，发布主体的所属国家及城市数量较多且较为混杂。其中属于同一国家有10条及以上的有：澳大利亚12个、加拿大14个、美国127个、英国74个、中国52个。因此，Twitter上对于中国文化方面发声较多的国家主要是美英等发达国家及与之密切相关的中国。在涉及城市方面，针对不同所属国家的城市基本为其首都或是本国的大或特大城市。通常，若本国的一线城市与首都本身并非为同一城市，一线城市的数量要多于首都。如美国首都华盛顿出现的次数是11，而纽约、加州等地区的数量远远超过华盛顿。

表 2-3 发布主体所属国家及相关城市

所属国家(若同时包含多个国家,则该主体的身份具有多重归属)	个数	涉及城市数	涉及城市/地区(若为多个城市/地区,表明该主体同时具有多重归属)
阿拉伯国家	1	0	
阿林萨尔	1	0	
阿塞拜疆	1	0	
爱尔兰&英国&法国	1	3	都柏林&伦敦&巴黎
爱沙尼亚	1	1	塔林
澳大利亚	12	3	墨尔本×2 堪培拉×2 悉尼×5
澳大利亚&泰国&老挝&新西兰	1	0	
巴哈马	1	0	
巴基斯坦	2	1	卡拉奇×2
巴西	1	1	圣保罗
德国	6	4	斯图加特 慕尼黑 汉堡 柏林
厄瓜多尔	1	0	
法国	3	1	巴黎×2
非洲	1	0	
菲律宾	4	1	马尼拉
菲律宾&美国	1	0	
芬兰	2	1	赫尔辛基×2
中国	1	2	香港&深圳
韩国	3	1	首尔×3
荷兰	5	2	莱顿 阿姆斯特丹
加拿大	14	7	蒙特利尔×多伦多×5 沃恩 安大略 布鲁克菲尔德 温哥华 卡尔加里
加拿大&美国&英国&印度	1	0	
肯尼亚	1	1	基苏木

(续表)

所属国家(若同时包含多个国家，则该主体的身份具有多重归属)	个数	涉及城市数	涉及城市/地区(若为多个城市/地区，表明该主体同时具有多重归属)
黎巴嫩	1	0	
立陶宛	1	1	威尔纽斯
联合国	2	0	
马来西亚	2	0	
美国	127	30	北安普敦 波士顿×2 波特兰 布鲁克林&亚特兰大 德克萨斯州×4 俄亥俄州×2 佛罗里达×3 硅谷 华盛顿×11 加州×23 旧金山×3 科罗拉多州 拉斯维加斯 列克星敦 麦迪逊 蒙特克莱尔 密歇根州 纳舒厄 纽约×20 匹兹堡 圣莫尼卡×3 威斯康星州 西雅图×1 夏威夷 新罕布什尔州 新英格兰 休斯顿 休斯顿&亚特兰大 亚特兰大 伊利诺伊×2 芝加哥×3
孟加拉国	2	0	
墨西哥	4	1	墨西哥城
南非	6	2	开普敦 约翰内斯堡×5
尼泊尔	1	1	加德满都
日本	6	1	东京×2

(续表)

所属国家(若同时包含多个国家，则该主体的身份具有多重归属)	个数	涉及城市数	涉及城市/地区(若为多个城市/地区，表明该主体同时具有多重归属)
瑞士	1	1	苏黎世
苏格兰	2	0	
泰国	3	1	苏梅岛
特立尼达&多巴哥	1	0	
西班牙	2	2	阿利坎特 马德里
西班牙&英国&新加坡	2	1	巴塞罗那-伦敦-新加坡×2
西班牙&中国	1	1	马德里&北京
希腊	2	0	
新加坡	7	0	
新加坡&美国	1	0	
新西兰	1	1	西海岸
牙买加	1	1	西班牙镇
亚洲&美国	1	0	
耶路撒冷	1	0	
以色列	1	0	
意大利	4	3	罗马×2 托里诺 米兰
印度	7	3	班加罗尔×2 诺伊达 坎普尔
印度尼西亚	5	3	万隆×2 庞越 雅加达
英国	74	11	爱丁堡×2 汉普郡 剑桥郡(剑桥) 肯特郡 兰彼得 利兹×2 伦敦×42 曼彻斯特 牛津郡 诺丁汉 普利茅斯

(续表)

所属国家(若同时包含多个国家,则该主体的身份具有多重归属)	个数	涉及城市数	涉及城市/地区(若为多个城市/地区,表明该主体同时具有多重归属)
英美&日本	1	0	
越南	2	2	西贡 胡志明市
中国	52	9	北京×10 北京&深圳 北京&香港 甘肃兰州 广州 桂林 上海×4 台北×2 香港×9
中&澳	1	0	
中&美	2	1	香港&加利福尼亚州×2
中&英	2	0	

注:"×"表示该城市被计入几次,如墨尔本×2,表示墨尔本被计入2次;&连接的国家或城市、地名,表示某发布主体同时具有多重归属。

(2)传者所属国家与组织机构特征

对传者的国家和组织机构属性进行交叉考察。如表2-4所示,中国和外国的传播主体,其组织机构属性的分布基本一致。如表2-5所示,其Pearson卡方值为0.119,不存在显著差异。来自中国的传者中,个体占57.7%,组织机构占42.3%。

表2-4 交叉表(所在国家*组织属性 交叉制表)

			组织属性		合计
			个体	组织机构	
所在国家	不详	计数	58	43	101
		所在国家中的百分比	57.4%	42.6%	100.0%
	国外	计数	157	174	331
		所在国家中的百分比	47.4%	52.6%	100.0%
	中国	计数	30	22	52
		所在国家中的百分比	57.7%	42.3%	100.0%
合计		计数	245	239	484
		所在国家中的百分比	50.6%	49.4%	100.0%

表 2-5　卡方检验结果

	值	df	渐进 $Sig.$(双侧)
Pearson 卡方	4.258[a]	2	0.119
似然比	4.271	2	0.118
有效案例中的 N	484		

a. 0 单元格(0.0%)的期望计数少于 5。最小期望计数为 25.68。

(3) 传者所属国家与信息主题特征

对不同国家的传者主体进行信息特征的考察,如表 2-6 所示。其中中国的传者中,其个人简介类型属于 V 的最多,占到了约 60%;其次是 Q(新闻媒体)类和 N

表 2-6　交叉表(个人简介类型 * 所在国家)

		所在国家			合计
		不详	国外	中国	
个人简介类型	A	1	3	0	4
	B	5	28	3	36
	C	0	13	2	15
	D	2	21	0	23
	E	2	3	0	5
	G	0	2	0	2
	H	0	1	0	1
	I	1	1	0	2
	J	0	3	0	3
	K	8	9	1	18
	M	0	2	0	2
	N	4	5	5	14
	O	3	7	1	11
	P	1	0	0	1
	Q	4	53	8	65
	R	3	7	1	11
	T	10	11	0	21
	U	14	15	0	29
	V	42	142	30	214
	无	3	19	1	23
合计		103	345	52	500

(旅游)类。国外的传者中,V、Q、B、D类占到前几位的主要类别。

(4) 传者所属国家与个人职业类型

基于传者的所属国家不同,对其个人的职业属性进行交叉分析。如表2-7所示,剔除缺失值后,国内传者比例最高的是B(影视音乐娱乐界公众人物)类。其后较多的是E(除记者以外的传媒从业人员)、F(专业技术人员)类,但是与影视音乐娱乐界公众人物的比重仍然有较大差距。显现出了明星偶像在我国对外文化传播中的重要性。

而国外传者中,则影视音乐娱乐界公众人物类的比重大大减少,不仅不像国内传者那样居于首位,甚至排名已经居于中下段。可见,国外的偶像明星群体在我国的文化传播中起到的作用很微弱。相比之下,国外传者中居于最主要的前两类人群依次是F(专业技术人员)、E(除记者以外的传媒从业人员),这和国内结构特征是类似的。此外,A(大学教师或学者、中小学/培训机构/初等教育教师)也在国外传者中居于重要地位。我国国内传者中,A类虽然也居于前列,但仍低于在国外传者中的比重,这说明教师与知识分子群体的作用在国外传者中发挥的更为充分一些,国内在此方面仍可继续加强。

表2-7 交叉表(个体职业 * 所在国家 交叉制表)

个体职业	所在国家			合计
	不详	国外	中国	
	78.6%	74.2%	55.8%	73.2%
A	2.9%	4.1%	3.8%	3.8%
B	1.0%	1.4%	23.1%	3.6%
D	1.9%	0.6%	1.9%	1.0%
E	3.9%	4.6%	5.8%	4.6%
F	1.9%	5.2%	5.8%	4.6%
G	0.0%	0.6%	0.0%	0.4%
H	0.0%	0.6%	0.0%	0.4%
I	3.9%	2.0%	1.9%	2.4%
K	0.0%	0.3%	0.0%	0.2%
N	0.0%	0.3%	0.0%	0.2%
Q	5.8%	4.3%	1.9%	4.4%
R	0.0%	1.7%	0.0%	1.2%
总计	100.0%	100.0%	100.0%	100.0%

(5) 传者所属国家与组织机构类型

对不同国家的传者,考察其组织机构的类型,如表2-8所示。剔除缺失值,在标记为中国的传者中,最多的组织机构类型是J(大众媒体和文化企业)类,其次是M(非文化类的组织机构和社会团体)类,再其后是L(非文化类的企业)类。E(高等学校,中小学或初等教育学校)、I(文化公共服务机构)、K(文化类的非政府组织和社会团体)也有一定的数量,但比重较低。国外的组织机构其前三位的类型也是J(大众媒体和文化企业)、M(非文化类的组织机构和社会团体)、L(非文化类的企业)类,这和国内传者比较是相同的。K(文化类的非政府组织和社会团体)、E(高等学校,中小学或初等教育学校)同样在国外传者也占有一定比重。此外,中国设立在海外的文化教育推广机构,也是组织机构型传者中的构成之一,占有一定的比重。

表2-8 交叉表(组织机构 * 所属国家 交叉制表)

	所在国家		
	不详	国外	中国
E	0.0%	3.8%	1.9%
F	1.0%	1.4%	0.0%
I	0.0%	2.3%	1.9%
J	5.8%	15.7%	17.3%
K	7.8%	4.1%	1.9%
L	6.8%	8.1%	5.8%
M	13.6%	8.7%	9.6%
N	1.9%	0.6%	0.0%
O	2.9%	0.9%	0.0%

2. 个体和组织属性

(1) 个体/组织分布

考察该传者为个体还是组织机构。在对484条有效样本的统计中发现,有239个推文传者为组织,占总体的49%,245个推文传者为个体,占总体的51%。可见,对于中国文化的推文发布主体中,组织和个体的比例相当,基本对等存在。

(2) 个体传者特征

在个体传者部分主要对其个人职业的分布进行统计分析。多数传者会在个人主页的简介中写上自我身份介绍,其中会涉及个人的职业。研究对于246个个体传者公布的个人职业做了统计。由图2-1的结果可知,除记者之外的传媒从业人员(例如编辑、杂志摄影师等)所占比例最多,其次是专业技术人员、大学教师或学者、中小学/培训机构/初等教育教师和影视音乐娱乐界公众人物,以及其他类型。由此可推,在对于中国文化发声的 246 个个体传者样本中传媒从业人员和学者、技术人员居多,这类人士的共同点是都具有自我行业领域独特的技能,知识储备量相对他人较高,因此对外界事物的思考性更强。进一步细分,摄影师、旅游者所占比例较大,这些人士更加注重软文化的传播,较注重生活情调等因素,因此对于中国文化问题所关注的成分也较多。

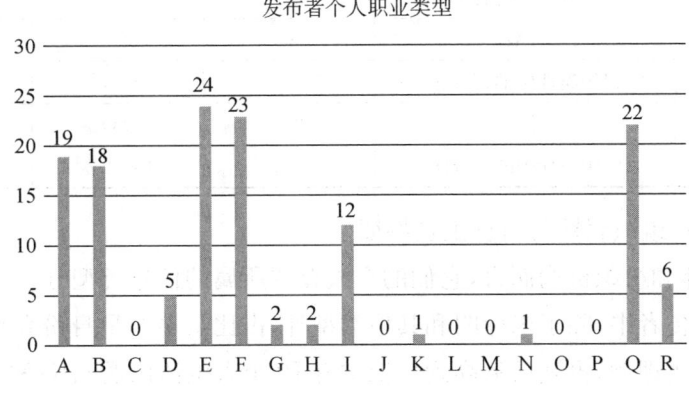

图 2-1　发布主体若为个人的职业统计
(注:采集时间为 2015/12/2 14:02:26 至 2015/12/4 9:59:51)

(3) 组织传者类型

目标样本中共有 238 个传者为组织,研究对其组织类型进行分析归纳。由图 2-2 的结果知,Twitter 上对于中国文化的发声者的组织类型有 41% 为大众媒体和文化企业,有 15% 为文化类的非政府组织和社会团体,有 16% 为非文化类的组织机构和社会团体。政府部门基本没有涉及。很明显,本身拥有众多传播渠道的大众媒体是中国文化发声的主要力量,其次是非文化类的团体,他们依据各自不同的组织话题而拥有各自的关注人群,因此也较容易涉及中国文化方面的问题。

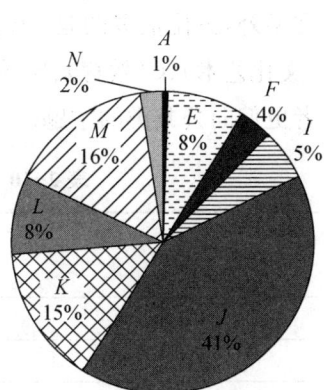

图 2-2　发布主体若为组织的组织类型

(4) 个体/组织属性与国家分布

传者分属于个体和组织机构不同的类型。如表 2-9 所示,在个体传者中,国外的占 64%;在组织机构传者中,国外占 73%。Pearson 卡方检验显示,P 值为

0.119，个体和组织机构的传者在国家分布比例上没有显著差异。

表 2-9　交叉表(所在国家 * 组织属性 交叉制表)

		组织属性		合计
		个体	组织机构	
不详	计数	58	43	101
	组织属性中的百分比	23.7%	18.0%	20.9%
国外	计数	157	174	331
	组织属性中的百分比	64.1%	72.8%	68.4%
中国	计数	30	22	52
	组织属性中的百分比	12.2%	9.2%	10.7%
总计	计数	245	239	484
	组织属性中的百分比	100.0%	100.0%	100.0%

(5) 个体/组织属性与信息主题特征

对于个体和组织机构而言，它们的个人介绍所属的信息类型分布如表 2-10 所示：个体型的传者中，除了未标明和其他类型外，占比最多的是身份介绍型，其后则是哲学/生活哲理型，再其后从高到低依次有 R(个人生活议题)、K(科技/自然)、Q(新闻媒体)、A(政治)、B(经济/商务)、N(旅游)等。总体来看，个体传者偏向于个人性、体验性、生活性的信息主题较多。而组织机构型传者中，除了未标明和其他类型外，占比最多的是 Q(新闻媒体)类，其后有 V(身份介绍)、B(经济/商务)、D(文化艺术)、C(教育)、K(科技/自然)、N(旅游)等类。总体来看，组织机构型的传者更偏向公共类的主题。

表 2-10　交叉表(信息主题 * 组织属性 交叉制表)

	组织属性	
	个体	组织机构
空缺	1.6%	1.3%
A	1.2%	0.4%
B	1.2%	13.8%
C	0.8%	5.9%
D	0.0%	9.6%
E	0.4%	1.7%
G	0.4%	0.4%
H	0.4%	0.0%

(续表)

组织属性		
	个体	组织机构
I	0.4%	0.4%
J	0.0%	1.3%
K	2.0%	5.4%
M	0.0%	0.8%
N	1.2%	5.0%
O	0.4%	4.2%
P	0.0%	0.4%
Q	1.6%	25.5%
R	4.5%	0.0%
T	6.1%	1.7%
U	10.6%	1.3%
V	66.9%	20.9%
合计	100.0%	100.0%

（二）发布主体的信息特征及其交叉分析

Twitter的个人主页界面会显示用户的个人简介、头像、背景及主页链接等信息。在访问每一条目标样本后，研究采集了他们的个人简介类型、头像类型、主页背景、主页链接等个人信息呈现。

在对目标样本的个人简介类型作归纳整理后，研究结果见表2-11。由结果可知，有46%的传者主体的个人简介为身份介绍。其后分别是新闻媒体类占13.43%，经济/商务类占7.44%，哲学/生活哲理类占5.99%，文化艺术类占4.75%。个人简介的基本作用——身份介绍是大多个体或组织的设置形式。其次，新闻媒体类、经济商务类、哲学生活哲理类、文化艺术类的传播主体对于中国文化传播的发声量相对较多。司法类、历史类个人主题的传播主体基本不涉及中国文化的传播。

表2-11 发布主体的个人简介类型及其所占比重

个人简介类型	占比	个人简介类型	占比
A 政治	0.83%	D 文化艺术（侧重于狭义的文化）	4.75%
B 经济/商务	7.44%	E 社会/民生	1.03%
C 教育	3.10%	F 司法	0.00%

(续表)

个人简介类型	占比	个人简介类型	占比
G 国防军事	0.41%	O 影视/流行/娱乐明星	2.27%
H 宗教	0.21%	P 体育	0.21%
I 民族	0.41%	Q 新闻媒体	13.43%
J 医疗/卫生/健康	0.62%	R 个人生活议题	2.27%
K 科技/自然	3.72%	S 综合	0.00%
L 历史	0.00%	T 其他	4.34%
M 环境/生态	0.41%	U 哲学/生活哲理	5.99%
N 旅游	2.89%	V 身份介绍	45.66%

用户可以选择上传相片作为其个人或组织的头像。用户头像可以直接或间接地反映用户的基本面貌。根据目标样本的情况,研究将头像的类型归为组织 logo、个人照片、代表职业的图片、不明图片共四种类型,经过统计后,目标样本中有 233 个组织 logo,占 48%;200 个个人照片,占 42%;11 个代表职业的图片,占 2%;40 个不明情况的图片,占 8%。个人用户一般偏向于使用个人照片作为 Twitter 的用户头像,组织用户偏向于用组织 logo 作为 Twitter 的用户头像。组织用户使用组织 logo 作为用户头像更容易被他人辨识。其中还有少量用户使用的是能够代表自身职业的图片,同样也是自身信息的反映。

用户个人主页的横向背景可以由用户自行设置。用户可以选择上传本地图片或是在系统中自由选择。但是系统所提供的选择是纯色的背景。研究对目标样本中用户的主页背景设置情况做了统计,发现有 373 位用户使用的是自主上传的图片,占 77%;有 111 位用户使用的是系统的纯色背景,占 23%。自我定义个人主页背景一定程度上代表了用户个人的个性化程度,通过自我个性化设置彰显个人的独特性,主页背景同样是个人性格信息的表达形式。

Twitter 用户可以在个人主页界面附上自己的主页链接。他人访问其页面时可以通过点击链接进入更多页面从而了解更为丰富的用户信息。有 99 位即 20% 的用户没有设置主页链接。有 80% 的用户设置了主页链接。可见,大部分用户都会选择在个人主页附上自己的主页链接。研究在统计时发现,多数用户附上的是自己的 Facebook 或是 YouTube 的主页链接。另外,仅有极少数用户会放置 2~3 个主页链接,本次的样本中有 3 个用户设置了 2 个主页链接,有 2 个用户设置了 3 个主页链接。

研究在对传者账号名称及其主页个人简介作统计时,发现目标样本中74位用户名称或简介中直接出现了"中国"字样,这与他们是中国文化的发声者一定有必然联系。这部分用户占样本总数的15%。而85%的用户则是以间接形式出现与中国文化相关的内容。

(三) 发布主体的互动特征及其交叉分析

互动性是社交媒体最基本的特征之一。用户之间的评论、转发、收藏等行为构成了网络世界的虚拟社交。研究将用户的注册时间、发布的总推特条数、月均发布数、被关注数、关注数、使用的照片和视频数量、加入的群组数及被收藏数归结为用户的互动特征。

1. 互动特征

(1) 传者持续度

从发布主体的注册时间来考察传者在 Twitter 平台活动的时间跨度和持续性。对于目标样本中每个传播主体的注册 Twitter 时间做了统计(图2-3、图2-4)。

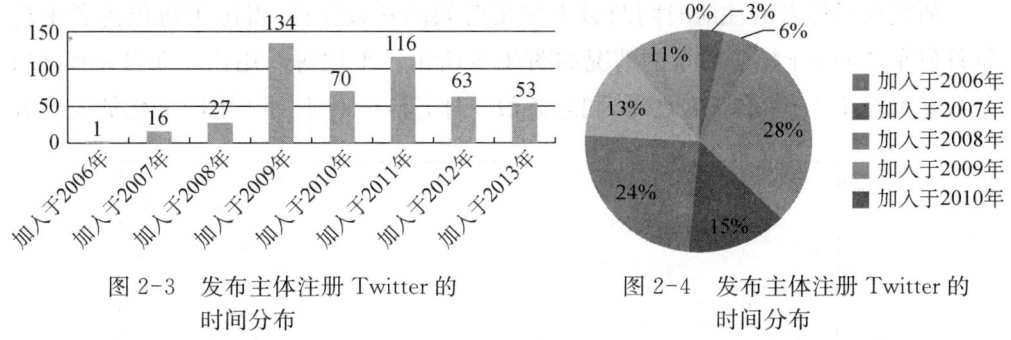

图2-3　发布主体注册 Twitter 的时间分布　　图2-4　发布主体注册 Twitter 的时间分布

关于中国文化的发声者样本的统计中,最早加入 Twitter 的时间为2006年,最晚为2013年。其中,于2009年和2011年加入的用户最多,占到总数的28%和24%。2006至2008年间加入的用户最少,2011至2013年间加入的用户较多。因此研究推测,2009—2011年3年间可能是 Twitter 用户发展的高峰期。

(2) 发布内容的活跃度

研究对于目标样本中每位传者到采集时间为止所发布的 Twitter 总条数做了统计。目标样本中多数发布主体发布的 Twitter 总条数居于12 400条至183 000条,总体来说发布总数较大。在 Twitter 上对于中国文化的发声者在 Twitter 上的活跃程度相对较大。

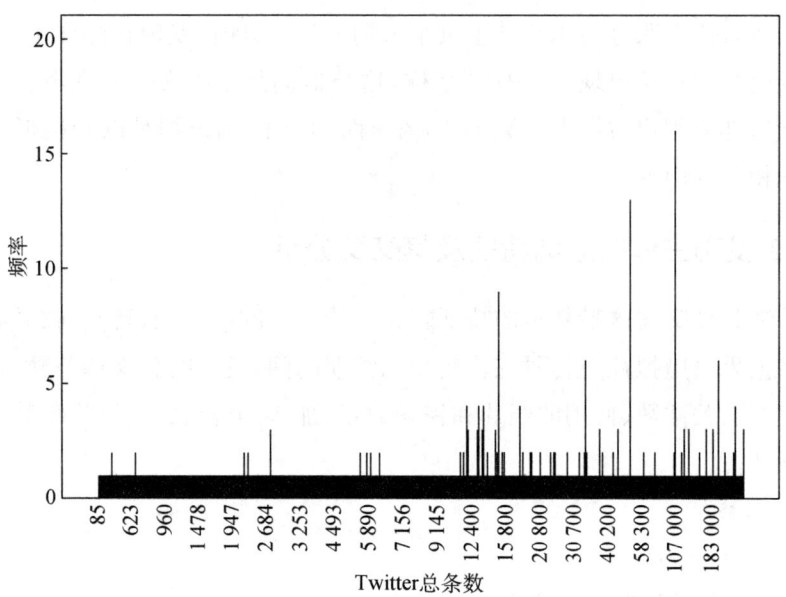

图 2-5　发布主体的 Twitter 总条数

（注：采集时间为 2015/12/2 14:02:26 至 2015/12/4 9:59:51）

研究通过传者的注册时间与数据采集时间的月数计算，得出了每位传者平均每月发布 Twitter 帖子数量的情况如图 2-6 所示。平均每月用户发布 Twitter 的条数基本在 175 至 32 647 之间，同总条数一样，Twitter 上对于中国文化的发声者

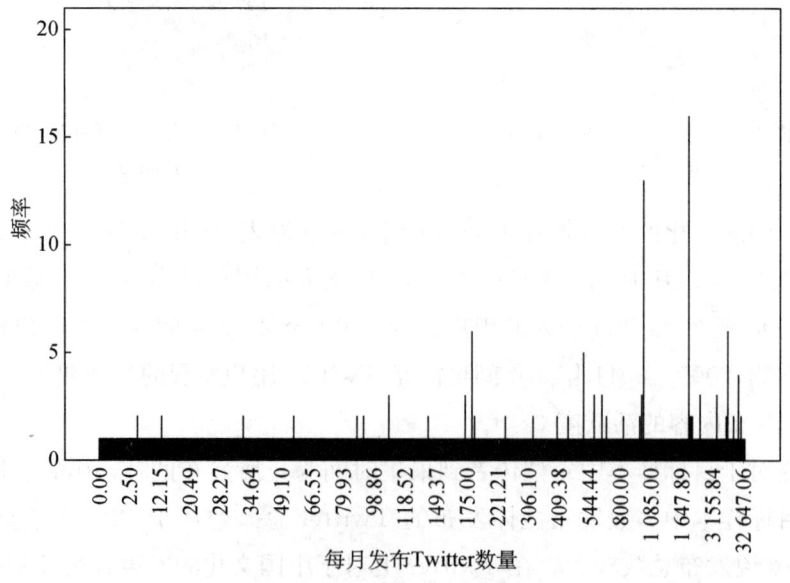

图 2-6　发布主体平均每月发布 Twitter 数量

在Twitter上的月活跃程度也相对理想。

在发布推文时,传者可以上传照片及视频配合自己的文字使得所传递的信息更加多样化,使得关注传者的用户更加容易地获取传者索要传递的信息。研究对于每位传者所使用的照片和视频数量也做了统计。如结果,多数用户所使用的照片和视频数量集中在 100 至 2 000 之间。Twitter 上对于中国文化的发声者在 Twitter 中使用照片和视频的频率仍是大大低于其发推文的数量,可视化呈现还不足(图 2-7)。

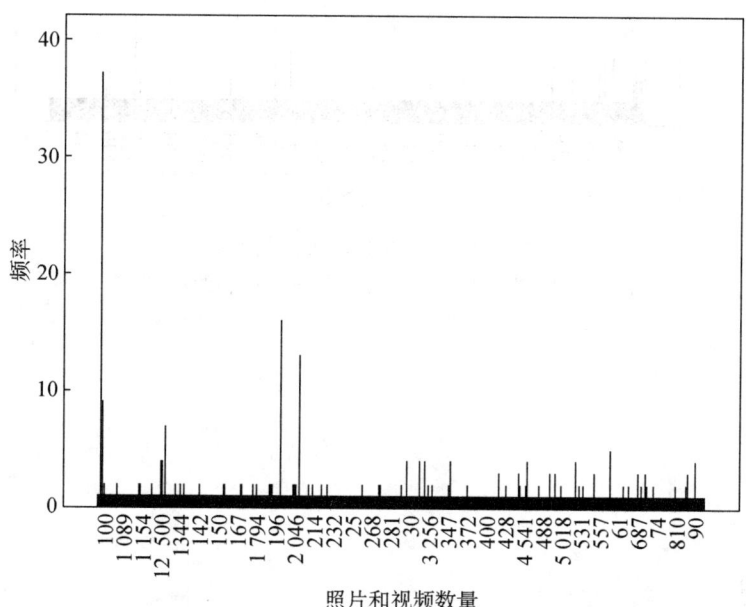

图 2-7　发布主体所使用的照片和视频数量
(注:采集时间为 2015/12/2 14:02:26 至 2015/12/4 9:59:51)

(3) 交互行为的互动性

Twitter 的用户可以关注他人的动态,这是在社交媒体平台上与其他用户进行交互行为的一种方式。每个用户基本都拥有自己的"粉丝"群,同时也是其他用户的"粉丝"。Twitter 上对于中国文化的发声者其关注他人数集中于 306 和 3 060 两个峰值左右(图 2-8)。

用户可以选择加入 Twitter 中的群组。这些群组一般为具有共同兴趣和话题的用户所聚集的讨论组。用户可以自主选择自己感兴趣的群组加入。54%的用户没有加入群组。31%的用户所加入的群组数量在 1~4 个,多数用户加入的群组数为 1 个。极少数用户加入的群组数量较多(图 2-9)。

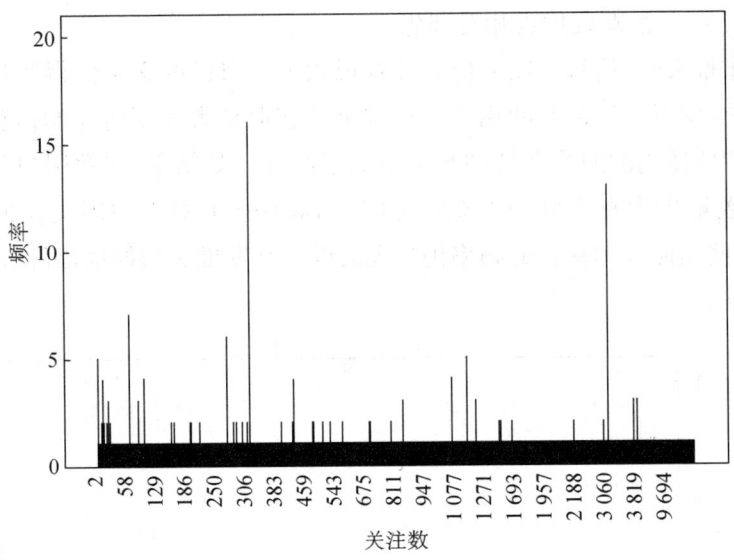

图 2-8　发布主体的关注他人数

(注：采集时间为 2015/12/2 14:02:26 至 2015/12/4 9:59:51)

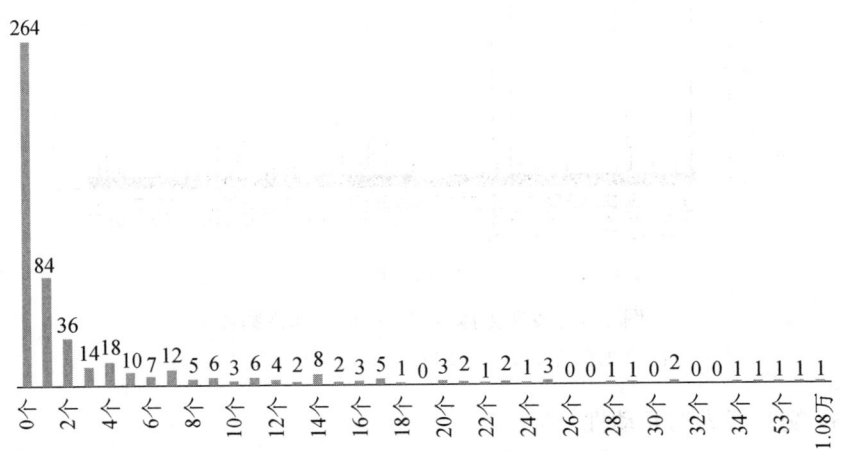

图 2-9　发布主体所加入群组的数量

(注：采集时间为 2015/12/2 14:02:26 至 2015/12/4 9:59:51)

(4) 传者的影响力

通过传者被关注数、被收藏数来考察其影响力情况。Twitter 上对于中国文化的发声者的被关注数集中于 1 085 和 6 189 两个峰值左右。Twitter 上对于中国文化的发声者的影响力相对较大(图 2-10)。

Twitter 的用户当推文被他人收藏时表明该推文对于他人有兴趣价值或关注价值，这同样是传播者影响力的表现之一。对于每个目标样本中的传播者，传者主

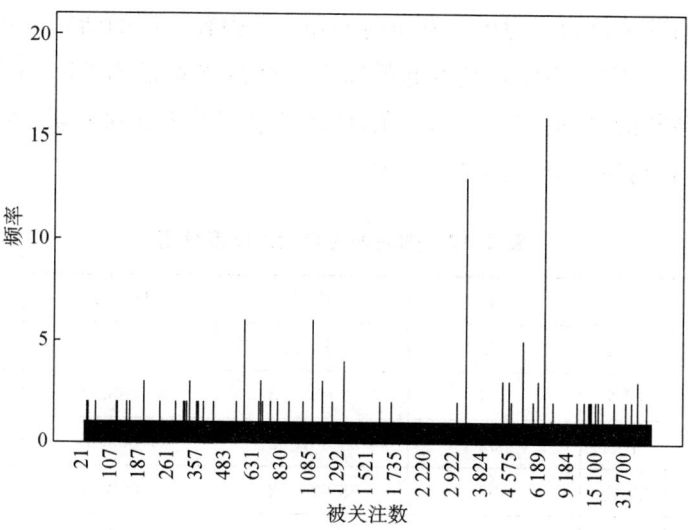

图 2-10　发布主体的被关注数

体的推文被收藏数集中在 1 至 40 左右(图 2-11)。较高的被收藏数出现的次数较少。在以收藏数为衡量标尺下,Twitter 上对于中国文化的发声者的推文影响力还不够强。

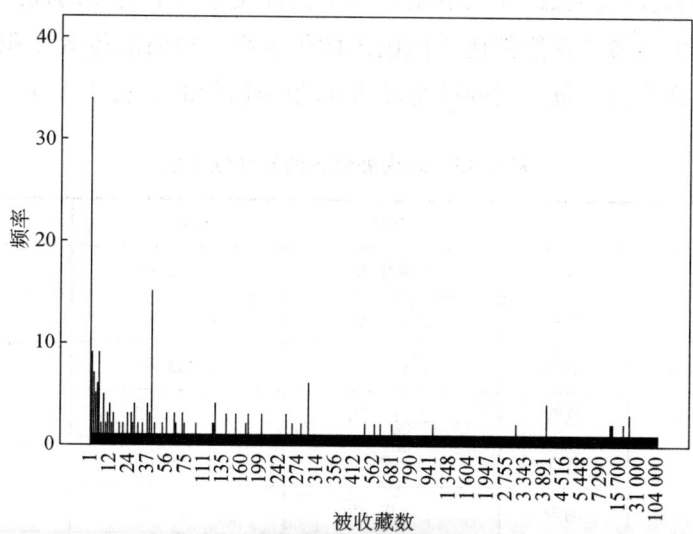

图 2-11　发布主体的被收藏数

(注:采集时间为 2015/12/2 14:02:26 至 2015/12/4 9:59:51)

2. 传者所属国家与互动特征

分别考察不同国家的传者在推特上的内容发布活跃度、社交互动性、影响力。

以推特的发布数量作为传者发布内容和进行内容生产的活跃度指标。从发布主体的国家来看,中国的传者其发布推特总条数的平均值为 25 381 条,国外传者发布推特总条数的平均值为 72 059 条;中国传者月均发布推特数的平均值为 443 条,而国外传者则为 1 310 条(表 2-12)。

表 2-12 国内外传者的活跃度分析

		N	均值	标准差	标准误
推特总条数	不详	103	54 744.20	154 332.11	15 206.79
	国外	344	72 058.93	180 265.42	9 719.26
	中国	52	25 381.02	27 803.07	3 855.59
	总数	499	63 620.72	166 003.98	7 431.36
月均发布数	不详	103	1 061.18	3 642.70	358.93
	国外	345	1 310.21	4 036.74	217.33
	中国	52	442.78	491.68	68.18
	总数	500	1 168.70	3 747.24	167.58

以传者的关注他人数、加入群组数表示其社交平台上的互动性。在这两方面的指标,国外的传者其均值都比中国国内的传者高。国内的传者在积极进行社交平台的互动、融入国际范围内的社交媒体互动圈还需加强(表 2-13)。

表 2-13 国内外传者的互动性分析

		均值	标准差	标准误
关注他人数	不详	1 802.28	3 142.89	312.73
	国外	2 168.35	6 589.69	354.78
	中国	1 397.12	1 232.68	170.94
	总数	2 013.58	5 680.22	254.54
加入群组数量	不详	2.32	6.68	0.67
	国外	38.89	599.09	33.18
	中国	2.36	5.73	0.81
	总数	27.37	495.85	22.73

以传者的关注者数、被收藏数来考察其影响力情况。标注为国外的传者,其关注者数的均值平均达 43 760,而中国国内的传者其关注者数平均为 2 924 个。国

外的传者其平均被收藏数也大大高于国内传者。总体来看,中国文化在 Twitter 的传播中,仍然是国外传者起到主要的传播效果和影响作用(表 2-14)。

表 2-14　国内外传者的影响力分析

		N	均值	标准差	标准误
关注者数	不详	103	4 293.93	9 401.80	926.39
	国外	345	43 760.04	393 904.67	21 207.12
	中国	52	2 923.92	3 354.24	465.15
	总数	500	31 383.06	327 605.90	14 650.98
被收藏数	不详	65	8 547.42	23 534.57	2 919.11
	国外	255	2 847.60	11 322.87	709.07
	中国	43	176.63	246.16	37.54
	总数	363	3 551.83	13 930.94	731.18

3. 传者组织机构属性与互动特征

(1) 个体/组织与互动特征

个体或组织机构在传者的互动特征上有着一定的差异性。其中,组织机构型的传者在内容生产和内容发布的活跃度上,要高于个体型的传者。T 检验的结果显示,组织机构发布的推特总条数以及月均发布推特数都显著高于个体,前者的 P 值为 0.003,后者的 P 值为 0.006。在发布的照片和视频数量上,组织机构略高于个体,但并未显现出显著性的差异(表 2-15)。

表 2-15　个体及组织机构互动性的描述性分析输出结果

	组织属性	N	均值	标准差	均值的标准误
推特总条数	个体	245	39 207.30	88 883.62	5 678.57
	组织机构	239	82 927.99	207 630.05	13 430.47
月均发布推特数	个体	245	667.87	1 801.69	115.11
	组织机构	239	1 484.68	4 177.91	270.25
照片和视频数量	个体	245	1 351.78	3 264.94	208.59
	组织机构	238	2 645.63	14 377.41	931.95

在社交媒体的互动性方面,组织机构关注他人数略高于个体,加入群组数则低于个体(表 2-16)。但是总体来看,这两方面的差异并不大,独立样本 t 检验都未通过显著性检验,前者的 t 值为 -0.842,后者的 t 值为 0.922(表 2-17)。

表 2-16 个体及组织机构互动性的描述性分析输出结果

组织属性		N	均值	标准差	均值的标准误
关注他人数	个体	245	1 575.31	2 477.459	158.279
	组织机构	237	1 990.53	7 298.413	474.083
加入群组数量	个体	242	47.98	694.072	44.617
	组织机构	234	6.06	45.433	2.970

表 2-17 对个体及组织机构互动性进行的独立样本检验结果

		方差方程的 Levene 检验		均值方程的 t 检验				
		F	Sig.	t	df	Sig.(双侧)	均值差值	标准误差值
推特总条数	假设方差相等	28.692	0.000	−3.024	482	0.003	−43 720.69	14 457.12
	假设方差不相等			−2.998	320.704	0.003	−43 720.69	14 581.62
月均发布	假设方差相等	23.225	0.000	−2.805	482	0.005	−816.81	291.24
	假设方差不相等			−2.781	321.855	0.006	−816.81	293.74
照片和视频数量	假设方差相等	5.686	0.017	−1.373	481	0.170	−1 293.85	942.58
	假设方差不相等			−1.355	260.705	0.177	−1 293.85	955.01

在传者的影响力方面，组织机构传者的关注者数平均为 61 372 个，个体为 3 254 个。被收藏数方面，个体略高于组织机构，但 t 检验值为 0.135，也即这种差异不显著（表 2-18）。

表 2-18 对个体及组织机构互动性进行的独立样本检验

组织属性		N	均值	标准差	均值的标准误
关注者数	个体	245	3 254.39	5 832.878	372.649
	组织机构	239	61 372.00	472 483.168	30 562.395
被收藏数	个体	173	4 716.97	15 259.839	1 160.184
	组织机构	179	2 470.01	12 737.301	952.031

（2）个体类型与互动特征

对于个体传者而言，考察其个体的职业领域在 Twitter 上活跃度、互动性、影响力的情况。从活跃度来看，D（记者）、I（企事业单位管理层）明显是最为活跃的群体，其发布推特总数、月均发布推特数都是最高的，且和其他一些群体拉开了较大差距。这两类人群是我国在加强对外文化"发声"中可以倚重的表达群体。

社交互动性方面，R（旅游行业从业人员）、A（大学教师或学者、中小学/培训机构/初等教育教师）、D（记者）和 B（影视音乐娱乐界公众人物）等关注他人都较为主动,高于平均值,他们有助于促进传者和受众之间在社交媒体的互动行为。

传播影响力方面,和发声活跃度既有相似形态也有一定的差异。得到关注数(粉丝数)最高的是来自于国家机关和党政组织的人员,G(国家机关/党政组织领导人)和 H(国家机关/党政组织工作人员)在各类职业传者中高居前两位。A(大学教师或学者、中小学/培训机构/初等教育教师)、D(记者)、R(旅游行业从业人员)也有较高的关注者数,他们也可归入到具有切实影响力的文化传播"意见领袖"行列。在被收藏数上,D(记者)、F(专业技术人员)、A(大学教师或学者、中小学/培训机构/初等教育教师)居于前列。总体来说,Twitter 中活跃度、互动性和影响力都比较重要的有 D(记者)、A(大学教师或学者、中小学/培训机构/初等教育教师)等(表 2-19)。

表 2-19　个体互动性均值报告

个体职业	均值						
	推特总条数	月均发布数	照片和视频数量	关注他人数	加入群组数量	关注者数	被收藏数
空缺	68 643.67	1 284.69	2 371.27	2 089.25	4.78	41 593.34	3 072.70
A	62 936.16	589.86	399.58	2 783.74	569.79	4 123.74	7 615.50
B	39 886.78	729.67	415.28	2 376.22	0.24	3 936.28	2 452.33
D	219 083.00	4 600.15	1 583.00	2 652.40	5.80	4 074.00	27 259.00
E	49 930.39	869.31	2 284.35	1 328.43	3.00	2 852.65	1 483.94
F	28 378.09	362.15	1 101.48	1 381.52	6.30	3 099.70	8 986.80
G	5 740.50	73.96	355.00	734.50	3.00	17 873.00	296.00
H	20 074.00	425.86	1 732.50	955.50	0.00	10 046.00	472.00
I	110 889.33	2 497.52	106.33	859.25	5.25	1 033.75	191.36
K	1 297.00	17.29	3.00	1 150.00		293.00	10.00
N	2 532.00	64.92	32.00	2 038.00		602.00	847.00
Q	20 900.18	318.34	1 650.23	1 549.86	9.33	3 133.91	3 212.31
R	5 934.33	71.81	188.67	3 340.83	7.50	3 968.00	141.67
总计	63 620.72	1 168.70	2 022.63	2 013.58	27.37	31 383.06	3 551.83

(3) 组织类型与互动特征

对于组织机构型的传者而言,在内容发布的活跃度上,J(大众媒体和文化企业)类是发布推特数最为活跃的组织类型;居于其次的是 M(非文化类的组织机构和社会团体)类。在互动性上,最为积极的依然是 J(大众媒体和文化企业)类,其关注他人数是各类中最高的。在影响力方面,粉丝数(关注者数)最多的也是 J(大众媒体和文化企业)类,遥遥领先于其他类型;被收藏数上除了未标明的和不详的类型外,最高的是 M(非文化类的组织机构和社会团体)类,显示了社会组织在中国文化传播中的重要作用(表 2-20)。

表 2-20 不同组织类型的互动性均值报告

组织机构 主体类型	推特 总条数	月均 发布数	照片和 视频数量	关注 他人数	加入群 组数量	关注者数	被收藏数
E	8 989.64	113.97	298.07	529.14	7.79	13 930.07	237.91
F	1 914.33	57.16	433.67	477.83	2.17	659.33	246.00
I	5 571.22	87.38	1 286.89	1 624.56	7.78	8 290.11	203.63
J	148 488.01	2 783.84	1 451.00	2 829.28	3.16	195 574.06	909.38
K	19 422.17	299.78	724.35	1 661.52	5.58	9 774.17	1 199.14
L	46 615.34	515.83	609.16	1 311.08	19.68	2 429.95	1 037.33
M	95 500.41	1 825.46	8 263.55	1 861.41	3.15	6 087.53	8 078.44
N	15 740.50	112.94	7 357.25	351.00	0.25	383.75	36 151.50
O	14 234.83	204.30	418.83	2 560.50	0.83	6 536.83	87.00
总计	63 620.72	1 168.70	2 022.63	2 013.58	27.37	31 383.06	3 551.83

4. 传者信息主题类型与互动特征

不同的个人信息特征,其在个人介绍部分会有自身偏向的信息主题类型。在内容发布的活跃度而言,发布推特总数和月均数最高的都是 Q(新闻媒体)类传者;仅次于 Q 类的是 A(政治)类传者,这些类型都偏向于公共类的主题。在发布照片和视频数量上,最为活跃的是 V(身份介绍)类和 U(哲学/生活哲理)、P(个人生活议题)类,这些类型都偏向于个体性、体验性的信息主题(表 2-21)。

表 2-21 不同个人信息特征与活跃度均值报告

个人信息特征	均值		
	推特总条数	月均发布数	照片和视频数量
A	85 576.75	1 566.81	1 331.50
B	53 098.44	627.73	1 148.67
C	4 603.31	67.75	243.75
D	13 581.09	230.36	998.52
E	14 271.40	190.25	1 749.80
G	9 608.00	127.89	1 201.00
H	11 200.00	149.33	142.00

(续表)

	均	值	
I	2 629.00	38.50	127.00
J	6 526.67	154.13	134.00
K	29 652.11	392.65	763.11
M	4 270.50	54.41	395.00
N	39 119.73	863.23	661.40
O	29 674.82	610.81	1 002.18
P	9 145.00	114.31	2 062.00
Q	188 682.42	3 469.50	1 258.13
R	23 694.36	377.31	1 160.55
T	47 258.89	449.51	1 445.63
U	31 836.59	682.36	2 084.10
V	50 362.91	911.88	3 056.26
总计	63 620.72	1 168.70	2 022.63

在互动性方面，关注他人数高的有 A（政治）、Q（新闻媒体）、H（宗教）、N（旅游）、K（科技/自然）等类。群组数多的类有 V（身份介绍）、N（旅游）等类。其中，旅游类传者更倾向于在社交媒体上进行更多的社会交互行为（表2-22）。

表2-22 不同个人信息特征与互动性均值报告

个人信息特征	关注他人数	加入群组数量
A	3 175.25	6.00
B	1 344.97	1.22
C	626.13	3.50
D	1 556.65	6.70
E	1 450.00	5.00
G	438.50	0.50
H	2 917.00	22.00
I	689.50	0.00
J	1 436.00	0.67
K	2 511.28	3.39
M	1 104.00	3.50
N	2 630.47	49.33

(续表)

个人信息特征	关注他人数	加入群组数量
O	1 171.55	0.71
P	11 000.00	0.00
Q	2 982.31	3.22
R	833.45	2.82
T	425.89	1.42
U	1 170.38	0.93
V	1 754.07	55.18
总计	2 013.58	27.37

在传者影响力方面,关注者数最多的是Q(新闻媒体)类,显示了新闻媒体类的传者拥有重大影响力。居于第二、三位的分别是E(社会/民生)、P(体育)类,但它们已与第一位的新闻媒体类拉开了较大的差异。被收藏数反映着传者传播内容的质量和吸引力的被认可度,这其中最高的是N(旅游)类。旅游类的传播者仍是我国文化对外传播需高度重视的主体力量(表2-23)。

表2-23 不同个人信息特征与影响力均值报告

个人信息特征	关注者数	被收藏数
A	5 309.75	478.50
B	3 085.36	1 098.50
C	11 994.31	127.57
D	5 504.65	267.00
E	26 016.00	386.67
G	569.00	2.00
H	3 682.00	8.00
I	3 287.50	167.50
J	1 679.33	169.00
K	5 038.11	153.67
M	7 843.00	234.50
N	3 835.40	10 400.40
O	6 654.73	85.63
P	24 600.00	数值缺失
Q	208 986.62	861.33

(续表)

个人信息特征	关注者数	被收藏数
R	2 340.00	4 873.57
T	1 246.63	8 125.11
U	2 340.79	8 362.05
V	4 143.16	4 813.57
总计	31 383.06	3 551.83

在传播主体的基础信息、社会特征、信息特征、互动特征及个人及组织类型信息作分析后，研究发现，在 Twitter 中对于中国文化的发声量仍旧有待提升，发声者也大多集中于与中国相关的工作和学习者中。中国文化在对外社交媒体 Twitter 上的传播相对处于零散化和非系统化状态。社交媒体在特定条件下可成为大众传媒强有力的助手，虚拟性的人际传播在社交媒体上的影响力往往胜过大众传媒一对多的传播力。因此，新形势下我国媒体更加需要以积极的态度打通国内外社交媒体的通道，为中国文化的传播添加新的传播主体力量。

Google+ 传者分析

网络自媒体成为全球用户的主要社交工具，是当今网络的一大趋势。Google＋是一种以整合 Google 在线资产，并以此建立完整的社交网。在社交媒介不断更新的传播时代，Google＋以其小范围内（Circles）分享照片、视频、及其他信息的功能，成为全球 Goolge 用户的社交工具。据 GlobalWebindex 基于 32 个国家和地区的 17 万网民的全球社交网络市场调查报告，就社交平台的渗透率因素而言，Google＋居于第 3 位；WeAreSocial 发布的《2015 数字、社交和移动报告》中，在不包括即时通信和聊天工具的社交网络平台中，Google＋排第 3 位。可以说，Google＋是一款具有全球使用用户的代表性社交软件，是近年来快速崛起的综合性社交软件，依托 Google 公司强大的综合软件平台，其使用者遍布全球各个角落。

本节对 Google＋上被抽样的传播主体的个人信息资料进行网络自动抓取和整理，在量化研究手段的基础上结合定性分析，进而考察在国际媒体上传播中国文化的主体特征。样本选取方法是在 Google＋的首页上，以"China""culture"为复合关键词搜索发布内容，并借助网络爬虫软件，对发布主体的用户资料数据进行采集。采集到 1 064 名用户资料样本，其后对数据去重和清洗，依据信息的完整性与有效性，选取相关度居于前 400 的发布主体资料。400 条用户名中，只有 8 个用户名显示有中文字符（其中 7 个用户名是简体字录入，1 用户名是繁体字录入）；1 用户名是韩语字符输入；剩余 391 条用户名皆用拉丁字母输入。有 98% 的用户使用拉丁字母输入了用户信息。但这也与 Google 公司在中国大陆的发展状况有关。2010 年 3 月，Google 公司逐步关闭了设在中国大陆的服务器与访问页面（http://Google.cn），导致大陆用户使用 Google 业务越发不便。可以从这一个角度解释为何 Google+ 的大陆用户较少。而采集到使用中文的发布主体，无一例外地都拥有国外受教育与居住经历。这一结果也在此提醒研究者，在国际媒体上发声，需要考虑大多数人使用的语言。"中国对外传播中获得正面效果或负面反应的具体事例表明，在对外传播中只有使用国际语言才能获得期望的结果，只有让外界听懂中国的声音，才能进行沟通，获得理解和支持。这是中国国际传播最欠缺、最应该着重培养的能力。"[1] 如何使国际人士了解、接受中国文化，最好的方式就是以国际人士能理解的语言、逻辑思维方式传播中国文化。中国希望能够融入国际社会，还是需要用国际语言传达中国的声音。

项目的分类方式中，对于个人传者的职业领域，划分如下：A.大学教师或学者、中小学/培训机构/初等教育教师；B.影视音乐娱乐界公众人物；C.体育运动员；D.记者；E.除记者以外的传媒从业人员；F.专业技术人员；G.国家机关/党政组织领导人；H.国家机关/党政组织工作人员；I.企事业单位管理层；J.企事业单位职员/办事人员；K.个体/独立经商；L.自由职业者；M.军人；N.学生；O.农民/牧民/渔民；P.不详；Q.其他。

对于组织机构，划分的类型包括：A.政府外交部门/外宣部门/宣传部门；B.政府的文化管理部门；C.政府的旅游管理部门；D.政府的教育管理部门；E.高等学校，中小学或初等教育学校；F.中国官方设在海外的中国文化教育推广机构；G.专门的语言培训机构（不含各类高等学校的相关学院或培训中心）；H.专门的文化艺术培训机构（不含各类高等院校的相关学院或培训中心）；I.文化公共服务机构；J.大众媒体和文化企业；K.文化类的非政府组织和社会团体；L.非文化类的企业；M.非文化类的组织机构和社会团体；N.不详；O.其他。

对信息主题类型划分如下：A.政治；B.经济/商务；C.教育；D.文化艺术（侧重于狭义的文化，例如文化典籍、古典音乐等）；E.社会/民生（如社会矛盾、慈善公益、社会救助等）；F.司法；G.国防军事；H.宗教；I.民族；J.医疗/卫生/健康；K.科技/自然；L.历史 M.环境/生态；N.旅游；O.影视/流行/娱乐明星；P.体育；Q.新闻媒体；R.个人生活议题（如个人情感、经历等）；S.综合；T.其他；U.哲学/哲理。

---

[1] 纪硕鸣.中国传播要使用国际语言[J].公共外交通讯 2010 年春季号,2010.

(一) 发布主体的社会特征及其交叉分析

社交平台的传播主体具有其特定的主体特征,例如居住地、个性宣言、学历等社会特征,与性别等自然特征,这些在一定程度上决定着传播主体之间的差异性。

1. 国家分布及其特征

(1) 国家和地域分布

在抽取的 400 个样本中,部分样本标示了传播主体的居住地:6.8% 的发布主体居住在中国境内;33% 的发布主体居住在中国境外;还有 241 人未标示自己的居住地或居住地所属国家不明确,占 60.3%(表 2-24)。

表 2-24 传者当前居住地及其所占比例

当前居住地	频率	百分比
不详	241	60.3%
A(中国)	27	6.8%
B(国外)	132	33.0%
合计	400	100.0%

在表明国家归属的传者身份中,占比最高的是美国,占到 37.01%,中国占到 21.43%。欧洲发达国家中,英国也占有一定的比重,达 9.09%。亚洲国家中则以印度为多,占到 6.49%。表 2-25 为传者所属国家及其所占比例。整体来看,Google+上关于中国文化的主要传者中,中国本国的传者还有待提升。

表 2-25 传者所属国家及其所占比例

国家	传者数	所占比例	国家	传者数	所占比例	国家	传者数	所占比例
中国	33	21.43%	澳大利亚	4	2.60%	泰国	1	0.65%
美国	57	37.01%	加拿大	7	4.55%	文莱	1	0.65%
英国	14	9.09%	新西兰	2	1.30%	马来西亚	6	3.90%
法国	4	2.60%	印度	10	6.49%	缅甸	1	0.65%
意大利	1	0.65%	日本	1	0.65%	阿联酋	2	1.30%
西班牙	1	0.65%	新加坡	1	0.65%	沙特阿拉伯	1	0.65%
德国	1	0.65%	朝鲜	1	0.65%	尼日利亚	2	1.30%
荷兰	3	1.95%	韩国	3	1.95%	巴西	3	1.95%

（续表）

国家	传者数	所占比例	国家	传者数	所占比例	国家	传者数	所占比例
希腊	1	0.65%	印尼	3	1.95%	巴哈马	1	0.65%
瑞典	2	1.30%	菲律宾	4	2.60%			
瑞士	2	1.30%	越南	2	1.30%			
保加利亚	1	0.65%	巴基斯坦	3	1.95%			

发布主体接受教育的机构所在地数据，与居住地呈现出高度相关联的特征。400个样本中，共有14个样本就读于中国的教育机构，占3.50%；有125个样本就读于国外的教育机构，占31.25%；剩余261个样本就读机构所在地不详，占65.25%。就用户的受教育地数据分析，大多数的发布主体为中国以外的区域，且在教育机构（语言学校、大学等）居多。

在采集的"居住地"与"就读地"数据中，两组数据相差不大，可以说数据相近。Google+的国外使用者明显多于在国内居住的、在国内接受教育的用户。

（2）传者所属国家与组织机构特征

对Google+不同国家传者的组织机构属性进行交叉分析如表2-26所示。来自中国国内的传者中，身份为个人的占59.3%，组织机构占11.1%。来自国外的传者中，个人占59.8%，组织机构占4.5%。国内外的传播者的差别不大。

表2-26 交叉表（组织机构特征 * 所属国家 交叉制表）

		所属国家中的百分比			合计
		不详	国外	中国	
组织机构特征	不详	56.8%	35.6%	29.6%	48.0%
	个人	19.9%	59.8%	59.3%	35.8%
	组织机构	23.2%	4.5%	11.1%	16.2%
合计		100.0%	100.0%	100.0%	100.0%

（3）传者所属国家与信息主题特征

对Google+样本中不同国家的传者主体进行信息特征的考察如表2-27所示。其中，中国的发布主体中，其个人简介类型属于B（经济/商务）类的最多，其次是U、R等类。这是不同于国外的发布主体的，就国外传者而言，其个人简介的最主要类型是R（个人生活议题）类。

表 2-27 交叉表(个人简介的类型 * 居住地 交叉制表)

		计数			
		居住地			合计
		不详	A(中国)	B(国外)	
个人简介（个性宣言）的类型	不详	63	10	38	111
	A	3	0	2	5
	B	70	8	16	94
	C	2	0	2	4
	D	1	0	0	1
	E	6	0	1	7
	F	0	0	1	1
	H	0	0	1	1
	I	4	0	0	4
	J	2	0	0	2
	K	0	0	1	1
	M	2	0	0	2
	N	1	0	0	1
	O	2	0	1	3
	Q	6	0	1	7
	R	50	3	53	106
	S	7	1	2	10
	T	0	1	0	1
	U	22	4	13	39
合计		241	27	132	400

(4) 传者所属国家与个人职业类型

基于 Google+传者的所属国家不同，对其个人的职业属性进行交叉分析如表 2-28 所示。在中国的传播主体中，剔除未注明或不明确的类型，前三位的主要类别是 A(大学教师或学者、中小学/培训机构/初等教育教师)、F(专业技术人员)和 J(企事业单位职员/办事人员)类。而对于国外传者而言，其前三位的主要类别是 F(专业技术人员)、E(除记者以外的传媒从业人员)、A(大学教师或学者、中小学/培训机构/初等教育教师)类。国内外的传播主体其身份特征存在一定差异，在传播中需要区别对待。对国内,要注重教师等知识群体在对外社交媒体传播中的作用;对国外传者,则要发挥专业技术人员的文化传播作用。

表2-28 交叉表(职业 * 所属国家 交叉制表)

		所属国家中的百分比			合计
		不详	国外	中国	
职业	A	1.2%	6.1%	22.2%	4.3%
	B	0.0%	0.8%	0.0%	0.3%
	C	0.4%	0.0%	0.0%	0.3%
	D	0.4%	0.8%	0.0%	0.5%
	E	1.2%	9.1%	0.0%	3.8%
	F	5.8%	22.7%	14.8%	12.0%
	H	0.8%	0.0%	0.0%	0.5%
	I	1.2%	5.3%	7.4%	3.0%
	J	3.3%	6.8%	11.1%	5.0%
	K	0.8%	0.0%	3.7%	0.8%
	L	2.9%	3.8%	0.0%	3.0%
	N	0.4%	1.5%	0.0%	0.8%
	O	0.0%	0.8%	0.0%	0.3%
	P	81.3%	39.4%	37.0%	64.5%
	Q	0.0%	1.5%	0.0%	0.5%
	R	0.0%	1.5%	3.7%	0.8%
	合计	100.0%	100.0%	100.0%	100.0%

(5)传者所属国家与组织机构类型

对不同国家的Google+传者样本,考察其组织机构的类型,如表2-29所示。中国国内的组织机构型的传者中,最主要的来自G(专门的语言培训机构)和L(非文化类的企业)类。而国外的组织机构型传者主要来自L(非文化类的企业)和F(中国官方设在海外的中国文化教育推广机构)类。可见企业是中国文化传播的主要力量之一;而语言交流、语言教育类的机构也是重要的发布主体。

2.个体和组织属性

(1)个体/组织分布

从发布主体的组织机构属性来看,如表2-30所示,在400个样本中,属于个人的占35.8%;属于组织机构的占16.3%;其余为不详。在标示了个体或组织的传者比例而言,个人仍是更为主要的发布主体。

表2-29 交叉表(组织类型*所属国家 交叉制表)

组织类型		所属国家中的百分比			合计
		不详	国外	中国	
		76.8%	95.5%	88.9%	83.8%
	A	0.4%	0.0%	0.0%	0.2%
	B	1.2%	0.0%	0.0%	0.8%
	E	0.8%	0.0%	0.0%	0.5%
	F	0.0%	0.8%	0.0%	0.2%
	G	0.8%	0.0%	7.4%	1.0%
	H	0.4%	0.0%	0.0%	0.2%
	I	0.8%	0.0%	0.0%	0.5%
	J	5.0%	0.0%	0.0%	3.0%
	K	0.4%	0.0%	0.0%	0.2%
	L	12.4%	3.8%	3.7%	9.0%
	M	0.4%	0.0%	0.0%	0.2%
	O	0.4%	0.0%	0.0%	0.2%
合计		100.0%	100.0%	100.0%	100.0%

表2-30 变量"组织属性"的频率分布

	频率	百分比
不详	192	48.0%
个人	143	35.8%
组织机构	65	16.3%

(2) 个体传者特征

发布主体标示的学历情况如下:博士A类2人,占0.50%;硕士B类12人,占3.00%;本科/专科C类110人,占27.5%;中/小学D类7人,占1.75%;无学历E类3人,占0.50%;未标示266人,占66.75%。总体来看,在标示了学历信息的传者中,关于中国文化的传者中仍以本科/专科等中高级学历和文化阶层的为多。

Google+的个体传者样本中,其职业分布情况如表2-31所示为:A类17人,占 4.25%；B、D、O 类 1 人，占 0.25%；E 类 15 人，占 3.75%；F 类 47 人，占 11.75%；H、Q 类 2 人，占 0.50%；I 类 12 人，占 3.00%；J 类 20 人，占 5.00%；K 类 3 人，占 0.75%；N 类 3 人，占 0.75%。从职业分布可以看到，Google＋的中国文化传播主体中，以 F（专业技术人员）、J（企事业单位职员/办事人员）、A（大学教师或学者、中小学/培训机构/初等教育教师）为多，这部分传者在社会中也多属中产阶层和社会的主体构成。

表 2-31 变量"职业"的频率分布

职业	频率	百分比
A	17	4.25%
B	1	0.25%
C	1	0.25%
D	2	0.50%
E	15	3.75%
F	48	12.00%
H	2	0.50%
I	12	3.00%
J	20	5.00%
K	3	0.75%
L	12	3.00%
N	3	0.75%
O	1	0.25%
P	258	64.50%
Q	5	1.25%

统计的样本中，男性 140 人，占 35.00%；女性 79 人，占 19.75%；未标示 181 人，占 45.25%。在假设未标示性别者占比均衡的情况下，男性传者略多于女性。

工作变化方面，工作变动次数为 0 次有 4 人，占 1.00%；1 次有 53 人，占 13.25%；2 次有 20 人，占 5.00%；3 次有 14 人，占 3.50%；4 次有 4 人，占 1.00%；5 次有 2 人，占 0.50%；未标示的有 289 人，占 72.25%。多数传者的职业状况相对稳定。

页面链接数量显示了传者主体对于其他页面的链接设置数，这和其网络使用程度包括活跃度都存有关系。页面链接数为 1 的有 108 人,占 27.00%;为 2 的有 55 人,占 13.75%;为 3 的有 60 人,占 15.00%;为 4 的有 14 人,占 3.50%;为 5 的有 13 人,占 3.25%;为 6 的有 9 人,占 2.25%;为 7 的有 11 人,占 2.75%;为 8 的有 7 人,占 1.75%;未标示的有 123 人,占 30.75%。

传者的撰稿网站数也一定程度上反映着传者的网络使用度和活跃度。撰稿网站数为 0 的有 4 人,占 1.00%;为 1 的有 59 人,占 14.75%;为 2 的有 25 人,占 6.25%;为 3 的有 12 人,占 3.00%;为 4 的有 3 人,占 0.75%;为 5 的有 6 人,占 1.50%;为 6 的有 13 人,占 3.25%;为 6 的有 13 人,占 3.25%;未标示的为 278 人,占 69.5%。

综合而言,非组织与机构的发布主体中,最大样本量的发布主体形象描述如下:拥有本科/专科的学历者、为专业技术人员或在企事业单位工作、工作变动次数在 0~1 次范围间、男性居多、(曾)居住在国外、拥有 1~2 个社交账号。

(3) 组织传者类型

账号登记为组织机构的发布主体中,把主体类型分为 A—O 的 15 类,针对组织机构而非个人。在组织机构中,占比最多的是 L(非文化类的企业)类,达 55.4%。其次是 J 类,占 18.5%。专门的语言培训机构在其中占比也较多,为 6.2%。政府的文化管理部门在其中占 4.6%。未标示的有 335 个,占 83.75%。在 400 个传者主体的样本中,统计有 6 个样本为政府部门,其中 5 个为国家/中央级;1 个为地方级。总体来说,来自民间而非官方的组织机构在 Google+上的数量占比较大(表 2-32)。

表 2-32 Google+组织传者类型及所占比例

组织传者类型	在组织传者中所占比重	组织传者类型	在组织传者中所占比重
A	1.54%	B	4.62%
F	1.54%	E	3.08%
H	1.54%	G	6.15%
K	1.54%	I	3.08%
M	1.54%	J	18.46%
O	1.54%	L	55.38%

(4) 个体/组织属性与国家分布

传者分属于个体和组织机构不同的类型,分布如表 2-33 所示。个体传播者中,55.2%来自国外。对于我国的文化对外传播而言,还需增强个体传播者在国际社交媒体中的"发声"量。在组织机构传播者方面,国内的比例也略低于国外。

表 2-33　交叉表(所属国家 * 组织机构特征 交叉制表)

		组织机构特征中的百分比			合计
		不详	个人	组织机构	
所属国家	不详	71.4%	33.6%	86.2%	60.2%
	国外	24.5%	55.2%	9.2%	33.0%
	中国	4.2%	11.2%	4.6%	6.8%
合计		100.0%	100.0%	100.0%	100.0%

(5) 个体/组织属性与信息主题特征

对于个体和组织机构而言,它们的个人介绍所属的信息类型分布如下:对于个体传播者而言,其个人信息多偏于 R(个人生活议题)、B(经济/商务)、U(哲学/哲理)类,可见个体化、生活化的内容较多,同时也有较多的经济和商务类偏好。对于组织机构传播者而言,B(经济/商务)类是最为主要的,占的比重超过了一半,其次是新闻媒体类。在利用个人或组织机构的传播中,既有共同点也需要区别对待(表2-34)。

表 2-34　交叉表(个人简介类型 * 组织机构特征 交叉制表)

		组织机构特征			合计
		不详	个人	组织机构	
个人简介 (个性宣言) 类型	不详	37.0%	23.8%	9.2%	27.8%
	A	1.6%	0.7%	1.5%	1.3%
	B	17.2%	13.3%	64.6%	23.5%
	C	0.0%	1.4%	3.1%	1.0%
	D	0.5%	0.0%	0.0%	0.3%
	E	3.1%	0.0%	1.5%	1.8%
	F	0.0%	0.7%	0.0%	0.3%
	H	0.0%	0.7%	0.0%	0.3%
	I	1.6%	0.0%	1.5%	1.0%
	J	0.5%	0.0%	1.5%	0.5%
	K	0.0%	0.7%	0.0%	0.3%
	M	0.5%	0.7%	0.0%	0.5%
	N	0.0%	0.0%	1.5%	0.3%

(续表)

		组织机构特征			合计
		不详	个人	组织机构	
个人简介（个性宣言）类型	O	1.6%	0.0%	0.0%	0.8%
	Q	0.5%	0.7%	7.7%	1.8%
	R	23.4%	41.3%	3.1%	26.5%
	S	2.6%	2.1%	3.1%	2.5%
	T	0.0%	0.7%	0.0%	0.3%
	U	9.9%	13.3%	1.5%	9.8%
合计		100.0%	100.0%	100.0%	100.0%

（二）发布主体的信息特征及其交叉分析

该板块收集三类信息：发布主体的"个性宣言""介绍类型"及"晒一晒"。其中，"个性宣言"部分的占比统计如下：A 类型 5 人，占 1.25%；B 类型 94 人，占 2.35%；C 类型 4 人，占 1.00%；D 类型 1 人，占 0.25%；E 类型 7 人，占 1.75%；F 类型 1 人，占 0.25%；G 类型 0 人；H 类型 1 人，占 0.25%；I 类型 4 人，占 1.00%；J 类型 2 人，占 0.50%；K、L、N、T 类型 1 人，占 0.25%；M 类型 2 人，占 0.50%；O 类型 2 人，占 0.50%；P 类型 0 人；Q 类型 7 人，占 1.75%；R 类型 106 人，占 26.50%；S 类型 10 人，占 2.50%；U 类型 39 人，占 9.75%；剩余 48.90% 个性宣言内容未标示。

研究者对发布主体的个人主页所介绍的文字内容进行了分类，与发布主体的分类标准一致，共分了 A—U 的 21 种类型。其中：A 类型 5 人，占 400 个有效统计样本的 12.5%；B 类型 95 人，占 23.75%；C 类型 3 人，占 0.75%；D 类型 1 人，占 0.25%；E 类型 6 人，占 1.50%；H 类型 1 人，占 0.25%；I 类型 2 人，占 0.50%；J 类型 2 人，占 0.50%；M 类型 1 人，占 0.25%；O 类型 2 人，2.50%；Q 类型 7 人，占 1.75%；R 类型 124 人，占 31%；S 类型 5 人，占 1.25%；U 类型 14 人，占 3.5%；未标示的 81 人，占 20.25%。

而相对于发布主体的"个性宣言"与"介绍类型"参与度，"晒一晒"部分的参与度较低，400 个有效样本中只统计有 94 条信息。统计结果如下：A 类 4 人，占 1.00%；B 类 9 人，占 2.25%；C 类 2 人，占 0.50%；K、Q、T 类 1 人，占 0.25%；R 类 72 人，占 18.00%；U 类 4 人，占 1.00%。

关于发布主体的信息特征部分,占比最高的前三种类型,是 R(个人生活议题),累计统计 302 条;B(经济/商务),累计统计 198 条;U(哲学/哲理)累计统计 43 条。发布主体更乐意发布自己的兴趣日常、学习工作、个人性格和个人隐私（情感、婚姻状况）等私人信息;经济/商务类的信息则多涉及业务介绍、公司背景、旅行路线、风景介绍等内容;哲学/哲理类的内容涉及人生感悟、信仰或生活哲学。占比低的内容种类有 G(国防军事)与 P(体育)、F(司法)、K(科技/自然)、L(历史)等类。

在互联网技术的推动下,社交媒体的开放性、匿名性特点,给用户营造了自由的内容生产氛围,从而培养了发布主体自我表达、获取信息、分享沟通、人际交往和社会融入的使用习惯。发布主体相对自由的根据自己的认知和情感需求,发布信息内容,进一步满足了发布主体自我表露、自我表达的社交需求。"通过社交媒体的关注和交流显得特别平等、轻松和自然,同时还可以满足使用者获得关注的欲望,从而激发用户进行更深层次的自我表露。"[1]用户之间可以根据自己的需要选取自己偏好的、与自己认知相近、相似或自己可认可的文字、观点进行阅读。而统计的数据也体现出,绝大多数的发布主体在自己的信息介绍页面,还是乐意表露自我,乐于分享自我的情感与观点。

(三) 发布主体的互动特征及其交叉分析

Google+为用户提供了展示自我的平台,使发布主体互相之间浏览主页与建立好友关系变得非常简便。发布主体的兴趣是用户建立社交关系的纽带。"渗透力和影响力"是衡量传媒实力的核心。[2]将该观点运用在发布主体个体上,也同样适用。发布主体的关注者人数、被查看次数、被关注数等就是发布主体社交影响力、辐射力、感召力、渗透力的综合表现。

1. 互动特征

从发布主体的关注者人数看,如表 2-35 所示,Google+上传播中国文化的主体其关注者人数平均值为 95 672 次,但是受到极端值的影响较大,其中值仅为 169 人,这个数值并不大;即使是 75 百分位数也只有 1 480 人。

传者页面的被查看次数平均值为 5 558 858 次,中值也达到 192 770 次(表 2-36)。这些传播主体的页面其扩散效力并不低。

---

[1] 谢新洲,安静.社交媒体用户自我表露的影响因素分析[J].出版科学,2016,24(1).
[2] 吴瑛,李莉,宋韵雅.多种声音一个世界:中国与国际媒体互引的社会网络分析[J].新闻与传播研究,2015(9).

表 2-35 发布主体的关注者统计量

N	有效	337
	缺失	63
均值		95 671.66
均值的标准误		33 718.380
中值		169.00
众数		2
极小值		0
极大值		8 416 921
百分位数	25	41.50
	50	169.00
	75	1 480.00

表 2-36 传者主体的被查看次数统计量

N	有效	366
	缺失	34
均值		5 558 857.98
均值的标准误		1 408 961.864
中值		192 769.50
众数		432[a]
极小值		0
极大值		31 727 9623
百分位数	25	28 695.25
	50	192 769.50
	75	1 401 983.75

a. 存在多个众数,显示最小值。

如表 2-37 所示,传者样本的圈子中的人中值为 135 人。受到极端值的影响,平均值达到了 23 182 人。但是总体来看,这些传者在关注他人的主动社交性上,略显不足。

2. 传者所属国家与互动特征

从传者的关注者数量来看,如表 2-38 所示,国内传者的平均关注者数为 1 983 个,国外传者的平均关注者数为 136 360 个。

表 2-37　发布主体圈子中的人统计量

N	有效	372
	缺失	28
均值		23 181.74
均值的标准误		12 258.823
中值		135.00
众数		1[a]
极小值		1
极大值		3 375 381
百分位数	25	28.25
	50	135.00
	75	796.75

a. 存在多个众数。显示最小值

表 2-38　国内外传者关注者数的描述性分析输出结果

关注者数	N	均值	标准差	标准误	均值的95%置信区间		极小值	极大值
					下限	上限		
不详	237	148 272.17	749 356.243	48 675.919	52 377.36	244 166.99	1	8 416 921
A（中国）	25	1 982.72	7 101.697	1 420.339	−948.72	4 914.16	6	35 605
B（国外）	128	136 360.27	763 461.635	67 481.112	2 827.32	269 893.21	1	7 017 295
总数	390	134 985.09	729 532.545	36 941.316	62 355.47	207 614.72	1	8 416 921

从传者的页面被查看次数来看，如表 2-39 所示，国内传者的均值为 383 285 次，国外传者的均值为 2 814 272 次。

表 2-39　对国内外传者页面被查看次数的描述性分析结果

被查看次数	N	均值	标准差	标准误	均值的95%置信区间		极小值	极大值
					下限	上限		
不详	226	7 506 445.22	33 305 862.942	2 215 473.048	3 140 715.14	11 872 175.30	418	317 279 623
A（中国）	23	383 284.65	686 473.517	143 139.623	86 431.24	680 138.06	908	2 748 269
B（国外）	117	2 814 272.26	10 686 032.039	987 924.011	857 564.28	4 770 980.25	0	108 320 031
总数	366	5 558 857.98	26 955 027.505	1 408 961.864	2 788 156.18	8 329 559.79	0	317 279 623

从传者的圈子中的人数量来看，如表 2-40 所示，国内传者平均为 536 个，国外传者平均为 29 886 个。国内的传者在该互动指标上低于国外传者的。

表 2-40　国内外传者圈子中的人的描述性分析输出结果

他圈子中的人	N	均值	标准差	标准误	均值的95%置信区间		极小值	极大值
					下限	上限		
不详	228	22 036.74	203 855.486	13 500.659	−4 565.90	48 639.38	1	2 720 803
A(中国)	24	535.71	963.513	196.676	128.85	942.56	1	4 331
B(国外)	120	29 886.44	307 999.725	28 116.399	−25 786.84	85 559.72	1	3 375 381
总数	372	23 181.74	236 439.624	12 258.823	−923.75	47 287.23	1	3 375 381

3. 传者组织机构属性与互动特征

(1) 个体/组织与互动特征

个体或组织机构在传者的互动特征上有着一定的差异性。如表 2-41 所示，从关注者数量来看，个人的关注者数量平均为 141 430 个，而组织机构关注者数量平均为 293 676 个。

表 2-41　不同组织属性传者关注者数的描述性分析输出结果

关注者数	N	均值	标准差	标准误	均值的95%置信区间		极小值	极大值
					下限	上限		
不详	188	76 231.77	481 142.689	35 090.937	7 006.79	145 456.75	1	5 366 174
个人	138	141 429.94	762 940.419	64 945.801	13 004.09	269 855.80	1	7 017 295
组织机构	64	293 676.28	1 139 001.352	142 375.169	9 162.21	578 190.35	1	8 416 921
总数	390	134 985.09	729 532.545	36 941.316	62 355.47	207 614.72	1	8 416 921

从传者的页面被查看次数而言，如表 2-42 所示，个人传者的平均被查看次数为 2 683 503 次，组织机构的平均被查看次数为 16 938 351 次。

表 2-42　对不同组织属性传者页面被查看次数的描述性分析结果

被查看次数	N	均值	标准差	标准误	均值的95%置信区间		极小值	极大值
					下限	上限		
不详	176	3 560 347.19	15 421 319.044	1 162 425.660	1 266 169.42	5 854 524.96	375	171 675 318
个人	127	2 683 502.57	10 359 324.880	919 241.437	864 350.80	4 502 654.35	0	108 320 031
组织机构	63	16 938 350.62	56 817 276.504	7 158 303.991	2 629 104.83	31 247 596.41	418	317 279 623
总数	366	5 558 857.98	26 955 027.605	1 408 961.864	2 788 156.18	8 329 559.79	0	317 279 623

从传者在社交媒体中的主动交互程度来看，如表 2-43 所示，个人传者的圈子中的人数平均为 129 个，而组织机构的平均值则为 63 个，个人比之组织机构具有

更强的社交主动性。

表 2-43 对不同组织属性传者圈子中的人的描述性分析结果

他圈子中的人	N	均值	标准差	标准误	均值的95%置信区间		极小值	极大值
					下限	上限		
不详	180	10 774.53	105 007.495	7 826.797	−4 670.13	26 219.19	1	1 357 404
个人	129	48 617.63	380 102.413	33 466.151	−17 600.87	114 836.13	2	3 375 381
组织机构	63	6 547.90	48 318.355	6 087.541	−5 620.92	18 716.72	1	383 732
总数	372	23 181.74	236 439.624	12 258.823	−923.75	47 287.23	1	3 375 381

(2) 个体类型与互动特征

就个体传者的职业领域而言,如表 2-44 所示,剔除 P 类和 Q 类(不详和其他类),关注者数量最多的是 F(专业技术人员)、J(企事业单位职员/办事人员)、L(自由职业者)等几类。被查看次数最多的是 E(除记者以外的传媒从业人员)、F(专业技术人员)、L(自由职业者)等类。从主动的交互性而言,圈子中人数最多的是 F(专业技术人员)类,其他类与该类有较大差距,显示出专业技术人员在社交媒体的文化传播中的活跃性。

表 2-44 个体传者的职业分布

职业	均 值		
	关注者数	被查看次数	他圈子中的人
A	647.06	628 168.76	332.71
B	2 361.00	数值缺失	2 361.00
C	101.00	135 327.00	73.00
D	1 312.00	413 085.00	3 163.00
E	17 764.77	4 969 898.20	3 403.62
F	285 998.98	4 753 500.70	147 079.21
H	42.50	7 217.50	235.50
I	465.82	373 829.60	802.36
J	183 063.60	1 144 585.40	725.11
K	371.67	180 973.50	1 708.33
L	106 594.25	2 038 366.20	897.40

(续表)

	均	值	
N	129.33	653 646.33	337.67
O	998.00	385 984.00	1 732.00
总计	134 985.09	5 558 858.00	23 181.74

（3）组织类型与互动特征

对Google＋中不同组织的类型进行考察，并比较其互动程度和互动效果的差异，如表2-45所示。其中粉丝数最多的有J(大众媒体)类、H(专门的文化艺术培训机构)类和L(非文化类的企业)类；被查看次数最多的传者有I(文化公共服务机构)类、J(大众媒体和文化企业)类和H(专门的文化艺术培训机构)类；主动与他人进行社交网络的社会互动最多的有I(文化公共服务机构)类和L(非文化类的企业)类、J(大众媒体和文化企业)类(表2-45)。

表2-45 组织类型传者的互动特征

	均	值	
组织类型	关注者数	被查看次数	圈子中的人
A	203.00	410 366.00	5.00
B	1 071.67	1 012 887.67	50.33
E	73.00	76 345.00	80.50
F	10.00	2 490.00	10.00
G	117 640.25	3 582 606.67	83.50
H	456 204.00	7 578 849.00	14.00
I	206 015.50	113 956 789.00	191 899.00
J	951 999.92	52 334 973.92	166.73
K	36 188.00	1 741 323.00	9.00
L	170 299.46	5 164 545.57	613.11
M	4 506.00	3 162 654.00	126.00
总计	134 985.09	5 558 857.98	23 181.74

4. 传者信息主题类型与互动特征

对传者基于其主题领域的不同，考察其互动特征情况如表2-46所示。在关注者数量方面，信息类型属于Q(新闻媒体)、E(社会/民生)类的传播主体，具有的关注者数量高于其他类型的主体,其中 Q 类主体其关注者数平均值达 126 万多,E 类主体平均约 77 万,其后还有 S(综合)和 C(教育)类。仅有这四类的关注者数平均超过了 20 万。在传者页面的平均被查看次数方面,最高的四类依次是 Q、C、E、S 类,它们的也是仅有的平均被查看次数逾千万次的四类。可见,在中国文化的国际传播过程中,需要寻求合适领域内的传者,其中新闻媒体类、社会/民生类的传者更容易获得更多的关注度和影响力。

而在与他人进行主动的社交互动程度方面,居于前列的几类主要有 U(哲学/哲理)、C(教育)、E(社会/民生)等几类,它们在 Google+账户上的圈子中的人数平均值都超 5 万,与其他类型有较大差距。哲学/哲理类因较为关注个人的体验和生活经验,较多个体化的内涵,因而其个人的互动性强并不难理解。而教育类、社会/民生类的传播者其主动互动性和被关注程度都居前列。对外文化传播可以多在这几类主题领域的传者主体上加大重视,以取得更好的实际效果。

表 2-46　简介(个性宣言)类型与互动特征

简介(个性宣言)类型	均值		
	关注者数	被查看次数	他圈子中的人
A	38 090.60	1 678 455.75	2 293.50
B	98 457.35	5 030 247.66	16 020.13
C	210 637.75	59 025 710.50	95 990.50
D	793.00	2 290 412.00	3.00
E	769 856.29	15 746 556.86	58 679.86
F	10.00	2 233.00	118.00
H	32 126.00	9 263 300.00	32 126.00
I	43 045.75	3 386 580.67	46.00
J	90.50	13 959.00	83.50
K	70.00	178 988.00	4 956.00
M	1 714.50	729 612.50	1 739.00
N	177.00	79 193.00	145.00
O	93.00	405 626.00	87.33
Q	1 266 021.14	72 743 398.00	342.00
R	115 950.67	3 009 901.83	29 247.89

（续表）

	均	值	
S	237 970.80	10 424 396.10	617.56
U	168 017.81	7 617 082.88	97 166.11
总计	134 985.09	5 558 857.98	23 181.74

表中数值为各项均值。

 ## YouTube 传者分析

  本节对中国文化在对外社交媒体 YouTube 上的传播主体特征进行考察与分析。2005 年 YouTube 的开站后，提供了简单的方法让普通电脑用户上传视频。凭借其简单的界面，使得 YouTube 可让任何已上传至网络的视频在几分钟之内使全世界观众能观看到，这令网民由传统的接收信息者，变成信息传者，网民更可成立自己的私人影院、视频发布站、新闻站，而替换传统的传播媒体。2008 年，YouTube 被授予当年度皮博迪奖，被誉为"发言者的角落"。获奖理由为 YouTube 借由其网站技术，使用户能上传、观看和分享视频，如同一能不断扩大的存档／公告板，也因此同时体现并促进民主精神。YouTube 的受众分布于世界各地，现支持包括简体中文、繁体中文、日文、韩文、英文等 15 种语种，提供了包括澳大利亚、巴西、加拿大、德国、西班牙、法国、中国香港、爱尔兰、印度、意大利、日本、韩国、墨西哥、荷兰、新西兰、波兰、俄罗斯、中国台湾等 20 个区域频道。本研究对中国文化对外社交媒体传播的主体构成与机制进行考察，选取国际社交媒体 YouTube 进行抽样，对其传播主体和特征进行编码和分析。

  YouTube 网站发布的视频量巨大，在现有研究条件下必须进行抽样调查。本研究采取的抽样方法为，在 YouTube 中直接输入"China culture"关键词检索，并按照与检索词的相关性排序。选取相关程度最高的前 699 条视频，去除掉无效频道后剩余 685 条，这些帖子共由 449 个不同传者所发布，帖子样本的采集时间为 2015 年 1 月 8 日。随后，研究者根据先前采集的传者主页链接网址对 449 个传者主页的基本信息进一步采集，其中有 18 个传者账户因违反 YouTube 政策或其他"服务条款"遭到停止，剩下的实际有效样本量为 431，该部分采集时间为 2016 年 10 月 30 日。

  分析的类目元素中，对国家归属主要区分传者主体属于国外还是国内，国内包括中国大陆和港澳台传者;个体/组织属性是区分传者属于个人还是组织机构。对于个人传者,除了其他一些个体特征外,还涉及对其职业领域的区分,相关的编码方式如下:A.中小学/培训机构/初等教育教师;B.专业技术人员;C.企事业单位管理层;D.记者和除记者以外的传媒从业人员;E.自由职业者;F.大学教师或学者;G.学生;H.个体/独立经商;I.企事业单位职员/办事人员;J.不详;K.影视音乐娱乐界公众人物;L.体育运动员;M.国家机关/党政组织领导人;N.国家机关/党政组织工作人员;O.军人;P.农民/牧民/渔民;Q.其他。

对于组织机构,对其类型进行划分,包括:A.中国官方设在海外的中国文化教育推广机构;B.文化公共服务机构;C.高等学校、中小学或初等教育学校;D.文化类的非政府组织和社会团体;E.专门的文化艺术培训机构;F.非官方大众媒体;G.专门的语言培训机构;H.官方大众媒体;I.非文化类的企业;J.不包含大众媒体的文化企业;K.非文化类的组织机构和社会团体;L.不详。

对于传者在其页面信息上所显示出的主题偏向,对其划分如下信息主题类型:A.政治;B.经济/商务;C.教育;D.文化艺术;E.社会/民生;F.司法;G.国防军事;H.宗教;I.民族;J.医疗/卫生/健康;K.科技/自然;L.历史;M.环境/生态;N.旅游;O.影视/流行/娱乐明星;P.体育;Q.新闻媒体;R.个人生活议题;S.综合;T.其他;U.哲学/生活哲理;V.身份介绍。

(一) 发布主体的社会特征及其交叉分析

1. 国家分布及其特征

(1) 国家和地域分布

对样本中传者的国家归属来源,即是中国还是国外做了编码统计。统计发现,有100位传者来自中国,占样本总量的23%;有306位传者来自国外,占样本总量的71%;有6%的传者的国家归属情况不明。可见,中国文化的对外传播在YouTube上的发布主体主要来自国外,国内的传者在YouTube上对中国文化的发声度不强。

(2) 传者所属国家与组织机构特征

对YouTube不同国家传者的组织机构属性进行交叉分析如表2-47所示。来自中国国内的传者中,身份为个人的占67.6%,为组织机构的占26.5%。来自国外的传者中,个人占56.0%,组织机构占40.1%。国内外的传者总体差别不大,国内的传者构成主要以个人为主。表2-47中,"Null"表示缺失值,而"不详"表示并非缺失值但依然无法判断其归属。本章后文的表皆与此类同。

表 2-47　交叉表(发布主体构成 * 发布主体的国家归属来源 交叉制表)

			发布主体的国家归属来源				
			Null	不详	国内	国外	总计
发布主体构成	Null	计数	2	0	0	0	2
		占发布主体的国家归属来源的百分比	100.0%	0.0%	0.0%	0.0%	0.4%
	不详	计数	0	10	6	12	28
		占发布主体的国家归属来源的百分比	0.0%	23.3%	5.9%	4.0%	6.2%
	个人	计数	0	28	69	169	266
		占发布主体的国家归属来源的百分比	0.0%	65.1%	67.6%	56.0%	59.2%
	机构	计数	0	5	27	121	153
		占发布主体的国家归属来源的百分比	0.0%	11.6%	26.5%	40.1%	34.1%
总计		计数	2	43	102	302	449
		占发布主体的国家归属来源的百分比	100.0%	100.0%	100.0%	100.0%	100.0%

(3) 传者所属国家与信息主题特征

对不同国家的传者主体进行信息特征的考察,如表 2-48 所示。其中,中国的发布主体中,其个人简介类型属于 D(文化艺术)、V(身份介绍)类的最多,其次是 Q(新闻媒体)等类。而就国外传者而言,其个人简介的最主要类型是 C(教育)类,而 Q(新闻媒体)和 V(身份介绍)则居于其次。

表 2-48　交叉表(发布主体的个人简介类型 * 发布主体的所属国家 交叉制表)

			发布主体的所属国家			
			0	1	2	总计
发布主体的个人简介类型	Null	计数	1	11	5	17
		占发布主体的所属国家的百分比	2.3%	3.6%	4.9%	3.8%
	B	计数	0	11	5	16
		占发布主体的所属国家的百分比	0.0%	3.6%	4.9%	3.6%
	C	计数	0	31	5	36
		占发布主体的所属国家的百分比	0.0%	10.3%	4.9%	8.1%

（续表）

			发布主体的所属国家			
			0	1	2	总计
发布主体的个人简介类型	D	计数	1	16	8	25
		占发布主体的所属国家的百分比	2.3%	5.3%	7.8%	5.6%
	E	计数	0	6	0	6
		占发布主体的所属国家的百分比	0.0%	2.0%	0.0%	1.3%
	C	计数	0	1	0	1
		占发布主体的所属国家的百分比	0.0%	0.3%	0.0%	0.2%
	H	计数	1	4	0	5
		占发布主体的所属国家的百分比	2.3%	1.3%	0.0%	1.1%
	J	计数	0	3	0	3
		占发布主体的所属国家的百分比	0.0%	1.0%	0.0%	0.7%
	K	计数	0	4	0	4
		占发布主体的所属国家的百分比	0.0%	1.3%	0.0%	0.9%
	L	计数	0	2	1	3
		占发布主体的所属国家的百分比	0.0%	0.7%	1.0%	0.7%
	N	计数	0	11	3	14
		占发布主体的所属国家的百分比	0.0%	3.6%	2.9%	3.1%
	O	计数	1	11	1	13
		占发布主体的所属国家的百分比	2.3%	3.6%	1.0%	2.9%
	P	计数	0	1	1	2
		占发布主体的所属国家的百分比	0.0%	0.3%	1.0%	0.4%
	Q	计数	0	21	7	28
		占发布主体的所属国家的百分比	0.0%	7.0%	6.9%	6.3%
	R	计数	1	9	1	11
		占发布主体的所属国家的百分比	2.3%	3.0%	1.0%	2.5%
	S	计数	1	4	0	5
		占发布主体的所属国家的百分比	2.3%	1.3%	0.0%	1.1%
	T	计数	0	6	3	9
		占发布主体的所属国家的百分比	0.0%	2.0%	2.9%	2.0%

(续表)

			发布主体的所属国家			
			0	1	2	总计
发布主体的个人简介类型	V	计数	0	21	8	29
		占发布主体的所属国家的百分比	0.0%	7.0%	7.8%	6.5%
	Z	计数	37	129	54	220
		占发布主体的所属国家的百分比	86.0%	42.7%	52.9%	49.2%
总计		计数	43	302	102	447
		占发布主体的所属国家的百分比	100.0%	100.0%	100.0%	100.0%

注：个人简介类型包括 A.政治；B.经济/商务；C.教育；D.文化艺术；E.社会/民生；F.司法；G.国防军事；H.宗教；I.民族；J.医疗/卫生/健康；K.科技/自然；L.历史；M.环境/生态；N.旅游；O.影视/流行/娱乐明星；P.体育；Q.新闻媒体；R.个人生活议题；S.综合；T.其他；U.哲学/生活哲理；V.身份介绍；Z.不详。发布主体的所属国家包括 0.不详；1.国外；2.国内。

（4）传者所属国家与个人职业类型

基于传者的所属国家不同，对其个人的职业属性进行交叉分析，如表 2-49 所示。在中国的传播主体中，剔除未注明或不明确的类型，前三位的主要类别是 A（中小学/培训机构/初等教育教师）、D（传媒从业人员）、I（企事业单位职员/办事人员）类。而对于国外传者而言，其前三位的主要类别是 E（企事业单位职员/办事人员）、D（传媒从业人员）、A（中小学/培训机构/初等教育教师）类。国内外的传播主体其身份特征存在一定差异，在传播中需要区别对待。首先，就国内传者而言，要注重教师等知识群体在对外社交媒体传播中的作用；对国外传者，则要发挥好以企事业单位职员为主体的文化传播作用。

表 2-49 交叉表（传者的个人职业 * 发布主体的所属国家 交叉制表）

			发布主体的所属国家			
			0	1	2	总计
传者的个人职业	Null	计数	9	118	26	153
		占发布主体的所属国家的百分比	20.9%	39.1%	25.5%	34.2%
	A	计数	0	4	6	10
		占发布主体的所属国家的百分比	0.0%	1.3%	5.9%	2.2%
	B	计数	0	2	2	4
		占发布主体的所属国家的百分比	0.0%	0.7%	2.0%	0.9%
	C	计数	0	0	2	2
		占发布主体的所属国家的百分比	0.0%	0.0%	2.0%	0.4%

(续表)

				发布主体的所属国家			
				0	1	2	总计
传者的个人职业	D		计数	0	12	5	17
			占发布主体的所属国家的百分比	0.0%	4.0%	4.9%	3.8%
	E		计数	0	16	2	18
			占发布主体的所属国家的百分比	0.0%	5.3%	2.0%	4.0%
	F		计数	0	3	1	4
			占发布主体的所属国家的百分比	0.0%	1.0%	1.0%	0.9%
	C		计数	0	0	1	1
			占发布主体的所属国家的百分比	0.0%	0.0%	1.0%	0.2%
	H		计数	1	0	1	2
			占发布主体的所属国家的百分比	2.3%	0.0%	1.0%	0.4%
	I		计数	0	0	3	3
			占发布主体的所属国家的百分比	0.0%	0.0%	2.9%	0.7%
	J		计数	33	147	53	233
			占发布主体的所属国家的百分比	76.7%	48.7%	52.0%	52.1%
总计			计数	43	302	102	447
			占发布主体的所属国家的百分比	100.0%	100.0%	100.0%	100.0%

注:A.中小学/培训机构/初等教育教师;B.专业技术人员;C.企事业单位管理层;D.传媒从业人员;E.自由职业者;F.大学教师或学者;G.学生;H.个体/独立经商;I.企事业单位职员/办事人员;J.不详。

(5) 传者所属国家与组织机构类型

对不同国家的传者,考察其组织机构的类型。中国国内的组织机构型的传者中,最主要的是来自于J(不包含大众媒体的文化企业)和H(官方大众媒体)类。而国外的组织机构传者主要来自于F(非官方大众媒体)和J(不包含大众媒体的文化企业)类。可见文化企业是中国文化传播的主要力量之一,而大众媒体机构也是重要的传者主体。

2. 个体和组织属性

(1) 个体/组织分布

发布主体构成即对发布主体为个人或是机构做出判断。在对431个有效样本作统计后发现,有268个传者主体为个人,占样本总量的61%;有153个传者主体为组织机构,占样本总量的35%,有4%的发布主体情况不明。可见,中国文化的

表 2-50 交叉表(传者主体的组织类别 * 发布主体的所属国家 交叉制表)

			发布主体的所属国家			
			0	1	2	总计
传者主体的组织类别	Null	计数	38	177	73	288
		占发布主体的所属国家的百分比	88.4%	58.6%	71.6%	64.4%
	A	计数	0	1	4	5
		占发布主体的所属国家的百分比	0.0%	0.3%	3.9%	1.1%
	B	计数	0	4	0	4
		占发布主体的所属国家的百分比	0.0%	1.3%	0.0%	0.9%
	C	计数	0	14	0	14
		占发布主体的所属国家的百分比	0.0%	4.6%	0.0%	3.1%
	D	计数	1	19	4	24
		占发布主体的所属国家的百分比	2.3%	6.3%	3.9%	5.4%
	E	计数	0	1	1	2
		占发布主体的所属国家的百分比	0.0%	0.3%	1.0%	0.4%
	F	计数	2	31	0	33
		占发布主体的所属国家的百分比	4.7%	10.3%	0.0%	7.4%
	G	计数	0	7	4	11
		占发布主体的所属国家的百分比	0.0%	2.3%	3.9%	2.5%
	H	计数	0	8	6	14
		占发布主体的所属国家的百分比	0.0%	2.6%	5.9%	3.1%
	I	计数	0	11	2	13
		占发布主体的所属国家的百分比	0.0%	3.6%	2.0%	2.9%
	J	计数	0	20	7	27
		占发布主体的所属国家的百分比	0.0%	6.6%	6.9%	6.0%
	K	计数	0	4	0	4
		占发布主体的所属国家的百分比	0.0%	1.3%	0.0%	0.9%
	L	计数	2	5	1	8
		占发布主体的所属国家的百分比	4.7%	1.7%	1.0%	1.8%
总计		计数	43	302	102	447
		占发布主体的所属国家的百分比	100.0%	100.0%	100.0%	100.0%

注:A.中国官方设在海外的中国文化教育推广机构;B.文化公共服务机构;C.高等学校,中小学或初等教育学校;D.文化类的非政府组织和社会团体;E.专门的文化艺术培训机构;F.非官方大众媒体;G.专门的语言培训机构;H.官方大众媒体;I.非文化类的企业;J.不包含大众媒体的文化企业;K.非文化类的组织机构和社会团体;L.不详。

对外传播在 YouTube 上的发布主体主要以个人为主。

（2）个体传者特征

当 YouTube 上的传者为个人时，对其职业身份进行统计归类，如下所示：当传者为个人时，自由职业者、传媒从业人员所占比重最多，分别为 268 名个体传者样本总量中的 6.72% 和 6.34%。其后是中小学/培训机构/初等教师，所占比重为个体传者样本总量中的 3.73%，另外，大学教师或学者所占比重为 1.49%（表2-51）。这与中国文化的对外传播在 YouTube 上的传播者背景呈现以教育类居多的特性相符。

表 2-51　发布主体(个人)身份统计

发布主体身份	在个体传者中所占比例
中小学/培训机构/初等教育教师	3.73%
专业技术人员	1.49%
企事业单位管理层	0.75%
记者和除记者以外的传媒从业人员	6.34%
自由职业者	6.72%
大学教师或学者	1.49%
学生	0.37%
个体/独立经商	0.75%
企事业单位职员/办事人员	1.12%
不详	75.37%

（3）组织传者类型

当发布主体为组织机构时，其统计结果如表 2-52 所示：当传者为组织机构时，大众媒体和文化企业类的最多，占到组织机构样本总量中的 43.8%。为了便于分析，对其进行进一步的细分，区分为官方大众媒体、非官方大众媒体以及不包含大众媒体的文化企业，这三类在组织机构传者中各自占的比例分别为 4.58%、21.57% 和 17.65%。从细分后的各类型来看，非官方大众媒体和不包含大众媒体的文化企业所占比重最多。其次是非文化类的企业，占 7.84%；专门的语言培训机构也占到一定比例，为 7.19%；高等学校、中小学或初等教育学校也占 7.19%（表2-52）。这与中国文化在 YouTube 上的传播者背景以教育类居多的特点相符。

表 2-52 发布主体(组织机构)身份统计

发布主体身份	在组织传者中所占比例
中国官方设在海外的中国文化教育推广机构	0.65%
文化公共服务机构	1.96%
高等学校、中小学或初等教育学校	7.19%
文化类的非政府组织和社会团体	3.92%
专门的文化艺术培训机构	1.31%
大众媒体和文化企业	43.80%
专门的语言培训机构	7.19%
非文化类的企业	7.84%
非文化类的组织机构和社会团体	4.58%
不详	21.57%

(4) 个体/组织属性与国家分布

传者分属于个体和组织机构不同的类型如表 2-53 所示。个体传者中,63.5% 来自国外。组织机构传者中,79.1% 来自国外。对于我国的文化对外传播而言,还需增强个体传者在国际社交媒体中的"发声"量。

表 2-53 交叉表(发布主体的所属国家 * 发布主体的组织机构属性 交叉制表)

			发布主体的组织机构国家			
			0	1	2	总计
传者主体的所属国家	0	计数	10	5	28	43
		占发布主体的组织机构属性的百分比	35.7%	3.3%	10.5%	9.6%
	1	计数	12	121	169	302
		占发布主体的组织机构属性的百分比	42.9%	79.1%	63.5%	67.6%
	2	计数	6	27	69	102
		占发布主体的组织机构属性的百分比	21.4%	17.6%	25.9%	22.8%
总计		计数	28	153	266	447
		占发布主体的组织机构属性的百分比	100.0%	100.0%	100.0%	100.0%

注:发布主体的组织机构属性中,0 代表不详,1 代表组织,2 代表个人;发布主体的所属国家中,0 代表不详,1 代表国外,2 代表国内。

(5) 个体/组织属性与信息主题特征

对于个体和组织机构而言,它们的个人介绍所属的信息类型分布如表 2-54 所示：对于个体传者而言，其个人信息多偏于 V（身份介绍）、R（个人生活议题）、D（文化艺术）类，可见个体化、生活化的内容较多，同时也有较多的文化艺术类偏好。对于组织机构传者而言，C（教育）类是最为主要的，占的比重为 20.3%，为所有比重值中最高的一个，其次是新闻媒体类，占比 15.7%（表 2-54）。在利用个人或组织机构对于中国文化的传播中需要区别对待。

表 2-54 交叉表（发布主体的个人简介类型 * 发布主体的组织机构属性 交叉制表）

			发布主体的组织机构属性			
			0	1	2	总计
发布主体的个人简介类型	Null	计数	2	2	13	17
		占发布主体的组织机构属性的百分比	7.1%	1.3%	4.9%	3.8%
	B	计数	0	15	1	16
		占发布主体的组织机构属性的百分比	0.0%	9.8%	0.4%	3.6%
	C	计数	0	31	5	36
		占发布主体的组织机构属性的百分比	0.0%	20.3%	1.9%	8.1%
	D	计数	3	13	9	25
		占发布主体的组织机构属性的百分比	10.7%	8.5%	3.4%	5.6%
	E	计数	0	6	0	6
		占发布主体的组织机构属性的百分比	0.0%	3.9%	0.0%	1.3%
	G	计数	0	0	1	1
		占发布主体的组织机构属性的百分比	0.0%	0.0%	0.4%	0.2%
	H	计数	2	2	1	5
		占发布主体的组织机构属性的百分比	7.1%	1.3%	0.4%	1.1%
	J	计数	0	2	1	3
		占发布主体的组织机构属性的百分比	0.0%	1.3%	0.4%	0.7%
	K	计数	0	0	4	4
		占发布主体的组织机构属性的百分比	0.0%	0.0%	1.5%	0.9%
	L	计数	0	2	1	3
		占发布主体的组织机构属性的百分比	0.0%	1.3%	0.4%	0.7%
	N	计数	0	10	4	14
		占发布主体的组织机构属性的百分比	0.0%	6.5%	1.5%	3.1%

(续表)

			发布主体的组织机构属性			
			0	1	2	总计
发布主体的个人简介类型	O	计数	2	6	5	13
		占发布主体的组织机构属性的百分比	7.1%	3.9%	1.9%	2.9%
	P	计数	0	1	1	2
		占发布主体的组织机构属性的百分比	0.0%	0.7%	0.4%	0.4%
	Q	计数	2	24	2	28
		占发布主体的组织机构属性的百分比	7.1%	15.7%	0.8%	6.3%
	R	计数	0	1	10	11
		占发布主体的组织机构属性的百分比	0.0%	0.7%	3.8%	2.5%
	S	计数	0	4	1	5
		占发布主体的组织机构属性的百分比	0.0%	2.6%	0.4%	1.1%
	T	计数	0	5	4	9
		占发布主体的组织机构属性的百分比	0.0%	3.3%	1.5%	2.0%
	V	计数	1	3	25	29
		占发布主体的组织机构属性的百分比	3.6%	2.0%	9.4%	6.5%
	Z	计数	16	26	178	220
		占发布主体的组织机构属性的百分比	57.1%	17.0%	66.9%	49.2%
总计		计数	28	153	266	447
		占发布主体的组织机构属性的百分比	100.0%	100.0%	100.0%	100.0%

个人简介类型:A.政治;B.经济/商务;C.教育;D.文化艺术;E.社会/民生;F.司法;G.国防军事;H.宗教;I.民族;J.医疗/卫生/健康;K.科技/自然;L.历史;M.环境/生态;N.旅游;O.影视/流行/娱乐明星;P.体育;Q.新闻媒体;R.个人生活议题;S.综合;T.其他;U.哲学/生活哲理;V.身份介绍;Z.不详。

（二）发布主体的信息特征及其交叉分析

研究对发布主体的信息特征考察着重于传者的简介类型、所附其他链接个数等。

根据个人简介内容的不同,将其个人简介归为以下 22 种类型:A.政治;B.经济/商务;C.教育;D.文化艺术(侧重于狭义的文化,例如文化典籍、古典音乐等);E.社会/民生(如社会矛盾、慈善公益、社会救助等);F.司法;G.国防军事;H.宗教;I.民族;J.医疗/卫生/健康;K.科技/自然;L.历史;M.环境/生态;N.旅游;O.影视/

流行/娱乐明星；P.体育；Q.新闻媒体；R.个人生活议题（如个人情感、经历等）；S.综合；T.其他；U.哲学/生活哲理；V.身份介绍。在对目标样本的个人简介类型作归纳整理后，研究得到表2-55及图2-12。

表2-55 发布主体的个人简介类型分析

个人简介类型	个数
A 政治	0
B 经济/商务	16
C 教育	36
D 文化艺术（侧重于广义的文化，例如社会文化、民族文化、饮食文化、传统艺术等）	19
E 社会/民生（如社会矛盾、慈善公益、社会救助等）	4
F 司法	0
G 国防军事	1
H 宗教	5
I 民族	0
J 医疗/卫生/健康	3
K 科技/自然	4
L 历史	3
M 环境/生态	0
N 旅游	14
O 影视/流行/娱乐明星	13
P 体育	2
Q 新闻媒体	23
R 个人生活议题（如个人情感/经历等）	11
S 综合	5
T 其他	6
U 哲学/生活哲理	0
V 身份介绍	30
无	236

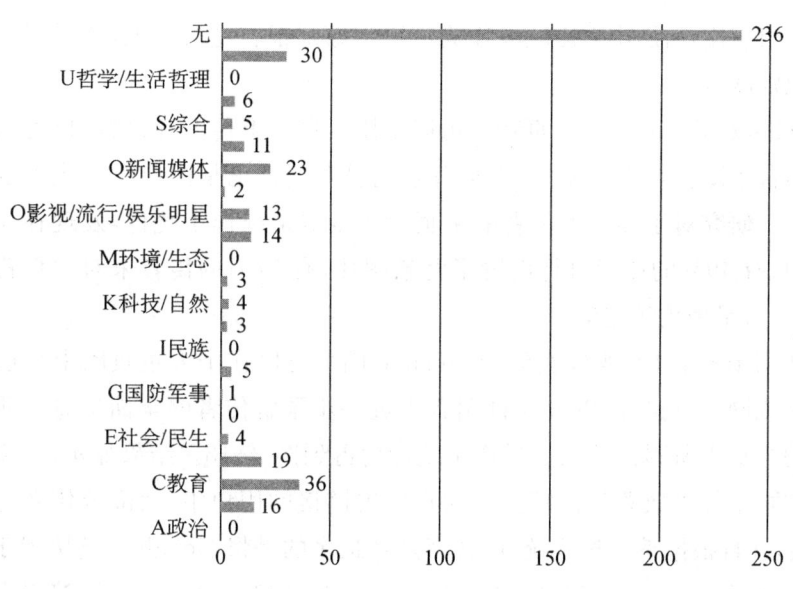

图 2-12　发布主体的个人简介类型分析

中国文化的对外传播在 YouTube 上的传者背景呈现以教育类居多，统计中发现这类传者一般为高等院校机构或是从事语言教学、艺术教学、少儿教育等类别的传播个体或组织。其后分别是新闻媒体、文化艺术、经济商务、影视流行和旅游类传者。其占总样本比例依次为 7.0%、5.0%、4.0%、3.7%、3.0%、3.0%。与其他国际社交媒体类似，身份介绍在其中所占比重最多，这源于个人简介的基本作用——身份介绍是大多个体或组织的设置形式。文化艺术、经济商务、流行文化和旅游咨询等是社交媒体上常见的讨论话题，这类传者当然也不乏出现。其中在 YouTube 上的文化艺术背景类传者，一般是以广义的文化为主，例如对于社会、民族、饮食文化的介绍或是与中国语言、文化学习、中国传统艺术、孔子学院类相关。而在对中国文化传播方面，民族、司法、环境、政治等传者基本无涉及。

与其他国际社交媒体一样，YouTube 用户可以自主定义个人头像。用户头像的设置可以分为用户自主设置和系统设定。用户自主设置头像与否一定程度上也是体现传者个性化程度的一个方面。研究将传者头像类型归结为：组织 logo、个人照片、代表职业的图片、不明或系统设定四种类型、在对样本做编码与统计后得知，有 174 名传者使用组织 logo，占 40%；75 名传者使用个人照片，占 18%；23 名传者使用能够代表职业的图片，占 5%；37% 的传者头像不明或使用系统设定。因此研究可以推断，绝大多数的传者在对个人/组织主页头像的设置上自主性较强。个人用户一般偏向于使用个人照片或是代表其职业的图片用作头像，是个人信息的一种反映。组织用户使用组织logo作为用户头像则很容易被辨识,增强组织的系统性和被识别度。

YouTube用户的个人主页背景可以由用户自主上传图片设置,也可以使用系统提供的背景图。与头像类似,主页背景的设置同样也是用户个性化程度的代表元素之一。研究对于样本中传者的主页背景设置情况作了统计,发现在431个有效样本中,有49%的传者自行设置了背景图片,有51%的传者未对主页背景做特殊设置,二者呈现均等趋势。

与Twitter等社交媒体类似,YouTube用户可以在个人主页附上自己的其余社交媒体或网站链接等,以方便订阅者更进一步了解传者的全面信息。研究对每名传者的主页中所附链接的数量作了统计后得到图2-13。结果显示,大多数用户在个人主页中并未放置其他链接。而在放置链接的用户中,大部分传者选择放置1条链接,并且根据编码过程统计,传者选择最多的是将Google+链接置于自己的YouTube主页中。另有多数用户会放置2~9条链接,放置10条链接以上的传者相对较少。其中组织用户多数还会将组织的网站链接放置在YouTube主页上,供订阅者或者浏览者查看。

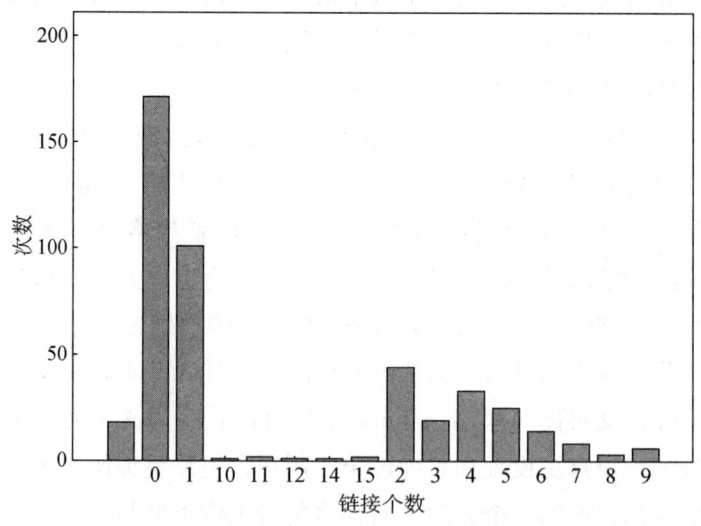

图2-13 传者主页所附链接个数

当用户拥有Google账户后,就能使用许多YouTube功能,包括对内容表示喜欢、订阅、稍后观看及观看记录。YouTube还能根据您观看、赞赏及订阅的内容,向您推荐影片。但是如果要上传影片、发表留言或建立播放清单,就需要使用个人或组织机构的账户建立频道(来源:YouTube频道官方说明)。因此频道内容是以视频为主要形式的 YouTube 的特色之一。传者可以通过经营频道来吸引受众并扩大受众群,例如可以制作一段介绍频道内容的宣传短片,自动向频道的新访客播放,帮助观众认识频道,吸引他们订阅。当观众订阅某个频道时,"订阅内容"动态消息中就会显示该频道推出的新影片。"推荐内容"动态消息中也会显示你订阅的频道所上传的影片,另外,系统还会推荐给观众可能感兴趣的频道或影片。因此传者的频道追随者会即时收到内容的更新提示,有利于提升用户黏着度。

YouTube 中的频道分为精选频道、相关频道、订阅内容等。对每个样本的精选频道和相关频道的数量进行统计。样本中的大多数传者没有自己的精选频道,仅 10% 的传者拥有自己的精选频道。其中,1.6% 的用户有一个精选频道,1.2% 的用户有四个精选频道,有些传者的精选频道数量较多,例如为 19、29 个等。这些传者大多为高等院校、大型新闻媒体或大型社会团体等组织机构。因为组织机构常常需要通过频道的经营和完善来增加观众数,扩大自身的订阅数和影响力。

传者的相关频道一般为与传者的频道属性类似的内容推荐。研究同样对此作了统计,约 21% 的传者主页会出现相关频道,约 11% 的传者主页会出现 6 个相关频道,约 3% 的传者主页会出现 1 个相关频道,约 2% 的传者主页会出现 2 个相关频道,约 2% 的传者主页会出现 10 个相关频道,约 2% 的传者主页会出现 4 个或 5 个相关频道。总体来说,相关频道的数目高于精选频道,相关频道的数量多寡一定程度上反映了 YouTube 上传者的相似者或内容同质性程度的高低,它可以使更多同类型的传者被观众所发现,一定程度上提高了传者的曝光率。

(三)发布主体的互动特征及其交叉分析

1. 互动特征

发布主体的互动特征主要体现在观众对发布主体的回应程度上,其主要包括传者的订阅者数和传者页面的被观看总次数。

(1)传者的订阅者数

社交媒体的传者皆拥有自己的受众群,这在 YouTube 上即为传者的订阅者数,研究对样本中每个传者的订阅者数作了统计(表 2-56)。由表 2-56 的结果可知,传者的订阅者数分布较为零散,最高数达 3 922 627,但其中多数只在数百和数千的范围内,例如尽管均值达到 26 387 个,但中值和 75 百分位数都分别只有 178 和 2 558。图 2-15 所示为传者的订阅者数频率分布图。在 YouTube 上对于中国文化的发声者的影响力仍旧有待提高。

表 2-56 传者订阅者数统计量

统计量		
传者的订阅者数		
N	有效	359
	缺失	117
均值		26 387.25
中值		178.00
众数		0
极小值		0
极大值		3 922 627
百分位数	25	10.00
	50	178.00
	75	2 558.00

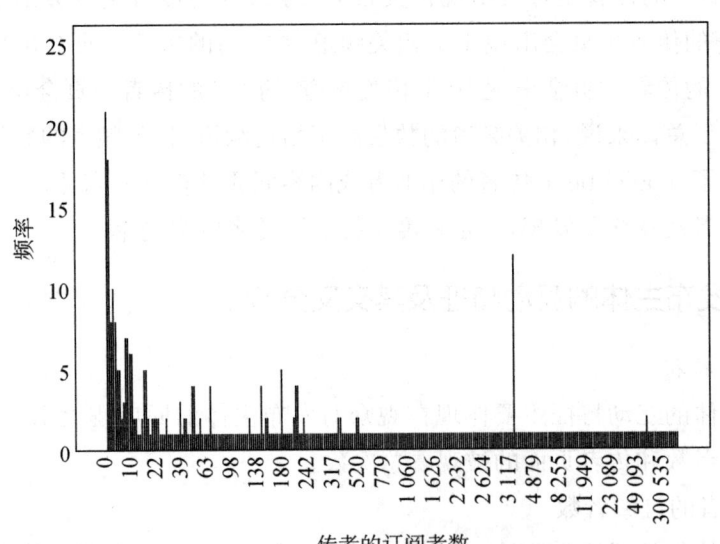

图 2-14 传者的订阅者数频率分布

(2) 传者页面的被观看总次数

观众通过点击传者主页链接进入其个人/机构主页以查看信息。传者页面的被观看总次数一定程度上反映了该传者所具有的内容或是身份上的吸引力。研究对样本中每位传者页面的被观看总次数作了统计(表 2-57)。由统计结果知,传者页面的被观看总次数均值为 15 534 519，两个极端值差距很大。总体上低值的数居多，中位数和 75 百分位数分别只有 116 066 和 1 243 898，都低于平均值。同订阅者数类似，在 YouTube 上对于中国文化的发声者的影响力仍旧有待提高。

表 2-57　传者页面的被观看总次数统计量

统计量		
传者页面的被观看总次数		
N	有效	354
	缺失	122
均值		15 534 518.77
中值		116 065.50
众数		3 120 285
极小值		34
极大值		1 503 073 629
百分位数	25	6 021.75
	50	116 065.50
	75	1 243 897.75

2. 传者所属国家与互动特征

从传者的关注者数量来看，国内传者的平均关注者数为 57 094 个，国外传者的平均关注者数为 23 517 个（表 2-58）。

表 2-58　发布主体的订阅者数的描述性分析输出结果

描述								
发布主体的订阅者数								
	个案数	平均值	标准差	标准误差	平均值的 95% 置信区间		最小值	最大值
					下限	上限		
0	40	368.00	915.931	144.821	75.07	660.93	0	3 674
1	225	23 516.92	104 249.474	6 949.965	9 821.24	37 212.60	0	915 983
2	71	57 094.03	465 353.619	55 227.314	−53 053.38	167 241.43	0	3 922 627
总计	336	27 856.26	229 785.029	12 535.801	3 197.45	52 515.06	0	3 922 627

注：1 代表国外传者，2 代表国内传者，0 代表传者的国家属性不详。

从传者的页面被查看次数来看，如表2-59所示，国内传者的均值为1 261 806次，国外传者的均值为24 197 512次。国外传者的页面被查看次数远远超过国内传者。

表2-59 对传者页面的被查看次数的描述性分析结果

					平均值的95%置信区间		最小值	最大值
	个案数	平均值	标准差	标准误差	下限	上限		
0	40	174 321.78	452 204.609	71 499.827	29 699.72	318 943.83	78	2 659 066
1	221	24 197 512.0	137 000 522	9 215 652.38	6 035 252.73	42 359 771.2	35	2E+9
2	71	1 261 805.65	3 935 742.87	467 086.745	330 230.51	2 193 380.79	34	29 240 129
总计	332	16 398 226.6	112 248 947	6 160 461.28	4 279 633.26	28 516 819.9	34	2E+9

3. 传者组织机构属性与互动特征

（1）个体/组织与互动特征

个体或组织机构在传者的互动特征上有着一定的差异性。从关注者数量来看，个人的关注者数量平均为1 569个，而组织机构平均为68 723个。很明显组织机构的平均订阅者数要多于个人（表2-60）。

表2-60 发布主体订阅者数的描述性分析输出结果

					平均值的95%置信区间		最小值	最大值
	个案数	平均值	标准差	标准误差	下限	上限		
0	21	6 420.43	15 531.211	3 389.188	−649.29	13 490.15	2	58 017
1	130	68 727.55	366 432.121	32 138.223	5 141.29	132 313.82	1	3 922 627
2	185	1 569.15	6 496.200	477.610	626.85	2 511.44	0	61 782
总计	336	27 856.26	229 785.029	12 535.801	3 197.45	52 515.06	0	3 922 627

从传播者的页面被查看次数而言，个人传播者的平均被查看次数为605 165次，组织机构的平均被查看次数为39 916 490次（表2-61）。

表 2-61 发布主体页面被查看数的描述性分析输出结果

					描述			
					发布主体的页面被查看数			
	个案数	平均值	标准差	标准误差	平均值的 95% 置信区间		最小值	最大值
					下限	上限		
0	21	6 930 124.71	17 610 282.2	3 842 878.63	−1 085 979.6	14 946 229.1	314	68 682 565
1	130	39 916 490.1	177 074 820	15 530 489.1	9 189 037.15	70 643 943.1	328	2E+9
2	181	605 165.13	1 747 543.82	129 893.909	348 854.47	861 475.80	34	13 552 974
总计	332	16 398 226.6	112 248 947	6 160 461.28	4 279 633.26	28 516 819.9	34	2E+9

（2）个体类型与互动特征

对不同个体或组织的类型进行考察，并比较其互动程度和互动效果的差异。就个体传播者的职业领域而言，订阅者数量最多的是 D（传媒从业人员）、E（自由职业者）、F（大学教师或学者）等类。被查看次数最多的是 D（传媒从业人员）、E（自由职业者）、F（大学教师或学者）等类。可见，传媒从业人员、自由职业者、大学教师等个人群体对中国文化传播的影响力最强，见表 2-62。

表 2-62 发布主体个人职业类型及其互动特征

	报告	
	平均值	
发布主体个人职业类型	发布主体的页面被查看数	发布主体的订阅者数
Null	38 822 049.9	66 126.04
A	258 947.33	611.33
C	2 192.00	数据缺失
D	2 165 140.40	10 162.30
E	706 037.21	3 688.14
F	1 494 305.50	2 444.00
G	12 144.00	26.00
H	295 649.00	1 450.00
I	424 901.33	316.67
J	800 634.26	1 232.55

注：A.中小学/培训机构/初等教育教师；B.专业技术人员；C.企事业单位管理层；D.传媒从业人员；E.自由职业者；F.大学教师或学者；G.学生 H：个体/独立经商；I.企事业单位职员/办事人员；J.不详。

（3）组织类型与互动特征

从组织传播者的类型而言，订阅者人数最多的是J（不包含大众媒体的文化企业）、H（官方大众媒体）、F（非官方大众媒体）等类，被查看次数最多的是H（官方大众媒体）、F（非官方大众媒体）、D（文化类的非政府组织和社会团体）等类，在组织传播者中，大众媒体是中国文化传播的主要发声力量，见表2-63。

表2-63 发布主体的组织类型及其互动特征

发布主体的组织类型	报告 平均值	
	发布主体的页面被查看数	发布主体的订阅者数
Null	725 837.08	1 435.49
A	6 222 185.60	5 053.40
B	1 165 398.67	8 818.00
C	882 999.85	7 411.15
D	18 523 836.40	15 207.20
E	557 779.50	364.50
F	99 877 868.70	89 827.14
G	275 705.64	644.18
H	132 596 992.00	145 922.62
I	1 942 902.60	5 468.00
J	1 299 500.90	190 756.62
K	588 357.33	602.00
L	13 070 630.80	13 896.00

4. 传者信息主题类型与互动特征

对传者基于其主页简介类型和主题领域的不同，考察其互动特征情况如表2-64所示。在订阅者数量方面，信息类型属于N（旅游）类的传播主体，具有的关注者数量高于其他类型的主体，其中P（体育）类主体其订阅者数平均值达30万多、Q（新闻媒体）类主体平均约14万，其后还有S（综合）和C（教育）类。在传者页面的平均被查看次数方面，最高的四类依次是P、Q、O、K类，其中P、Q类也是仅有的平均被查看次数逾亿次的两类。可见，在中国文化的国际传播过程中，需要寻求合适领域内的传者，其中新闻媒体类、体育类的传者更容易获得更多的关注度和影响力。

表 2-64　发布主体的个人简介类型及其互动特征

报 告		
平 均 值		
发布主体的个人简介类型	发布主体的页面被查看数	发布主体的订阅者数
A	1 869 548.67	3 118.33
B	4 109 495.73	7 440.90
C	1 736 427.90	14 492.38
D	1 452 249.81	5 162.81
E	952 386.67	3 176.33
G	62 910.00	36.00
H	295 983.00	2 878.00
J	1 427 367.50	2 391.00
K	5 078 871.67	31 508.00
L	1 490 555.00	2 415.50
N	1 616 119.36	332 081.08
O	6 712 768.56	13 113.56
P	231 452 436.00	300 535.00
Q	181 392 356.00	144 690.27
R	599 445.90	1 835.20
S	29 001 087.70	48 951.00
T	4 179 264.22	11 336.00
V	687 576.41	2 974.38
Z	705 043.36	801.32

注：A.政治；B.经济/商务；C.教育；D.文化艺术；E.社会/民生；F.司法；G.国防军事；H.宗教；I.民族；J.医疗/卫生/健康；K.科技/自然；L.历史；M.环境/生态；N.旅游；O.影视/流行/娱乐明星；P.体育；Q.新闻媒体；R.个人生活议题；S.综合；T.其他；U.哲学/生活哲理；V.身份介绍；Z.不详。

　　文化是中国软实力的重要源泉与力量。YouTube 为传受双方信息的交互传播搭建了平台。除了官方应该提高对外传播的实力外，还要发挥好中国最广大的网民力量，提高原创视频的制作能力，在视频表达上，注意融入世界话语体系，追踪人类共同关注的热点和焦点。

四 Flickr 传者分析

Flickr 是一家提供免费及付费数位照片储存、分享方案之线上服务，也提供网络社群服务的平台。其重要特点就是基于社会网络的人际关系拓展与内容的组织。这个网站的功能强大，已超出了一般的图片服务，而是具有浓厚的社交网络与社交媒体功能，例如其中的群组功能等。本研究旨在对中国文化在对外社交媒体 Flickr 上的传播主体特征进行考察与分析。研究采用八爪鱼数据采集器以"China culture"为关键词搜索近一年内所有相关的推文，并根据获得的传者进行抽样，之后对目标样本采取内容分析法做编码统计分析，由编码员制定编码表并完成编码表。Flickr 中搜索 China culture 按最新页面排序，合并删除相同的传者后，剩下 1 314 个不同的传者样本，删掉信息不全的传者后，还剩下 696 条。抓取得到的传者的信息特征项有：受众的 Flickr 账号名称、传者名称下的标签语、加入时间、家乡所在地、目前居住地、性别、职业、个人网站以及被标注相片数、发布相片数、传者喜欢其他会员的相片数、传者正在追踪数、群组数、博览馆数、推荐语数量、传者个人介绍块汇总，根据这些数据人工分析其所属国家、发布主题的信息特征、学历、个人职业分类、组织属性、组织机构类型，以便于进一步分析。

对样本中的个人传者的职业作如下分类：A.大学教师或学者、中小学/培训机构/初等教育教师；B.影视音乐娱乐界公众人物；C.体育运动员；D.记者；E.除记者之外的传媒从业人员（例如编辑、杂志摄影师等）；F.专业技术人员（如设计师、翻译、医护工作者等）；G.国家机关/党政组织领导人；H.国家机关/党政组织工作人员；I.企事业单位管理层；J.企事业单位职员/办事人员；K.个体/独立经商；L.自由职业者；M.军人；N.学生；O.农民/牧民/渔民；P.不详；Q.其他；R.旅游行业从业人员。

对于组织机构，其类型划分包括：A.政府外交部门/外宣部门/宣传部门；B.政府的文化管理部门；C.政府的旅游管理部门；D.政府的教育管理部门；E.高等学校、中小学或初等教育学校；F.中国官方设在海外的中国文化教育推广机构；G.专门的语言培训机构；H.专门的文化艺术培训机构（不含各类高等院校的相关学院或培训中心）；I.文化公共服务机构；J.大众媒体、文化企业；K.文化类的非政府组织和社会团体；L.非文化类的企业；M.非文化类的组织机构和社会团体；N.不详；O.其他。

对信息主题类型划分如下：A.政治；B.经济/商务；C.教育；D.文化艺术（侧重于狭义的文化）；E.社会/民生；F.司法；G.国防军事；H.宗教；I.民族；J.医疗/卫生/健

康;K.科技/自然;L.历史 M.环境/生态;N.旅游;O.影视/流行/娱乐明星;P.体育;Q.新闻媒体;R.个人生活议题;S.综合;T.其他;U.哲学/哲理;V.身份介绍。

（一）发布主体的社会特征及其交叉分析

1. 国家分布及其特征

（1）国家和地域分布

研究对于发布主体的所属国家和城市作了统计，其数据项来源是传者的家乡所在地和目前所属居住地，如表2-65所示。判断所属国家中，中国大陆119个，占17%；中国港澳台的39个，占5%；国外538个，占77%。Flickr中，还是外国用户居多。来自美国、英国、加拿大等发达国家及本身与之密切相关的中国的用户，在Flick上对于中国文化方面发声较多。

表 2-65 变量"发布主体所属国家"频率分布

	所属国家	频率	百分比	有效百分比	累积百分比
有效	国外	538	77.3	77.3	77.3
	中国	158	22.7	22.7	100.0
	合计	696	100.0	100.0	

在涉及城市方面，针对不同所属国家的城市基本为其首都或是本国的大或特大城市。若本国的一线城市与首都本身并非为同一城市，一线城市的数量要多于首都。如美国统计到22次，纽约占了6次、旧金山3次，数量超过华盛顿。中国的港澳台地区有8次，大陆16次。而经济欠发达的非洲地区发声明显低于其他洲。发布主体所属国家及所属城市如图2-15和表2-66所示。

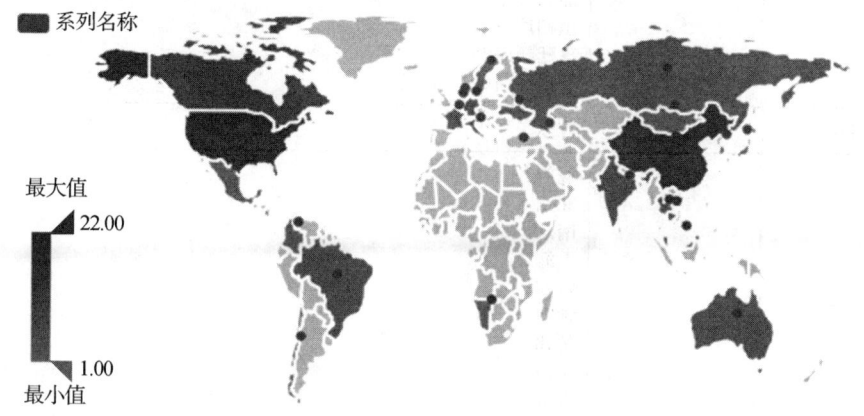

图 2-15 用户国家分布

表 2-66 发布主体所属国家及所属城市

国家	个数	城市
纳米比亚	1	温得和克
泰国	4	曼谷 3
英国	17	布林顿、伦敦 7、基斯利、英格兰、马尔文、苏格兰、利物浦、滨海绍森德、诺丁汉
俄罗斯	4	莫斯科 2
印度	4	孟买 班加罗尔
意大利	6	蒙特斯卡廖索 罗马 的里雅斯特 米兰 戈里齐亚
马来西亚	6	雪兰莪州 槟城 怡保 阿罗士打
墨西哥	1	不详
美国	22	圣何塞 缅因州 纽约 6 维拉帕克 圣地哥 柯林斯堡 旧金山 3 富勒顿 亚拉巴马 亚特兰大 加利福尼亚 坦帕湾 亨廷顿海滩 圣路易斯(柯克伍德)
韩国	1	首尔
中国	16	厦门 北京 8 南京 上海 2 宜宾 常熟 杭州 宁波 香港 6 台湾 2

(续表)

国家	个数	城市
荷兰	3	阿姆斯特丹2
亚美尼亚	1	埃里温
西班牙	2	巴塞罗那2
中东	1	不详
加拿大	12	多伦多7 温哥华2 卡尔加里 哈利法克斯 安大略省
法国	4	巴黎2 勒阿弗尔
德国	5	纽伦堡 黑森林 柏林 杜塞尔多夫
新加坡	7	新加坡市
巴西	2	里约热内卢 圣保罗
乌克兰	3	敖德萨 基辅2
丹麦	1	霍森斯
巴西	1	不详
孟加拉	1	达卡
文莱	1	不详

(2) 传者所属国家与组织机构特征

如表 2-67 所示,来自中国的传者中,个人传者在标明了组织属性的样本中占到了 94%;而来自国外的传者中,个人传者在标明了组织属性的样本中占 95%。卡方分析显示,所属国家和组织属性的 Pearson 卡方值为 0.118,两者之间没有显著的影响关系。总体来看,Flickr 中的中国文化传播者以个体性传者为主。

(3) 传者所属国家与信息主题特征

对不同国家的传者主体进行信息特征的考察如表 2-68 所示。来自中国的传者中,占比最多的是关注经济/商务、影视/流行/娱乐明星类;国外的传者关注最多的是影视/流行/娱乐明星、经济/商务。部分类别的占比顺序上有所差异,但总体而言,这两个变量交叉表的 Pearson 卡方值为 0.231。中国和国外的传者在信息特征上不存在显著的差异。

表 2-67 交叉表(组织属性 * 所属国家 交叉制表)

		所属国家		合计
		国外	中国	
组织属性		207	75	282
	个人	315	78	393
	组织	16	5	21
合计		538	158	696

表 2-68 交叉表(发布主体的信息特征 * 所属国家 交叉制表)

发布主体的信息特征	所属国家		合计
	国外	中国	
个人生活议题	24	3	27
环境/生态	2	0	2
教育	18	6	24
经济/商务	59	21	80
科技/自然	12	5	17
历史	1	1	2
旅游	8	0	8
其他	9	2	11
社会/民生	1	0	1
体育	1	0	1
文化艺术	17	7	24
新闻媒体	10	0	10
医疗/卫生/健康	6	1	7
影视/流行/娱乐明星	72	17	89
哲学/哲理	0	2	2
政治	4	0	4
综合	14	3	17

(4) 传者所属国家与个人职业类型

基于传者的所属国家不同,对其个人的职业属性进行交叉分析,如表 2-69 所示。在中国的有明确职业身份的传者中，占比最多的职业是除记者以外的传媒从业人员，其次是专业技术人员。国外传者中，前两位的职业身份也是除记者以外的传媒从业人员以及专业技术人员。对于中外传播者而言，都需要利用好这两股传者的主体力量。

表 2-69　交叉表（个人职业类型 * 所属国家 交叉制表）

职业类型	所属国家		合计
	国外	中国	
除记者以外的传媒从业人员	15.1%	15.8%	15.2%
大学教师或学者、中小学/培训机构/初等教育教师	2.4%	4.4%	2.9%
个体/独立经商	2.0%	1.3%	1.9%
国家机关/党政组织工作人员	0.2%	0.0%	0.1%
国家机关/党政组织领导人	0.4%	0.0%	0.3%
记者	1.9%	0.6%	1.6%
旅游行业从业人员	1.5%	0.0%	1.1%
其他	0.2%	0.0%	0.1%
企事业单位管理层	1.5%	3.8%	2.0%
企事业单位职员/办事人员	4.6%	3.2%	4.3%
学生	4.5%	5.1%	4.6%
艺术家	0.7%	0.6%	0.7%
影视音乐娱乐界公众人物	0.9%	1.3%	1.0%
专业技术人员	7.4%	8.9%	7.8%
自由职业者	5.2%	1.3%	4.3%
不详	13.9%	12.7%	13.6%
空缺	37.5%	41.1%	38.4%
合计	100.0%	100.0%	100.0%

（5）传者所属国家与组织机构类型

对不同国家的传者，考察其组织机构的类型如表 2-70 所示。国外的传播主体中，政府部门居多，既有外交部门/外宣部门/宣传部门，也有文化管理、旅游管理和其他类型的政府部门；此外，教育机构也出现较多。而国内的机构型传者中，则企业和公共机构、组织相对较多。其主要差异是，国外传者以官方和正式性的机构为主,国内则是民间性的企业和组织为主。

表 2-70 国内外组织机构类型分析

组织机构类型	国外	中国
不详	5.88%	0.00%
大众媒体,不包含大众媒体的文化企业	5.88%	20.00%
非文化类的企业	11.76%	40.00%
高等学校,中小学或初等教育学校	23.53%	0.00%
其他政府部门	17.65%	0.00%
文化公共服务机构	5.88%	20.00%
文化类的非政府组织和社会团体	5.88%	20.00%
政府的旅游管理部门	5.88%	0.00%
政府的文化管理部门	5.88%	0.00%
政府外交部门/外宣部门/宣传部门	11.76%	0.00%

2. 个体和组织属性

(1) 个体/组织分布

根据传者网页、个人网站链接和标签描述、职业等信息,可以基本判断传者是代表个人还是组织。统计发现,传者多以个人身份出现。如表 2-71 所示,除去 282 个因资料不详无法判断组织属性的传者,统计出 393 个传者为个体,21 个传者为组织。总体来看,Flickr 中个人传者居多,占到 56.5%。

表 2-71 变量"组织属性"频率分布

		频率	百分比	有效百分比	累积百分比
有效	Null	282	40.5%	40.5%	40.5%
	个人	393	56.5%	56.5%	97.0%
	组织	21	3.0%	3.0%	100.0%
	合计	696	100.0%	100.0%	

(2) 个体传者特征

个体的传播者当中,填写了性别的样本中女性 83 个、男性 296 个,男性仍然占据着传者的主导地位。在职业分布上,除记者以外的传媒从业人员类占到 24.71%,这其中以编辑、摄影师的职业居多。其次是专业技术人员,占到 12.59%,这其中以设计师居多,包括平面设计师、网页设计等,实质上这部分也与媒体行业有关,此外还有一部分从事医护、程序开发、翻译等职业的专业技术人员。总体来说，从事媒体专业的传者占了约有一半，同时，也有各行各业的摄影和平面设计爱好者在业余时间使用Flickr。位居第三、四位的分别是企事业单位职员/办事人员、自由职业者；其后是大学教师或学者、中小学/培训机构/初等教育教师（表2-72）。

表 2-72 个体传者的职业领域分布

个体的职业领域	频率	在个体中所占比
除记者以外的传媒从业人员	106	24.71%
大学教师或学者、中小学/培训机构/初等教育教师	20	4.66%
个体/独立经商	13	3.03%
国家机关/党政组织工作人员	1	0.23%
国家机关/党政组织领导人	2	0.47%
记者	11	2.56%
旅游行业从业人员	8	1.86%
其他	1	0.23%
企事业单位管理层	14	3.26%
企事业单位职员/办事人员	30	6.99%
学生	32	7.46%
艺术家	5	1.17%
影视音乐娱乐界公众人物	7	1.63%
专业技术人员	54	12.59%
自由职业者	30	6.99%
不详	95	22.14%

（3）组织传者类型

在以组织身份出现的传者中，以教育机构、企业、政府的宣传部门居多，在政府部门中，有明确标签的较少，地方级2个，国家级2个，见表2-73。

表 2-73 组织传者类型分布

大众媒体与文化企业	2
非文化类的企业	4
大学、高等学校，中小学或初等教育学校	4
文化公共服务机构	2

	(续表)
文化类的非政府组织和社会团体	2
其他政府部门	3
政府外交部门/外宣部门/宣传部门	2
政府的文化管理部门	1
政府的旅游管理部门	1

(4) 个体/组织属性与国家分布

在个体传者中,80.2%的为国外传者,19.8%为中国国内传者。在组织传者中,76.2%为国外传者,23.8%为国内传者。我国的对外传播,无论是个体还是组织机构,都大大低于国外传者,需要增强来自中国本土的传者声音,见表2-74。

表 2-74 交叉表(所属国家 * 组织属性 交叉制表)

		组织属性		
		不详	个人	组织
所属国家	国外	73.4%	80.2%	76.2%
	中国	26.6%	19.8%	23.8%
合计		100.0%	100.0%	100.0%

(5) 个体/组织属性与信息主题特征

对于个体和组织机构而言,其信息主题的领域和类型存在一定的差异。个体的传者中,侧重于影视/流行/娱乐明星类和经济/商务类的主题。而组织机构型的传者中,则是侧重于政治类和教育类的主题居多,见表2-75。

表 2-75 不同组织类型传者的信息主题特征

	个人	组织
个人生活议题	6.9%	0.0%
环境/生态	0.3%	4.8%
教育	5.1%	19.0%
经济/商务	19.8%	9.5%
科技/自然	4.3%	0.0%
历史	0.5%	0.0%
旅游	2.0%	0.0%

(续表)

	个人	组织
其他	2.8%	0.0%
社会/民生	0.3%	0.0%
体育	0.0%	4.8%
文化艺术	5.6%	9.5%
新闻媒体	2.5%	0.0%
医疗/卫生/健康	1.8%	0.0%
影视/流行/娱乐明星	22.6%	0.0%
哲学/哲理	0.5%	0.0%
政治	0.0%	19.0%
综合	4.3%	0.0%
不详	20.6%	33.3%
合计	100.0%	100.0%

（二）发布主体的信息特征及其交叉分析

在传者的账户里具有传者名称下的标签语、个人网站等等非结构化、非数量化的文本信息，对它们的挖掘反映出受众的个体倾向及其主体偏向。在标明了该项内容的传者中，占比最多的是影视/流行/娱乐明星类和经济/商务类。其后的第二层次是个人生活议题类、文化艺术类、教育类，它们也是传者所着意关注的方面。详见表2-76。

表2-76 变量"传者个人介绍部分的主题偏向"频率分布

传者个人介绍部分的主题偏向	频率	百分比
不详	370	53.2
个人生活议题	27	3.9
环境/生态	2	0.3
教育	24	3.4
经济/商务	80	11.5
科技/自然	17	2.4
历史	2	0.3
旅游	8	1.1

(续表)

传者个人介绍部分的主题偏向	频率	百分比
其他	11	1.6
社会/民生	1	0.1
体育	1	0.1
文化艺术	24	3.4
新闻媒体	10	1.4
医疗/卫生/健康	7	1.0
影视/流行/娱乐明星	89	12.8
哲学/哲理	2	0.3
政治	4	0.6
综合	17	2.4
合计	696	100.0

(三) 发布主体的互动特征及其交叉分析

1. 互动特征

从用户加入 Flickr 平台的时间来看,2004 年至 2007 年用户增长较快,之后逐年缓慢下跌,到 2014 年后新增用户骤减。详见表 2-77。

表 2-77 用户加入 Flickr 平台的时间分布

年份	数量	年份	数量
2004	10	2010	67
2005	45	2011	69
2006	61	2012	65
2007	89	2013	58
2008	79	2014	62
2009	66	2015	26

从传者在 Flickr 上发布内容的活跃度、与他人在社交媒体进行交互行为的互动性、获得粉丝和关注的影响力三方面,来考察传者在社交媒体的互动特征。活跃度方面,选取的样本中,每一个传者都发布了照片,其中,平均发布的照片数为 6 386 张,其中发布照片最多的用户发布照片数为 34.4 万张。样本中共有 117 个拥有"博览馆",即 16.8% 的用户建立了至少一个相簿。样本用户最多拥有 224 个

"博览馆",而平均博览馆数为 34 个。

互动性方面,受众关注他人的数量、对他人照片点赞数、参加群组数都体现着其在社交平台中的主动交互性。在用户主动关注其他用户的数量中,696 个样本有 664 个用户关注过至少一个其他用户,其中关注数最多的 Boaz 关注好友有 6 420 个。696 个样本中有 692 个用户标记给其他用户点过赞,传者喜欢其他会员的照片平均数为 5 778,其中点赞最多的用户 Syahrel Hashim 点赞了 72.6 万张照片。在所有样本中,有 531 个用户拥有群组,即群组拥有率达 76.3%。平均每个用户关注 40 个群组。关注的群组最高值为 50,共有 328 个用户关注了 50 个群组。个性域名和博客地址等网络链接体现着受众的网络交互性,样本中有 15 留下了邮箱地址,119 条留下个人网址。

网络影响力方面,696 个样本中有 31% 获得了来自其他的传者标注了自己的多张相片,相当于"被点赞",平均获得 1 395 个赞,其中获赞最多的有 16 万个。有 100 个用户拥有推荐语,最少的只有 1 条,最多的有 45 条。

2. 传者所属国家与互动特征

从中国与国外传者的发布内容活跃度、与他人交互的互动性、在社交媒体平台中的影响力方面进行考察如表 2-78 所示。中国的传者平均发布相片数为 5 528 张,国外传者平均发布相片数为 6 627 张;中国传者平均博览馆数为 7.17 个,国外传者平均博览馆数为 11.83 个。总体来看,中外传者之间差异不显著。

表 2-78　中国与国外传者的发布内容活跃度分析

所属国家	发布相片数(张)	博览馆数(个)
国外	6 627.36	11.83
中国	5 527.91	7.17
总计	6 377.77	10.87

互动性方面,中国传者在追踪他人相片数方面平均值为 819,而国外传者的平均值为 469,群组数方面差别不大(表 2-79)。

表 2-79　中国与国外传者的互动性分析

所属国家	传者正在追踪数	群组数
国外	469.12	39.26
中国	819.05	41.95
总计	548.56	39.86

在影响力方面,中国和国外传者的推荐语数量平均分别为0.78和0.71。独立样本t检验的t值为0.249,不存在显著差异。

3. 传者组织机构属性与互动特征

(1) 个体/组织与互动特征

个体或组织机构在传者的互动特征上有着一定的差异性。在标明个体或组织属性的传者中,个体发布相片数平均值为6 893张,而组织机构则平均为12 107张,组织机构的发布内容活跃度高于个体型传者。在交往的互动性方面,个人型传者高于组织型传者,其中个人的正在追踪他人相片数为596张,组织机构则为264张;个人群组数平均为41个,组织机构则平均为28个。在所发布内容的影响力方面,组织机构优于个体传者,其中组织机构发布的照片得到的推荐语的数量平均为1.24条,个人则平均为0.71条,见表2-80。

表2-80 个人、组织的互动分析

组织属性	均值			
	发布相片数	传者正在追踪数	群组数	推荐语数量
个人	6 893.47	596.10	40.81	0.71
组织	12 106.86	264.05	28.00	1.24

(2) 个体类型与互动特征

就标明了职业领域的个体型传者而言,发布相片的活跃度最高的是国家机关/党政组织工作人员、自由职业者和大学教师或学者、中小学/培训机构/初等教育教师。在互动性方面,专业技术人员具有较好的表现,其追踪他人相片数是各类型个体传者中最高的。在内容的影响力方面,个体/独立经商者、国家机关/党政组织工作人员是最高的,见表2-81。

表2-81 不同个人职业类型的互动特征分析

个人职业分类	发布相片数	传者正在追踪数	群组数	推荐语数量
除记者以外的传媒从业人员	4 419.40	437.99	40.79	0.86
大学教师或学者、中小学/培训机构/初等教育教师	12 727.00	636.25	44.44	0.45
个体/独立经商	8 276.62	989.77	37.17	2.08
国家机关/党政组织工作人员	38 437.00	125.00	50.00	2.00
国家机关/党政组织领导人	413.50	49.00	10.00	0.00

(续表)

个人职业分类	发布相片数	传者正在追踪数	群组数	推荐语数量
记者	4 396.64	332.55	28.33	1.09
旅游行业从业人员	5 470.75	417.50	37.17	0.13
其他	311.00	7.00	28.00	0.00
企事业单位管理层	3 664.14	604.14	43.33	0.57
企事业单位职员/办事人员	6 642.73	756.83	42.23	0.30
学生	4 207.63	295.91	42.64	0.41
艺术家	8 775.60	171.40	48.00	0.00
影视音乐娱乐界公众人物	509.00	52.29	31.33	0.14
专业技术人员	5 614.89	1 139.11	44.04	0.76
自由职业者	20 830.90	905.77	43.83	1.07

（3）组织类型与互动特征

在组织机构型的传者中，发布内容活跃度最高的是政府的旅游管理部门和文化类的非政府组织和社会团体、非文化类的企业。主动追踪他人的互动性最高的有政府的旅游管理部门和非文化类的企业。内容的影响力最高的是政府的旅游管理部门和非文化类的企业。总体来看，旅游管理部门和非文化类的企业都是组织机构型传者中的重要力量，见表2-82。

表2-82　不同组织类型的互动特征分析

组织机构类型	发布相片数	传者正在追踪数	群组数	推荐语数量
大众媒体和文化企业	443.00	8.50	30.00	0.00
非文化类的企业	20 478.75	563.75	32.00	3.00
高等学校，中小学或初等教育学校	11 180.75	60.25	13.00	0.00
其他政府部门	6 274.33	2.00	0.00	0.00
文化公共服务机构	8 853.50	122.00	28.50	0.00
文化类的非政府组织和社会团体	20 920.50	160.00	50.00	0.50
政府的旅游管理部门	22 367.00	1 003.00	50.00	12.00
政府的文化管理部门	8 544.00	242.00	14.00	1.00
政府外交部门/外宣部门/宣传部门	8 719.00	608.50	17.00	0.00
不详	70.00	0.00	0.00	0.00

4. 传者信息主题类型与互动特征

对传者基于其偏向主题领域的不同,考察其互动特征情况。在内容生产和内容发布的活跃度方面,以历史类主题的传者最为活跃,平均发布相片数为 66 672 张;其次是环境/生态类主题信息的传者,平均发布相片数为 14 227 张。在交往的互动性方面,最具有互动性的是环境/生态类的传者,其正在追踪他人相片数平均为 2 007 张,群组数平均为 50,都是各类中最高的;科技/自然类的传者也具有较强的互动性,其正在追踪数仅次于环境/生态类位居第二,平均值为 1 403。在内容的反馈和影响力方面,最高的是环境/生态类,平均推荐语数量为 8;其后是新闻媒体类和影视/流行/娱乐明星、个人生活议题类,平均值分别为 1.20、1.18、1.15。

表 2-83 发布主体的信息特征

发布主体的信息特征	发布相片数	传者正在追踪数	群组数	推荐语数量
个人生活议题	12 439.78	276.04	44.68	1.15
环境/生态	14 227.00	2 006.50	50.00	8.00
教育	7 230.25	575.00	45.25	0.67
经济/商务	7 646.00	748.69	41.18	0.65
科技/自然	6 079.59	1 403.47	41.94	0.24
历史	66 672.00	883.50	50.00	0.00
旅游	3 175.38	259.25	34.60	0.13
其他	11 046.45	616.45	38.50	0.91
社会/民生	4 692.00	104.00	46.00	0.00
体育	8 113.00	15.00	7.00	0.00
文化艺术	7 747.21	267.00	39.78	0.50
新闻媒体	4 748.10	358.50	30.50	1.20
医疗/卫生/健康	4 591.29	486.71	44.57	0.00
影视/流行/娱乐明星	5 619.63	518.44	40.71	1.18
哲学/哲理	1 872.00	47.00	11.00	0.00
政治	7 749.00	301.75	23.00	0.00
综合	11 502.06	1 015.12	42.36	0.47
不详	5 127.04	497.13	38.82	0.64

注:"综合"指同时包含上述多类特征的信息,"其他"指不包含在上述类型特征内的信息,"不详"指由于缺失值而无法判定特征类型。本章中其他类似表述同此表。

五 结语

通过对几种具有重要性和代表性的社交媒体进行考察，分析中国文化在其中的传者特征和主体机制。

在传者的国家分布上，Twitter 样本中来自中国的传者占 10.4%，国外传者占 69.0%，国家归属不详的占 20.6%。Google＋样本中，国内传者占 6.8%，国外传者占 33.0%，国家归属不详的占 60.3%。YouTube 样本中，中国传者占 23.0%，国外传者占 71.0%，国家归属情况不详的占 6.0%。Flickr 样本中，中国传者占 22.0%；国外传者占 77.0%。总体来看，国外传者仍然是关于中国文化的具有主导性的社交媒体发声源，其中美国、英国传者数量在各国中具有一定优势。中国的对外文化传播迫切需要提高自己的本土声音，避免关于中国文化的话语形象和话语权被国外甚或少数西方发达国家所主导。

在传者的个体/组织机构属性上，Twitter 中的传者为组织机构的占 49.0%，为个体的占 51%。Google＋的传者中，属于个体的占 35.8%，属于组织机构的占 16.3%，其余的为情况不详。YouTube 中传播主体为个体的占 61.0%，为组织机构的占 35.0%，有 4.0%的主体情况不详。Flickr 中传者为个体的占 56.5%，明确标示为组织机构的仅占 3.0%，情况不详的占 40.5%。总体来看，虽然部分媒体中组织机构占有一定的比重，但中国文化传播者仍以个体为主导力量。这一方面需要我国重视个体传者在社交媒体中的作用，另一方面也显示出对于组织机构型传者的传播作用挖掘的不足及其具有的潜能。

在传者的个体类型上，Twitter 的个体传者中，以传媒从业人员和教师或学者、专业技术人员以及经商管理层人物居多。Google＋的个体传者中，以专业技术人员、企事业单位职员/办事人员、教师或学者为多。YouTube 的个体传者中，以传媒从业人员、自由职业者、教师或学者所占比重为多。Flickr 的个体传者中，占比多的有传媒从业人员、专业技术人员、企事业单位职员和办事人员、自由职业者以及教师或学者。总体来看，中国文化在这些社交媒体的传播中，传媒人员、知识群体和专业技术人员都占有主要的地位。他们一般处于社会的中间阶层，具有行业领域独特的技能，知识储备量相对较高。对于这些传者，中国需要加强针对性的重视和引导、组织，使得他们更好地发挥中国文化在对外传播中的作用。

在传者的组织机构类型上，Twitter 上的组织机构传者主要有大众媒体、不包含大众媒体的文化企业、文化类的非政府组织和社会团体、非文化类的组织机构和社会团体,政府部门基本没有涉及。Google+中占比最多的是非文化类的企业、大众媒体和专门的语言培训机构。YouTube中占比最多的是大众媒体、不包含大众媒体的文化企业以及学校、非文化类的企业。Flickr中的组织机构传者以学校和政府部门居多。总体来看,本身拥有众多传播渠道的大众媒体是中国文化在国际社交媒体发声的主要力量,企业也是重要的传播者,各类各级的学校和教育机构在其中也具有一定程度的重要性。对于中国的对外文化传播战略而言,注重大众媒体的社交媒体发声是应有之义,与此同时,企业、教育机构也起着必要的乃至不可或缺的作用。如何更好地发挥和引导众多跨越国界的企业在中国文化对外传播中的桥梁和中间作用,仍是有待继续挖掘的问题。

在传者主体的信息主题类别上,剔除其他类、身份介绍类以及空缺值,各媒体中传者的信息主题特征如下:Twitter中居前的主要是新闻媒体类、经济/商务类、哲学/生活哲理类、文化艺术类。Google+中居前的有个人生活议题类、经济/商务类、哲学/生活哲理类。YouTube传者中以教育类居多,这类传者一般为高等院校机构或是从事语言教学、艺术教学、少儿教育等类别的传播个体或组织,其后占比多的是新闻媒体、文化艺术、经济商务等类。Flickr的传者中占比最多的是影视/流行/娱乐明星类和经济/商务类,这两类显著领先于其他类,其后的第二层次有个人生活议题、文化艺术、教育等类。从信息主题领域来看,新闻媒体类、经济/商务类在各媒体中都具有重要性。文化艺术类、教育类以及关于个体的体验和生活经验,也是中国文化传播主体中不可忽视的类型。这其中,经济/商务类传者主题具有较为普遍而凸显的作用,所带来的启示是,中国文化的对外传播需要更好地联结经济/商务主题,把文化故事和文化元素融入日常的经济生活领域进行传播。

在传者的互动特征方面,几种媒体的情况分别如下:Twitter的传者中,国外传者的活跃度、互动性、影响力都高于国内传者,而组织机构传者在这几方面一般都高于个体传者。特别是在影响力方面,这种差距更为明显。在具体的类型上,记者、教师和学者类个体,以及大众媒体、非文化类的组织机构和社会团体以及新闻媒体主题的传者,其传播的活跃度、影响力最为突出。Google+的传者中,国外的、组织机构型的传者其互动性、影响力都分别高于国内的、个体型的传者;专业技术人员、大众媒体、新闻媒体主题类的传者,其互动性和影响力最为突出。YouTube的传者中,国外传者的页面被查看次数远远超过国内传者,组织机构的粉丝数、页面被查看次数都高于个体传者;传媒从业人员、大众媒体的影响力在传者中最为突出,而旅游类主题、体育类主题的传者在YouTube中也具有更高的影响力。Flickr中,组织机构的活跃度和影响力都高于个体传者,教师和学者、文化组织和团体以及传播主题偏向历史类或环境/生态类的传者,其活跃度和互动性都比较高。总体来看,在社交媒体的活跃度和互动性上,国内传者仍然与国外传者有一定差距,需要继续弥补和缩小差距;组织机构显现出比个体更好的传播活力与效果,是值得倚重和加大发展力度的传播主体,其中大众媒体在国际社交平台的传播更需着重加强,企业的跨国传播也值得重视;而传媒从业人员、专业技术人员、教师和学者等具有一定的知识和文化素养的群体是中国文化在国际社交媒体传播中的重要个体力量,对其需要加大建设力度与引导力度、支持力度。

第三章
中国文化在国际社交媒体传播的内容构成与特征

 研究设计与抽样方法

本章通过高频词特征分析、共词结构与语义网络、共词聚类、内容分析等方法,运用网络采集、文本挖掘、社会网络分析等手段和工具,来探讨中国文化在国际社交媒体传播中的主要热词特征及其语义网络、文化构成和内容主题类型。

1. 媒体来源

本书选取七种重要而特点不同的社交媒体,分别是 Twitter、YouTube、Facebook、Google＋、Tumblr、Flickr、Reddit。它们都具有很大的规模与流量,在其专门的细分领域内也有重大的影响力和竞争力。在 2015 年 2 月 21 日的 Alexa 全球网站排名数据中,Facebook、YouTube、Twitter 三大社交媒体巨头分别居于全球网站的第 2、3、8 位,其他媒体也都具有全球数十位或一百多位的排名。

2. 样本采集与汇总

对这其中媒体中的内容,都以"China"和"culture"为复合关键词进行帖子的检索,通过"八爪鱼"爬取软件自动抓取、存档内容。Google＋采集的帖子,发布时间为 2014 年 10 月 21 日至 2015 年 10 月 20 日,得到 4 947 条,删除内容完全重复的帖子后,剩余 2 673 条。Twitter 采集的内容,其发布时间为 2014 年 10 月 11 日到 2015 年 10 月 10 日,抽样采集得到 13 471 条,删除重复内容后剩下 11 141 条。YouTube 的帖子,其发布时间为 2014 年 11 月 16 日到 2015 年 11 月 15 日的帖子,抽样得到 2 486 条,删除标题及正文都重复的帖子后剩下 2 329 条。Tumblr 的帖子每晚23点自动采集20条,采集的帖子发布的时间段为2014年11月1日至2015年10月31日,抽样采集得到3 103条,去除标题和正文都重复的帖子后剩2 796条。Flickr采集的是2014年11月4日到2015年11月3日按时间更新排序的照片,共得到16 692条,删除标题和正文都重复的内容及空白内容后剩余10 490条。Reddit采集的是发布于2014年11月1日至2015年10月31日的所有帖子2 485条,删除标题与正文都重复的内容后得到2 442条。Facebook采集的是2015年6月14日到2015年11月15日之间,名为"China culture"或"Chinese culture"的三个大规模群组的所有帖子[1],得到5 246条,经删除重复及空白的内容后剩3 059条。

分析的内容是这些帖子的标题、正文、标签的文字部分。若无标题或标签,则不予分析。其中,YouTube分析的内容包括标题和正文;Tumblr分析的为标题和正文、标签词;Flikcr分析的是照片的标题及其说明的正文;Reddit分析的是标题和内容正文;Facebook分析的是帖子正文的内容,如是转贴则还包括被转内容显示的正文。上述所有内容汇总到一个txt文件中进行处理。该txt文件的每一行为一条帖子的内容。汇总后的txt文件大小为49.3MB,总字符数为5 117.88万。

3. 文本预处理

对于采集所得的文本集进行清洗。去除♯号、@号、http开头的网址字符串等无实际语义的字词;去除无意义的字符串,例如cts等;去除帖子在网页的显示中本身所含的格式词,例如"转推了""查看翻译"等词;去除一些在语义分析过程中无明显语义的虚词、助词、连词等。对于最终的文本,通过ROST CM软件进行中英文的分词、词频统计以及共词分析、语义网络的分析呈现,并结合SPSS软件和VBA编程进行定量处理。通过VBA对统计所得的高频词及其共词网络、共现词频进行整理和转换,通过SPSS对所采选的关键词进行聚类分析。最终,将文本集中高频出现和具有区分度的450个关键词,通过其相互间的共现程度得到聚类结果,从而将中国文化内容进行类型的划分。在此基础上,进一步结合不同的类所含关键词与其他类的关联强度,考察各个类在中国文化的国际社交媒体呈现中所具有的地位和作用差异。

---

[1] 这三个群组分别名为"China culture"(https://www.facebook.com/groups/impressionchina/? ref=br_rs)、"Chinese culture"(https://www.facebook.com/groups/AllChineseCulture/? ref=br_rs)、"chinese culture"(https://www.facebook.com/groups/AllChineseCulture/? ref=br_rs)。截止2015年8月5日,这三个群组拥有的成员数依次为18 380个、6 116个、3 452个,群组规模足够大。

二 热词特征与议题类型

中国文化在国际社交媒体平台的内容平台有其议题属性与结构特征。媒体空间中对于公共话题、热点对象的讨论,构建和折射出公众对于议程的关注和聚焦,体现出媒介的"议程设置"机制和功效。科亨在关于"议程设置"的分析中指出,新闻媒介在告诉人们怎么想这一方面可能并不成功,但是在告诉人们想什么的方法则异常成功。[1]本节对于中国文化在国际社交媒体平台上发布的信息进行抽样和采集,通过ROST文本挖掘软件和NETDRAW网络分析软件,考察其词频居于最前的热词状况及其特征,进而把握中国文化在国际社交媒体传播的议题热点及其媒介议程和舆情机制。

(一) Twitter中的媒介议程与热词特征

对Twitter汇总后的文本文件通过ROST NewsAnalysis Tools进行词频分析。样本共有词汇20 402个,其中词频最高的达9 848次,12 310个词的词频为1次。所有词的词频均值为5次,中值和众数均为1次(表3-1)。

表3-1 Twitter词频统计量

N		有效	20 402
		缺失	0
均值			5.025 635
中值			1.000 000
众数			1.000 0
标准差			85.730 404 5
极小值			1.000 0
极大值			9 848.000 0
百分位数		25	1.000 000
		50	1.000 000
		75	3.000 000

从热词状况来看,Twitter前150位的热词如表3-2所示。Twitter的内容中

---

[1] Cohen, B. The Press and Foreign Policy[M]. Princeton, NJ: Princeton University Press. 1963:13.

突出涵盖的的议题包括国际、政治、艺术、区域、社会生活、教育等。在国际议题方面,着重于亚洲国家以及美国,例如 Japan、India、Russia、Korea、Asia、USA 等热词所体现的。在地方和区域方面,Beijing、Shanghai、Hong Kong 等我国的大城市是涉及的少数几个主要城市,它们是 Twitter 的讨论中具有重要意义的节点。政治类的话题主要涉及西藏(Tibetan、Tibet)等地域政治话题,以及 ministry、xi、politics 等。影视/流行/娱乐文化类的涉及 film、pop 等电影与流行文化。此外,还涉及文化艺术(art、arts)、历史(history、ancient、traditional)、节日(festival)、饮食(food、tea、eat)、旅游(travel)等多个维度。特别从前 60 位的高频热词来看,其议题比较集中于艺术、历史文化、亚洲邻国、饮食、城市。

表 3-2　Twitter 热词及其词频分布

词频排序	高频热词	词频	词频排序	高频热词	词频
1	China	9 848	23	internet	177
2	culture	6 889	24	ancient	175
3	Chinese	1 486	25	year	175
4	new	504	26	Russia	172
5	Beijing	385	27	Korea	168
6	business	349	28	film	165
7	art	340	29	arts	161
8	people	328	30	Shanghai	159
9	world	312	31	international	157
10	history	293	32	don't	156
11	festival	289	33	morning	153
12	post	233	34	shock	151
13	news	233	35	country	151
14	south	228	36	city	150
15	Japan	228	37	life	149
16	language	205	38	says	148
17	travel	198	39	part	146
18	India	196	40	Hong Kong	143
19	western	186	41	traditional	139
20	food	184	42	dogs	139
21	great	180	43	tea	138
22	love	180	44	Asia	138

(续表)

词频排序	高频热词	词频	词频排序	高频热词	词频
45	years	137	77	exhibition	92
46	different	137	78	video	92
47	learn	136	79	tradition	91
48	Tibetan	134	80	media	91
49	week	132	81	meat	91
50	dog	131	82	market	90
51	pop	130	83	center	89
52	eat	130	84	interesting	88
53	中国网	129	85	trade	88
54	experience	128	86	economy	88
55	American	128	87	looking	88
56	U.S.	127	88	Asian	87
57	stop	124	89	photos	87
58	pig	124	90	national	86
59	Tibet	121	91	amazing	86
60	usa	115	92	tourism	86
61	visit	115	93	British	85
62	ministry	156	94	exchange	84
63	day	112	95	America	83
64	big	111	96	live	83
65	eating	111	97	times	82
66	Xi	109	98	change	82
67	global	108	99	subscription	79
68	students	108	100	museum	79
69	good	107	101	English	79
70	music	106	102	rich	78
71	focus	103	103	learning	78
72	book	100	104	understand	76
73	education	99	105	Taiwan	75
74	fashion	97	106	war	75
75	old	96	107	coffee	75
76	daily	95	108	beautiful	74

(续表)

词频排序	高频热词	词频	词频排序	高频热词	词频
109	politics	74	130	young	65
110	school	74	131	going	65
111	online	74	132	work	64
112	Japanese	74	133	Korean	64
113	wall	73	134	right	64
114	story	72	135	little	64
115	countries	145	136	long	64
116	look	72	137	cooperation	63
117	women	71	138	office	63
118	modern	71	139	stopYulin2015	63
119	economic	71	140	minister	62
120	trip	70	141	bans	62
121	deal	70	142	open	61
122	power	70	143	check	61
123	understanding	69	144	free	61
124	review	68	145	porky	61
125	heritage	68	146	photo	60
126	中国	67	147	must	60
127	design	67	148	luxury	60
128	movie	65	149	Rochdale	60
129	foreign	65	150	glass	59

（二）Google＋中的媒介议程与热词特征

根据对Google＋的词频统计，如表3-3所示，共有39 678个词汇，其中词频最大的为4 718次，频率为1的词有19 160个。所有词的词频均值为10.18次，中值为2次，众数为1次。

表3-3 Google＋词频统计量

N	有效	39 678
	缺失	0
均值		10.176 798

(续表)

中值		2.000 000
众数		1.000 0
标准差		56.071 487 5
极小值		1.000 0
极大值		4 718.000 0
百分位数	25	1.000 000
	50	2.000 000
	75	5.000 000

从热词情况来看,Google＋的热词及其词频如表3-4所示。从前60位的高频词来看,Google＋的内容主要汇集于国际(international、French、American、Japan、Polynesia、India)、政治(government、state、power、war)、历史(history、ancient)、教育(university、school)、旅游(travel)等。在国际类的话题中,侧重于欧美国家,这与Twitter侧重于亚洲邻国是不同的。在政治类的话题中,没有对于Tibet等敏感问题的过多关注,而是侧重于政府和公共议题。

表3-4　Google＋热词及其词频分布

词频排序	高频热词	词频	词频排序	高频热词	词频
1	bora	4 718	16	life	676
2	China	4 599	17	language	662
3	Chinese	3 693	18	Beijing	661
4	culture	3 509	19	history	656
5	people	2 023	20	post	630
6	world	1 959	21	great	619
7	new	1 147	22	tea	613
8	year	1 076	23	resort	601
9	city	998	24	long	597
10	years	932	25	free	582
11	island	877	26	south	550
12	international	852	27	day	550
13	travel	757	28	government	544
14	country	727	29	EU	540
15	business	695	30	French	537

（续表）

词频排序	高频热词	词频	词频排序	高频热词	词频
31	different	536	63	Hong Kong	408
32	art	536	64	Shanghai	402
33	right	532	65	work	401
34	good	520	66	experience	399
35	state	520	67	including	393
36	war	518	68	united	391
37	American	510	69	joe	391
38	summer	510	70	tourism	388
39	ancient	509	71	human	378
40	Japan	506	72	white	377
41	part	494	73	means	376
42	same	489	74	million	376
43	list	484	75	European	374
44	place	483	76	times	371
45	public	482	77	islands	370
46	university	472	78	America	368
47	beach	472	79	love	367
48	visit	470	80	little	363
49	used	464	81	study	363
50	old	463	82	system	362
51	Japanese	462	83	water	362
52	area	459	84	region	361
53	school	456	85	political	358
54	Polynesia	456	86	countries	357
55	posts	452	87	nature	357
56	power	447	88	population	357
57	states	424	89	national	355
58	east	423	90	family	352
59	west	423	91	ocean	347
60	India	416	92	Europe	347
61	known	414	93	book	347
62	Asia	408	94	news	347

(续表)

词频排序	高频热词	词频	词频排序	高频热词	词频
95	season	347	123	look	297
96	site	346	124	festival	296
97	high	345	125	waters	296
98	paradise	343	126	use	295
99	local	342	127	leisure	294
100	entire	339	128	food	293
101	economic	334	129	president	293
102	later	330	130	important	290
103	god	329	131	management	289
104	western	325	132	pora	288
105	makes	325	133	Switzerland	287
106	traditional	322	134	party	286
107	home	322	135	Korea	284
108	beautiful	320	136	set	284
109	north	320	137	river	284
110	name	319	138	enjoy	284
111	pacific	314	139	places	283
112	tahiti	314	140	thank	282
113	NewYork	312	141	going	281
114	number	311	142	kim	281
115	must	310	143	growing	280
116	students	308	144	media	276
117	Russia	308	145	English	275
118	women	304	146	society	275
119	days	304	147	making	273
120	social	299	148	foreign	272
121	modern	299	149	point	269
122	trillion	299	150	line	269

（三）YouTube 中的媒介议程与热词特征

根据对 YouTube 的词频统计，如表 3-5 所示，共有 25 689 个词汇，其中词频最大的为 4 907 次，频率为 1 的词有 13 256 个。所有词的词频均值为 6.55 次，中值为 1 次,众数为 1 次。

表 3-5 YouTube 词频统计量

N	有效	25 689
	缺失	0
均值		6.547 355
中值		1.000 000
众数		1.000 0
标准差		50.724 820 6
极小值		1.000 0
极大值		4 907.000 0
百分位数	25	1.000 000
	50	1.000 000
	75	4.000 000

YouTube 上的热词及其词频如表 3-6 所示。从最前的 60 位热词来看,主要涉及饮食(food、tea)、旅游(tourism、hotels、visit)、历史(history、traditonal、ancient)、语言(language、mandarin)、文化艺术(arts、art、dance、music)、教育(university、school、learn、students)、地方和区域(Luoyang、Heluo)、节日(festival)、个人生活与情感(life、home)、商务(business)等。这些是偏于软文化的方面,而较少包含国际、外交、政治等层面的内容。

表 3-6 YouTube 热词及其词频分布

词频排序	高频热词	词频	词频排序	高频热词	词频
1	Chinese	4 907	11	traditional	497
2	China	3 940	12	video	452
3	culture	3 764	13	Beijing	405
4	festival	843	14	tourism	389
5	people	829	15	history	385
6	new	804	16	channel	377
7	world	765	17	language	363
8	food	706	18	dance	361
9	year	682	19	news	351
10	hotels	621	20	mandarin	344

(续表)

词频排序	高频热词	词频	词频排序	高频热词	词频
21	years	343	53	country	213
22	different	341	54	national	211
23	videos	335	55	hotel	207
24	great	322	56	heluo	195
25	arts	316	57	government	190
26	life	311	58	long	179
27	art	309	59	home	177
28	internation	308	60	xue	177
29	visit	302	61	full	176
30	documentary	298	62	yajing	175
31	university	292	63	good	174
32	business	282	64	Asian	174
33	American	281	65	中国	173
34	school	278	66	traditions	172
35	learn	272	67	travel	171
36	free	271	68	Japanese	171
37	tea	268	69	hello	171
38	media	268	70	exhibition	169
39	part	267	71	state	167
40	information	263	72	countries	164
41	music	262	73	set	163
42	English	261	74	better	163
43	Luoyang	260	75	western	161
44	folk	255	76	online	160
45	activities	254	77	close	160
46	city	252	78	cuisine	160
47	students	239	79	wide	160
48	ancient	232	80	province	158
49	official	230	81	Taiwan	158
50	high	225	82	learning	157
51	day	225	83	east	154
52	subscribe	219	84	soundbite	154

(续表)

词频排序	高频热词	词频	词频排序	高频热词	词频
85	Shanghai	153	118	Hangzhou	127
86	experience	151	119	story	126
87	competition	151	120	focus	126
88	education	150	121	including	126
89	center	148	122	south	125
90	book	148	123	featuring	124
91	important	146	124	institute	123
92	love	144	125	overseas	122
93	Hong Kong	144	126	society	122
94	group	143	127	street	122
95	Asia	143	128	customs	122
96	work	142	129	archive	121
97	old	40	130	abroad	120
98	website	140	131	episode	120
99	short	140	132	confucius	120
100	nature	139	133	playlist	119
101	women	139	134	Korean	119
102	family	136	135	Mr.	118
103	unique	135	136	sponsored	118
104	dragon	135	137	below	116
105	global	132	138	social	116
106	week	132	139	company	116
107	contact	131	140	popular	115
108	local	131	141	India	113
109	lctf	130	142	opera	113
110	cultures	129	143	mail	113
111	modern	128	144	martial	113
112	list	128	145	various	112
113	understand	128	146	public	112
114	Japan	128	147	program	112
115	words	128	148	special	112
116	live	127	149	red	111
117	president	127	150	represent	110

(四) Facebook 中的媒介议程与热词特征

Facebook 中共得到 13 916 个词,词频最大者为 1 018 次。词频为 1 的有 8 271 个词。所有词的词频均值为 3.4 次,中值和众数都为 1 次(表 3-7)。

表 3-7　Facebook 词频统计量

N	有效	13 916
	缺失	11 773
均值		3.40
中值		1.00
众数		1
标准差		13.941
极小值		1
极大值		1 018
百分位数	25	1.00
	50	1.00
	75	2.00

根据表 3-8,从热词尤其是前 60 位的热词来看,Facebook 传播的中国文化内容主要偏向于地方和区域(province、city、town、village、Hangzhou、Sichuan、Shanghai、Yunnan、Beijing、area、place)、旅游(mountain、chinatravel、lake、scenery)、历史(ancient、traditional、history)、语言(HSK、学汉语)、教育(learn、academy)、饮食(yummy、food)、节日(festival)、个人生活与情感(love)、国家领导人(Xi)等方面。

表 3-8　Facebook 热词及其词频分布

词频排序	高频热词	词频	词频排序	高频热词	词频
1	China	1 018	8	Beijing	174
2	Chinese	826	9	中国	164
3	province	276	10	festival	158
4	HSK	238	11	academy	158
5	city	199	12	world	155
6	ancient	192	13	day	146
7	people	175	14	beautiful	124

(续表)

词频排序	高频热词	词频	词频排序	高频热词	词频
15	mountain	114	47	happy	66
16	characters	114	48	学汉语	66
17	located	104	49	life	64
18	years	103	50	listen	64
19	traditional	100	51	popular	63
20	great	98	52	ji	63
21	zh	98	53	water	61
22	town	97	54	check	61
23	love	95	55	place	59
24	year	90	56	Yunnan	58
25	Chinatravel	89	57	history	57
26	culture	89	58	food	56
27	lake	88	59	panda	55
28	sh	87	60	red	54
29	old	86	61	look	54
30	county	83	62	summer	54
31	village	82	63	autonomous	53
32	scenery	80	64	group	53
33	photo	78	65	2015	53
34	new	78	66	famous	53
35	autumn	76	67	click	53
36	river	75	68	join	53
37	Hangzhou	74	69	英国	53
38	Sichuan	74	70	park	52
39	learn	74	71	visit	52
40	Shanghai	70	72	used	52
41	good	70	73	known	51
42	area	69	74	style	50
43	national	68	75	scenic	50
44	yummy	68	76	temple	50
45	Xi	68	77	west	50
46	art	66	78	gu	50

（续表）

词频排序	高频热词	词频	词频排序	高频热词	词频
79	tea	49	111	local	41
80	learnchinese	49	112	men	41
81	wall	48	113	孔子	41
82	high	48	114	smile	40
83	ch	48	115	video	40
84	meters	47	116	internation	39
85	natural	47	117	Guangxi	39
86	language	47	118	means	39
87	home	46	119	winter	38
88	enjoy	46	120	part	38
89	汉语	46	121	man	38
90	mandarin	46	122	follow	38
91	different	45	123	thanks	38
92	largest	45	124	june	38
93	road	45	125	广播	38
94	round	45	126	heart	37
95	xu	45	127	mount	37
96	beauty	44	128	southwest	37
97	heritage	44	129	photos	37
98	region	44	130	celebrate	37
99	Tibet	43	131	painting	36
100	central	43	132	Xinjiang	36
101	level	43	133	women	36
102	july	43	134	ethnic	36
103	long	42	135	capital	36
104	快乐	42	136	welcome	36
105	table	42	137	words	36
106	east	41	138	friends	35
107	north	41	139	human	35
108	site	41	140	south	35
109	unique	41	141	street	35
110	four	41	142	snow	35

(续表)

词频排序	高频热词	词频	词频排序	高频热词	词频
143	palace	35	147	along	33
144	learning	35	148	green	33
145	family	34	149	mountains	33
146	dragon	34	150	amazing	33

(五) Tumblr 中的媒介议程与热词特征

Tumblr 汇总得到的词有 31 617 个,其中词频最高的词为 4 715 词,词频为 1 的词有 13 871 个。所有词的词频均值为 6.04 次,中值为 2 次,众数为 1 次(表 3-9)。

表 3-9 Tumblr 词频统计量

N		有效	31 617
		缺失	0
均值			6.04
中值			2.00
众数			1
标准差			37.994
极小值			1
极大值			4 715
百分位数		25	1.00
		50	2.00
		75	4.00

根据表 3-10,从 Tumblr 的热词尤其是前 60 位的热词来看,在 Tumblr 传播的中国文化主要侧重于以下方面:文化艺术(art、museum、book、music)、历史(traditional、history、hanfu、ancient)、地方和区域(Beijing、Shanghai、Hong Kong)、国际(Aisa、Korea、international)、经济/商务(market、business)、时尚/设计(fashion、design、architecture)、旅游(travel)、节日(festival)、个人生活与情感(life、love、family)等。

表 3-10 Tumblr 热词及其词频分布

词频排序	高频热词	词频	词频排序	高频热词	词频
1	China	4 715	33	ancient	237
2	Chinese	2 819	34	book	235
3	culture	2 347	35	Korea	231
4	people	877	36	market	226
5	new	647	37	long	225
6	Beijing	556	38	business	224
7	art	509	39	country	222
8	world	509	40	view	222
9	year	449	41	work	221
10	traditional	414	42	Hong Kong	220
11	day	412	43	red	210
12	city	406	44	family	208
13	history	391	45	iframe	207
14	travel	359	46	embed	207
15	tea	353	47	internation	205
16	life	337	48	fashion	203
17	love	289	49	little	201
18	different	288	50	beautiful	201
19	years	286	51	px	193
20	Shanghai	285	52	design	191
21	museum	282	53	photo	191
22	part	282	54	que	191
23	style	276	55	experience	189
24	great	276	56	home	187
25	exchange	273	57	architecture	187
26	hanfu	269	58	music	185
27	old	268	59	street	180
28	revolution	260	60	post	178
29	Asia	254	61	dynasty	174
30	中国	250	62	food	173
31	festival	245	63	used	173
32	good	240	64	film	173

（续表）

词频排序	高频热词	词频	词频排序	高频热词	词频
65	place	167	97	high	134
66	class	162	98	Mao	133
67	exhibition	162	99	women	133
68	same	161	100	online	132
69	Japan	161	101	end	131
70	west	161	102	汉字	131
71	American	161	103	going	129
72	school	161	104	national	129
73	dragon	157	105	series	129
74	cultures	156	106	English	128
75	wordpress	156	107	free	127
76	western	155	108	trip	127
77	social	155	109	use	126
78	look	154	110	countries	126
79	arts	154	111	friends	125
80	data	153	112	name	125
81	news	152	113	temple	125
82	story	151	114	artist	125
83	Asian	149	115	video	123
84	looking	148	116	Japanese	123
85	century	148	117	reading	122
86	east	148	118	pictures	122
87	students	142	119	tradition	122
88	han	141	120	state	122
89	university	140	121	feel	121
90	popular	140	122	government	121
91	building	139	123	known	120
92	form	139	124	visit	120
93	language	136	125	man	120
94	local	136	126	province	119
95	modern	135	127	important	118
96	beauty	134	128	yet	118

（续表）

词频排序	高频热词	词频	词频排序	高频热词	词频
129	young	118	140	car	112
130	set	117	141	wall	111
131	happy	115	142	fun	111
132	future	115	143	million	111
133	away	114	144	times	111
134	media	114	145	original	110
135	summer	114	146	industry	109
136	white	113	147	project	109
137	having	113	148	past	109
138	learn	113	149	better	108
139	second	112	150	heart	108

（六）Flickr 中的媒介议程与热词特征

Flickr 中共得到 116 134 个词，词频最大者有 15 972 次，词频为 1 词的词有 56 193 个。所有词的词频均值为 24.09 次，中值为 2 次，众数为 1 次（表 3-11）。

表 3-11　Flickr 词频统计量

N		有效	116 134
		缺失	14
均值			24.09
中值			2.00
众数			1
标准差			182.561
极小值			1
极大值			15 972
百分位数		25	1.00
		50	2.00
		75	5.00

根据表 3-12，从热词尤其是前 60 位的热词来看，Flickr 传播的中国文化内容侧重于以下方面：植物和农林（flowers、plants、rose、plant、seeds、seed、garden、 trees、flower、agriculture)、文化艺术(book、library、art)、宗教(Genesha)、饮食(tea)、教育(university)等。

表 3-12　Flickr 热词及其词频分布

词频排序	高频热词	词频	词频排序	高频热词	词频
1	China	15 972	31	seed	5 095
2	flowers	15 173	32	yellow	4 961
3	white	12 740	33	people	4 923
4	plants	9 610	34	tea	4 912
5	culture	9 543	35	color	4 900
6	large	9 472	36	catalog	4 881
7	Chinese	8 785	37	beautiful	4 695
8	book	7 451	38	garden	4 659
9	new	7 039	39	U.S.	4 458
10	year	6 949	40	high	4 431
11	image	6 725	41	mixed	4 165
12	hardy	6 490	42	variety	4 127
13	catalogs	6 459	43	varieties	3 953
14	text	6 352	44	green	3 898
15	appearing	6 259	45	trees	3 857
16	rose	6 106	46	perfectly	3 778
17	fine	5 830	47	good	3 767
18	double	5 691	48	appearance	3 758
19	national	5 677	49	curator	3 684
20	plant	5 668	50	agriculture	3 679
21	library	5 521	51	feet	3 662
22	seeds	5 476	52	great	3 654
23	world	5 435	53	original	3 643
24	art	5 393	54	images	3 638
25	long	5 390	55	flower	3 626
26	early	5 363	56	pink	3 571
27	leaves	5 348	57	agriculture	3 569
28	work	5 319	58	inches	3 558
29	Ganesha	5 314	59	university	3 507
30	red	5 200	60	department	3 486

(续表)

词频排序	高频热词	词频	词频排序	高频热词	词频
61	venue	3 452	93	Guizhou	2 791
62	fruit	3 434	94	species	2 783
63	years	3 331	95	known	2 743
64	resemble	3 300	96	state	2 717
65	title	3 287	97	miao	2 674
66	used	3 285	98	spring	2 629
67	colors	3 260	99	deep	2 624
68	old	3 243	100	four	2 590
69	cents	3 209	101	summer	2 572
70	small	3 160	102	form	2 551
71	illustrations	3 154	103	free	2 544
72	authors	3 141	104	henry	2 526
73	native	3 127	105	use	2 517
74	size	3 097	106	half	2 512
75	coloration	3 090	107	scarlet	2 499
76	viewerabout	3 078	108	India	2 496
77	entryview	3 078	109	city	2 494
78	readability	3 078	110	life	2 446
79	sponsor	3 073	111	south	2 444
80	tree	3 045	112	grown	2 443
81	张大千	3 040	113	mann	2 432
82	museum	3 037	114	flowering	2 420
83	day	3 030	115	trade	2 411
84	arts	3 029	116	same	2 410
85	pc	2 995	117	bright	2 379
86	black	2 975	118	shrubs	2 379
87	nursery	2 964	119	growing	2 339
88	winter	2 956	120	part	2 338
89	rich	2 952	121	students	2 312
90	bot	2 893	122	water	2 304
91	American	2 864	123	deputy	2 298
92	photography	2 815	124	soil	2 292

（续表）

词频排序	高频热词	词频	词频排序	高频热词	词频
125	century	2 289	138	price	2 144
126	crimson	2 281	139	n.	2 142
127	roses	2 275	140	government	2 135
128	pure	2 267	141	name	2 111
129	history	2 252	142	full	2 111
130	Lumbini	2 251	143	librarydig	2 110
131	bloom	2 247	144	annual	2 098
132	blue	2 215	145	foliage	2 087
133	group	2 198	146	pavilion	2 078
134	introduced	2 197	147	place	2 060
135	single	2 195	148	light	2 033
136	Britain	2 176	149	popular	2 024
137	growth	2 164	150	common	2 010

（七）Reddit 中的媒介议程与热词特征

Reddit 共得到 62 316 个不同的词，其中词频最大的词出现频次为 4 826 次，词频为 1 次的词有 27 402 个。所有词的词频均值为 12.47 次，中值为 2 次，众数为 1 次（表 3-13）。

表 3-13 Reddit 词频统计量

N		有效	62 316
		缺失	0
均值			12.47
中值			2.00
众数			1
标准差			63.004
极小值			1
极大值			4 826
百分位数		25	1.00
		50	2.00
		75	5.00

根据表3-14,从热词状况来看,Reddit的中国文化传播主要涉及以下方面:国际(American、Asian、Japan、America、Japanese)、历史(history)、地方和区域(city、place)、饮食(food)、政治(government、power)、语言(language)、教育(school)、个人生活与情感(life、love、family)、休闲(game)。

表3-14 Reddit热词及其词频分布

词频排序	高频热词	词频	词频排序	高频热词	词频
1	China	4 826	29	women	1 090
2	people	4 775	30	part	1 080
3	Chinese	3 722	31	men	1 026
4	culture	3 216	32	white	1 022
5	world	2 464	33	city	1 006
6	new	2 124	34	right	1 005
7	don't	2 064	35	better	1 003
8	years	1 942	36	America	958
9	link	1 886	37	old	942
10	good	1 599	38	love	932
11	going	1 404	39	language	928
12	work	1 371	40	used	890
13	year	1 368	41	Japanese	888
14	life	1 305	42	feel	883
15	same	1 296	43	English	881
16	American	1 293	44	school	861
17	war	1 292	45	little	858
18	great	1 289	46	countries	855
19	country	1 242	47	post	849
20	day	1 232	48	look	845
21	history	1 220	49	state	835
22	different	1 164	50	place	831
23	Asian	1 129	51	point	821
24	reddit	1 117	52	government	817
25	use	1 109	53	end	815
26	Japan	1 100	54	family	811
27	long	1 099	55	food	804
28	game	1 096	56	free	790

(续表)

词频排序	高频热词	词频	词频排序	高频热词	词频
57	man	785	89	must	614
58	money	767	90	can't	613
59	power	752	91	making	609
60	high	751	92	friends	604
61	big	723	93	full	601
62	human	715	94	try	588
63	social	703	95	pretty	587
64	western	702	96	believe	585
65	far	701	97	less	584
66	live	690	98	days	583
67	home	686	99	real	578
68	states	686	100	bad	577
69	India	670	101	put	576
70	having	659	102	parents	576
71	south	656	103	anyone	575
72	Europe	647	104	understand	575
73	thought	644	105	important	571
74	away	642	106	change	570
75	cultures	640	107	small	568
76	person	634	108	north	567
77	name	632	109	course	567
78	able	631	110	looking	558
79	sure	629	111	story	558
80	fact	628	112	modern	554
81	society	625	113	left	552
82	start	624	114	times	551
83	experience	622	115	living	551
84	system	621	116	doesn	548
85	east	620	117	idea	547
86	science	619	118	working	546
87	past	618	119	hard	546
88	least	616	120	getting	543

(续表)

词频排序	高频热词	词频	词频排序	高频热词	词频
121	Asia	542	136	kind	515
122	Korea	541	137	non	512
123	space	539	138	tell	512
124	means	538	139	population	509
125	order	534	140	using	508
126	isn	532	141	second	500
127	group	532	142	cities	496
128	started	530	143	rather	495
129	almost	530	144	example	495
130	self	529	145	future	494
131	within	526	146	trying	491
132	yet	525	147	military	490
133	large	521	148	comments	489
134	ask	518	149	ago	486
135	others	518	150	makes	543

（八）汇总分析

将研究的这些社交媒体所得的样本进行汇总，汇总后的词频统计得出，具有不同的词汇202 621个，词频最大的词其出现频次为44 918次，出现频次为1的词共有104 619个。所有词的词频均值为22.15次，中值和众数都为1次（表3-15）。

表3-15 汇总后总文本的词频统计量

N		有效	202 621
		缺失	0
均值			22.15
中值			1.00
众数			1
标准差			218.842
极小值			1
极大值			44 918
百分位数		25	1.00
		50	1.00
		75	4.00

根据表 3-16，从汇总后的总体文本及其前 60 位的热词来看，中国文化在国际社交媒体的传播倾向于文化艺术（book、art、library）、植物和农林（flowers、plants、rose、plant、seeds、seed、garden、green）、饮食（tea）、历史（history）、教育（university）、宗教（genesha）、个人生活与情感（life）、国际（America、Japan）等。

表 3-16 汇总后的热词及其词频分布

词频排序	高频热词	词频	词频排序	高频热词	词频
1	China	44 918	29	red	6 078
2	culture	29 357	30	high	5 982
3	Chinese	26 238	31	double	5 904
4	flowers	15 417	32	plant	5 863
5	white	14 348	33	day	5 707
6	people	13 930	34	library	5 702
7	new	12 343	35	beautiful	5 672
8	world	11 599	36	leaves	5 551
9	year	10 789	37	seeds	5 546
10	large	10 374	38	city	5 505
11	plants	9 816	39	Ganesha	5 314
12	book	8 721	40	life	5 288
13	long	7 596	41	color	5 264
14	work	7 537	42	history	5 254
15	art	7 437	43	American	5 249
16	image	7 189	44	old	5 238
17	years	7 074	45	yellow	5 235
18	national	6 958	46	U.S.	5 162
19	text	6 633	47	seed	5 138
20	hardy	6 499	48	garden	5 018
21	tea	6 480	49	used	4 996
22	good	6 477	50	catalog	4 887
23	catalogs	6 459	51	university	4 835
24	great	6 438	52	bora	4 726
25	appearing	6 293	53	part	4 645
26	early	6 270	54	same	4 503
27	rose	6 220	55	variety	4 501
28	fine	6 165	56	state	4 436

(续表)

词频排序	高频热词	词频	词频排序	高频热词	词频
57	different	4 413	89	America	3 594
58	free	4 403	90	inches	3 591
59	mixed	4 321	91	students	3 552
60	green	4 278	92	summer	3 537
61	original	4 216	93	fruit	3 528
62	use	4 206	94	venue	3 499
63	small	4 177	95	title	3 481
64	south	4 143	96	language	3 446
65	trees	4 082	97	ancient	3 436
66	country	4 052	98	family	3 424
67	arts	3 995	99	colors	3 415
68	varieties	3 992	100	size	3 412
69	India	3 959	101	western	3 380
70	known	3 919	102	business	3 341
71	flower	3 899	103	form	3 338
72	feet	3 893	104	resemble	3 336
73	appearance	3 887	105	group	3 334
74	perfectly	3 886	106	name	3 326
75	black	3 870	107	four	3 323
76	images	3 867	108	Beijing	3 311
77	government	3 847	109	century	3 299
78	department	3 833	110	water	3 298
79	museum	3 754	111	war	3 292
80	agricultural	3 741	112	authors	3 287
81	agriculture	3 737	113	traditional	3 284
82	place	3 734	114	winter	3 268
83	curator	3 701	115	tree	3 267
84	native	3 675	116	little	3 263
85	pink	3 645	117	trade	3 259
86	Japan	3 644	118	full	3 257
87	school	3 626	119	states	3 240
88	rich	3 609	120	cents	3 227

(续表)

词频排序	高频热词	词频	词频排序	高频热词	词频
121	international	3 217	136	post	3 037
122	species	3 202	137	popular	3 011
123	half	3 200	138	spring	3 008
124	illustrations	3 198	139	west	3 007
125	home	3 180	140	growing	3 001
126	love	3 163	141	east	2 978
127	pc	3 119	142	bot	2 975
128	deep	3 114	143	nursery	2 973
129	sponsor	3 100	144	united	2 969
130	coloration	3 090	145	travel	2 941
131	readability	3 080	146	Asia	2 907
132	viewerabout	3 078	147	food	2 906
133	entryview	3 078	148	having	2 902
134	photography	3 049	149	social	2 888
135	张大千	3 043	150	festival	2 881

对上述七种媒体及其汇总后的文本,通过热词进行议题类型上的区分。对议题的划分和本章第五节中的区分类型相同。具体而言,包括以下门类:政治;经济/商务;文化艺术;教育;社会/民生;司法;国际;地方和区域;国防/军事;宗教;民族;医疗/卫生/健康;科技;自然;历史;环境/生态;旅游;影视/流行/娱乐文化;体育;新闻媒体;个人生活与情感;语言;时尚/设计;节日;植物/农林;动物;饮食;休闲;其他。每种取前60位的高频词,考察这些高频词是否涵盖特定方面的议题。需要指出的是,在这60个最高频的词中,剔除作为直接搜索词的China、culture以及Chinese、中国、文化这五个关键词。最后,统计得到其议题类型的分布如表3-17所示。

表3-17 议题类型分布

议题类型	Twitter	Google+	YouTube	Facebook	Tumblr	Flickr	Reddit	汇总后
政治	√	√	√	√			√	√
经济/商务	√	√	√		√		√	

(续表)

议题类型	Twitter	Google+	YouTube	Facebook	Tumblr	Flickr	Reddit	汇总后
文化艺术	√	√	√	√	√	√		√
教育	√	√	√	√		√	√	
社会/民生								
司法								
国际	√	√		√	√	√	√	√
地方和区域	√		√	√	√		√	√
国防/军事		√					√	
宗教						√		√
民族	√							
医疗/卫生/健康								
科技				√				
自然				√		√		
历史	√	√	√	√	√		√	√
风俗								
环境/生态					√			
旅游	√	√	√	√	√			
影视/流行/娱乐文化	√							
体育								
新闻媒体								
个人生活与情感	√	√	√	√	√		√	√
语言	√	√	√	√			√	
时尚/设计				√				
节日	√		√	√	√			
植物/农林						√		√
动物								
饮食	√	√	√	√	√	√	√	√
休闲/游戏							√	
哲学与生活哲理								
其他								

从中国文化在各种社交媒体传播的议题分布和差异来看，作为轻博客的 Tumblr、图片社交媒体 Flickr 上的中国文化内容不侧重于政治议题，人际网络型的 SNS 网站 Facebook 以及 Flickr 上不侧重于经济议题，新闻自媒体特征浓厚的 Reddit 不侧重于狭义上的文化艺术内容，Tumblr 上的热门议题缺乏教育方面的内容，宗教议题在 Flickr 上有较多呈现；民族议题在 Twitter 的高频词中有讨论，自然类的议题在 Facebook 和 Flickr 中有较多呈现，语言类的议题在 Tumblr 和 Flickr 上缺乏讨论传播，时尚/设计类是 Tumblr 所侧重的具有特色性的议题，饮食类则是各社交媒体都共同关注的议题。从前 60 位的高频词分布的总体来看，Twitter 上的内容议题分布广泛，是这七种样本媒体中包含的议题类型最多的，除了政治、经济等议题外，还涉及现当代的影视/流行/娱乐文化以及较为敏感的民族议题。Facebook、Google＋也有较为广泛的内容议题分布，其中 Facebook 关注的科技、自然等领域，是其他几种媒体都较少涉及的。

从话题类型的分布来看，讨论最广的是饮食类的议题，在每一种媒体都是传播的最热门议题；其次是文化艺术、教育、国际、地方和区域、历史、个人生活与情感的议题，除了个别媒体之外，几乎覆盖了所有种类媒体的最热门议题；再次一级的是经济/商务、旅游、语言、节日议题，它们也在多种社交媒体的人们议题中具有良好的覆盖性；具有很大的特色性和差异性的则是宗教、民族、国防/军事、科技、自然、环境/生态、时尚/设计、植物/农林、休闲/游戏类的议题，它们只在少数社交媒体的热门议题中得到讨论和传播；另有一些通常认为比较重要但是在这些社交媒体中并未得到高频呈现的议题，例如社会/民生、司法、医疗/卫生/健康、体育等类型。对于我国的文化国际传播和文化"走出去"而言，需要注重饮食、文化艺术、教育、地方文化、历史传统文化以及个体生活和情感等重点内容的传播；加强和塑造时尚文化、流行文化、自然和物质文化等的输出，满足国际受众对于特色内容的需求；补充和强化体育、社会民生信息、健康传播等议题的呈现，填补一些重要维度的议题类型在国际社交媒体的缺失，完善对外传播的内容生态。

对汇总后的文本，取词频最高的前 150 个关键词，并分别考察它们在各种社交媒体中的出现频次。截取部分（前 75 个高频词）如表 3-18 所示。

取汇总后前 150 个高频词，并从中剔除掉 China、culture、Chinese 这三个和检索主题直接相关的词。由于这前 150 位高频词不含"中国""文化"这两个中文关键词，因此无需专门剔除。最后选取的前 147 位高频词及其词序号见表 3-19。

表 3-18 高频词在各种社交媒体出现频次

高频词排序（从高到低）	汇总后的高频词	汇总词频	Facebook高频词	Facebook词频	Flickr高频词	Flickr词频	Google+高频词	Google+词频	Reddit高频词	Reddit词频	Tumblr高频词	Tumblr词频	Twitter高频词	Twitter词频	YouTube高频词	YouTube词频
1	China	44 918	China	1 018	China	15 972	China	4 599	China	4 826	China	4 715	China	9 848	China	3 940
2	culture	29 357	culture	89	culture	9 543	culture	3 509	culture	3 216	culture	2 347	culture	6 889	culture	3 764
3	Chinese	26 238	Chinese	826	Chinese	8 785	Chinese	3 693	Chinese	3 722	Chinese	2 819	Chinese	1 486	Chinese	4 907
4	flowers	15 417	flowers	28	flowers	15 173	flowers	109	flowers	36	flowers	35	flowers	19	flowers	17
5	white	14 348	white	22	white	12 740	white	377	white	1 022	white	113	white	39	white	35
6	people	13 930	people	175	people	4 923	people	2 023	people	4 775	people	877	people	328	people	829
7	new	12 343	new	78	new	7 039	new	1 147	new	2 124	new	647	new	504	new	804
8	world	11 599	world	155	world	5 435	world	1 959	world	2 464	world	509	world	312	world	765
9	year	10 789	year	90	year	6 949	year	1 076	year	1 368	year	449	year	175	year	682
10	large	10 374	large	10	large	9 472	large	211	large	521	large	99	large	19	large	42
11	plants	9 816	plants	3	plants	9 610	plants	103	plants	63	plants	15	plants	3	plants	19
12	book	8 721	book	17	book	7 451	book	347	book	423	book	235	book	100	book	148
13	long	7 596	long	42	long	5 390	long	597	long	1 099	long	225	long	64	long	179
14	work	7 537	work	19	work	5 319	work	401	work	1 371	work	221	work	64	work	142
15	art	7 437	art	66	art	5 393	art	536	art	284	art	509	art	340	art	309
16	image	7 189	image	5	image	6 725	image	53	image	271	image	98	image	13	image	24
17	years	7 074	years	103	years	3 331	years	932	years	1 942	years	286	years	137	years	343
18	national	6 958	natianal	68	national	5 677	national	355	national	432	national	129	national	86	national	211
19	text	6 633	text	1	text	6 352	text	12	text	233	text	20	text	3	text	12

(续表)

高频词排序(从高到低)	汇总后的高频词	汇总的词频	Facebook高频词	Facebook词频	Flickr高频词	Flickr词频	Google+高频词	Google+词频	Reddit高频词	Reddit词频	Tumblr高频词	Tumblr词频	Twitter高频词	Twitter词频	YouTube高频词	YouTube词频
20	hardy	6 499	hardy	0	hardy	6 490	hardy	0	hardy	7	hardy	0	hardy	0	hardy	2
21	tea	6 480	tea	49	tea	4 912	tea	613	tea	147	tea	353	tea	138	tea	268
22	good	6 477	good	70	good	3 767	good	520	good	1 599	good	240	good	107	good	174
23	catalogs	6 459	catalogs	0	catalogs	6 459	catalogs	0	catalogs	0	catalogs	0	catalogs	0	catalogs	0
24	great	6 438	great	98	great	3 654	great	619	great	1 289	great	276	great	180	great	322
25	appearing	6 293	appearing	0	appearing	6 259	appearing	9	appearing	20	appearing	3	appearing	1	appearing	1
26	early	6 270	early	17	early	5 363	early	239	early	475	early	102	early	32	early	42
27	rose	6 220	rose	2	rose	6 106	rose	32	rose	46	rose	18	rose	4	rose	12
28	fine	6 165	fine	5	fine	5 830	fine	59	fine	179	fine	51	fine	13	fine	28
29	red	6 078	red	54	red	5 200	red	182	red	289	red	210	red	32	red	111
30	high	5 982	high	48	high	4 431	high	345	high	751	high	134	high	48	high	225
31	double	5 904	double	14	double	5 691	double	51	double	118	double	13	doutle	9	double	8
32	plant	5 863	plant	9	plant	5 668	plant	95	plant	68	plant	8	plant	3	plant	12
33	day	5 707	day	146	day	3 030	day	550	day	1 232	day	412	day	112	day	225
34	library	5 702	library	1	library	5 521	library	71	library	56	library	11	library	22	library	20
35	beautiful	5 672	beautiful	124	beautiful	4 695	beautiful	320	beautiful	172	beautiful	201	beautiful	74	beautiful	86
36	leaves	5 551	leaves	19	leaves	5 348	leaves	74	leaves	66	leaves	21	leaves	8	leaves	15
37	seeds	5 546	seeds	2	seeds	5 476	seeds	23	seeds	24	seeds	16	seeds	1	seeds	4
38	city	5 505	city	199	city	2 494	city	998	city	1 006	city	406	city	150	city	252

(续表)

高频词排序(从高到低)	汇总后的高频词	汇总的词频	Facebook高频词	Facebook词频	Flickr高频词	Flickr词频	Google+高频词	Google+词频	Reddit高频词	Reddit词频	Tumblr高频词	Tumblr词频	Twitter高频词	Twitter词频	YouTube高频词	YouTube词频
39	Ganesha	5 314	Ganesha	0	Ganesha	5 314	Ganesha	0	Ganesha	0	Ganesha	0	Ganesha	0	Ganesha	0
40	life	5 288	life	64	life	2 446	life	676	life	1 305	life	337	life	149	life	311
41	color	5 264	color	12	color	4 900	color	64	color	127	color	91	color	30	color	40
42	history	5 254	history	57	history	2 252	history	656	history	1 220	history	391	history	293	history	385
43	American	5 249	American	12	American	2 864	American	510	American	1 293	American	161	American	128	American	281
44	old	5 238	old	86	old	3 243	old	463	old	942	old	268	old	96	old	140
45	yellow	5 235	yellow	25	yellow	4 961	yellow	100	yellow	100	yellow	23	yellow	6	yellow	20
46	U.S.	5 162	U.S.	4	U.S.	4 458	U.S.	150	U.S.	339	U.S.	28	U.S.	127	U.S.	56
47	seed	5 138	seed	0	seed	5 095	seed	9	seed	20	seed	13	seed	0	seed	1
48	garden	5 018	garden	31	garden	4 659	garden	115	garden	64	garden	89	garden	6	garden	54
49	used	4 996	used	52	used	3 285	used	464	used	890	used	173	used	23	used	109
50	catalog	4 887	catalog	0	catalog	4 881	catalog	1	catalog	2	catalog	0	catalog	0	catalog	3
51	university	4 835	university	31	university	3 507	university	472	university	336	university	140	university	57	university	292
52	bora	4 726	bora	0	bora	1	bora	4 718	bora	6	bora	0	bora	0	bora	1
53	part	4 645	part	38	part	2 338	part	494	part	1 080	part	282	part	146	part	267
54	same	4 503	same	23	same	2 410	same	489	same	1 296	same	161	same	57	same	67
55	variety	4 501	variety	9	variety	4 127	variety	201	variety	93	variety	30	variety	1	variety	40
56	state	4 436	state	18	state	2 717	state	520	state	835	state	122	state	57	state	167
57	different	4 413	different	45	different	1 902	different	536	different	1 164	different	288	different	137	different	341

(续表)

高频词排序（从高到低）	汇总后的高频词	汇总的词频	Facebook高频词	Facebook词频	Flickr高频词	Flickr词频	Google+高频词	Google+词频	Reddit高频词	Reddit词频	Tumblr高频词	Tumblr词频	Twitter高频词	Twitter词频	YouTube高频词	YouTube词频
58	free	4 403	free	28	free	2 544	free	582	free	790	free	127	free	61	free	271
59	mixed	4 321	mixed	2	mixed	4 165	mixed	36	mixed	96	mixed	8	mixed	3	mixed	11
60	green	4 278	green	33	green	3 898	green	121	green	122	green	64	green	26	green	14
61	original	4 216	original	18	original	3 643	original	153	original	229	original	110	original	10	original	53
62	use	4 206	use	20	use	2 517	use	295	use	1 109	use	126	use	35	use	104
63	small	4 177	small	24	small	3 160	small	265	small	568	small	77	small	19	small	64
64	south	4 143	south	35	south	2 444	south	550	south	656	south	105	south	228	south	125
65	trees	4 082	trees	17	trees	3 857	trees	120	trees	70	trees	13	trees	1	trees	4
66	country	4 052	country	30	country	1 467	country	727	country	1 242	country	222	country	151	country	213
67	arts	3 995	arts	24	arts	3 029	arts	172	arts	139	arts	154	arts	161	arts	316
68	varieties	3 992	varieties	3	varieties	3 953	varieties	9	varieties	20	varieties	3	varieties	0	varieties	4
69	India	3 959	India	4	India	2 496	India	416	India	670	India	64	India	196	India	113
70	known	3 919	known	51	known	2 743	known	414	known	478	known	120	known	20	known	93
71	flower	3 899	flower	15	flower	3 626	flower	166	flower	20	flower	47	flower	4	flower	21
72	feet	3 893	feet	1	feet	3 662	feet	65	feet	97	feet	25	feet	21	feet	22
73	appearance	3 887	appearance	6	appearance	3 758	appearance	26	appearance	63	appearance	19	appearance	4	appearance	11
74	perfectly	3 886	perfectly	0	perfectly	3778	perfectly	22	perfectly	71	perfectly	13	perfectly	1	perfectly	1
75	black	3 870	black	12	black	2 975	black	210	black	485	black	96	black	51	black	41

表 3-19 高频词及其词序号

词序号	高频词	词序号	高频词	词序号	高频词	词序号	高频词	词序号	高频词
1	agricultural	34	department	64	history	94	perfectly	124	title
2	agriculture	35	different	65	home	95	photography	125	trade
3	America	36	double	66	illustrations	96	pink	126	traditional
4	American	37	early	67	image	97	place	127	travel
5	ancient	38	east	68	images	98	plant	128	tree
6	appearance	39	entryview	69	inches	99	plants	129	trees
7	appearing	40	family	70	India	100	popular	130	U. S.
8	art	41	feet	71	international	101	post	131	united
9	arts	42	festival	72	Japan	102	readability	132	university
10	Asia	43	fine	73	known	103	red	133	use
11	authors	44	flower	74	language	104	resemble	134	used
12	beautiful	45	flowers	75	large	105	rich	135	varieties
13	Beijing	46	food	76	leaves	106	rose	136	variety
14	black	47	form	77	library	107	same	137	venue
15	book	48	four	78	life	108	school	138	viewerabout
16	bora	49	free	79	little	109	seed	139	war
17	bot	50	fruit	80	long	110	seeds	140	water
18	business	51	full	81	love	111	size	141	west
19	catalog	52	ganesha	82	mixed	112	small	142	western
20	catalogs	53	garden	83	museum	113	social	143	white
21	cents	54	good	84	name	114	south	144	winter
22	century	55	government	85	national	115	species	145	work
25	city	56	great	86	native	116	sponsor	146	world
26	color	57	green	87	new	117	spring	147	year
27	coloration	58	group	88	nursery	118	state	148	years
28	colors	59	growing	89	old	119	states	149	yellow
29	country	60	half	90	original	120	students	150	张大千
31	curator	61	hardy	91	part	121	summer		
32	day	62	having	92	pc	122	tea		
33	deep	63	high	93	people	123	text		

对这 147 个高频词进行对应分析和最优尺度分析，以考察不同的词之间以及词和媒体之间的关系和特征。高频词对应分析的结果如图 3-1 所示。

关于媒体的对应分析中，几种媒体的特征如图 3-2 所示。

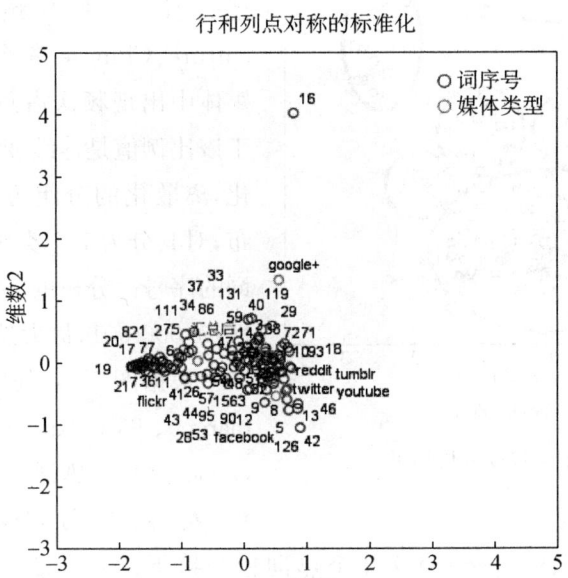

图 3-1 对应分析结果（147 个高频词）

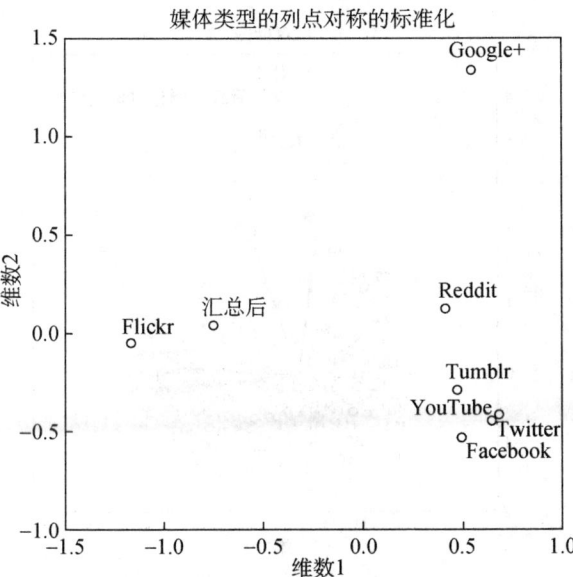

图 3-2 对应分析结果（媒体类型）

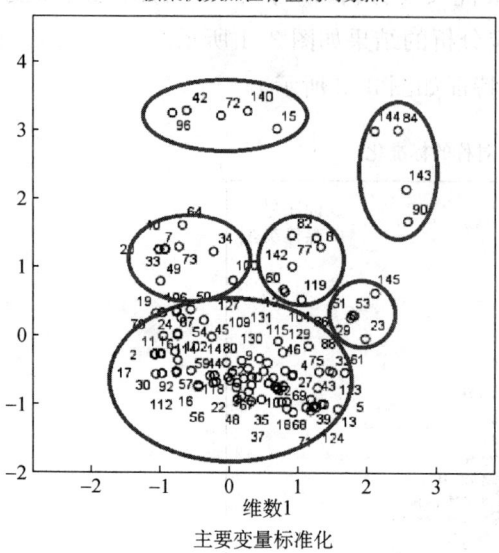

图 3-3　最优尺度分析结果

对各种媒体的热词特征,通过 SPSS 进行多重对应分析(最优尺度分析),如图 3-3 所示。分析的数据是上述的前 150 位高频词(剔除 China、culture、Chinese 三个词)在各种社交媒体中出现频次占总词数的比例。由于该比例值是连续变量,对其进行离散化,离散化的分组方法是根据正态分布,对其分为 7 个类别数。标记变量为词的序号。分析的各项参数值为,收敛性:0.000 001,最大迭代:100 次。

根据图 3-4,其中,42(festival)、72(large)、96(plants)、140(white)、15(book)这几个热词较为接近,它们和植物、农林、图书有关;144(year)、84(new)、143(world)、90(people)这几个热词较为接近;20(catalogs)、33(double)、49(genesha)、73(leaves)、7(appearing)、40(fine)、64(image)、34(early)、100(red)这几个词较为接近,它们和宗教等有关。82(national)、8(art)、77(long)、142(work)、60

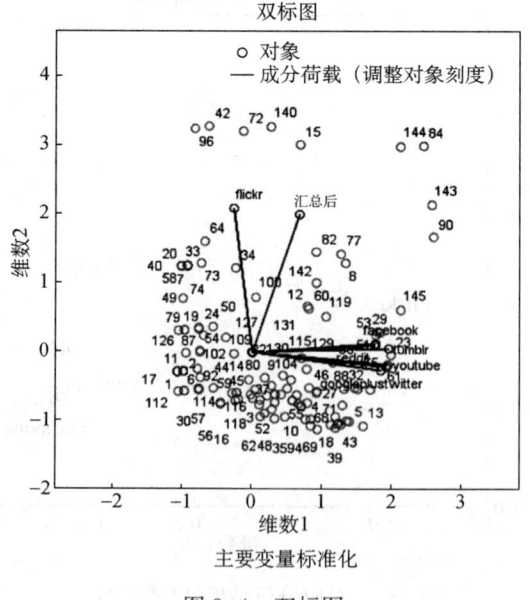

图 3-4　双标图

(high)、12(beautiful)、119(tea)这些词较为接近,它们涉及艺术、茶饮等文化领域。此外,29(day)、23(city)、51(good)、53(great)、145(years)也是较为接近的热词。

表 3-20　最优尺度分析结果多重对应分析的成分负荷

	维数	
	1	2
Facebook	0.821	0.058
Flickr	−0.126	0.977
Google+	0.891	−0.103
Reddit	0.816	0.046
Tumblr	0.909	0.024
Twitter	0.856	−0.125
YouTube	0.902	−0.088
汇总后	0.314	0.935

主要变量标准化。

对不同的媒体类型,基于其高频词的出现频次所占比的数值,进行多维尺度分析(ALSCAL)。距离的度量方法为 euclidean 距离,采用 z 得分的标准化方法,各项参数值中,S 应力收敛性:0.001,最小 s 应力值:0.005,最大迭代:30 次。得到的结果如图 3-5。

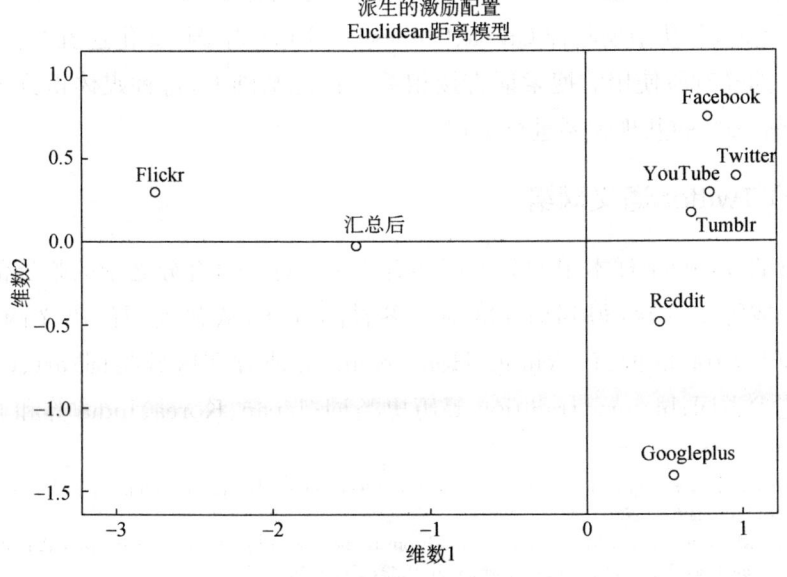

图 3-5　多维尺度分析结果

这个结果和对应分析的结果是相似的。结果显示，Twitter、Facebook、YouTube、Tumblr在高频词特征和议题内容上比较接近；Google＋和Reddit比较接近，这两者与前四种媒体的接近程度更低；Flickr作为这几种社交媒体中唯一的图片型社交媒体，与上述六种媒体都有比较大的差别。

三 共词结构与语义网络

本节对所采集的文本内容进行共词（co-word）分析和语义网络分析，多方位地呈现中国文化社交化传播的热点内容和议题构成。共词分析通过定量计算语料库中关键词的使用情况，确定"活跃"的关键词和词间关联。[1] Callon等在1983年提出共词分析（co-word analysis），用来扩展共被引分析（co-citation analysis）。[2] 共词网络方法"最为常见的就是利用论文关键词及其共现关系构建共词矩阵，进而映射为共词网络并可视化，从而来揭示某一学科、某一领域、某一主题的研究热点与趋势、知识结构与演化等。"[3] 本节通过高热度共词的分析和挖掘，探讨中国文化在社交化平台中的内容结构。具体研究路径是，对文本对象进行分词、过滤词库设置、高频词统计等处理后，ROST软件计算出共现频率最高的共现词组，将其存为VNA文件，由NETDRAW软件根据这些共现词进行可视化处理，以语义网络图的方式呈现其分布与网络结构。

语义网络的呈现使用Rost cm软件进行可视化呈现。其中，每种媒体取前150位高频词，并从中剔除掉China、Chinese、culture、中国、文化这五个关键词，因为它们和抽样时所使用的搜索词直接相关。在此基础上，每种媒体得到的共现词对中，取前10％的共现关系进行呈现。

（一）Twitter语义网络

分析的Twitter样本中的共现词共有4 647对。前百分之十的临界值为共现频次大于或等于6次，得到前493对。参看图3-6，从共现词的语义网络来看，Twitter较为中心的词有：Beijing、Hong Kong等地方和区域类词；art、exhibition等文化艺术类词；history、tradition等历史类词；Japan、Korea、India等和亚太相关

---

[1] Whittaker,J. Creativity and conformity in science: titles, keywords and co-word analysis[J].Social Studies of Science,1989,19(3):473-496.
[2] Callon, M., Courtial,P.,Turner,W,A, et al.From translations to problematic networks: An introduction to co-word analysis[J].Social Science Information,1983,22(2):19-235.
[3] 张斌.共词网络的结构与演化:概念与理论进展[J].情报杂志,2014(7).

的国际类词;business 等经济/商务类的词;travel 等旅游类的词;pop、film、music 等影视/流行/娱乐文化类的词;love 等个人生活和情感类的词。总体上看,Twitter 的话题分布比较分散,缺乏很突出的中心簇,在此基础上强调国际和地方、软性的历史文化、现代流行文化以及经济、生活类的议题。

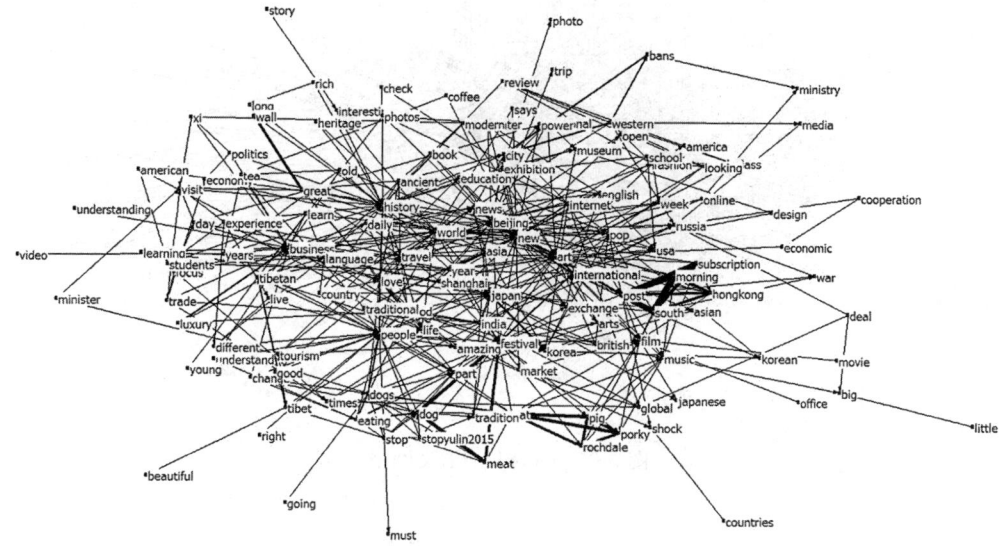

图 3-6　Twitter 语义网络

(二) Google+ 语义网络

Google+ 共得到共现词对 10 541 对。取前百分之十,贡献频次的临界值为大于或等于 83 次,得到 1 079 组共现词对。参看图 3-7,Google+ 的语义网络,其中心与边缘结构比 Twitter 的更为清晰,居于最中心的有:历史类(如 history);生活和情感类(如 life);区域和地方类(palce);经济/商务类(如 business);语言和教育类(如 language、university)。大量的其他词则处于次中心或边缘性的地位。

(三) YouTube 语义网络

YouTube 共得到共现词 9 469 对。取共现频次具前的百分之十,临界值为大于或等于 36 次,得到前 954 组。参看图 3-8,YouTube 的语义结构更为集中,最为中心的词主要有:Luoyang、visit、festival、arts、exhibition、life 等,它们和软性的文化、历史、地方文化有很强关系。其他的政治、经济、国际、语言等类的词则中心性大不如这些中心词。在视频性的社交媒体中,软性和文化艺术和地方文化类内容

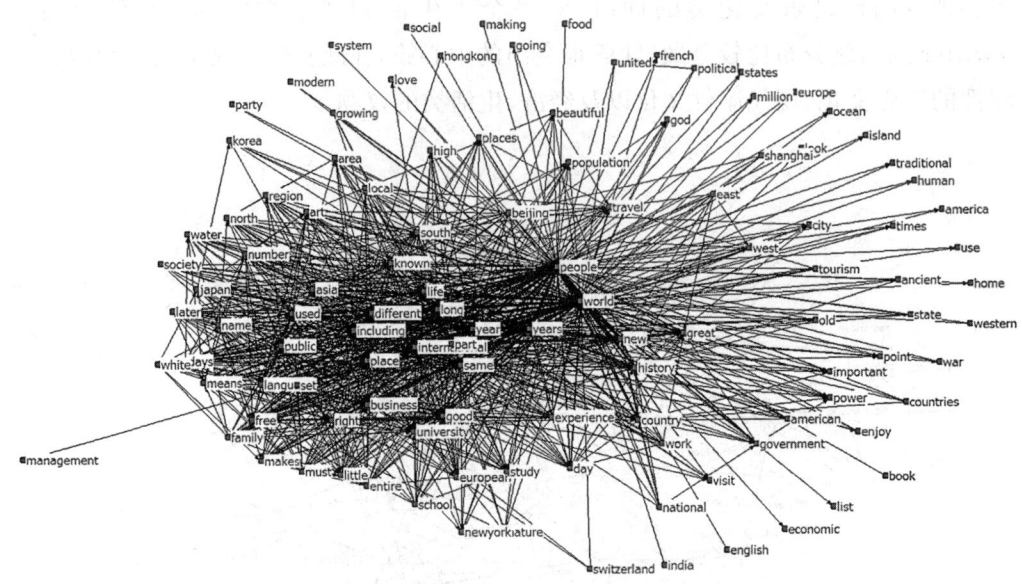

图 3-7 Google+语义网络

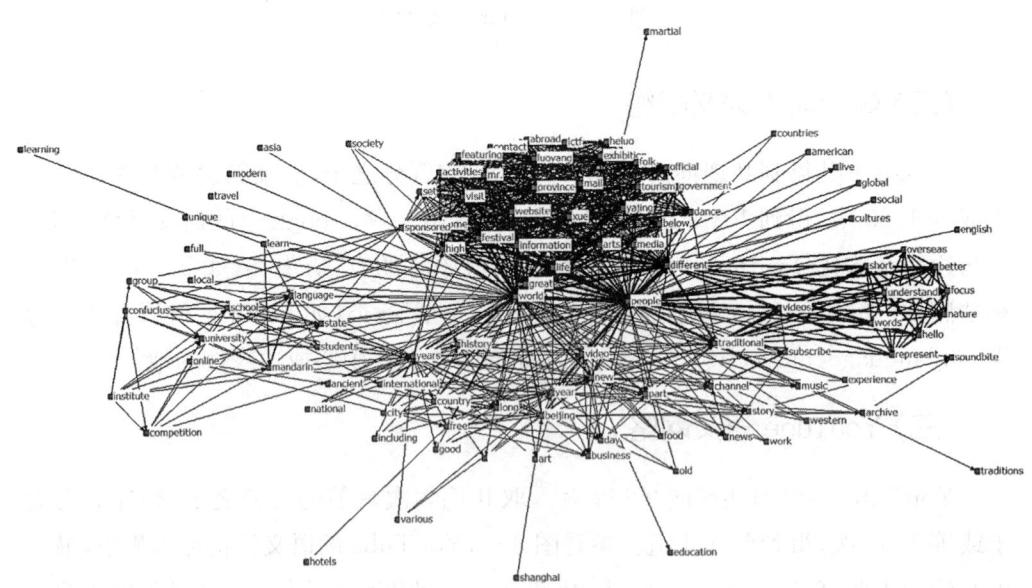

图 3-8 YouTube 语义网络

更为适应在其中的传播。

(四) Facebook 语义网络

Facebook 共得到共现词对 5 472 对。取其中前百分之十,则临界值为共现频次大于等于 6 次,共得到 641 组共现词对。参看图 3-9,Facebook 的语义网络比 YouTube 要更为分散,主要集中在地方和区域类(如 Sichuan、province、located、city、area、hunan 等)、旅游类(如 travel、scenery、scenic、park 等)。Facebook 中的内容其个人性、私密性比较强,也较少谈及政治、经济等公共性或商务性的话题,而是注重个人关于中国地方的旅游体验或分享。

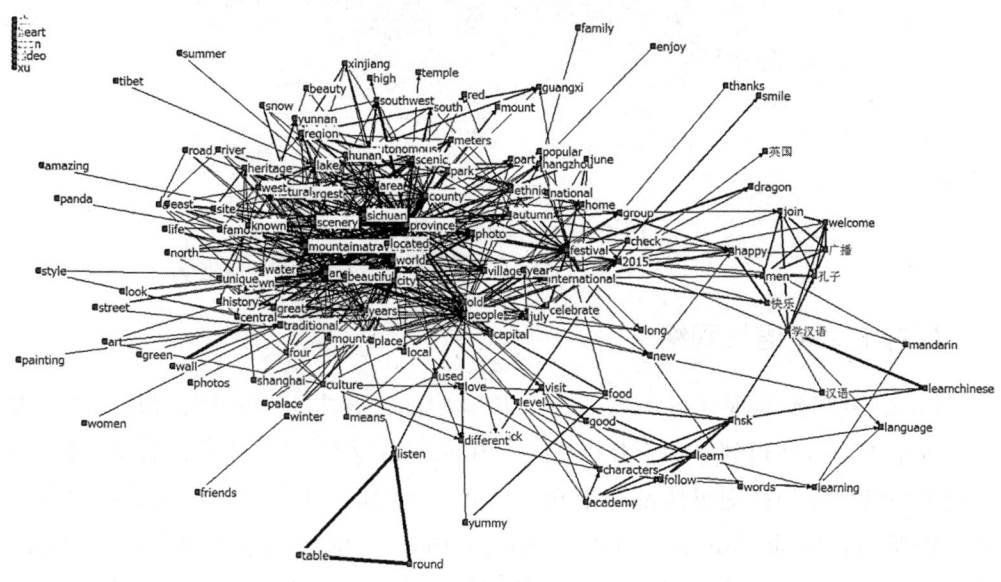

图 3-9　Facebook 语义网络

(五) Tumblr 语义网络

Tumblr 共得到共现词 9 883 对。取其中前百分之十,则共现频次的临界值为大于或等于 15 次,得到共现频次居前的 1 127 组。参看图 3-10,Tumblr 的语义网络相对中心性的主要议题包括:区域和地方类(如 city、country、Beijing);个人生活和情感类(如 life、home、love、feel);文化艺术类(如 art)。经济、旅游、教育等在其他媒体中比较热门的类,在 Tumblr 中并不明显。在作为"轻博客"的 Tumblr 中,议题的结构也偏向比较"轻"和"软"的内容,注重生活和个人、文化,中心话题中较少公共性的宏大议题。

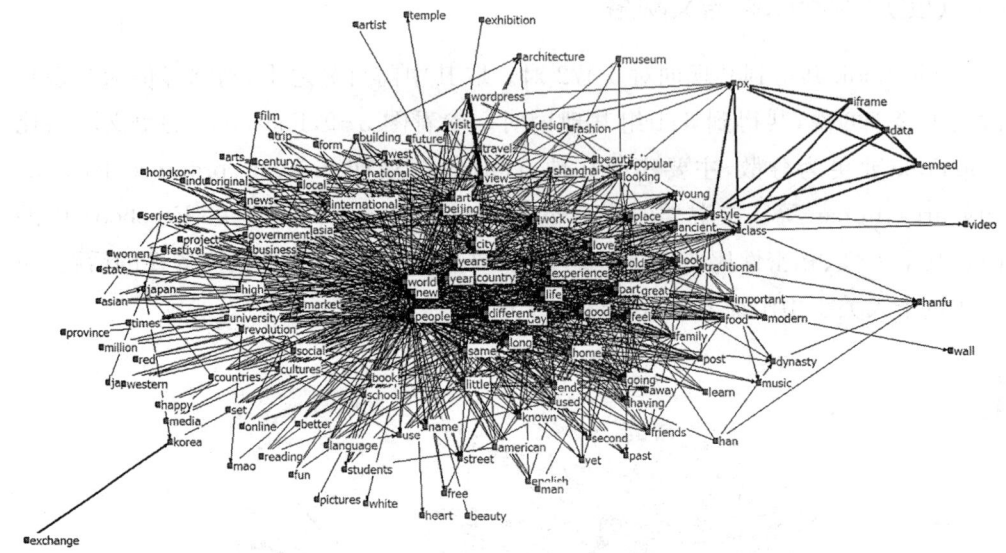

图 3-10　Tumblr 语义网络

（六）Flickr 语义网络

Flickr 共得到共现词对 10 170 对。取其中前百分之十，临界值为共现频次大于或等于 1 340，共得到 1 017 组共现词。Flickr 是一种图片分享型的社交媒体，在特点上与其他几种社交媒体都有不同。从 Flickr 的语义网络上，它主要集中在图书文档类（如 book、library、catalog、title、authors）；植物和农林类（如 flowers、plants、seed）。有关领域图书文献档案的图像化分享，是 Flickr 中文化传播的一个重要途径。

（七）Reddit 语义网络

Reddit 共得到共现词对 10 296 对。取其中前百分之十，共现频次的临界值为大于或等于 189 次，共得到 1 040 组共现词。Reddit 的主要关键词有国际类（如 world、American）；个人生活和情感类（如 love、live）；历史类（如 history）。相对来说，Reddit 高识别度的内容并不是很丰富，在其他媒介类型中经常作为主要关键词出现的地方和区域类、旅游类、文化艺术类、语言文化类等，在 Reddit 中并不作为核心词出现。

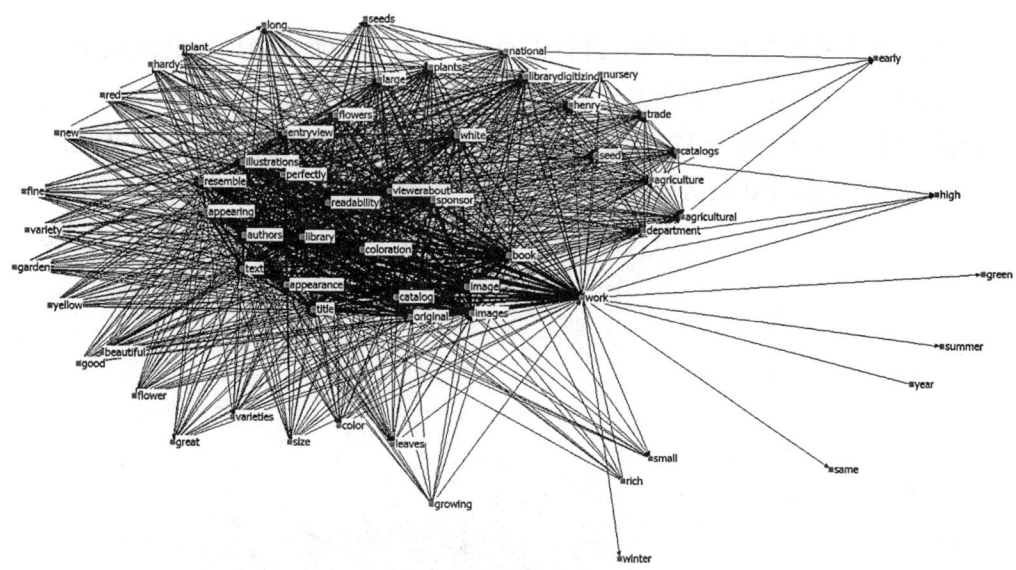

图 3-11　Flickr 语义网络

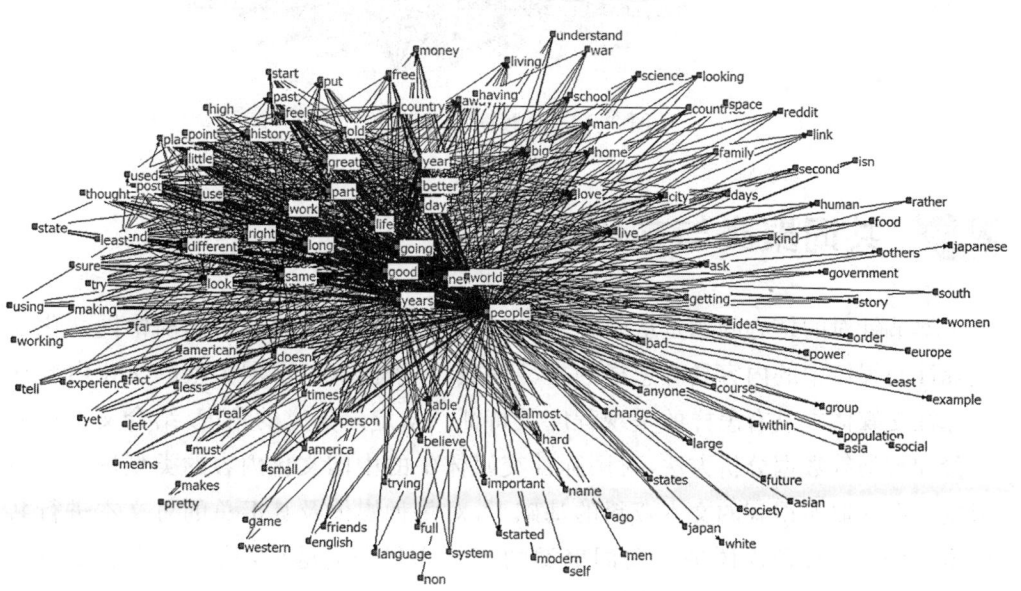

图 3-12　Reddit 语义网络

(八) 汇总分析

对上述七种社交媒体的内容进行汇总,得到前150个高频词的共现词10 321组。取前百分之十,临界值为共现频次大于或等于1 338次,共有1 034组。高频词的语义网络显示(图3-13),图书文化类、植物和农林类等是体现中国文化的主要元素类型,政治、国际、历史等也多角度地建构着中国文化的构成。

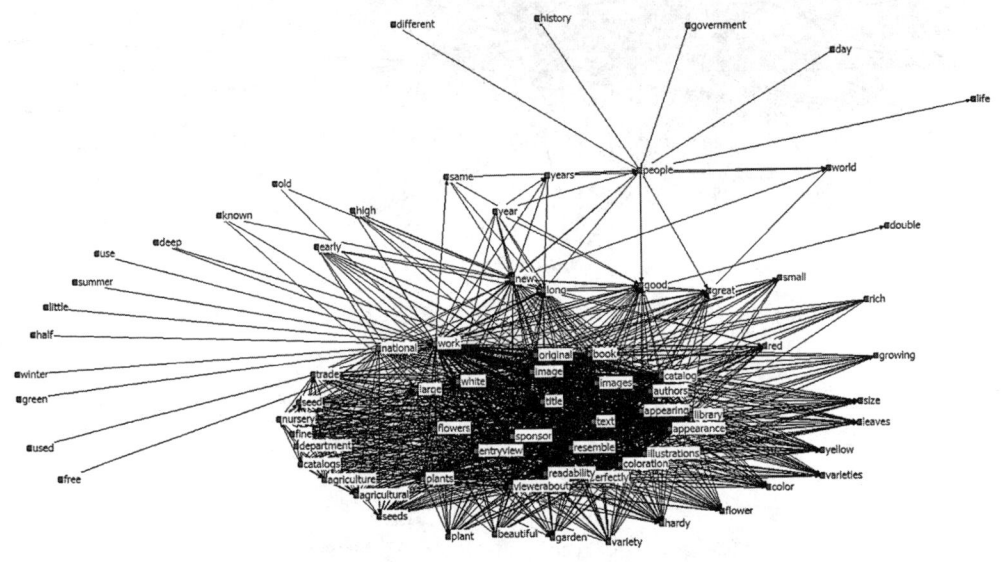

图3-13 高频词的语义网络

四 共词聚类与文化构成

本节针对的核心问题是从内容生成和内容呈现的角度,分析当前中国文化在国际社交媒体中的内容具有怎样的类型构成,并进而探讨不同类型的文化内容在国际社交媒体中具有怎样的呈现程度及特征。从定量研究的角度,结合文本挖掘手段和聚类等数据分析方法,对国际社交媒体中的中国文化内容的类型进行实践考察。在抓取所得到的文本资料的基础上,对每种媒体及其汇总的总文本进行共词聚类分析。每种媒体进入共词聚类的都是450个关键词,其中删除了China、Chinese、culture、中国这四个词。

对采集和汇总所得的文本进行分词和词频统计,得到不同的词202 634个。其中词频最高者为44 918次,词频大于或等于80次的词共7 964个,词频为1词的共有 104 632 个。根据 Donohue 于 1973 年提出的高频词和低频词的界分公式：$T=\frac{1}{2}(-1+\sqrt{1+8\times I_1})$，计算要选取的高频词的临界值。[1] 其中，$I_1$ 是词频为 1 的词的个数，T 为高频词中的最低词频数，也即区分选取高频词的临界值。本书中，$I_1=104\ 623$，计算得出 $T\approx 456.9$。将词频大于或等于 457 的高频词提取出来，得到高频词共 1 771 个。

从所得的高频词中，由于检索词的关系，在检索结果中，删掉 China、culture 以及 Chinese、cultural、中国、文化这几个直接相关的词。事实上，本书中，china 出现的频次是最高的，达 44 918 次；但有 24 362 条帖子的特征词中都包含它，其出现的分布广度也是最多的。特征词含 Culture 的帖子数量居第二，达 19 805 条，而其词频也很高，达 29 357 词。Chinese 的词频及特征词帖子数分别为 26 238 和 9 654。从这些也能看出，与检索词直接相关的这几个关键词，尽管出现频次很高，但区分度不大，因此可不采选至分析范围中。其后，从所得的高频词中，进一步清理掉一些意义不大的词，包括一部分副词、状语以及特点不明显的动词、形容词等，例如 october、week、ago、past 等。

为了提高所选词的区分度，本研究以出现词频达到 457 次及以上的 1 771 个高频词，通过 ROST CM 软件对汇总后的文本进行特征词的提取与统计。每一行文本（对应于每一条帖子）所提取的特征词，都在这 1 771 个高频词的范围之内。由于一条帖子中的特征词不重复出现，因此词语在特征词表中的出现词频代表着它在所有帖子中分布的广泛度。若某词出现频次很高，但是其特征词的广布广度也很高，那并不一定代表它具有很好的语义区分度；在出现频次一定的情况下，若特征词的分布广度越低，也即在越少的帖子中出现，那么它就越具有高区分度。设某词在所有帖子汇总后的文本集中的出现频次为 X，作为特征词出现的频次为 Y，那么 X/Y 的值越大，这个词的区分意义就越高。

综合考虑词频以及词的区分度，为了选取既有尽可能高的出现频次、也有尽可能大的区分度的词，以词频以及 X/Y 这两个值作为等权的指标并进行无量纲化处理，对所得的 1 771 个高频词进行处理和排序，得到综合排序前 450 位的词。对这最终所得的 450 个词进行共词聚类分析，建立其 450×450 的共现矩阵，其中第 i 行、第 j 列的元素表示第 i 和第 j 的关键词的共现频次。

---

[1] Dauohue,J,C. Understanding Scientific Literatures：A Biblio Metric Approach[M]. Cambridge：The MIT Press,1973:49-50.

(一) 共词矩阵的构建

将得到的共现词频矩阵中的量进行转换。为了消除频次悬殊带来的影响,用 Ochiia 系数把上述共词矩阵转换为 450×450 相似矩阵。方法是将共词矩阵中的每个数都除以其涉及的两个高频词的总频次开方的乘积,表示词与词之间的关联程度。A、B 两词的 Ochiia 系数 = A、B 两词共现频次/($\sqrt{A}$ 词出现的总频次 × $\sqrt{B}$ 词出现的总频次)。其中,矩阵对角线的数据表示某词与自身的相关联程度,均为 1。用 1 减去相似矩阵中的每个数,得到表示两词间相异程度的相异矩阵。在相异矩阵中,对角线的元素值均为 0,因关键词和它自身的相异程度为 0。截选这些关键词的局部 10×10 的相异矩阵,如表 3-21 所示。

表 3-21 所选 450 个关键词之间的相异矩阵(局部截选)

	Ganesha	bora	flowers	white	people	world	large	curator	plants	张大千
Ganesha	0	1	0.99 869	0.998 787	0.998 536	0.999 369	0.999 054	1	0.999 834	0.999 212
bora	1	0	0.998 478	0.998 501	0.998 366	0.997 974	0.999 04	1	0.998 323	1
flowers	0.99 869	0.998 478	0	0.990 149	0.997 889	0.997 502	0.990 818	0.999 794	0.989 325	0.998 173
white	0.998 787	0.998 501	0.990 149	0	0.995 174	0.99 605	0.991 198	0.999 455	0.99 088	0.998 309
people	0.998 536	0.998 366	0.997 889	0.995 174		0.988 236	0.994 963	0.998 135	0.998 243	0.998 038
world	0.999 369	0.997 974	0.997 502	0.996 05	0.988 236	0	0.995 247	0.997 845	0.997 549	0.997 843
large	0.999 054	0.999 04	0.990 818	0.991 198	0.994 963	0.995 247	0	0.999 522	0.990 848	0.999 637
curator	1	1	0.999 794	0.999 455	0.998 135	0.997 845	0.999 522	0	0.999 604	0.999 855
plants	0.999 834	0.998 323	0.989 325	0.99 088	0.998 243	0.997 549	0.990 848	0.999 604	0	0.998 157
张大千	0.999 212	1	0.998 173	0.998 309	0.998 038	0.997 843	0.999 637	0.999 855	0.998 157	0

(二) 基于共词与相异矩阵的聚类分析

把该 450×450 的相异矩阵导入到 SPSS 中进行聚类分析,聚类方法使用组间平均距离的系统聚类,距离采用平方 Euclidean 距离。聚类结果得到的冰柱图部分如图 3-14 所示。

根据 SPSS 计算所得的聚类结果,将包含 450 个关键词的对象分为 23 类。既对一些特定领域的词群具有足够的区分度,同时也不至于太过琐碎。其中,每一类包含的关键词从 1 个至上百个不等。

同时,对于聚类所得的每一个类,计算该类内部不同的词的黏合力,以反映该类最居于中心地位的词。类团内部关键词的黏合力"用以衡量类团内各主题词对

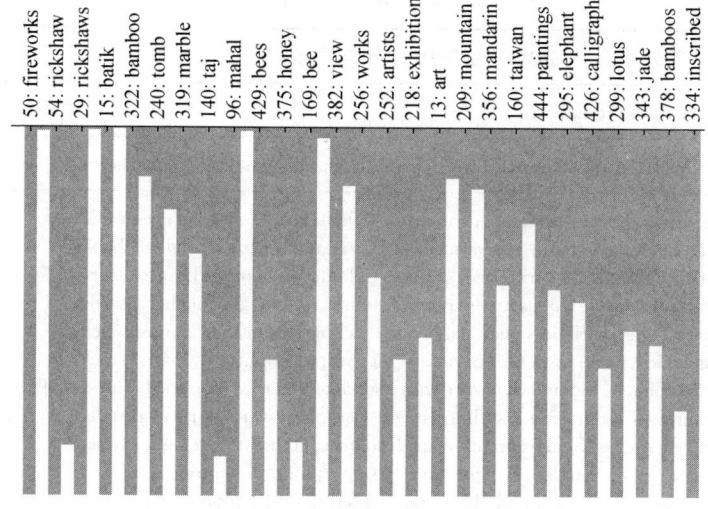

图 3-14 对 450 个关键词相异矩阵的聚类分析

聚类成团的贡献程度,表达每个主题在类团的聚集过程中所起作用的程度"。[1]就词语的黏合力而言,"某一词与类团内其他主题词在同篇文献分别共现频率的平均值即为该词的黏合力。平均值越大,该词在类团中的地位越突出"。[2] 黏合力的计算方法为:在有 N 个关键词的类中,关键词 A 与类中其他关键词组成共词对,统计这些词对出现的频率的总和 C,那么关键词 A 在其所属的类中的黏合力 $N(A)=C/(N-1)$。[3] 本书对黏合力表达方式做必要的调整,以词之间的 Ochiia 系数作为衡量一对共现词之间的共现程度的量值,也即 A、B 两词共现频次/($\sqrt{A词出现的总频次} \times \sqrt{B词出现的总频次}$)。设每个词对间的 Ochiia 系数为 X_n,则上式中的 $C = \sum X_n$。

聚类结果中,每一类所包含的词根据该词的黏合力由高到低排序。在这 23 个类中,包含的关键词小于或等于 2 个的类共有 8 种,分别如下,每类以分号分隔:batik;rickshaws,rickshaw;fireworks;eophilus,raynsford;dreer;newyork;french;pkts;joe;posts。由于这几个类的关键词都不多于两个,在呈现和提炼主题上存在一定的困难,为处理和论述的方便,将这八种小类归到同一个"其他"类中,同时其关键词也不依照词的黏合力排序。最后总的划分结果如表3-22 所示。

---

[1] 钟伟金,李佳.共词分析法研究(二)——类团分析[J].情报杂志,2008(6).
[2] 钟伟金.共词聚类分析法的类团实例研究[J].中华医学图书情报杂志,2009(2).
[3] 钟伟金.共词聚类分析法的类团实例研究[J].中华医学图书情报杂志,2009(2).

表 3-22 类中所含词的黏合力排序

	类中所含词（各类都按词的黏合力由高到低排序，"其他"类除外）	类主题特征
1	purana; ganapati; Ganesha; deity	佛教神祇
2	Shanghai; Korea; Bora; Polynesia; Beijing; Hong Kong; resort; Japan; Japanese	中国大城市及韩、日
3	entryview; viewerabout; readability; coloration; illustrations; sponsor; resemble; perfectly; appearing; authors; appearance; library; catalog; title; original; book; librarydigitizing; work; flowers; seed; nursery; plants; agricultural; agriculture; collectionsubjects; trade; department; large; white; catalogspublisher; seeds; plant; variety; fine; varieties; national; color; yellow; beautiful; garden; rich; flower; vegetables; pink; rose; red; pure; deep; growing; bright; flowering; stock; feet; growth; foliage; bloom; crimson; fruit; scarlet; green; dark; good; finest; great; winter; soil; nurseries; spring; small; season; dwarf; form; splendid; summer; strong; bulbs; free; fragrant; shaped; colors; old; habit; catalogue; sweet; brilliant; pot; petals; mixed; golden; orange; purple; grows; open; beauty; excellent; popular; little; planted; blue; pots; house; flesh; roots; easy; roses; pretty; larger; choice; center; clear; cents; sort; buds; water; young; tea; california; generally; postpaid; similar; packet; air; head	图书与农植
4	people; world; history; life; place; western; country; war; modern; live; east; thought; human; international; better; power; public; government; living; man; far; asia; feel; real; understand; west; example; left; believe; course; news; travel; men; women; places; least; media; study; sure; space; local; children; change; earth; nature; hand; money; economic; line; european; due; word; main; style; food; building; information; looking; eastern; sun; god; learn; kind; film; game; street; design; list; island	社会、政治与生活
5	ndorganization; dorsoduro; castello; arsenale; giardini; palazzo; campo; curators; della; Marco; curator; opera; venue; pavilion; deputy; commissioner; Taipei; dragon; NUO	城市与文化场所
6	山水图; 黄宾虹; Hufan; 黄君璧; 赵少昂; 书法; 画家; Wu Guanzhong; 古董; 林风眠; Fengmian; 齐白石; Qi Baishi; 手卷; 荷花; handscroll; 彩山; 徐悲鸿; Xu Beihong; 吴冠中; 张大千; inscribed; bamboos; jade; calligraphy; lotus; paintings; elephant; artists; Taiwan; exhibition; mandarin; mountain; works; view; art	中国书画
7	Britain; arboretum; shrubs; bot; species; trees; mill; London; native; leaves; mag; shrub; landscape; management; ornamental; foreign; historical; cultivated; tree; England; wall; amer; indies; leaved; rare; desirable; base	林园种植
8	winston; sedwick; commencement; veterans; salem; davis; students; teaching; student; learning; school; program; language; ceremony; college; education; social; music; active; republic; experience; capital; working; community; political; enjoy; party; law; development; science; story; research; cultures; population; million; lost; countries; province; major; future; region; mother; traditional; president; russia; home; city; business; military; member; body; friends; love; family; month; state; america; english; unique; special; society; river; university; wide; march; north; american; earlier; field; sea; common; general; arts; black; short; class; quality; quite; annual; distinct	教育、艺术、科技、军事

(续表)

	类中所含词（各类都按词的黏合力由高到低排序，"其他"类除外）	类主题特征
9	mayadevi; Lumbini; UNESCO; buddha; temple; Hindu; hotels; sites; buddhist; located; festival; heritage; tourism; tradition; village; site; committee; foundation; ancient; museum; Nepal; century; emperor; park; note; present; number; forms; named	印度、尼泊尔与佛教文化
10	sundeepkullu; himachal; india; africa; wedding; europe; indian; cities; natural; british	国际
11	Guizhou; photography; miao; hmong; ethnic; states; official; area; members; commercial; mountains; dynasty; France; photo; collection; photos; period; asian	中国少数民族文化
12	mahal; taj; marble; tomb; bamboo	泰姬陵
13	industry; company; market	经济
14	bee; honey; bees	蜜蜂
15	Tibetan; Tibet; land	西藏
16	batik; rickshaws; fireworks; theophilus; raynsford; dreer; NewYork; French; pkts; joe; posts	其他

从聚类的结果可以看到，国际社交媒体中的中国文化传播，与通常的理论角度所做的划分并不一致。在这里，中国的文化内容并不表现为物质文化、行为文化、精神文化等理论维度的差异，而是针对某些特定主题或相关联的主题形成聚集，产生某些特定的类型。其中，关键词数量最多的包括图书与农植类，教育、艺术、科技、军事等泛文化与软文化类，社会、政治与生活等日常文化类。此外，与周边国家和地区的文化关系也是传播的重要方面，例如韩、日等东亚邻国，印度、尼泊尔、柬埔寨等南亚邻国。我国边陲与少数民族文化也是另一个不可忽视的主题，"西藏""贵州"等主题都属于这个方面。我国的传统文化中，中国书画得到较多讨论，而传统思想文化、功夫等典型意义上的中国传统文化元素被传播的程度和它的典型意义并不相匹配。

（三）不同类型的呈现程度

中国文化在国际社交媒体传播内容中的不同类型，具有不同的地位、重要性和呈现程度。考察一个类的呈现规模，可以采用该类所有词的总词频、该类词作为行特征词的总频次作为指标；考察一个类的呈现强度，可以采用该类词的平均词频（类中所有词的总词频/类中词的数量）、该类词作为行特征词的平均频次（该类词作为行特征词的总频次/类中词的数量);考察一个类与其他类的关联强度,可用采用该类中词与其他类中词的平均共现频次(该类中词与其他类中词的共现总频次/该类中词的数量)作为指标。对上文聚类所得到的不同类型,除了"其他"类外,对另 15 类都依据这里的六项指标进行计算,分析不同的类所具有的呈现规模、呈现强度、关联强度。如表 3-23 所示。

表 3-23　不同类型内容的呈现程度

类序号及主题特征	类中关键词个数	该类所有词的总词频	该类词的平均词频	该类词作为行特征词的总频次	该类词作为行特征词的平均频次	该类中词与其他类中词的平均共现频次
1. 佛教神祇	4	7 644	1 911	232	58	6 037
2. 中国大城市及韩、日	9	20 159	2 240	7 812	868	31 480
3. 图书与农植	123	414 713	3 372	209 255	1 701	118 684
4. 社会、政治与生活	69	160 865	2 331	85 854	1 244	61 294
5. 欧洲城市与文化场所	19	24 382	1 283	2 193	115	6 443
6. 中国书画	36	42 970	1 194	9 669	269	16 232
7. 林园种植	27	55 867	2 069	23 458	869	57 666
8. 教育、艺术、科技、军事	80	176 166	2 202	95 902	1 199	67 938
9. 印度、尼泊尔与佛教文化	29	50 311	1 735	21 879	754	37 990
10. 国际	10	17 267	1 727	6 770	677	36 822
11. 中国少数民族文化	18	35 236	1 958	15 965	887	37 737
12. 泰姬陵	5	3 547	709	394	79	4 878
13. 经济	3	5 465	1 822	2 981	994	54 589
14. 蜜蜂	3	3 539	1 180	730	243	15 830
15. 西藏	3	3 709	1 236	1 850	617	24 499

在呈现规模上,各类由于类中词的数量的差别以及词本身的词频的差异,从而表现出很大的差别。其中,第 3 类(图书与农植)、第 8 类(教育、艺术、科技、军事)和第 4 类(社会、政治与生活)具有明显的优势。具体如图 3-15 所示。

去除类中所有词的总体规模因素,考虑类中词的平均化水平,这就关系到各类的呈现强度(图 3-16)。在类中词的平均词频以及作为特征词的平均频次上,各类的差距要小一些。但是不同类型之间依然存在着显著的差异,类中词的平均词频、类中词作为行特征词的平均频次,两者的卡方检验显示,前者的卡方量为

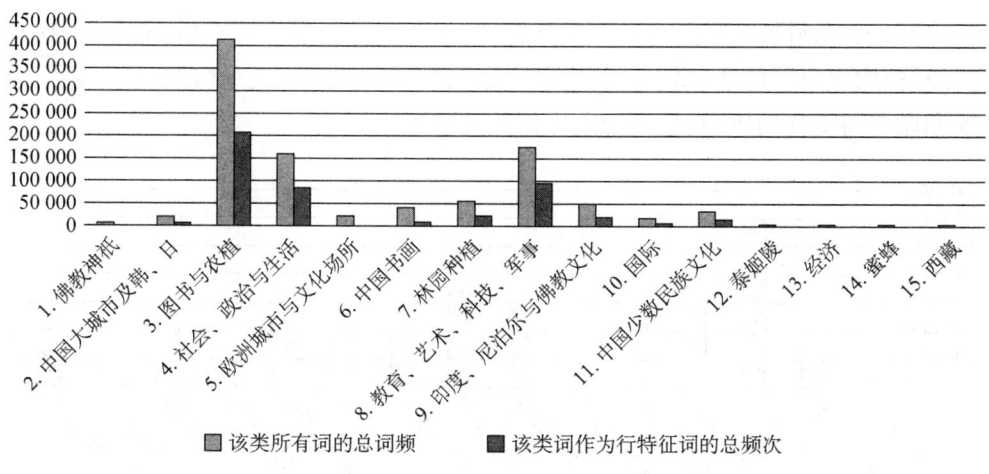

图 3-15 各类在国际社交媒体中的呈现规模

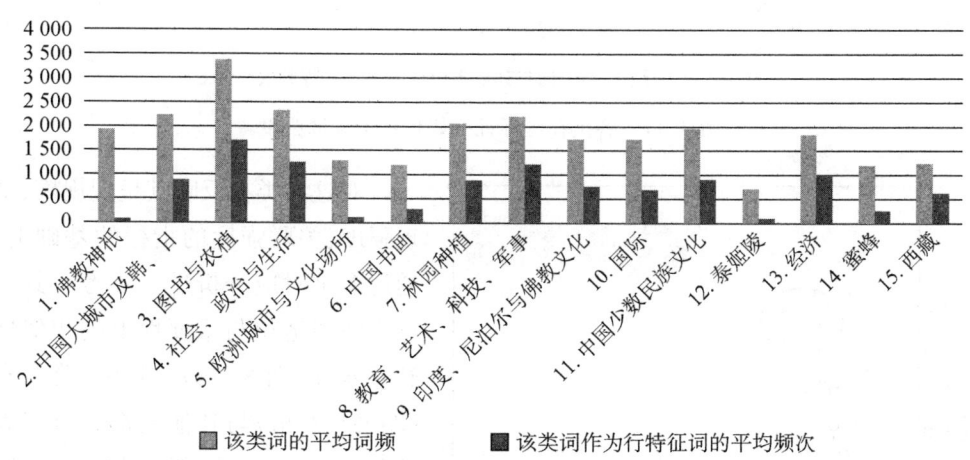

图 3-16 各类在国际社交媒体中的呈现强度

3 201.048,后者的卡方量为 4 638.363,自由度(df)都为 14,渐进显著性都接近于 0,不同类之间存在着显著性的差异。在类中词的平均词频方面,第 3 类(图书与农植)、第 4 类(社会、政治与生活)、第 2 类(中国大城市及韩、日)居于前三位,第 12 类(泰姬陵)的值为最低。在类中词作为行特征词的平均频次方面,第 3 类(图书与农植)、第 4 类(社会、政治与生活)、第 8 类(教育、艺术、科技、军事)居于前三位,第 1 类(佛教神祇)和第 12 类(泰姬陵)处于最低水平。

在关联强度上,各类差别很大(图 3-17)。类中词与其他类中词的平均共现频次反映着一个类与其他类的关联紧密程度。从这个指标上看,少部分类处于中心地位,与其他类关联很紧密,例如第 3 类(图书与农植)处于突出的领先地位,第 8

类(教育、艺术、科技、军事)、第4类(社会、政治与生活)、第7类(林园种植)、第13类(经济)构成第二梯队,第12类(中国少数民族文化)、第1类(佛教神祇)、第5类(欧洲城市与文化场所)则是最为边缘化的内容类型。

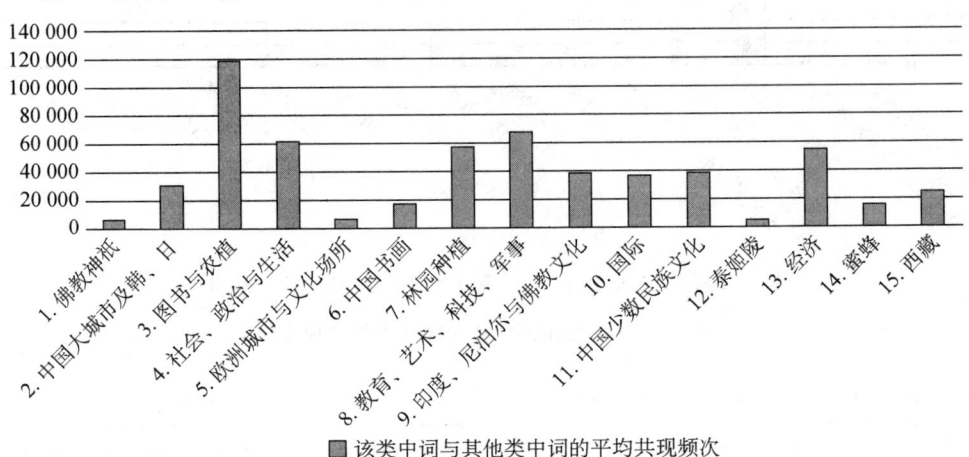

图3-17 各类在国际社交媒体中的关联强度

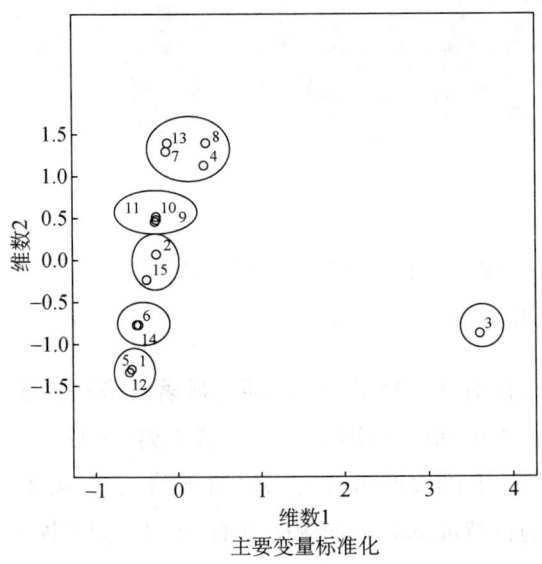

图3-18 基于呈现程度对各类型内容的多重对应分析

对这些类在反映其呈现规模、呈现强度、关联强度的指标的基础上,通过多重对应分析进一步考察其类型之间在地位与重要性上的相似性和差异性(图3-18)。其中,第3类(图书与农植)与其他类都具有很大的距离,第4(社会、政治与生活)、第7(林园种植)、第8(教育、艺术、科技、军事)、第13(经济)类比较接近,第9(印度、尼泊尔与佛教文化)、第10(国际)、第11(中国少数民族文化)类比较接近,第2(中国大城市及韩、日)、第15(西藏)类比较接近,第6(中国书画)、第14(蜜蜂)类高度接近,第1(佛教神祇)、第5(欧洲城市与文化场所)、第12(泰姬陵)类高度相近。

结合前文关于呈现程度各指标数据,中国文化内容在国际社交媒体的传播主要有以下特征类型。其一是高呈现规模、高呈现强度、高关联强度的内容,这以第

3 类为代表,它具有很强的传播综合效能。其二是高呈现强度、高关联强度但其呈现规模未必都高的内容,这包括第 4、7、8、13 类,它们具有强中心性和辐射力,也是显著的文化"议程",其内容涉及教育、艺术、科技、军事、经济、社会、政治、生活等广泛的和重要的方面,可见中国文化的国际社交媒体传播仍以这些"泛文化"与"大文化"内容为主要议程。其三是呈现强度中等、关联强度居于中等的内容,包括第 9、第 10、第 11 类,它们主要是和国际以及周边国家相关的文化内容,体现了中国文化与国际范围内的文化交往虽逐渐升温,但仍有待继续加强。其四是呈现规模很低、呈现强度中等、有一定关联强度的内容,包括第 2、第 15 类,它们涉及韩、日、中国西藏地区等来往密切的近邻以及我国边疆地区,它们虽然在传播规模上很弱,但是具有尚可的呈现强度,与替他类的关联强度处于中等偏低的水平但仍有一定的关联度,特别是与自身的呈现规模相比,其辐射效能和影响力值得"防微杜渐"地关注。其五是呈现规模、呈现强度、关联强度都比较低但是词的区分度高,包括第 6 和第 14 类,这些类中的词平均词频比较高,但是作为特征词所在的行与之相比则处于悬殊的低位,也即在相对少数的帖子中密集出现。值得注意的是,属于中国独特的传统文化的中国书画类内容,尽管其内容区分度,但是它的呈现规模、呈现强度以及关联强度都比较低,这显示出其影响力的欠缺,是我国在今后的文化战略和文化"走出去"中需要加以改进的。其六是呈现规模、关联强度都很低但是词的区分度很高,包括第 1、第 5、第 12 类,它们在所采集的所有帖子文本中出现的很少,与其他类的关联很非常微弱,但是词的平均出现频次和作为行特征词的频次的比值很高,也即这些词在少部分的帖子中高度密集地出现,这部分涉及佛教神祇、一些欧洲小城市与文化场所、泰姬陵等文化元素,具有鲜明的区域性和特色性。

(四) 小结

本节通过社交媒体的文本挖掘以及聚类等定量分析的手段,着力探讨了:①当前中国文化在国际社交媒体中的传播具有怎样的内容构成;②不同类型的中国文化内容在国际社交媒体中具有怎样的呈现程度及特征。

在内容的构成上,社交媒体中传播的中国文化具有自身的内容特点。在类型上,它并不符合通常的理论角度所作的三分法、四分法等的划分,而是在多数类上具有物质文化、行为文化、精神文化等层面的模糊性或综合性。在此意义上,需要从语境实践对其类型和特征进行新的分析与掌握。在构建共词的相异矩阵的基础上,对样本中选取的 450 个关键词进行聚类,并考察其词语的类内黏合力之后,划分出国际社交媒体中传播的中国文化内容的主要类型:佛教神祇;中国大城市及韩、日;图书与农植;社会、政治与生活;欧洲城市与文化场所;中国书画;林园种植;教育、艺术、科技、军事;印度、尼泊尔与佛教文化;国际;中国少数民族文化;泰姬陵;经济;蜜蜂;西藏;其他。就文化类型的特点而言,社交媒体传播的中国文化内容和纸媒或其他传统媒体中的中国元素并不完全相同,在其他媒体常见的一些中国文化元素如长城、功夫等在社交媒体并不具有很高的呈现规模、呈现强度或关联强度。在类型的分布特征上,呈现规模最高的主要是图书与农植类、教育、艺术、科技、军事类和社会、政治与生活类;呈现强度高的有图书与农植类以及社会、政治与生活类等;关联强度高的有图书与农植类、教育、艺术、科技、军事类、社会、政治与生活类、经济类等。

对于我国文化通过社交媒体的"走出去"而言,需要强调和突出呈现强度和关联强度高、具有高影响力和中心性的内容,注重具有国际社交媒体议程效力的"泛文化"与"大文化"传播,加大与周边国家以及国际传播范围内的文化交往和文化互动,及时防范和化解与跨文化语境中的文化误解和偏误形象,注重边陲地区和少数民族文化在国际公共领域的影响,着力切实扩大中国传统和特色文化元素的呈现规模及其影响力,并注意打造与培育具有鲜明识别度的中国区域性文化内容和文化符号。

五 传播主题与内容分类[1]

(一)研究设计与研究方法

本书旨在对国外几家主要的社交媒体,如 Twitter、Flickr、Google+、YouTube 等涉及中国的内容进行编码分析统计,从而了解国外主流社交媒体传播的中国文化内容及其主题特征。这几种社交媒体都是国际的重要社交媒体并各有特点。

研究的方法是对网络基础上所得的样本进行等距的再抽样法,每种媒体得到各 400 条的二次抽样的样本,对这些样本进行内容分析。初始通过网络采集工具进行的帖子爬取采集,其步骤和方法为:对上述四种主要社交媒体中的内容,都以"China"和"culture"为复合关键词进行帖子的检索,通过"八爪鱼"爬取软件自动抓取、存档内容。Twitter 采集的内容,其发布时间为 2014 年 10 月 11 日到 2015 年 10 月 10 日,抽样采集得到 13 471 条。Google+采集的帖子,发布时间为 2014 年

---

[1] 本节中,由徐翔进行研究框架设计、主体部分的分析撰写以及对研究生的指导和修改,孙书敏、阳恬参与了在内容分析法中部分样本数据的编码,及部分统计数据的运算分析。

10月21日至2015年10月20日,得到4 947条。剔除传者名称和正文都相同的帖子后,剩余4 409条。YouTube的帖子,其发布时间为2014年11月16日到2015年11月15日的帖子,抽样得到2 486条,其后删除传者名称、视频标题、视频说明文字正文都重复的行,剩下2 344条。Flickr采集的是2014年11月4日到2015年11月3日按时间更新排序的照片,共得16 692条,再剔除其中正文内容相同的帖子,保留得到5 334条帖子。分析的内容是这些帖子的标题和正文的文字部分,若无标题则不予分析。其中,Twitter分析是推文的正文文字部分,Google+分析的是帖子的正文文字部分,YouTube分析的内容包括标题和正文;Flickr分析的是照片的标题以及文字说明的正文。Facebook采集的是2015年6月14到2015年11月15子间,名为"China culture"或"Chinese culture"的三个大规模群组的所有帖子,得到5 246条,将这5 246条样本通过vba进行清洗,去掉其中的网址、无意义的字词以及♯、@等特殊表达,随后对清洗后的数据删除重复内容后剩4 451条。Tumblr的帖子每晚23点自动采集20条,采集的帖子发布的时间段为2014年11月1日至2015年10月31日,抽样采集得到3 103条,去除标题和正文都重复的帖子后剩2 781条。Reddit采集的是发布于2014年11月1日至2015年10月31日的所有帖子2 485条,删除标题与正文都重复的内容后得到2 442条上述所得到的结果,每种媒体中再各随机抽400条。

对帖子的主题,划分为如下类型:①政治:涉及国家或地方的行政机构、政党、政治组织或政治人物的政治行为、政府管理、政治系统、政治事件和政治体制、政策。②经济/商务:国家、地区或企业、个人的经济活动、经营、收支、发展状况,涉及生产、消费、财政、金融、商业、税收、建设等。③教育:初等教育、学校教育、高等教育、社会教育的体系、活动、人物、事件、成果。④文化艺术:狭义的文化,包括文学、美术、音乐、戏剧、舞蹈、杂技、功夫、工艺、装饰、建筑、思想和哲学、文化典籍等。⑤社会/民生:涉及社会成员间的关系、结构以及社会体系,包含社会事件、社会公共活动、社会矛盾、社会群体、慈善公益、社会救助等。⑥司法:国家司法机关及其工作人员依照法定职权和法定程序,具体运用法律处理案件的专门活动,涉及司法机关,如法院、法律;司法工作人员,如律师、法官;以及司法案件的处理等。⑦国际:超出国内范围的国际事物、现象、实践,以及国家间关系、接触、互动、交流。⑧地方和区域:涉及国内的区域、省、自治区、直辖市、城市、村镇、街道等地区单位的议题,着重于地方的状况或特点、发展。⑨国防/军事:以军事力量为核心的保卫国家安全的行为,包括军队、武器、国防政策、战争等具体问题。⑩宗教:涉及宗教的场所、经典、人物、仪式、活动、事件的内容。⑪民族:涉及中国的民族关系、民族文化、民族发展以及中外民族交流、互动的内容。⑫医疗/卫生/健康：人类健康、医院和药物治疗以及卫生防疫等问题。⑬科技：认识世界事物的知识体系和各种工艺操作方法、技能，以及物化的各种生产手段和物质装备，涉及科学规律、科学研究、技术研发、新理论、新方法、新材料、新工艺、新产品等。⑭自然：与人类社会相区别的物质世界，涉及自然现象、自然灾害、自然环境保护等。⑮历史：包括古代和近现代在内的过去的事物、实践和人物，与当代的事物、实践和健在人物相区别。⑯风俗：与社会习俗、民俗、礼仪、禁忌、社会规范、人情伦理等相关的内容。⑰环境/生态：与自然环境以及生态的状况、发展、保护相关的内容。⑱旅游：涉及旅游目的地点、旅行过程、旅行经历、旅游介绍、旅游组织的内容。⑲影视/流行/娱乐文化：涉及电影、电视、动漫、流行音乐、娱乐偶像和明星、流行文化的内容。⑳体育：涉及竞技体育、体育门类、体育人物、体育事件的内容。㉑新闻媒体：以报刊、广播电视、互联网、出版等媒体为讨论对象的内容。㉒个人生活与情感：关于个人的生活和情感，包括个体的经历、情感、体验、家庭生活等。㉓语言：语言的介绍、学习、传播、交流。㉔时尚/设计：服装、饰品、用品、居所等的时尚内容和设计。㉕节日/庆典：节庆、庆典、重大仪式、文化节等。㉖植物/农林：与植物、种植、园林、农业相关的内容。㉗动物：对动物、宠物的培育、喂养、观看、认知以及其他与之相关的行为和状态。㉘饮食：涉及烹饪、食物、饮品、饮食过程、饮食场所、饮食文化的内容。㉙休闲：游戏、桌游、聚会、玩乐等活动和人员、场所、设施、器物。㉚哲学与生活哲理：关于人生、生活或工作的感悟、道理。㉛其他：不包含在上述所有门类中，或者门类的归属不明确的内容。

（二）内容主题与类型分布

（一）Twitter

在抽取的400条Twitter有关中国文化的样本中，经济/商务类的主题出现最多，出现了51次，占总比重的12.8%。其后出现频率比较高的依次是国际类10.0%，影视/流行/娱乐文化类9.3%，文化艺术类6.8%，社会/民生类6.3%，饮食类和旅游类均是5.5%，政治类的占到5.3%，节日类占3.5%，教育类占3.2%，都高于平均水平。在Twitter中，不同其他媒体中帖子的长度，推特的推文经常很短，有的甚至只有几个词，因此影响到对其类别的判断。由此，Twitter中归到"其他"类的较多，占到8%。在前面几类之外，历史类、休闲类出现的相对较多。涉及地方与区域、国防/军事、风俗、自然等类型的议题则出现很少。具体分布参看

表 3-24 和图 3-19。

表 3-24 变量"Twitter 内容类型"频率分布

		次数	百分比	有效百分比	累积百分比
有效	地方和区域	2	0.5	0.5	0.5
	动物	7	1.8	1.8	2.3
	风俗	3	0.8	0.8	3.0
	个人生活与情感	11	2.8	2.8	5.8
	国防/军事	6	1.5	1.5	7.2
	国际	40	10.0	10.0	17.3
	环境/生态	6	1.5	1.5	18.8
	教育	13	3.3	3.3	22.0
	节日	14	3.5	3.5	25.5
	经济/商务	51	12.8	12.8	38.3
	科技	3	0.8	0.8	39.0
	历史	12	3.0	3.0	42.0
	旅游	22	5.5	5.5	47.5
	民族	7	1.8	1.8	49.3
	其他	32	8.0	8.0	57.3
	社会/民生	25	6.3	6.3	63.5
	时尚/设计	9	2.3	2.3	65.8
	司法	3	0.8	0.8	66.5
	体育	4	1.0	1.0	67.5
	文化艺术	27	6.8	6.8	74.3
	新闻媒体	2	0.5	0.5	74.8
	休闲	10	2.5	2.5	77.3
	医疗/卫生/健康	3	0.8	0.8	78.0
	饮食	22	5.5	5.5	83.5
	影视/流行/娱乐文化	37	9.3	9.3	92.8
	语言	3	0.8	0.8	93.5
	哲学与生活哲理	1	0.3	0.3	93.8
	政治	21	5.3	5.3	99.0
	植物/农林	1	0.3	0.3	99.3
	宗教	3	0.8	0.8	100.0
	总计	400	100.0	100.0	

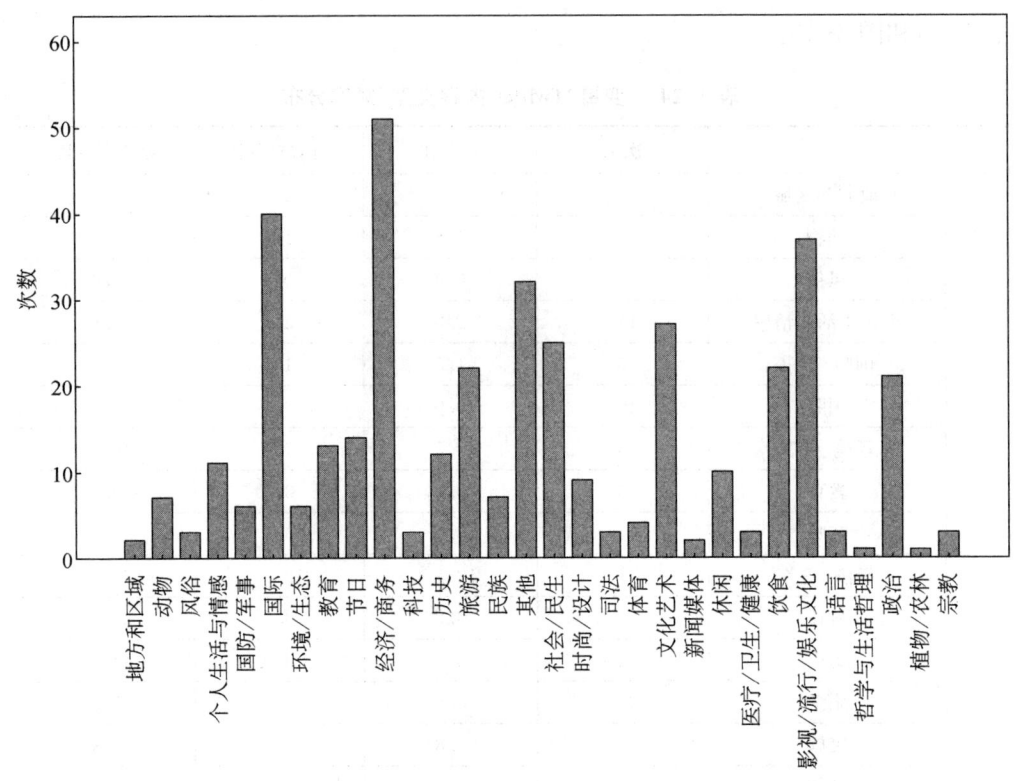

图 3-19　Twitter 内容类型分布

(二) Google＋

在抽取的 400 条 Google 样本中,文化艺术类出现的频率最高,共计出现了 52 次,占总比重的 13%。以后分别是旅游类 11.8%,国际类 5.8%,经济/商务类 5.5%,历史类 5.3%,影视/流行/娱乐文化 5%,个人生活与情感 5%,政治类 4.3%,地方区域类 4%以及社会民生类 4%,节日占 3.3%。在 400 条 Google 样本中,出现的类别次数比较少的是国防/军事类、科技类、司法类、休闲类、宗教类以及自然类等。参看表 3-25 和图 3-20。

表 3-25　变量"Google＋内容类型"频率分布

		次数	百分比	有效百分比	累积百分比
有效	地方和区域	16	4.0	4.0	4.0
	动物	5	1.3	1.3	5.3
	风俗	10	2.5	2.5	7.8

(续表)

		次数	百分比	有效百分比	累积百分比
有效	个人生活与情感	20	5.0	5.0	12.8
	国防/军事	1	0.3	0.3	13.0
	国际	23	5.8	5.8	18.8
	环境/生态	4	1.0	1.0	19.8
	教育	12	3.0	3.0	22.8
	节日	13	3.3	3.3	26.0
	经济/商务	22	5.5	5.5	31.5
	科技	2	0.5	0.5	32.0
	历史	21	5.3	5.3	37.3
	旅游	47	11.8	11.8	49.0
	民族	1	0.3	0.3	49.3
	其他	36	9.0	9.0	58.3
	社会/民生	16	4.0	4.0	62.3
	时尚/设计	6	1.5	1.5	63.7
	司法	1	0.3	0.3	64.0
	体育	5	1.3	1.3	65.3
	文化艺术	52	13.0	13.0	78.3
	新闻媒体	8	2.0	2.0	80.3
	休闲	1	0.3	0.3	80.5
	医疗/卫生/健康	5	1.3	1.3	81.8
	饮食	9	2.3	2.3	84.0
	影视/流行/娱乐文化	20	5.0	5.0	89.0
	语言	12	3.0	3.0	92.0
	哲学与生活哲理	2	0.5	0.5	92.5
	政治	17	4.3	4.3	96.8
	植物/农林	8	2.0	2.0	98.8
	自然	2	0.5	0.5	99.3
	宗教	3	0.8	0.8	100.0
	总计	400	100.0	100.0	100.0

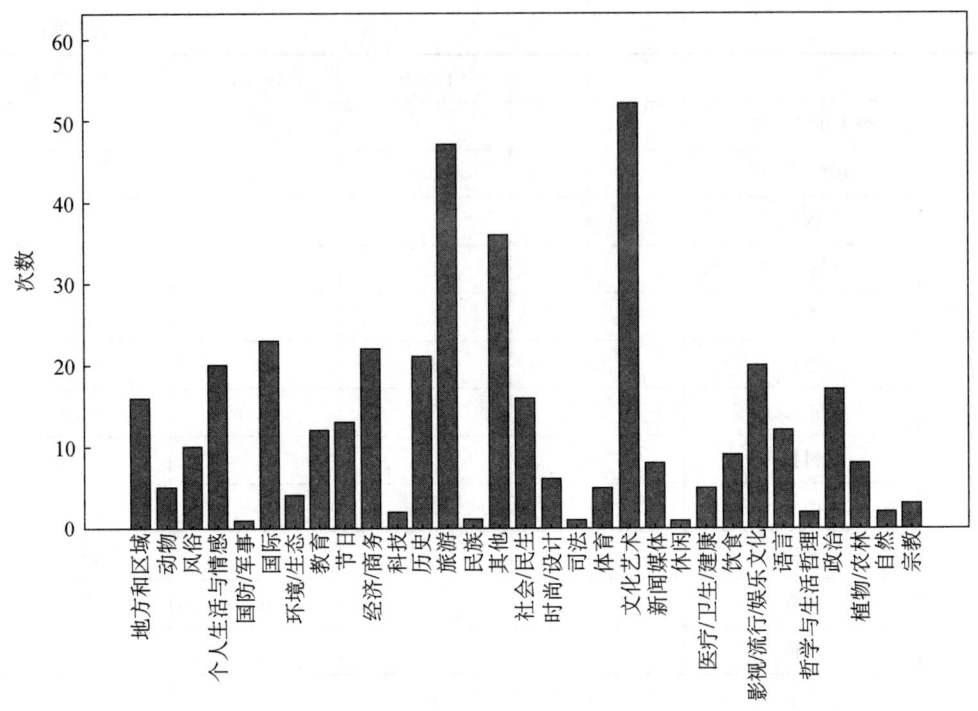

图 3-20　Google+内容类型分布

(三) YouTube

在抽取的 YouTube 的 400 条样本数据中,文化艺术类出现频率最高,出现了 60 次,占总比重的 15%。后出现较多的类别分别是影视/流行/娱乐文化类 10.5%,经济/商务类 7.5%,国际类 7%,饮食类 7%,节日类 5%,新闻媒体类 5%,语言类 4.5%,教育类 4.3%以及旅游类 3.3%。而其他类别如国防/军事类、环境/生态类、医疗/卫生/健康类、司法类、科技类、自然类等出现的频率则比较低。参看表 3-26 和图 3-21。

表 3-26　变量"YouTube 内容类型"频率分布

		次数	百分比	有效百分比	累积百分比
有效	地方和区域	10	2.5	2.5	2.5
	动物	3	0.8	0.8	3.3
	风俗	12	3.0	3.0	6.3
	个人生活与情感	8	2.0	2.0	8.3
	国防/军事	1	0.3	0.3	8.5

(续表)

		次数	百分比	有效百分比	累积百分比
有效	国际	28	7.0	7.0	15.5
	环境/生态	2	0.5	0.5	16.0
	教育	17	4.3	4.3	20.3
	节日	20	5.0	5.0	25.3
	经济/商务	30	7.5	7.5	32.8
	科技	3	0.8	0.8	33.5
	历史	11	2.8	2.8	36.3
	旅游	13	3.3	3.3	39.5
	民族	6	1.5	1.5	41.0
	其他	22	5.5	5.5	46.5
	社会/民生	10	2.5	2.5	49.0
	时尚/设计	7	1.8	1.8	50.7
	司法	2	0.5	0.5	51.2
	体育	3	0.8	0.8	52.0
	文化艺术	60	15.0	15.0	67.0
	新闻媒体	20	5.0	5.0	72.0
	休闲	6	1.5	1.5	73.5
	医疗/卫生/健康	3	0.8	0.8	74.3
	饮食	28	7.0	7.0	81.3
	影视/流行/娱乐文化	42	10.5	10.5	91.8
	语言	18	4.5	4.5	96.3
	哲学与生活哲理	2	0.5	0.5	96.8
	政治	9	2.3	2.3	99.0
	宗教	4	1.0	1.0	100.0
	总计	400	100.0	100.0	

（四）Facebook

在抽取的 400 条 Facebook 图片样本中，出现频次最多的是旅游类、国际类，分别占 20% 和 15.8%。其后是文化艺术类、影视/流行/娱乐文化类、历史类，它们的比重较为接近，依次是 10.3%、10% 和 9.3%。其他类型占的比重则较低。最低的有自然类、哲学与生活哲理类、社会/民生类、教育类、节日类等。参看表 3-27 和图 3-22。

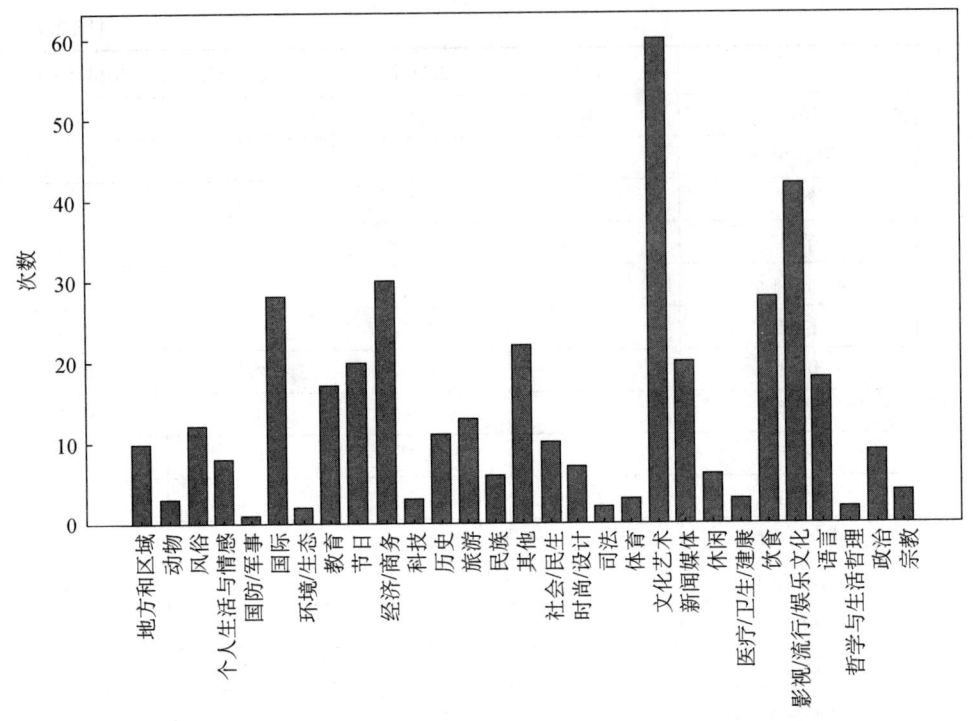

图 3-21　YouTube 内容类型分布

表 3-27　变量"Facebook 内容类型"频率分布

		频率	百分比	有效百分比	累积百分比
有效	地方和区域	11	2.8	2.8	2.8
	风俗	9	2.3	2.3	5.0
	个人生活与情感	5	1.3	1.3	6.3
	国际	63	15.8	15.8	22.0
	教育	2	0.5	0.5	22.5
	节日	2	0.5	0.5	23.0
	经济/商务	19	4.8	4.8	27.8
	历史	37	9.3	9.3	37.0
	旅游	80	20.0	20.0	57.0
	民族	5	1.3	1.3	58.3
	其他	1	0.3	0.3	58.5
	社会/民生	3	0.8	0.8	59.3
	文化艺术	41	10.3	10.3	69.5
	饮食	19	4.8	4.8	74.3

(续表)

		频率	百分比	有效百分比	累积百分比
有效	影视/流行/娱乐文化	40	10.0	10.0	84.3
	语言	27	6.8	6.8	91.0
	哲学与生活哲理	3	0.8	0.8	91.8
	政治	15	3.8	3.8	95.5
	植物/农林	15	3.8	3.8	99.3
	自然	3	0.8	0.8	100.0
	合计	400	100.0	100.0	

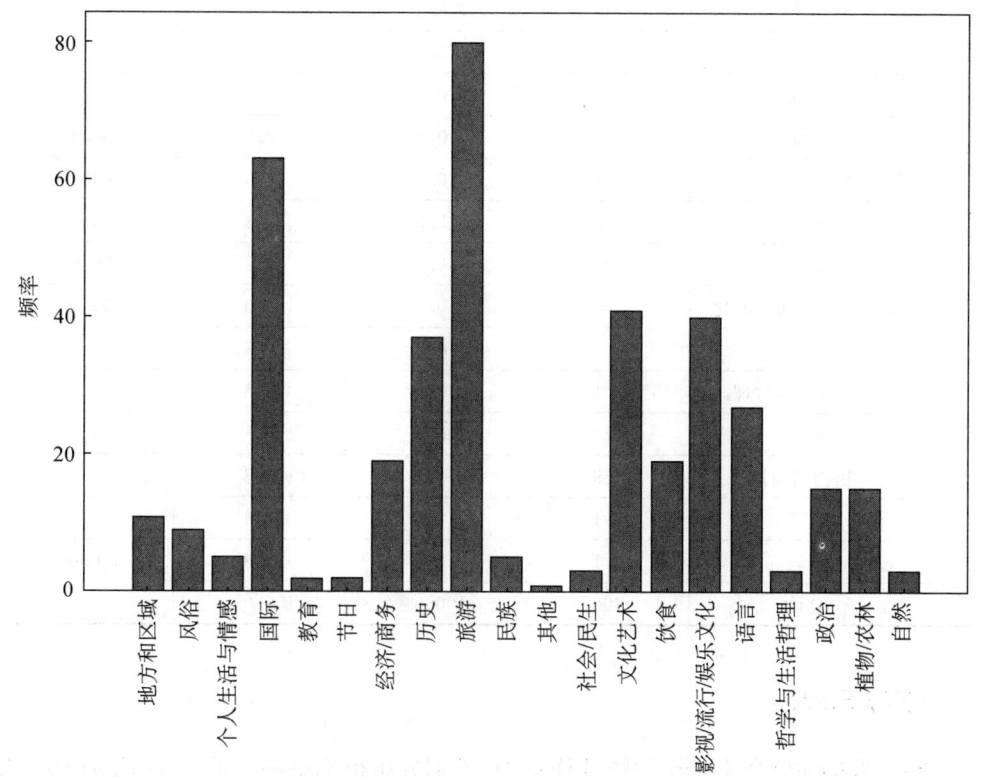

图 3-22 Facebook 内容类型分布

（五）Tumblr

在 Tumblr 的随机抽取的 400 条样本中，占比最高的有国际类、旅游类、文化艺术类、影视/流行/娱乐文化类；历史类和政治类也有较高比重。民族、社会/民生、语言、哲学与生活哲理、自然、宗教等则是比重最低的类。参看表 3-28 和图 3-23。

表 3-28　变量"Tumblr 内容类型"频率分布

		频率	百分比	有效百分比	累积百分比
有效	地方和区域	10	2.5	2.5	2.5
	风俗	9	2.3	2.3	4.8
	个人生活与情感	20	5.0	5.0	9.8
	国际	79	19.8	19.8	29.5
	教育	4	1.0	1.0	30.5
	节日	7	1.8	1.8	32.3
	经济/商务	15	3.8	3.8	36.0
	历史	33	8.3	8.3	44.3
	旅游	62	15.5	15.5	59.8
	民族	2	0.5	0.5	60.3
	其他	2	0.5	0.5	60.8
	社会/民生	1	0.3	0.3	61.0
	文化艺术	53	13.3	13.3	74.3
	饮食	23	5.8	5.8	80.0
	影视/流行/娱乐文化	40	10.0	10.0	90.0
	语言	1	0.3	0.3	90.3
	哲学与生活哲理	1	0.3	0.3	90.5
	政治	27	6.8	6.8	97.3
	植物/农林	9	2.3	2.3	99.5
	自然	1	0.3	0.3	99.8
	宗教	1	0.3	0.3	100.0
	合计	400	100.0	100.0	

(六) Flickr

在抽取的 400 条 Flickr 的图片样本中，类别分布很不平衡。涉及中国的植物/农林的类别出现的频率最高，出现了 247 次，占总比重的 61.8%。本研究中已经对原始抽取的样本删除了大量的重复帖子，剩下的样本中不存在重复贴，但是并不排除有很相似的内容。经检查，很多重复的照片帖均来自对同一本书（或册子）中不同页面的照片呈现及其内容介绍。尽管可以认为这些出自同一本书的不同书页具有某种程度上的重复性，但也要看到它们确实在帖子样本中大量出现，而这是会在一定程度上影响到关于中国文化的"议程"的。由于内容不同，而且这些内容毕竟构成了中国文化

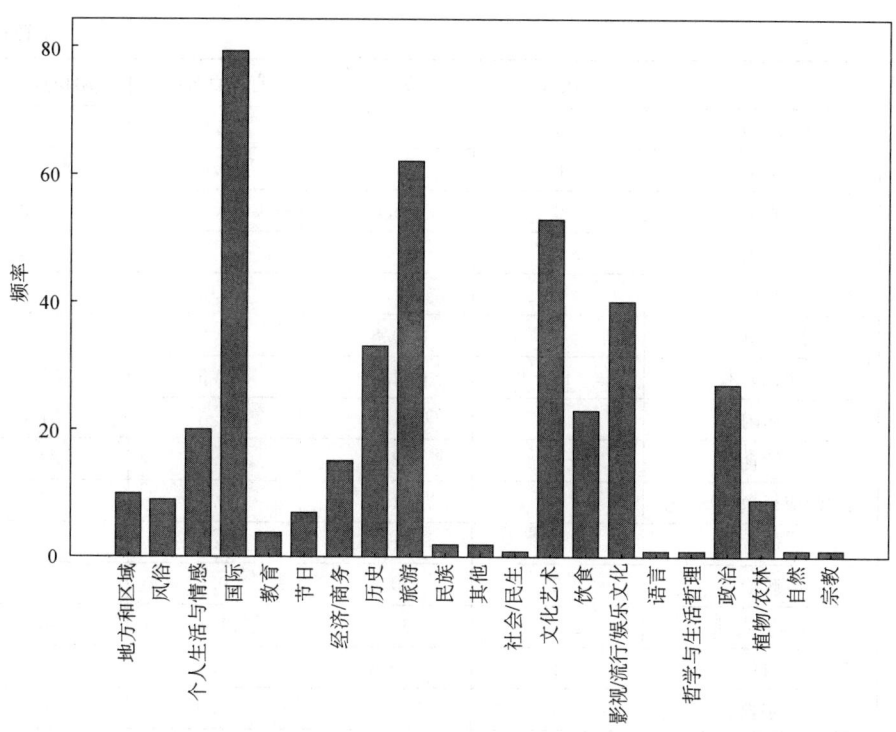

图 3-23 Tumblr 内容类型分布

在 Flickr 中呈现的比例结构,因此不能贸然将之从样本中抽离,否则会影响结果的随机性与合理性。其他出现较多的类别分别是地方和区域类,占总比重 5%;旅游类占总比重 5%,文化艺术类占总比重 4.5%,历史类占总比重的 4%。其他的类似风俗、动物、教育、节日、政治、自然等类别出现的频率则较低,都低于平均水平。参看表 3-29 和图 3-24。

表 3-29 变量"Flickr 内容类型"频率分布

		次数	百分比	有效百分比	累积百分比
有效	地方和区域	20	5.0	5.0	5.0
	动物	9	2.3	2.3	7.2
	风俗	4	1.0	1.0	8.3
	个人生活与情感	7	1.8	1.8	10.0
	国际	3	0.8	0.8	10.8
	环境/生态	3	0.8	0.8	11.5
	教育	1	0.3	0.3	11.8
	节日	2	0.5	0.5	12.3

(续表)

		次数	百分比	有效百分比	累积百分比
有效	经济/商务	4	1.0	1.0	13.3
	历史	16	4.0	4.0	17.3
	旅游	20	5.0	5.0	22.3
	民族	5	1.3	1.3	23.5
	其他	6	1.5	1.5	25.0
	社会/民生	3	0.8	0.8	25.8
	文化艺术	18	4.5	4.5	30.3
	休闲	6	1.5	1.5	31.8
	饮食	8	2.0	2.0	33.8
	影视/流行/娱乐文化	5	1.3	1.3	35.0
	语言	6	1.5	1.5	36.5
	政治	2	0.5	0.5	37.0
	植物/农林	247	61.8	61.8	98.8
	自然	1	0.3	0.3	99.0
	宗教	4	1.0	1.0	100.0
	总计	400	100.0	100.0	

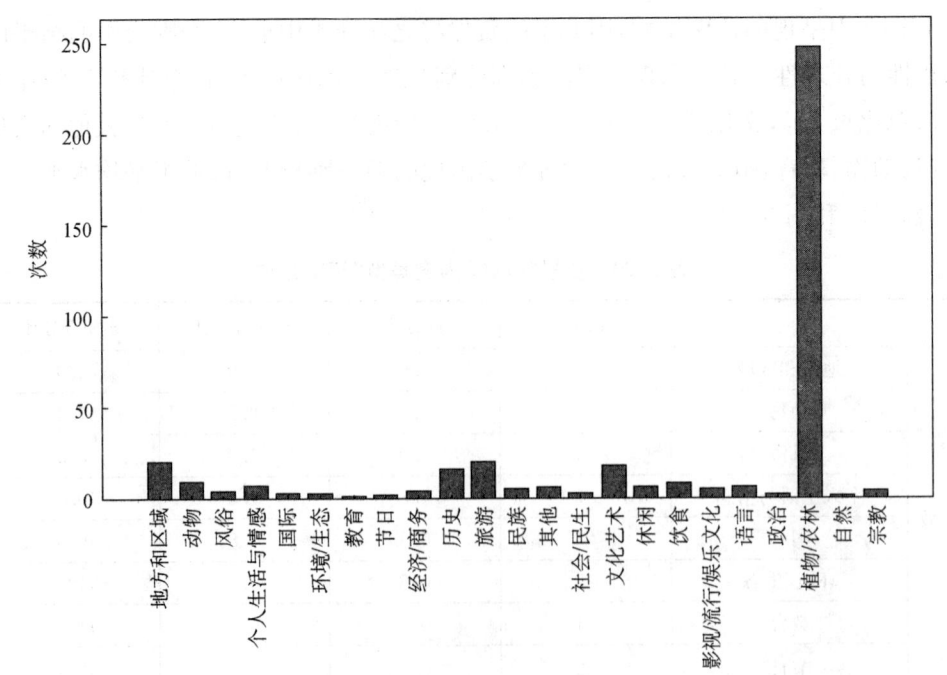

图 3-24 Flickr 内容类型分布

（七）Reddit

Reddit 作为一种具有新闻自媒体性质的网站，其内容带有很大的时政性、新闻性。因此对其 400 条样本的随机抽样中，占比最大的是国际类和政治类，这与其网站特征是相吻合的。除此之外，经济/商务类、影视/流行/娱乐文化类、历史类也占有一定比重。占比较低的是风俗类、环境/生态类、植物/农林类、节日类、饮食类等。参看表 3-30 和图 3-25。

表 3-30　变量"Reddit 内容类型"频率分布

		频率	百分比	有效百分比	累积百分比
有效	风俗	1	0.3	0.3	0.3
	个人生活与情感	12	3.0	3.0	3.3
	国际	178	44.5	44.5	47.8
	环境/生态	1	0.3	0.3	48.0
	节日	2	0.5	0.5	48.5
	经济/商务	20	5.0	5.0	53.5
	历史	14	3.5	3.5	57.0
	旅游	11	2.8	2.8	59.8
	饮食	2	0.5	0.5	60.3
	影视/流行/娱乐文化	16	4.0	4.0	64.3
	语言	5	1.3	1.3	65.5
	政治	137	34.3	34.3	99.8
	植物/农林	1	0.3	0.3	100.0
	合计	400	100.0	100.0	100.0

（三）类型特征与综合分析

在综合 Twitter、Flickr、Google+ 和 YouTube 等七种社交媒体的样本的基础上进行汇总分析。各类型社交媒体中所占比重高于平均水平（100%/31＝3.23%）的内容类型如表 3-31 所示。

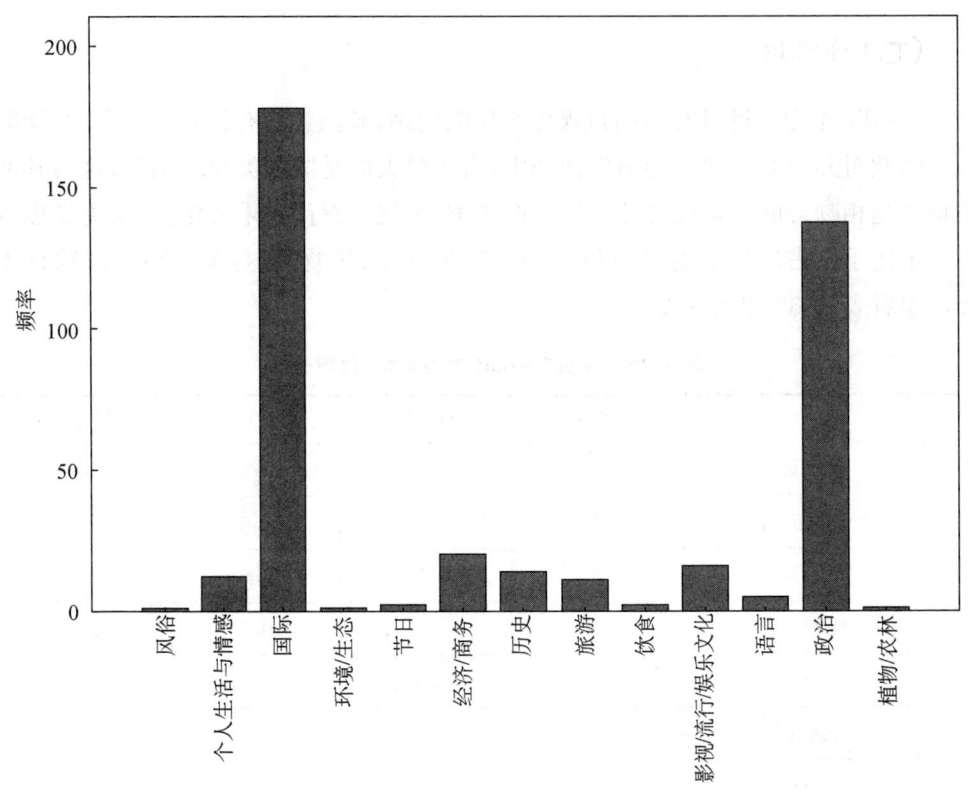

图 3-25 Reddit 内容类型分布

表 3-31 各类型社交媒体内容类型综合分析

Twitter	Google+	YouTube	Facebook	Tumblr	Flickr	Reddit
经济/商务；国际；影视/流行/娱乐文化；其他；文化艺术；社会/民生；旅游；饮食；政治；节日；教育	文化艺术；旅游；其他；国际；经济/商务；历史；个人生活与情感；影视/流行/娱乐文化；政治；地方和区域；社会/民生；节日	文化艺术；影视/流行/娱乐文化；经济/商务；国际；饮食；其他；节日；新闻媒体；语言；教育；旅游	旅游；国际；文化艺术；影视/流行/娱乐文化；历史；语言；经济/商务；饮食；政治；植物/农林	国际；旅游；文化艺术；影视/流行/娱乐文化；历史；政治；饮食；个人生活与情感；经济/商务	植物/农林；地方和区域；旅游；文化艺术；历史	国际；政治；经济/商务；影视/流行/娱乐文化；历史

 这几种典型媒体的传播中,其内容各有侧重,但所占比重在六种媒体中高于平均水平的内容类型有:文化艺术类;影视/流行/娱乐文化类;旅游类;国际类;经济/商务类。在五种媒体中高于平均水平的有:历史类;政治类。在四种媒体中高于平均水平的有:饮食类。在三种媒体中高于平均水平的有:节日类。地方和区域类、

个人生活与情感类、教育类、社会/民生类、语言类、植物/农林类则在两种媒体中超过平均水平(表 3-32)。

表 3-32　高于平均水平的内容类型在不同社交媒体中的分布

国际	经济/商务	旅游	文化艺术	影视/流行/娱乐文化	历史	政治	饮食	节日	其他	地方和区域	个人生活与情感	教育	社会/民生	语言	植物/农林	新闻媒体
6	6	6	6	6	5	5	4	3	3	2	2	2	2	2	2	1

据表 3-33,从总量分布上,在本研究所抽取的七种社交媒体的样本总数中,出现频次和比重最高的是国际类,国际的文化交流与互动成为中国文化对外传播的重要视野和语境。其后出现频率高并且高于 31 类的平均出现比重的类别依次有:植物/农林类;旅游类;文化艺术类;政治类;影视/流行/娱乐文化类;经济/商务类;历史类;饮食类。从综合情况来看,我国在国外社交媒体上比较少出现的议题(出现比例低于 1%)有:动物类;民族类;时尚/设计类;休闲类;环境/生态类;宗教类;体育类;医疗/卫生/健康类;国防/军事类;科技类;哲学与生活哲理类;自然类;司法类。

表 3-33　变量"内容类型"的频率分布

		频率	百分比	有效百分比	累积百分比
有效	地方和区域	69	2.5	2.5	2.5
	动物	24	0.9	0.9	3.3
	风俗	48	1.7	1.7	5.0
	个人生活与情感	83	3.0	3.0	8.0
	国防/军事	8	0.3	0.3	8.3
	国际	414	14.8	14.8	23.1
	环境/生态	16	0.6	0.6	23.6
	教育	49	1.8	1.8	25.4
	节日	60	2.1	2.1	27.5
	经济/商务	161	5.8	5.8	33.3
	科技	8	0.3	0.3	33.6
	历史	144	5.1	5.1	38.7
	旅游	255	9.1	9.1	47.8
	民族	26	0.9	0.9	48.8
	其他	99	3.5	3.5	52.3

(续表)

		频率	百分比	有效百分比	累积百分比
有效	社会/民生	58	2.1	2.1	54.4
	时尚/设计	22	0.8	0.8	55.1
	司法	6	0.2	0.2	55.4
	体育	12	0.4	0.4	55.8
	文化艺术	251	9.0	9.0	64.8
	新闻媒体	30	1.1	1.1	65.8
	休闲	23	0.8	0.8	66.6
	医疗/卫生/健康	11	0.4	0.4	67.0
	饮食	111	4.0	4.0	71.0
	影视/流行/娱乐文化	200	7.1	7.1	78.1
	语言	72	2.6	2.6	80.7
	哲学与生活哲理	9	0.3	0.3	81.0
	政治	228	8.1	8.1	89.2
	植物/农林	281	10.0	10.0	99.2
	自然	7	0.3	0.3	99.5
	宗教	15	0.5	0.5	100.0
	合计	2 800	100.0	100.0	

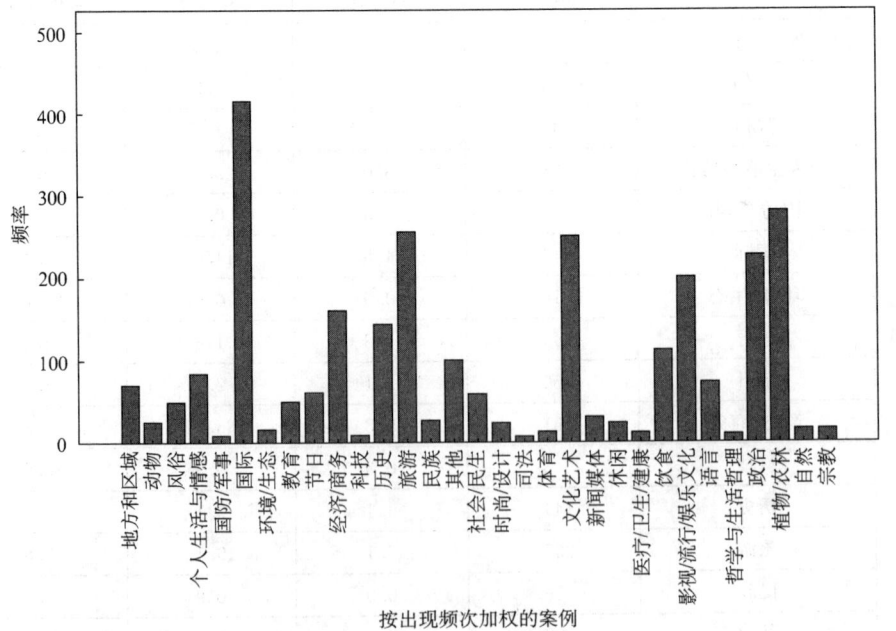

图 3-26 不同内容类型在七种社交媒体中的分布

对 Twitter、Flickr、Google+、YouTube 等几家主要的国外社交媒体中有关中国文化的议题内容进行分析的结果显示,在国外主流社交媒体中,涉及中国文化议题的内容主要侧重于文化艺术类、影视/流行/娱乐文化类、旅游类、国际类、经济/商务类、历史类、政治类、饮食类等。这说明我国的经济以及文化事业的发展取得了较大的成就,在世界上的影响力和软实力逐渐在加强。而涉及我国民族/宗教、自然和环境/生态、科技/体育/医疗卫生、时尚和休闲等方面的内容在国外主流社交媒体也出现的较少,反映出我国在文化软实力的建构方面的单薄和欠缺之处,文化传播仍需更为全面和立体化的建构,使得在一些薄弱环节出现更多的中国声音。

根据七种媒体中 31 类话题在各自所占比重进行排序,占比重高者则排序的序号值越小。对排序结果进行 Spearman 相关分析,以考察各媒体中"议题"类型的相似性和差异性。表 3-34 的结果显示,在议程的类型上,Flickr 不同于 Twitter、YouTube 以及 Reddit。作为一种照片分享型的社交媒体,Flickr 不同于这三种微博客、视频、新闻类社交媒体,但是和 Google+、Tumblr、Facebook 等注重照片上传和分享功能的这几类媒体比,仍不具很显著的差异。总体来看,各媒体虽各有侧重,但内容类型及其所占议题比重还是具有相近性的。

表 3-34 七种媒体相关性检验结果

		相关系数(Spearman 的 rho)						
		Facebook	Flickr	Google+	Reddit	Tumblr	Twitter	YouTube
Facebook	相关系数	1.000	0.611**	0.720**	0.698**	0.921**	0.444*	0.588**
	Sig.(双侧)		0.000	0.000	0.000	0.000	0.012	0.001
	N	31	31	31	31	31	31	31
Flickr	相关系数	0.611**	1.000	0.503**	0.352	0.604**	0.280	0.340
	Sig.(双侧)	0.000		0.004	0.052	0.000	0.127	0.061
	N	31	31	31	31	31	31	31
Google+	相关系数	0.720**	0.503**	1.000	0.593**	0.788**	0.668**	0.780**
	Sig.(双侧)	0.000	0.004		0.000	0.000	0.000	0.000
	N	31	31	31	31	31	31	31
Reddit	相关系数	0.698**	0.352	0.593**	1.000	0.699**	0.480**	0.455*
	Sig.(双侧)	0.000	0.052	0.000		0.000	0.006	0.010
	N	31	31	31	31	31	31	31

(续表)

		相关系数(Spearman 的 rho)						
Tumblr	相关系数	0.921**	0.604**	0.788**	0.699**	1.000	0.554**	0.636**
	Sig.(双侧)	0.000	0.000	0.000	0.000		0.001	0.000
	N	31	31	31	31	31	31	31
Twitter	相关系数	0.444*	0.280	0.668**	0.480**	0.554**	1.000	0.710**
	Sig.(双侧)	0.012	0.127	0.000	0.006	0.001		0.000
	N	31	31	31	31	31	31	31
YouTube	相关系数	0.588**	0.340	0.780**	0.455*	0.636**	0.710**	1.000
	Sig.(双侧)	0.001	0.061	0.000	0.010	0.000	0.000	
	N	31	31	31	31	31	31	31

**.在置信度(双测)为 0.01 时,相关性是显著的。
*.在置信度(双测)为 0.05 时,相关性是显著的。

通过对应分析,显示这几种社交媒体及其内容类型的分布特征。Twitter、YouTube、Google+、Facebook、Tumblr 的相近程度比较高,而 Reddit、Flickr 则与它们各有所不同。其中,Twitter 和 YouTube、Google+ 比其他媒体更为侧重的内容类型有文化艺术、饮食、风俗、节日、经济/商务、社会/民生、教育等;Facebook 和 Tumblr 比其他媒体更为侧重的内容类型有历史、旅游等类;Flickr 对植物/农林类的关涉是几种媒体中最多的;Reddit 则在几种媒体中最为关注政治、国际类,体现了它作为新闻类媒体的特征。其他一些类型的内容,如影视/流行/娱乐文化类、地方和区域类、宗教类、环境/生态类、动物类等则是在几种媒体得到类似的关涉程度的公共议题,不具有和某种媒体的独特强关联性。对应分析的结果参看图 3-27。

对于中国在国际社交媒体的文化传播,需要针对媒体以及内容类型的特点采取适当的方式与策略。文化艺术类、旅游类已经在各种媒体中得到较为普遍的传播,影视/流行/娱乐文化类、国际类、经济/商务类、节日类、饮食类、教育类、政治类也都在多种媒体中得到不小的呈现度。然而,仍有几个领域的对外传播值得关注。一方面,是关于中国的民族文化的传播。中国具有多种多样的少数民族文化,也关系到多民族国家的稳定与和谐,尤其是民族问题还具有政治意义。但是,当前的国际社交媒体中,关于我国的民族类的文化内容仍然是很少的,有待丰富与更为主动的呈现。此外,科技文化的传播和讨论在社交媒体中仍然很匮乏。科技作为一种广义上的文化成果和文明结晶,很大程度上体现着中国的文化竞争力与软实力。然而当前对于中国文化的传播中,对外展示的文化成就过于偏重历史、流行、娱乐

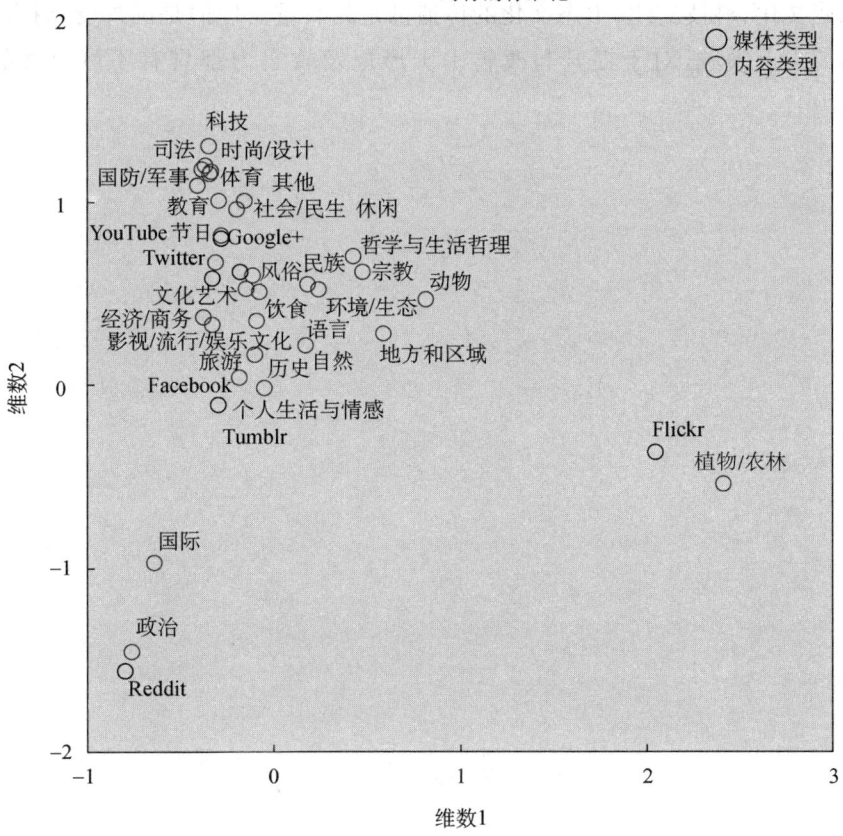

图 3-27 对应分析结果

等层面,关于科技的传播与中国作为一个文化大国的地位并不对称。在全球重视生态与绿色文明的背景下,中国在自然、环境/生态方面的内容传播仍然力度不足,不利于塑造中国的生态文明与对外展示负责任的、人与自然和谐发展的国家形象。

中国的对外社交媒体文化传播,在内容类型上可以归结为以下方式与路径:继续坚持和重视狭义的文化艺术精品内容传播,广泛向外界展示中国的传统和现代文化精粹,例如京剧、传统音乐、现代文艺大家名品等;重视娱乐化和流行化的传播路径,充分利用国际社交媒体中关于中国文化的讨论比较着重于影视/流行/娱乐文化的元素,加大现代影视文化、流行文化、娱乐明星在对外传播中的呈现;重视"旅游传播",加强对于国际媒体空间中的旅游目的地、旅游体验、旅游元素的展示,满足国际社交媒体参与者对于中国旅游的认知需求,塑造美丽中国的形象与魅力;加大对外的经济与商务元素的传播,在经济交流中扩大与深化文化联结;针对中国当前在对外社交媒体传播中仍存在的薄弱环节,采取有效的补强措施与强化传播,包括民族文化、科技文化、生态文化的传播都是具有重要性但是国外受众探讨和传播不够的重点领域,对于提升与改善中国形象及软实力都具有不可忽视的迫切意义。

第四章

中国文化在国际社交媒体传播的受众特征与传受结构

文化信息的传播机制离不开受众以及信息内容在传受关系中的流动。本章以 Twitter、Google+、YouTube、Flickr 这几种具有重要性和代表性的社交媒体作为样本,对中国文化在国际社交媒体传播的受众及其信息接受情况进行分析。本章的研究针对的都是信息流动和传播中的有效受众,是指对帖子进行有效反馈的受众,例如点赞、评论、转发、收藏等,不包括仅对帖子进行浏览的一般受众。之所以把研究对象限定在信息"有效流动"的范畴内,是因为帖子若仅仅被发布而不被浏览,或仅被浏览而并未产生反馈与作用,那么我们无从判断这样的帖子达成了有效的信息传播,也难以判断信息的受众是否为有效受众。针对的问题主要如下:①中国文化在国际社交媒体传播的受众的区域特征和区域结构如何;②中国文化在国际社交媒体中的受众与其接受的信息内容类型之间有怎样的关联;③中国文化在国际社交媒体传播的受众的话语特征与话语结构如何。

本书采取专门主题的抽样,每种媒体都以"China"和"culture"为复合关键词,针对某个专题领域爬取帖子样本。对样本媒体各抽取一年之内的帖子样本用于分析。各媒体的数据抓取过程分别如下:(1)Twitter。采集和过滤得到 2014 年 10 月 11 日到 2015 年 10 月 10 日的帖子共 13471 条,这些帖子在十二个月中随机分布。从中剔除转推数和收藏数都为 0 的帖子,剩下 3 850 条。对这 3 850 帖子采集它们的转推者和收藏者。由于有些受众账号已被冻结,因此并非所有帖子的受众都能成功采集。成功采集的有:转推者 9 867 条,去重后 6 391 条,成功采集其中 6 383 个受众的具体信息;收藏者 9 649 条,去除重复后 5 836 条,成功采集 5 829 个受众的具体信息和影响力数据。(2)YouTube。在 YouTube 首页对组合关键词搜索得到的内容,每隔两周采样一次,抓取 2014 年 11 月 16 日至 2015 年 11 月 15 日之间上传的 YouTube 视频帖子，去除重复帖之后，剩下的样本 2 486 条。这些帖子样本的评论数量分异很大，有必要避免少数过热帖子对总体受众结构比例的过大的偏倚影响。因此对于所有帖子，若帖子的评论数量大于 240 条，则仅取前 240 条评论。最后得到 16 547 条评论及其评论者。这 16 547 条评论，由 15 521 个不同的评论者所发。评论者信息由于存在账户冻结、账户异常等情况，这 15 521 个不同的评论者中，实际成功采集 15 510 个评论者的影响力数据。(3)Google+。在 Google+首页组合关键词搜索，得到按时间更新顺序的帖子。采集的是 2014 年 10 月 21 日到 2015 年 10 月 20 日按时间更新排序全部帖子，共得 4 947 条。对这 4 947 条帖子，爬取做了评论、点赞的所有有效受众的信息。由于很多帖子反响冷清，没有任何受众对其评论或点赞。因此实际取得 472 条帖子的共 7 668 个为帖子评论或点赞的受众。这 7 668 个受众去除重复后为 5 783 个，从中剔除无效账户或异常账户，实际采得 5 780 个不同受众的影响力数据。(4)Flickr。在 Flickr 首页根据组合关键词搜索得到，每两周采样一次。Flickr 采集的是 2014 年 11 月 4 日到 2015 年 11 月 3 日按时间更新排序的照片帖子，共得 16 692 条，其中 819 条有评论，其他绝大多数的照片帖子的评论数为 0。由于每个照片贴的评论区中，评论数量差异很大，多数帖子没有评论或仅有少数评论，而少数帖子的评论则成千上万条。为了避免这少数帖子对整体数据比例的过大影响和样本参数的偏倚，采取弱化异常值的做法，每条帖子若评论数大于 220 条则只取前 220 条评论。最后采集得到各照片贴的评论 9 018 条，它们由 3 673 个不同的评论者所发。实际采得 3 665 个评论者的个人资料，其他几个由于账户关闭等原因未成功抓取。

 受众区域分布与传受区域结构

（一）受众国家分布

本节从受众的国家和地区分布分析中国文化在国际社交媒体所到达和取得有效反馈的受众特征。研究的思路是，选取 Twitter、Google+、YouTube、Flickr 这四种具有重要性和代表性的社交媒体，抽取得到和中国文化有关的帖子，对这些帖子的有效受众进行分析。

对中国文化在社交媒体 Twitter 上的受众相关情况进行研究。该研究采集得到的样本受众中，根据每个受者在 Twitter 上唯一的 url 地址删除重复后剩余 10 961 行数据。去除掉无效数据后剩下 10 959 条不同受众的数据。通过对不同受

众标注的所在地来判断其所属国家。由于牵涉较为大量的数据,研究中运用 VBA 编写代码的方式进行机器化的判断。其中,有的受众在其自己标注的当前居住地中,会出现多个国家的地方,例如该人同时标注了首尔、东京、伦敦,那么出于计算统一化的考虑,将这三个城市所属的国家韩国、日本、英国各算一次。根据表 4-1 所示的结果,受众排名前十的国家是美国、英国、印度、中国、加拿大、澳大利亚、瑞士、日本、法国、印尼。其中,美国受众所占比例高达 26.6%,英国列居第二,占 14.3%的比例。印度在所有受众中居第三,占 7.4%的比例。西方发达国家以及印度、印尼、日本、菲律宾、韩国等亚洲国家构成中国文化在 Twitter 传播中具有主要性的受众地区分布,此外部分非洲、美洲国家如南非、阿根廷、尼日利亚的受众也在所有国家和地区中居于前列。

表 4-1　Twitter 受众所属国家及其所占百分比

国家	百分比	国家	百分比	国家	百分比
美国	26.63%	德国	1.70%	荷兰	0.79%
英国	14.26%	西班牙	1.18%	肯尼亚	0.79%
印度	7.42%	菲律宾	1.09%	巴西	0.76%
中国	7.20%	巴基斯坦	1.06%	马来西亚	0.76%
加拿大	5.79%	南非	1.05%	新加坡	0.70%
澳大利亚	3.70%	韩国	1.02%	土耳其	0.64%
瑞士	2.40%	墨西哥	0.97%	沙特阿拉伯	0.53%
日本	2.37%	意大利	0.86%	泰国	0.44%
法国	2.21%	阿根廷	0.85%	新西兰	0.38%
印尼	2.00%	尼日利亚	0.85%	比利时	0.32%

对中国文化在社交媒体 Google＋上的受众相关情况进行研究。该研究对受众删重后,剩下 5 780 条不同受众的数据。研究通过对 5 780 条不同受众的目前居住地进行来判断所属国家,根据对所属国家的分析从而分析受众的分布特征。由于牵涉到较为大量的数据,研究中运用 VBA 编写代码的方式进行机器化的判断。其中,有的受众在其自己标注的当前居住地中,会出现多个国家的地方,例如该人同时标注了首尔、东京、伦敦,那么出于计算统一化的考虑,将这三个城市所属的国家韩国、日本、英国各算一次。结果见表 4-2,在标注了国家或地区来源的受众中,数量排在前十名的国家分别是美国、印度、中国、英国、加拿大、巴基斯坦、澳大利亚、日本、巴西、德国。总体上看,10 个国家受众所占比例都在 2%以上,其中 10%

以下的有 9 个国家。值得注意的是，受众中来自印度的排到第二位，甚至超过了中国受众的比重。在国家分布中，亚洲国家的印度、日本、巴基斯坦、马来西亚、韩国等占到一定比例。而除美国之外，欧洲发达国家和加拿大、澳大利亚也是主要来源国。

表 4-2　Google+ 受众所属国家及其所占百分比

国家	百分比	国家	百分比	国家	百分比
美国	25.18%	马来西亚	1.78%	土耳其	1.01%
印度	10.90%	伊朗	1.60%	瑞士	0.95%
中国	5.51%	沙特阿拉伯	1.54%	阿根廷	0.89%
英国	5.09%	法国	1.36%	菲律宾	0.89%
加拿大	4.21%	韩国	1.30%	新加坡	0.89%
巴基斯坦	3.08%	泰国	1.24%	孟加拉国	0.83%
澳大利亚	2.73%	印尼	1.24%	新西兰	0.77%
日本	2.55%	墨西哥	1.18%	希腊	0.71%
巴西	2.43%	意大利	1.13%	南非	0.65%
德国	2.01%	西班牙	1.07%	阿联酋	0.59%

对中国文化在社交媒体 YouTube 上的受众相关情况进行研究。受众的个人资料中，会有自身国家和地区的标注。该项有标注的受众占 15 510 个有效样本的 7.9%。在有标注的受众中，其分布情况如表 4-3 所示。其中，排第一的依然是美国。英国、加拿大、澳大利亚、法国、德国、荷兰等西欧发达国家的受众居于前列。亚洲国家中，日本、印度和中国共同进入前十位的国家。此外，新加坡、印尼、马拉西亚、菲律宾等亚洲国家也是主要的受众所在国，居于各国家中的前二十位。从总的分布来看，北美、西欧和澳大利亚等发达国家仍是 YouTube 上中国文化传播的主要受众区域，而在亚洲国家中的受众覆盖还有待继续提升。

表 4-3　YouTube 受众所属国家及其所占百分比

国家	百分比	国家	百分比	国家	百分比
美国	45.00%	新加坡	1.38%	丹麦	0.57%
英国	8.22%	印尼	1.06%	俄罗斯	0.57%
加拿大	7.08%	爱尔兰	0.90%	土耳其	0.49%
中国	3.42%	马来西亚	0.90%	爱沙尼亚	0.41%

(续表)

国家	百分比	国家	百分比	国家	百分比
澳大利亚	3.25%	瑞典	0.90%	比利时	0.41%
法国	2.52%	菲律宾	0.81%	芬兰	0.41%
德国	2.44%	巴西	0.73%	西班牙	0.41%
日本	2.03%	新西兰	0.73%	阿根廷	0.33%
荷兰	1.79%	意大利	0.73%	阿联酋	0.33%
印度	1.71%	挪威	0.65%	朝鲜	0.33%

对中国文化在社交媒体 Flickr 上的受众相关情况进行研究。根据目前居住地来判断受众的国家分布。结果表见 4-4，在 3 665 个有效受众样本中，标注了国家分布的有 1 886 个，占 51.5%。在有国家标注的受众分布中，美国居于第一位，英国则以 10.74% 的比例居于第二位。欧洲发达国家如西班牙、德国、法国、瑞士、荷兰、意大利等也是主要的受众分布地区，它们都居于受众分布国家的前十位。此外，加拿大、澳大利亚等除美国、西欧之外的发达国家也处于主要地位，分别居第三位和第十一位。其后，日本、印度、新加坡、马来西亚、菲律宾等亚洲国家以及巴西、阿根廷等南美国家也占有一定的比重。此外，葡萄牙、波兰、比利时、瑞典、希腊、奥地利、俄罗斯等欧洲国家都是居于前列的受众所在国。总体来看，Flickr 上的受众分布以北美和欧洲发达国家为主，也有部分的亚洲国家和南美国家。

表 4-4　Flickr 受众所属国家及其所占百分比

国家	百分比	国家	百分比	国家	百分比
美国	27.87%	澳大利亚	2.13%	奥地利	0.61%
英国	10.74%	巴西	1.93%	俄罗斯	0.57%
加拿大	5.82%	日本	1.60%	墨西哥	0.57%
西班牙	5.66%	印度	1.27%	新加坡	0.57%
德国	5.41%	阿根廷	1.07%	新西兰	0.57%
法国	5.29%	葡萄牙	1.07%	马来西亚	0.53%
瑞士	4.14%	波兰	0.94%	芬兰	0.49%
荷兰	3.61%	比利时	0.90%	挪威	0.45%
中国	3.52%	瑞典	0.78%	菲律宾	0.41%
意大利	3.16%	希腊	0.78%	沙特阿拉伯	0.41%

（二）传受区域结构

1. 研究设计

本节对 Twitter、Google＋和 Flickr 中的传受关系及其区域间的话语结构进行分析。YouTube 由于包含了国家名的用户比例太少，仅占不到 10％的用户，因此本节不予分析。研究方法是基于采集得到的帖子样本及其进行有效反馈的受众，在帖子和传者和每个受者之间建立对应关系，考察这些对应的传受者之间的区域特征和区域关系。其中，有一部分国家传者和受众较多，将其独立分析；另外，由于国家数太多，数量有一百多个，不利于分析其相互间的关系，因此对于部分受众占比过少的国家根据地理版块进行了合并。除了独立分析的国家之外，本节进行合并后的版块有：西欧、北欧版块，东欧、南欧版块，中、南美洲及加勒比地区版块，非洲版块，东、中、西亚版块，南亚及东南亚版块。

以下国家由于在受众中占的比例较多或较为重要，进行独立的提取和分析，包括：中国、美国、英国、法国、意大利、西班牙、德国、瑞士、荷兰、澳大利亚、加拿大、俄罗斯、印度、日本、新加坡、韩国、印尼、菲律宾、泰国、马来西亚、沙特阿拉伯、巴西、墨西哥。其他国家由于占的比例太小，因此采取依据版块进行合并的方法进行处理：(1)中、南美洲及加勒比地区的其他国家：不包括前述独立分析的国家，含阿根廷、委内瑞拉、秘鲁、巴哈马、巴拿马、巴拉圭、智利、玻利维亚、乌拉圭、百慕达、厄瓜多尔、哥伦比亚、尼加拉瓜、危地马拉、牙买加、特立尼达和多巴哥、巴巴多斯、波多黎各、多米尼加、古巴。(2)非洲：尼日利亚、加纳、加蓬、索马里、利比亚、贝宁、阿尔及利亚、埃塞俄比亚、马达加斯加、喀麦隆、洪都拉斯、萨尔瓦多、哥斯达黎加、伯利兹、津巴布韦、肯尼亚、博茨瓦纳、科特迪瓦、埃及、卢旺达、安哥拉、苏丹、摩洛哥、赤道几内亚、赞比亚、马达加斯加、马里、毛里求斯、马拉维、莫桑比克、纳米比亚、塞内加尔、塞拉利昂、坦桑尼亚、突尼斯、乌干达、毛里塔尼亚、中非、乍得、南非、扎伊尔。(3)西欧、北欧其他：不包括前述独立分析的国家，含卢森堡、摩纳哥、列支敦士登、奥地利、比利时、葡萄牙、挪威、芬兰、冰岛、瑞典、丹麦、捷克、波兰。(4)东欧、南欧其他：不包括前述独立分析的国家，含罗马尼亚、保加利亚、摩尔多瓦、白俄罗斯、乌克兰、匈牙利、立陶宛、爱沙尼亚、拉脱维亚、希腊、阿尔巴尼亚、斯洛文尼亚、克罗地亚、马耳他、马其顿、黑山、波斯尼亚、塞尔维亚、科索沃。(5)东、中、西亚的其他国家：不包括前述独立分析的国家，含亚美尼亚、阿塞拜疆、塞浦路斯、土耳其、阿联酋、也门、伊拉克、叙利亚、以色列、约旦、阿曼、伊朗、阿富汗、科威特、哈萨克斯坦、乌兹别克斯坦、吉尔吉斯斯坦、塔吉克斯坦、土库曼斯坦、卡塔尔、巴林、黎巴嫩、蒙古、朝鲜。(6)南亚及东南亚的其他国家：不包括前述独立分析的国家，含尼泊尔、马尔代夫、孟加拉国、斯里兰卡、老挝、柬埔寨、文莱、缅甸、越南、巴基斯坦、大洋洲其他、新西兰、新几内亚、基里巴斯、瓦努阿图、斐济。

传受对应关系的建立，基于采集得到的帖子样本导入 sql server 数据库后进行筛选和提取处理。(1)Twitter。在 Twitter 首页根据 China 和 culture 组合关键词搜索，采集和过滤得到 2014 年 10 月 11 日到 2015 年 10 月 10 日的帖子共 13 471 条，这些帖子在十二个月中随机分布。从中剔除转推数和收藏数都为 0 的帖子，剩下 3 850 条。对这 3 850 帖子采集它们的转推者和收藏者。由于有些受众账号已被冻结，因此并非所有帖子的受众都能成功采集。成功采集的有：转推者 9 867 条，去重后 6 391 条，成功采集其中 6 383 个受众的具体信息；收藏者 9 649 条，去除重复后 5 836 条，成功采集 5 829 个受众的具体信息和影响力数据。对每条帖子的传播，依据其传者-受者建立其一一对应的关系。其中受者指有效受众，本处是指对帖子进行了转推或收藏的用户。基于传者或受者的国家归属资料不同时为空的条件，这样共得到传者-受者的有效对应关系 13 205 个。其中有部分用传者或受者同时标记了多个国家归属，对这些国家归属在统计时各计算一人次，得到的传者-受者的有效对应关系 14 591 个。再从中删去传者和受者都空缺国家归属资料的行，最后得到 12 401 行。(2)Google+。在 Twitter 首页根据 China 和 culture 组合关键词搜索，得到按时间更新顺序的帖子。采集的是 2014 年 10 月 21 日到 2015 年 10 月 20 日按时间更新排序全部帖子，共得 4 947 条。对这 4 947 条帖子，爬取做了评论、点赞的所有有效受众的信息。由于很多帖子反响冷清，没有任何受众对其评论或点赞。因此实际取得 472 条帖子的共 7 668 个为帖子评论或点赞的受众。对每条帖子的传播，依据其传者-受者建立其一一对应的关系。其中受者指有效受众，本处是指对帖子进行了评论或点赞的用户。这样共得到传者-受者的有效对应关系 7 318 个。其中有部分用传者或受者同时标记了多个国家归属，对这些国家归属在统计时各计算一人次。基于传者或受者的国家归属资料不同时为空的条件，得到的为 2 959 个。(3)Flickr。在 Flickr 首页根据 China 和 culture 组合关键词搜索，每两周采样一次。Flickr 采集的是 2014 年 11 月 4 日到 2015 年 11 月 3 日按时间更新排序的照片帖子，共得 16 692 条，其中 819 条有评论，其他绝大多数的照片帖子的评论数为 0。由于每个照片贴的评论区中，评论数量差异很大，多数帖子没有评论或仅有少数评论，而少数帖子的评论则成千上万条。为了避免这少数帖子对整体数据比例的过大影响和样本参数的偏倚，采取弱化异常值的做法，每条帖子若评论数大于 220 条则只取前 220 条评论。最后采集得到各照片贴的评论9 018条。对每条帖子的传播,依据其传者-受者建立其一一对应的关系。其中受者指有效受众,本处是指对帖子进行了评论的用户。基于传者或受者的国家归属资料不同时为空的条件,这样共得到传者-受者的有效对应关系5 736个。其中有部分用传者或受者同时标记了多个国家归属,对这些国家归属在统计时各计算一人次,最后得到的传者-受者的有效对应关系7 069个。

2. 各区域受众的传者来源区域及其倾向性

信息的有效流动需要获得受众的有效反馈,例如评论、点赞、转发等。本部分对这些关于中国文化的帖子的有效反馈进行其来源区域的分析。

(1) 不同区域受众的传者区域来源

Twitter的分析结果见表4-5。获得受众有效反馈的信息流动中,标明了来源区域的传者中,美国是最为主要的,占到了34.49%的人次;其后是中国和英国,分别占10.46%和8.15%的人次。其他版块都较大地低于这前三位的国家或地区。印度和加拿大分列第四和第五,分别占到3.28%和3.01%的人次。

表4-5 Twitter受众的传者区域来源分布

受众区域	百分比	受众区域	百分比	受众区域	百分比
不详	23.97%	菲律宾	0.49%	沙特阿拉伯	0.11%
澳大利亚	1.48%	韩国	1.11%	泰国	0.19%
巴西	0.22%	荷兰	0.32%	西班牙	0.18%
大洋洲其他	0.23%	加拿大	3.01%	西欧、北欧其他	0.77%
德国	0.45%	马来西亚	0.13%	新加坡	1.15%
东、中、西亚其他	1.53%	美国	34.49%	意大利	0.23%
东欧、南欧其他	0.40%	墨西哥	0.18%	印度	3.28%
俄罗斯	0.33%	南亚及东南亚其他	0.30%	印尼	2.14%
法国	0.45%	日本	1.19%	英国	8.15%
非洲	2.08%	瑞士	0.60%	中、南美洲及加勒比地区其他	0.36%
				中国	10.46%

Google+的分析结果见表4-6,获得受众有效反馈的信息流动中,标明了来源区域的传者中,美国是最为主要的,占到了18.45%的人次;其后是印度、中国、英国以及中、南美洲及加勒比地区其他国家,分别占5.75%、5.2%、3.95%和3.55%的人次。

表 4-6 Google+ 受众的传者区域来源分布

受众区域	百分比	受众区域	百分比	受众区域	百分比
不详	42.21%	菲律宾	0.03%	泰国	0.10%
澳大利亚	0.10%	荷兰	0.34%	西欧、北欧其他	0.34%
巴西	0.07%	加拿大	0.74%	新加坡	1.15%
德国	0.24%	马来西亚	5.51%	印度	5.75%
东、中、西亚其他	2.57%	美国	18.45%	印尼	0.30%
东欧、南欧其他	2.60%	墨西哥	0.07%	英国	3.95%
俄罗斯	1.45%	南亚及东南亚其他	0.98%	中、南美洲及加勒比地区其他	3.55%
非洲	2.06%	瑞士	2.23%	中国	5.20%

Flickr 的分析结果见表 4-7，获得受众有效反馈的信息流动中，标明了来源区域的传者中，英国是最为主要的，占到了 7.81% 的人次；其次是德国，占到 4.33% 的人次；法国位居第三，占 1.9% 的人次；其四是西欧、北欧的其他国家，占 1.58%；中国仅居第五位，占 1.39%。

表 4-7 Flickr 受众的传者区域来源分布

受众区域	百分比	受众区域	百分比	受众区域	百分比
不详	67.94%	非洲	0.62%	沙特阿拉伯	0.04%
澳大利亚	0.07%	荷兰	2.50%	泰国	0.04%
巴西	0.21%	加拿大	2.09%	西班牙	0.01%
大洋洲其他	0.08%	马来西亚	0.33%	西欧、北欧其他	1.58%
德国	4.33%	美国	1.37%	新加坡	1.22%
东、中、西亚其他	0.57%	南亚及东南亚其他	0.24%	意大利	0.18%
俄罗斯	0.03%	日本	0.23%	英国	7.81%
法国	1.90%	瑞士	5.21%	中国	1.39%

总体来看，西方的发达中心国家美、英等仍掌握着关于中国文化表达的话语权。中国拥有一定的对于自身文化的表达能力，但是其有效传播的情况仍然并非很乐观，低于国外的部分发达国家和主流的资本主义中心国家。

(2) 不同区域受众的传者区域来源倾向性

传者的相对比例指的是，某地区的各个地区来源的传者中，以其在该地区中传者比例减去在所有传者中所占比例。例如，澳大利亚的受众接受的信息中，有 3.53% 来自德国的传者，但是德国传者在所有地区的传者中占 4.33%，因此澳大利亚的德国传者的相对比例为 3.53%－4.33%＝－0.8%。由于传者分布的绝对比例会影响到各国的传者来源,因此以相对比例来考察某国的传者来源区域的倾向性。例如 Twitter 中,巴西受众有效接受的信息,有 3.2% 的传者来源于日本,大大低于 25.8% 的美国传者所占的比例。但是这其中,日本传者的相对比例为 2.03%,而美国传者的相对比例为－8.68%,因此可以认为,对于巴西而言,其更为倾向的传者来源是日本而不是美国。

① Twitter(表 4-8 和表 4-9)

从受众的各主要区块来考察其 Twitter 传者来源的倾向性,结果参看表 4-8。在传者来源相对比例最高的地区中,美国占 6 次,菲律宾、马拉西亚、沙特、泰国、印尼等地相对比例最高的传者都源自美国。中国、加拿大、印尼各占 3 次,英国、日本、巴西各占 2 次。中国对于自身文化仍具有一定的传播能力,在中国传者相对比例最高的目标国家中,分别是德国、法国、非洲,这些国家在文化上对于中国并无显著的敌对或抵制,文化传播的可接近性与亲近性也更容易实现。

值得注意的是,印尼在其中作为传者主要来源国发挥着重要作用,在印尼作为传者来源相对比例最高的三个目标地区中,包括韩国、新加坡、印度;而印度作为传者来源相对比例最高的国家,其所指向的目标地区则是南亚以及东南亚其他国家。可见印尼、印度等亚洲邻国作为中国文化的亚洲中转站的积极意义。

而日本、新加坡、韩国作为传者来源相对比例最高的国家,其所指向的目标地区则是美国、西班牙以及西欧、北欧的其他国家。这些国家主要是作为中国文化国际传播中面向西方发达国家和地区的国际中转站。

表 4-8　Twitter 传者来源相对比例

受众区域	传者来源相对比例最高	传者来源相对比例次高	传者来源相对比例第三
不详	美国	中国	英国
澳大利亚	中、南美洲及加勒比地区其他	瑞士	德国
巴西	日本	法国	菲律宾
大洋洲其他	加拿大	瑞士	德国
德国	中国	西欧、北欧其他	大洋洲其他
东、中、西亚其他	加拿大	澳大利亚	东欧、南欧其他
东欧、南欧其他	英国	日本	巴西
俄罗斯	墨西哥	英国	中国

(续表)

受众区域	传者来源相对比例最高	传者来源相对比例次高	传者来源相对比例第三
法国	中国	澳大利亚	东、中、西亚其他
非洲	中国	英国	印度
菲律宾	美国	俄罗斯	德国
韩国	印尼	非洲	美国
荷兰	东、中、西亚其他	日本	印度
加拿大	荷兰	印尼	韩国
马来西亚	美国	西班牙	大洋洲其他
美国	韩国	英国	西班牙
墨西哥	巴西	非洲	法国
南亚及东南亚其他	印度	中国	加拿大
日本	东、中、西亚其他	南亚及东南亚其他	西欧、北欧其他
瑞士	非洲	意大利	加拿大
沙特阿拉伯	美国	韩国	非洲
泰国	美国	东欧、南欧其他	印尼
西班牙	新加坡	德国	印度
西欧、北欧其他	日本	西欧、北欧其他	东、中、西亚其他
新加坡	印尼	中、南美洲及加勒比地区其他	菲律宾
意大利	英国	东、中、西亚其他	东欧、南欧其他
印度	印尼	新加坡	中国
印尼	美国	东、中、西亚其他	中、南美洲及加勒比地区其他
英国	加拿大	非洲	泰国
中、南美洲及加勒比地区其他	巴西	瑞士	俄罗斯
中国	西欧、北欧其他	澳大利亚	中国

在 Twitter 中,31 个地区其传者来源相对比例第二高以及第三高的地区中,出现最多的除了中国之外,包括英国、德国、澳大利亚、瑞士、因素等国家,以及非洲,东、中、西亚其他国家等。大体来看,包括少数的西方发达国家以及亚洲近邻国家、非洲友好国家。

表 4-9　Twitter 传者来源居第二或第三的地区分布

国家或地区	频率	国家或地区	频率
澳大利亚	3	南亚及东南亚其他	1
巴西	1	日本	2
大洋洲其他	2	瑞士	3
德国	4	泰国	1
东、中、西亚其他	4	西班牙	2
东欧、南欧其他	3	西欧、北欧其他	3
俄罗斯	2	新加坡	1
法国	2	意大利	1
非洲	4	印度	3
菲律宾	2	印尼	2
韩国	2	英国	4
加拿大	2	中、南美洲及加勒比地区其他	2
美国	1	中国	5

② Google+（表 4-10 和表 4-11）

在 Google+的传者来源相对比例最高的国家和地区中，菲律宾是最多的，占到了四次，俄罗斯、法国、日本以及中、南美洲及加勒比地区的其他国家其最为倾向的传者来源都是菲律宾。

美国、新加坡、中国仅次于菲律宾，各在三个国家或地区拥有最高的传者来源相对比例，有较好的传播倾向性。墨西哥、西班牙的最高相对比例传者来自美国，这两个目标国家是美洲的美国邻邦或西欧的代表国家。新加坡、意大利、大洋洲其他国家的最高相对比例传者来自新加坡，这其中除了本国自身的传播外，新加坡的传播辐射力也涉及西欧代表国家以及较为偏离欧美中心和国际政治舞台中心的大洋洲。中国作为最高相对比例的传者来源，其指向的目标国家是中国、韩国、沙特。可以看到，中国的影响力仍是较为有限的，除了涉及自身，另两个目标国主要是东亚邻国以及中东地区的非欧美中心国家。

除上述国家外，加拿大、马来西亚、印尼也具有一定的传者来源倾向性。美国和加拿大的最高相对比例的传者来源国家是加拿大，显现出加拿大作为美国的重要邻邦对于美国受众的传播力。英国、瑞士的最高相对比例的传者来源都是印尼，显现出印尼在传播中国文化信息、辐射西欧发达国家的效力。马来西亚的目标指向国则主要是自身以及巴西，也具有一定的亚洲邻国的重要性。

表 4-10　Google+传者来源相对比例

受众区域	传者来源相对比例最高	传者来源相对比例次高	传者来源相对比例第三
不详	美国	马来西亚	英国
澳大利亚	澳大利亚	东、中、西亚其他	菲律宾
巴西	马来西亚	菲律宾	墨西哥
大洋洲其他	新加坡	菲律宾	墨西哥
德国	东、中、西亚其他	东欧、南欧其他	菲律宾
东、中、西亚其他	东、中、西亚其他	印尼	新加坡
东欧、南欧其他	中、南美洲及加勒比地区其他	非洲	东欧、南欧其他
俄罗斯	菲律宾	墨西哥	巴西
法国	菲律宾	墨西哥	巴西
非洲	非洲	菲律宾	墨西哥
菲律宾	东欧、南欧其他	菲律宾	墨西哥
韩国	中国	菲律宾	墨西哥
荷兰	南亚及东南亚其他	菲律宾	墨西哥
加拿大	加拿大	马来西亚	菲律宾
马来西亚	马来西亚	菲律宾	墨西哥
美国	加拿大	菲律宾	荷兰
墨西哥	美国	中国	俄罗斯
南亚及东南亚其他	中、南美洲及加勒比地区其他	巴西	非洲
日本	菲律宾	墨西哥	巴西
瑞士	印尼	菲律宾	墨西哥
沙特阿拉伯	中国	印度	东、中、西亚其他
泰国	东、中、西亚其他	中国	菲律宾
西班牙	美国	东欧、南欧其他	东、中、西亚其他
西欧、北欧其他	西欧、北欧其他	菲律宾	墨西哥
新加坡	新加坡	菲律宾	墨西哥
意大利	新加坡	瑞士	中国
印度	印度	菲律宾	墨西哥

受众区域	传者来源相对比例最高	传者来源相对比例次高	传者来源相对比例第三
印尼	俄罗斯	中国	印尼
英国	印尼	菲律宾	墨西哥
中、南美洲及加勒比地区其他	菲律宾	墨西哥	巴西
中国	中国	南亚及东南亚其他	菲律宾

在Google+中，31个地区其传者来源相对比例第二高以及第三高的地区中，出现最多的是菲律宾和墨西哥，在62次的总出现频次中各占18次和16次。而菲律宾也在传者相对比例最高的来源国中多次出现，这印证出它作为重要的亚洲近邻在中国文化国际传播中的中间作用。墨西哥作为美洲国家，其辐射的国家和地区除了中、南美洲及加勒比地区外，还涉及国际范围内多个主要国家和地区，例如英国、法国、俄罗斯以及西欧、北欧其他国家，日本、韩国、印度、马来西亚等亚洲国家。尽管墨西哥对这些国家的辐射并非作为最主要的传者来源国，而只是次要的或第三的传者来源国，但其较为广泛的辐射面仍然是值得注意的。中国在其中出现频次为4次，主要辐射地区为墨西哥以及泰国、印尼等亚洲近邻国家。此外，巴西、马来西亚、印尼等国作为次要或第三传者来源国，对于中国文化的国际传播也具有一定的传播意义。

表4-11　Google+传者来源居第二或第三的地区分布

国家或地区	频率	国家或地区	频率
巴西	5	墨西哥	16
东、中、西亚其他	3	南亚及东南亚其他	1
东欧、南欧其他	3	瑞士	1
俄罗斯	1	新加坡	1
非洲	2	印度	1
菲律宾	18	印尼	2
荷兰	1	英国	1
马来西亚	2	中国	4

③ Flickr（表4-12和表4-13）

在Flickr的传者来源相对比例最高的国家和地区中，德国出现的次数是最多的，占到了4次，其指向的目标有德国自身以及俄罗斯、非洲等。加拿大占到3次，指向的目标国除了加拿大自身，还有澳大利亚、墨西哥。西班牙、荷兰、泰国、马来西亚等国家占到2次。以西班牙为传者来源相对比例最多的国家有韩国、印尼，后两者都是亚洲国家。以荷兰为传者来源相对比例最多的国家，除荷兰自身外还有印度。以泰国为传者来源相对比例最多的国家，除泰国自身外还有沙特阿拉伯。以马来西亚为传者来源相对比例最多的国家，有马来西亚自身以及中、南美洲及加勒比地区的其他国家。在这些来源国中，亚洲国家较多，除了马来西亚、泰国、新加坡、中国之外，还有3个南亚以及东南亚的其他国家，3个东亚、中亚、西亚的其他国家。在中国本身传播力较为有限的情况下，亚洲国家成为中国文化在Flickr上得以国际传播的重要中间力量。其次是西欧、北欧的发达国家，它们也构成较为重要的传播主体。

表4-12 Flickr传者来源相对比例

受众区域	传者来源相对比例最高	传者来源相对比例次高	传者来源相对比例第三
不详	德国	英国	荷兰
澳大利亚	加拿大	澳大利亚	东、中、西亚其他
巴西	东、中、西亚其他	非洲	巴西
大洋洲其他	西欧、北欧其他	加拿大	大洋洲其他
德国	德国	荷兰	意大利
东、中、西亚其他	东、中、西亚其他	西班牙	俄罗斯
东欧、南欧其他	法国	东、中、西亚其他	非洲
俄罗斯	德国	西欧、北欧其他	法国
法国	非洲	巴西	马来西亚
非洲	德国	非洲	法国
菲律宾	西欧、北欧其他	德国	西班牙
韩国	西班牙	俄罗斯	泰国
荷兰	荷兰	德国	俄罗斯
加拿大	加拿大	马来西亚	澳大利亚
马来西亚	马来西亚	新加坡	中国
美国	美国	东、中、西亚其他	意大利
墨西哥	加拿大	西班牙	俄罗斯
南亚及东南亚其他	南亚及东南亚其他	加拿大	荷兰
日本	东、中、西亚其他	非洲	西欧、北欧其他

(续表)

受众区域	传者来源相对比例最高	传者来源相对比例次高	传者来源相对比例第三
瑞士	瑞士	英国	日本
沙特阿拉伯	泰国	沙特阿拉伯	新加坡
泰国	泰国	沙特阿拉伯	新加坡
西班牙	南亚及东南亚其他	荷兰	西班牙
西欧、北欧其他	西欧、北欧其他	法国	新加坡
新加坡	新加坡	美国	西欧、北欧其他
意大利	南亚及东南亚其他	东、中、西亚其他	非洲
印度	荷兰	中国	巴西
印尼	西班牙	俄罗斯	泰国
英国	英国	瑞士	澳大利亚
中、南美洲及加勒比地区其他	马来西亚	西班牙	俄罗斯
中国	中国	马来西亚	西班牙

在 Flickr 中,31 个地区其传者来源相对比例第二高以及第三高的地区中,出现最多的是西班牙、俄罗斯,各出现 6 次,其指向的国家也广泛涉及亚洲、美洲、欧洲等地。荷兰、新加坡各占 4 次,澳大利亚、巴西、马来西亚等各占 3 次,它们也都是值得挖掘与发挥的较为重要的传播来源国。

表 4-13　Flickr 传者来源居第二或第三的地区分布

国家或地区	频率	国家或地区	频率
澳大利亚	3	美国	1
巴西	3	日本	1
大洋洲其他	1	瑞士	1
德国	2	沙特阿拉伯	2
东、中、西亚其他	4	泰国	2
俄罗斯	6	西班牙	6
法国	3	西欧、北欧其他	3
非洲	5	新加坡	4
荷兰	4	意大利	2
加拿大	2	英国	1
马来西亚	3	中国	2

3. 各区域传者的受众分布区域及其倾向性

（1）不同区域传者的受众区域分布

据表 4-14，Twitter 关于中国文化的帖子的有效信息流动中，对其进行有效反馈的受众，不考虑国家来源不详的受众：18.3%的有效反馈人次来自于美国的受众，居第一位；英国和中国分列第二和第三，各占 9.4%的人次和 5.7%的人次；印度和加拿大分居第四和第五，各占 4.6%和 3.6 的人次。此外，非洲和澳大利亚也占到一定比例，紧随其后，高于其他区域板块。

表 4-14　对 Twitter 相关帖子有效反馈的受众区域分布

受众区域	百分比	受众区域	百分比	受众区域	百分比
不详	33.9%	韩国	0.6%	泰国	0.3%
澳大利亚	2.4%	荷兰	0.5%	西班牙	0.8%
巴西	0.5%	加拿大	3.6%	西欧、北欧其他	1.4%
大洋洲其他	0.3%	马来西亚	0.5%	新加坡	0.4%
德国	1.2%	美国	18.3%	意大利	0.6%
东、中、西亚其他	1.2%	墨西哥	0.6%	印度	4.6%
东欧、南欧其他	0.4%	南亚及东南亚其他	1.3%	印尼	1.4%
俄罗斯	0.1%	日本	1.4%	英国	9.4%
法国	1.5%	瑞士	1.6%	中、南美洲及加勒比地区其他	1.3%
非洲	3.0%	沙特阿拉伯	0.4%	中国	5.7%
菲律宾	0.7%				

据表 4-15，Google＋关于中国文化的帖子的有效信息流动中，对其进行有效反馈的受众，不考虑国家来源不详的受众：12.1%的有效反馈人次来自于美国的受众，居第一位；6.4%的有效反馈人次来自于印度的受众，居第二位；中、南美洲及加勒比地区的其他国家居第三，中国居第四，其占的人次分别为 2.6%和 2.5%；东、中、西亚的其他国家居第五，新加坡居第六，两者分别占 2.3%和 2.2%的人次。

表 4-15　对 Google＋相关帖子有效反馈的受众区域分布

受众区域	百分比	受众区域	百分比	受众区域	百分比
不详	47.7%	韩国	0.6%	泰国	0.6%
澳大利亚	1.0%	荷兰	0.1%	西班牙	0.4%
巴西	0.9%	加拿大	2.3%	西欧、北欧其他	0.7%

(续表)

受众区域	百分比	受众区域	百分比	受众区域	百分比
大洋洲其他	0.4%	马来西亚	0.9%	新加坡	2.2%
德国	0.6%	美国	12.1%	意大利	0.5%
东、中、西亚其他	2.3%	墨西哥	0.6%	印度	6.4%
东欧、南欧其他	1.6%	南亚及东南亚其他	2.6%	印尼	1.0%
俄罗斯	0.1%	日本	3.2%	英国	2.0%
法国	0.6%	瑞士	0.2%	中、南美洲及加勒比地区其他	2.6%
非洲	1.6%	沙特阿拉伯	1.0%	中国	2.5%
菲律宾	0.5%				

据表4-16，Flickr关于中国文化的帖子的有效信息流动中，对其进行有效反馈的受众，不考虑国家来源不详的受众：16.5%的有效反馈人次来自英国的受众，居第一位；11.9%的有效反馈人次来自瑞士的受众，居第二位；10.2%的有效反馈人次来自美国的受众，居第三位；5.5%的有效反馈人次来自西欧、北欧其他国家的受众，居第四位；来自德国、法国的受众分列第五和第六位，分别占5.4%的人次和5.3%的人次。中国仅占3.3%的人次，也低于西班牙、加拿大等国家。

表4-16 对Flickr相关帖子有效反馈的受众区域分布

受众区域	百分比	受众区域	百分比	受众区域	百分比
不详	11.7%	韩国	0.0%	泰国	0.3%
澳大利亚	1.2%	荷兰	2.5%	西班牙	4.9%
巴西	1.5%	加拿大	4.5%	西欧、北欧其他	5.5%
大洋洲其他	0.6%	马来西亚	0.4%	新加坡	0.7%
德国	5.4%	美国	10.2%	意大利	2.6%
东、中、西亚其他	1.3%	墨西哥	0.4%	印度	0.9%
东欧、南欧其他	2.1%	南亚及东南亚其他	0.6%	印尼	0.1%
俄罗斯	0.4%	日本	1.8%	英国	16.5%
法国	5.3%	瑞士	11.9%	中、南美洲及加勒比地区其他	1.6%
非洲	1.3%	沙特阿拉伯	0.4%	中国	3.3%
菲律宾	0.2%				

总体来看，在关于中国文化的有效信息接受和反馈中，美国、英国、加拿大以及西欧、北欧等其他西方发达国家，同样是主要的受众来源区域。亚洲、非洲、美洲、

大洋洲等其他国家,则其进行有效反馈的受众比例较低。对于中国的对外文化传播来说,这些区域也是需要重视和补强的地区。

(2) 不同区域传者的受众区域分布倾向性

受众的相对比例指的是,某地区的各个地区的受众中,以其在该地区中的受众比例—在所有受众中所占比例。例如,就美国的传者而言,其中国的受众所占比为1.47%;但是由于中国受众在所有受众中占比为2.53%,因此美国传者的中国受众相对比例为1.47%-2.53%等于-1.06%。这个相对比例的值剔除了受众本身分布的影响,更能反映传者与受众之间的关联性和倾向性。

① Twitter(表4-17)

在Twitter中,美国、英国、澳大利亚、印度等国的受众比较重要,在世界多个国家或地区的传者中,都是最为首要的受众分布所在地。以相对比例最高的受众国作为最为首要的受众国,则美国是菲律宾、韩国、沙特、南亚及东南亚其他国家、西班牙的最为首要的受众国;英国是法国、加拿大、墨西哥、泰国、非洲等地区的最为首要的受众国;澳大利亚是德国、瑞士、巴西和中、南美洲及加勒比地区其他国家的最为首要的受众国;印度是新加坡、印尼、印度以及东欧、南欧其他国家的最为首要的受众国;中国是澳大利亚、马来西亚和西欧、北欧其他国家的首要受众国。从分布来看,美国受众对于亚洲许多国家都有着主要的地位,中国文化也多通过亚洲其他国家形成对美国受众的流动。

表4-17 Twitter受众分布相对比例

国家或地区	受众分布相对比例最高	受众分布相对比例次高	受众分布相对比例第三
不详	美国	英国	中国
澳大利亚	中国	法国	英国
巴西	澳大利亚	墨西哥	中、南美洲及加勒比地区其他
大洋洲其他	南亚及东南亚其他	德国	马来西亚
德国	澳大利亚	加拿大	美国
东、中、西亚其他	荷兰	日本	西欧、北欧其他
东欧、南欧其他	印度	泰国	意大利
俄罗斯	中、南美洲及加勒比地区其他	印度	泰国
法国	英国	澳大利亚	中国
非洲	英国	韩国	瑞士

（续表）

国家或地区	受众分布相对比例最高	受众分布相对比例次高	受众分布相对比例第三
菲律宾	美国	法国	中、南美洲及加勒比地区其他
韩国	美国	加拿大	中国
荷兰	加拿大	中国	西欧、北欧其他
加拿大	英国	大洋洲其他	东、中、西亚其他
马来西亚	中国	美国	印度
美国	印尼	菲律宾	泰国
墨西哥	英国	俄罗斯	东欧、南欧其他
南亚及东南亚其他	美国	日本	东欧、南欧其他
日本	西欧、北欧其他	荷兰	东欧、南欧其他
瑞士	澳大利亚	大洋洲其他	加拿大
沙特阿拉伯	美国	英国	俄罗斯
泰国	英国	美国	瑞士
西班牙	美国	马来西亚	中国
西欧、北欧其他	中国	西欧、北欧其他	德国
新加坡	印度	西班牙	美国
意大利	瑞士	英国	非洲
印度	印度	南亚及东南亚其他	非洲
印尼	印度	韩国	加拿大
英国	非洲	美国	东欧、南欧其他
中、南美洲及加勒比地区其他	澳大利亚	东欧、南欧其他	中国
中国	非洲	德国	印度

② Google＋（表 4-18）

在 Google＋中，相对比例最高的最首要受众国中，荷兰出现 5 次，西班牙、中国和东欧、南欧其他国家各出现 2 次。总体来看，Google＋的首要受众国家和地区中，西欧、北美的西方发达国家和中心国家并不多，例如美国只出现 1 次，英国、德国、法国等西欧发达国家也未作为最首要受众国出现。欧美国家作为最首要的受众国，其对应的传播来源主要有德国、荷兰、瑞士等欧洲国家以及印尼、泰国等部分亚洲国家；亚洲的主要受众国有中国、印尼、马来西亚、印度，其对应的传播来源国主要是自身，部分来自于亚洲以外如俄罗斯，但也不是欧美中心国家，这说明 Google＋中的亚洲国家受众与来自国际上的发达国家之间的信息流动仍有待强化。

表 4-18 Google+受众分布相对比例

传者国家或地区	受众分布相对比例最高	受众分布相对比例次高	受众分布相对比例第三
不详	美国	印度	日本
澳大利亚	澳大利亚	荷兰	俄罗斯
巴西	南亚及东南亚其他	荷兰	俄罗斯
德国	荷兰	俄罗斯	瑞士
东、中、西亚其他	东、中、西亚其他	西班牙	泰国
东欧、南欧其他	西班牙	东欧、南欧其他	菲律宾
俄罗斯	印尼	墨西哥	荷兰
非洲	东欧、南欧其他	南亚及东南亚其他	非洲
菲律宾	荷兰	俄罗斯	瑞士
荷兰	荷兰	俄罗斯	瑞士
加拿大	加拿大	美国	荷兰
马来西亚	马来西亚	巴西	加拿大
美国	西班牙	墨西哥	荷兰
墨西哥	荷兰	俄罗斯	瑞士
南亚及东南亚其他	中国	荷兰	俄罗斯
瑞士	意大利	荷兰	俄罗斯
泰国	荷兰	俄罗斯	瑞士
西欧、北欧其他	西欧、北欧其他	荷兰	俄罗斯
新加坡	大洋洲其他	意大利	新加坡
印度	印度	沙特阿拉伯	墨西哥
印尼	瑞士	印尼	英国
英国	巴西	澳大利亚	荷兰
中、南美洲及加勒比地区其他	东欧、南欧其他	南亚及东南亚其他	荷兰
中国	中国	印尼	墨西哥

③ Flickr(表 4-19)

在 Flickr 中,美国、荷兰、巴西、泰国等作为最首要受众国,出现较多。在欧美发达国家中,美、英、德、瑞士、荷兰以及西欧、北欧其他国家等作为最首要的受众分布国时,其传播来源以自身为主。在亚洲国家中,中国、泰国、马来西亚、新加坡和南亚以及东南亚其他国家作为最首要受众国时，其传播来源主要是本国和本地区，但也包含一些外来的传播来源国，例如西班牙对韩国受众有更多的倾向。中、南美洲国家中，巴西的受众较为活跃，与外部国家和外部洲有着更多的联结，是非洲和东、中、西亚其他国家的最首要受众国，这类国家是我国在对外传播中需要注重和加以倚重、发挥其联结作用的。

表4-19 Flickr受众分布相对比例

传者国家或地区	受众分布相对比例最高	受众分布相对比例次高	受众分布相对比例第三
不详	美国	西欧、北欧其他	法国
澳大利亚	澳大利亚	加拿大	英国
巴西	法国	印度	巴西
大洋洲其他	大洋洲其他	加拿大	韩国
德国	德国	荷兰	非洲
东、中、西亚其他	巴西	日本	意大利
俄罗斯	荷兰	韩国	印尼
法国	非洲	东欧、南欧其他	西欧、北欧其他
非洲	巴西	法国	非洲
荷兰	荷兰	德国	印度
加拿大	加拿大	墨西哥	澳大利亚
马来西亚	马来西亚	加拿大	法国
美国	美国	西欧、北欧其他	新加坡
南亚及东南亚其他	南亚及东南亚其他	西班牙	意大利
日本	日本	荷兰	美国
瑞士	瑞士	英国	韩国
沙特阿拉伯	泰国	沙特阿拉伯	韩国
泰国	泰国	沙特阿拉伯	韩国
西班牙	韩国	印尼	菲律宾
西欧、北欧其他	西欧、北欧其他	大洋洲其他	日本
新加坡	新加坡	马来西亚	西欧、北欧其他
意大利	美国	意大利	加拿大
英国	英国	瑞士	韩国
中国	中国	印度	泰国

④ 小结

对于Twitter、Google＋、Flickr三种媒体中,每个传播来源国家或地区,将其相对比例前两位的受众分布地区提取出来,制成传者—受众的地区的对应关系,例如英国—瑞士,英国—韩国。在此基础上,通过SPSS软件进行对应分析,以考察传者地区和受众地区之间的亲疏和对应关系。共生成有效的对应关系158对,生成的对应分析结果如图4-1所示。

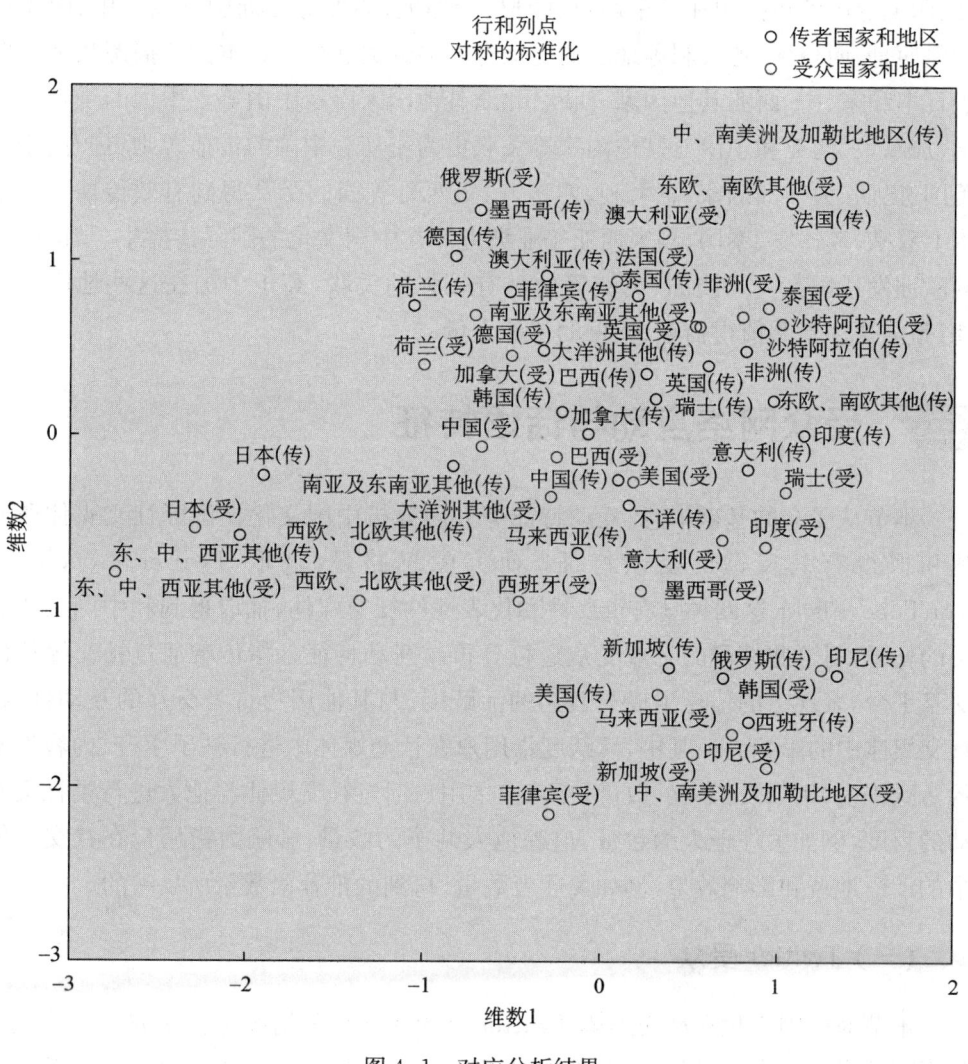

图4-1 对应分析结果

在中国文化社交媒体传播的传受关系中,从对应分析的结果可以显现出以下结论。美国的传者,其具有倾向性的受众地区为马来西亚、菲律宾、新加坡、印尼、墨西哥、西班牙、西欧和北欧其他国家等。可以看出，美国传播源与亚洲一些国家的受众之间具有较强的毗连性，马来西亚、菲律宾、新加坡、印尼是中国在南亚和东南亚地区的主要近邻，从社交媒体的传受关系上显示它们也是与美国走的比较近的国家。其他一些主要的西欧发达国家中，法国传播源的前两位的受众国，涉及东欧和南欧其他国家、澳大利亚、非洲、泰国、沙特阿拉伯等。英国传播源与南亚和东南亚其他国家、非洲、泰国、沙特等的受众较为接近。从亚洲范围来看，韩国、新加坡、印尼等国的传播源在马来西亚、印尼、新加坡、印度等亚洲国家以及中、南美洲和墨西哥、西班牙、意大利等地区的受众有较多的关联性。日本的传播源较为倾向于日本和东、中、西亚其他国家，西欧、北欧其他国家以及中国等。中国的受众与韩国、加拿大、南亚和东南亚其他国家等关联更为密切。中国的传播源则更倾向于在美国、巴西、大洋洲国家、意大利、西班牙、墨西哥等国的受众得到有效传播。从结构上看来，菲律宾、泰国、马来西亚等亚洲近邻在中国文化的国际传播中，与国际上的欧洲发达国家以及澳洲、美洲等地区有较强的关联，高于中国在这些地区的传播，是需要注意和值得倚重、挖掘的传播力量。

受众网络互动与话语特征[*]

本节从受众的基础信息、互动特征等方面分析中国文化在国际社交媒体所到达和取得有效反馈的受众特征。研究的思路是，选取 Twitter、Google+、YouTube、Flickr 这四种具有重要性和代表性的社交媒体，抽取得到和中国文化有关的帖子，对这些帖子的有效受众进行分析。互动特征是指传者通过社交媒体的交互平台，表现出的信息生成与表达的活跃度、与其他用户行为交互的互动性、在社交媒体中的影响力。其中，活跃度指用户在社交媒体中进行帖子生产、内容发布的活跃程度，例如发推文的数量；互动性指用户通过社交媒体与他人进行类社会互动的程度，例如关注他人的数量、追踪他人帖子的数量；影响力指用户在社交媒体中的话语地位和影响效果，例如关注者数量、得到的推荐语数量所反映的。

（一）Twitter 受众

本节对中国文化在社交媒体 Twitter 上的受众相关情况进行研究。该研究采集得到的样本受众中，根据每个受者在 Twitter 上唯一的 url 地址删除重复后剩余

---

* 本节中，由徐翔进行研究框架设计、主体部分的分析撰写以及对研究生的指导和修改，同济大学研究生喜罕娇参与了部分样本数据的初步分析。

10 961 行数据。去除掉无效数据后剩下 10 959 条不同受众的数据。从这些受众在 Twitter 的账户注册时间可以看出,受众注册 Twitter 时间分布于 2006—2016 年间。2006 年的受众用户很少,占样本总量的 0.1%,之后以较快速度增长,2007 年占 1.05%,2008 年占 3.54%,2009 年占 15.48%,2010 年占 11.18%,2011 年占 14.72%,2012 年占 14.85%,2013 年占 14.97%,2014 年占 17.63%,2015 年占 6.41%。

(1) 活跃度

从受众发布推文数、发布的照片和视频数、列表数来考察其在 Twitter 上进行内容生产与发布、传播的活跃度。

受众的推文数平均值为 29 966.60 条,中值为 7 347 条,众数为 10 200 条。25 百分位数和 75 百分位数分别为 1 740 条和 28 600 条。总体来看,中国文化在 Twitter 上的受众具有一定的活跃度,并非"沉默"和无声的群体。

表 4-20 受众发布推文数统计量

N		有效	10 917
	均值		29 966.60
	中值		7 347.00
	众数		10 200
	标准差		68 250.247
	方差		4.658
	极小值		1
	极大值		1 600 000
百分位数		25	1 739.50
		50	7 347.00
		75	28 600.00

分析受众的照片和视频数可以发现,受众照片和视频数极大值为 317 000 个,均值为 1 526 个,中值为 188 个,25 百分位数和 75 百分位数分别为 31 和 806 个。大部分受众的照片和视频数分布比较均匀。

表 4-21 受众的照片和视频数统计量

N		有效	10 757
		缺失	2 364

		(续表)
均值		1 526.14
中值		188.00
众数		0
标准差		7 692.076
方差		59 168 036.067
极小值		0
极大值		317 000
百分位数	25	31.00
	50	188.00
	75	806.00

受众拥有列表的有效样本数为3 883个,占总数的不到四成。其均值为1 466个,但是中值仅为3个,而25百分位数和75百分位数也分别仅为1个和8个。尽管列表数的分布范围跨度为1至2 601个,跨度较大,但相对集中于1~5个。

表4-22 受众拥有的列表数统计量

N	有效	3 883
均值		14.66
中值		3.00
众数		1
标准差		81.964
方差		6 718.018
极小值		1
极大值		2 601
百分位数	25	1.00
	50	3.00
	75	8.00

(2) 互动性

从受众正在关注数(关注其他用户的数量)来反映其在社交平台中的主动交互性。分析结果显示,中国文化在Twitter传播的受众,正在关注数均值为1 700.53

个,中值为 614 个,25 百分位和 75 百分位数分别为 246 和 1 543。

表 4-23 Twitter 上受众的正在关注数统计量

N		有效	7 681
		均值	1 700.53
		中值	614.00
		众数	59
		标准差	9 672.518
		方差	93 557 597.582
		极小值	1
		极大值	728 000
百分位数		25	246.00
		50	614.00
		75	1 542.50

(3) 影响力

粉丝数和被收藏数反映着受众的影响力。Twitter 上受众的关注者数(粉丝数),平均值为 3 219 个,但中值大大低于均值,只有 572 个。关注者数最多的为百万余个。

表 4-24 Twitter 上受众的关注者数统计量

N		有效	10 843
		均值	3 219.49
		中值	572.00
		众数	50
		标准差	18 415.940
		方差	3.391
		极小值	1
		极大值	1 010 000
百分位数		25	206.00
		50	572.00

从受众的被收藏数来看,均值为 17 192 次,众数为 2 755 次。25 百分位数和 75 百分位数分别为 481 次和 12 700 次。总体来看,受众被收藏数的分布仍以低频次端的居多。

表 4-25　Twitter 上受众的被收藏数统计量

N	有效	10 833
均值		17 192.48
中值		2 755.00
众数		1
标准差		48 497.077
方差		2.352
极小值		1
极大值		1 570 000
百分位数	25	481.00
	50	2 755.00
	75	12 700.00

3. 国内外受众话语特征

（1）活跃度

受众推文数能在一定程度上反映了受众的活跃程度，推文数越多，反映受众活跃度越高，反之，受众活跃度越低。中国受众推文数样本量为 475，占总样本量的 4.35%，其均值为 15 052.29，标准差为 51 225.521，极小值为 3，极大值为 817 000，方差为 2.624E9，均值的标准误为 2 350.388。而国外受众推文数样本量为 5 462，占总样本量的 50.03%，其均值为 27 453.43，标准差为 59 963.701，极小值为 1，极大值为 1 160 000，中值 6 952.50，方差为 3.596E9，均值的标准误为 811.358。所属国家不详的受众推文数样本量为 4 980，占总样本量的 45.62%，均值为 34 145.56，标准差为 77 287.092，极小值为 1，极大值为 1 600 000，中值为 8 727.00，方差为 5.973E9，均值的标准误为 1 095.197。

表 4-26　国内外受众推文数描述性分析输出结果

国家	均值	N	标准差	极小值	极大值	中值	方差	均值的标准误
不详	34 145.56	4 980	77 287.092	1	1 600 000	8 727.00	5.973E9	1 095.197
国外	27 453.43	5 462	59 963.701	1	1 160 000	6 952.50	3.596E9	811.358
中国	15 052.29	475	51 225.521	3	817 000	3 251.00	2.624E9	2 350.388
总计	29 966.60	10 917	68 250.248	1	1 600 000	7 347.00	4.658E9	653.210

运用 SPSS 对 Twitter 国内外受众推文数进行独立样本检验可以发现(表 4-27)，国内外受众在推文数上存在显著性差异。首先，$Sig.=0.000<0.05$，也就是说原假设即方差相等是不成立的。其次，$Sig.$(双侧)$=0.000<0.05$，也即假设两者的方差相等，实际的概率很低，因此，有足够的理由认为 Twitter 国内外受众的推文数存在显著性差异。

表 4-27 对国内外受众推文数进行的独立样本检验结果

		方差方程的 Levene 检验		均值方程的 t 检验					差分的 95% 置信区间	
		F	$Sig.$	t	df	$Sig.$(双侧)	均值差值	标准误差值	下限	上限
推文数	假设方差相等	30.242	0.000	−4.371	5 935	0.000	−12 401.142	2 837.343	−17 963.366	−6 838.918
	假设方差不相等			−4.987	592.968	0.000	−12 401.142	2 486.489	−17 284.538	−7 517.746

照片和视频数能够反映受众的活跃度。照片和视频数越多，则表明受众活跃度越高，反之则越低。由表 4-28 可知，Twitter 的中国受众照片和视频数的样本量为 468，占总样本量的 4.35%，其均值为 1 723.46，标准差为 14 631.932，极小值为 0，极大值为 272 000，中值为 175.50，方差为 2.141E8，均值的标准误为 676.361，而 Twitter 的国外受众照片和视频数的样本量为 5 361，占总样本量的 49.84%，其均值为 1 290.48，标准差为 6 383.970，极小值为 0，极大值为 317 000，中值为 209.00，方差为 40 755 074.207，均值的标准误为 87.190。所属国家不详的受众的样本量为 4 928，占总样本量的 45.81%，其均值为 1 763.78，标准差为 8 026.093，极小值为 0，极大值为 178 000，中值为 168.00，方差为 64 418 168.765，均值的标准误为 114.332。相比国内受众，国外受众照片和视频数均值较低，且分布较为集中、稳定。

表 4-28 国内外受众照片和视频数的描述性分析输出结果

国家	均值	N	标准差	极小值	极大值	中值	方差	均值的标准误
不详	1 763.78	4 928	8 026.093	0	178 000	168.00	64 418 168.765	114.332
国外	1 290.48	5 361	6 383.970	0	317 000	209.00	40 755 074.207	87.190
中国	1 723.46	468	14 631.932	0	272 000	175.50	2.141E8	676.361
总计	1 526.14	10 757	7 692.076	0	317 000	188.00	59 168 036.067	74.165

运用 SPSS 对 Twitter 国内外受众的照片和视频数进行独立样本检验可以发现，国内外受众的照片和视频数不存在显著性差异，其 sig 值为 0.526（表 4-29）。

表 4-29　对国内外受众照片和视频数进行的独立样本检验

		方差方程的 Levene 检验		均值方程的 t 检验					差分的 95% 置信区间	
		F	Sig.	t	df	Sig.（双侧）	均值差值	标准误差值	下限	上限
照片和视频数	假设方差相等	6.976	0.008	1.215	5 827	0.224	432.978	356.316	−265.533	1 131.489
	假设方差不相等			0.635	482.639	0.526	432.978	681.958	−906.995	1 772.951

发布的列表数在一定程度上反映了 Twitter 受众的活跃度。列表数越多，表明受众活跃度越高。列表数越少，表明受众活跃度越低。

如表 4-30 所示，中国受众的列表数样本量为 225，占总样本量的 5.79%，其均值为 10.84，标准差为 73.764，极小值为 1，极大值为 1 099，中值为 2.00，方差为 5 441.078，均值的标准误为 4.918。而国外受众列表数的样本量为 2 230，占总样本量的 57.43%，其均值为 15.30，标准差为 95.643，极小值为 1，极大值为 2 601，中值为 3.00，方差为 9 147.496，均值的标准误为 2.025。所属国家不详的受众列表数样本量为 1 428，占总样本量的 36.78%，其均值为 14.27，标准差为 55.946，极小值为 1，极大值为 944，中值为 2.00，方差为 3 129.902，均值的标准误为 1.480。

相比中国受众，国外受众的列表数较多且较为集中，但存在不稳定的问题。

表 4-30　国内外受众的列表数的描述性分析输出结果

国家	均值	N	标准差	极小值	极大值	中值	方差	均值的标准误
不详	14.27	1 428	55.946	1	944	2.00	3 129.902	1.480
国外	15.30	2 230	95.643	1	2 601	3.00	9 147.496	2.025
中国	10.84	225	73.764	1	1 099	2.00	5 441.078	4.918
总计	14.66	3 883	81.964	1	2 601	3.00	6 718.018	1.315

运用 SPSS 对 Twitter 国内外受众的列表数进行独立样本检验可以发现（表 4-31），二者不存在显著性差异。首先，$Sig.=0.340>0.05$，也就是说，原假设成

立,也即国内外受众的列表数是具有方差齐性的。其次,$Sig.$(双侧)$=0.497>0.05$,二者共同证明了国内外受众的列表数不存在显著性差异,受众列表数不能作为国内外受众差异性的衡量维度。

表 4-31 对国内外受众列表数进行的独立样本检验

		方差方程的 Levene 检验		均值方程的 t 检验						
		F	$Sig.$	t	df	$Sig.$(双侧)	均值差值	标准误差值	差分的95%置信区间	
									下限	上限
列表数	假设方差相等	0.913	0.340	−0.679	2 453	0.497	−4.456	6.565	−17.329	8.418
	假设方差不相等			−0.838	305.555	0.403	−4.456	5.318	−14.921	6.010

(2) 互动性

受众可以使用 Twitter 关注自己喜欢的内容,数值越大,表明受众与其他人的互动性越强,反之越差。

由表 4-36 可知,中国受众正在关注数样本量为 371,占总样本量的 4.83%,其均值为 966.92,标准差为 1 313.543,极小值为 9,极大值为 12 500,中值为 612.00,方差为 1 725 395.731,均值的标准误为 68.196。而国外受众正在关注数样本量为 3 821,占总样本量的 49.75%,其均值为 1 828.18,标准差为 5 427.105,极小值为 1,极大值为 135 000,中值为 730.00,方差为 29 453 469.341,均值的标准误为 87.797。所属国家不详的受众正在关注样本量为 3 489,占总样本量的 45.42%,其均值为 1 638.73,标准差为 13 171.161,极小值为 1,极大值为 728 000,中值为 513.00,方差为 1.735E8,均值的标准误为 222.984。

相比较中国而言,国外受众正在关注数较大。从方差来看,国外受众正在关注数较为稳定,但从均值的标准误来看,存在分布较为不集中的特点。

表 4-32 国内外受众的正在关注分析的描述性分析输出结果

国家	均值	N	标准差	极小值	极大值	中值	方差	均值的标准误
不详	1 638.73	3 489	13 171.161	1	728 000	513.00	1.735E8	222.984
国外	1 828.18	3 821	5 427.105	1	135 000	730.00	29 453 469.341	87.797
中国	966.92	371	1 313.543	9	12 500	612.00	1 725 395.731	68.196
总计	1 700.53	7 681	9 672.518	1	728 000	614.00	93 557 597.582	110.365

运用 SPSS 对国内外受众正在关注数进行独立样本检验可以发现(表4-33),国内外受众正在关注数存在显著性差异。首先,$Sig.=0.000<0.05$,这就表明二者不具有方差齐质性。其次,$Sig.$(双侧)$=0.002<0.05$。二者共同证明了国内外受众正在关注存在显著性差异,也就是说,国内外受众正在关注数不存在一致性。

表 4-33 对国内外受众正在关注进行的独立样本检验

		方差方程的 Levene 检验		均值方程的 t 检验						
		F	Sig.	t	df	Sig.(双侧)	均值差值	标准误差值	差分的95%置信区间	
									下限	上限
正在关注	假设方差相等	17.437	0.000	−3.048	4 190	0.002	−861.267	282.590	−1 415.293	−307.241
	假设方差不相等			−7.747	2 063.824	0.000	−861.267	111.171	−1 079.286	−643.248

(3) 影响力

受众关注者数反映了受众的影响力,关注者数越大,表明受众影响力越大,关注者数越小,表明受众影响力越小。

由表 4-34 可知,中国受众关注者数的样本量为 466,占总样本量的 4.30%,其均值为 3 041.22,标准差为 15 667.559,极小值为 1,极大值为 306 000,中值为 686.50,方差为 2.455E8,均值的标准误为 725.786。而国外受众关注者数样本量为 5 433,占总样本量的 50.10%,其均值为 3 899.04,标准差为 19 516.578,极小值为 1,极大值为 545 000,中值为 687.00,方差为 3.809E8,均值的标准误为 264.779。所属国家不详的受众关注者数样本量为 4 944,占总样本量的 45.60%,其均值为 2 489.53,标准差为 17 354.324,极小值为 1,极大值为 1 010 000,中值为 442.50,方差为 3.012E8,均值的标准误为 246.813。

国内外受众关注者数中值较为接近,但从方差来看,国外受众关注者数分布较为不稳定。而从均值的标准误来看,国外受众关注者数分布较为集中。

表 4-34 国内外受众的关注者数的描述性分析输出结果

国家	均值	N	标准差	极小值	极大值	中值	方差	均值的标准误
不详	2 489.53	4 944	17 354.324	1	1 010 000	442.50	3.012E8	246.813
国外	3 899.04	5 433	19 516.578	1	545 000	687.00	3.809E8	264.779

（续表）

国家	均值	N	标准差	极小值	极大值	中值	方差	均值的标准误
中国	3 041.22	466	15 667.559	1	306 000	686.50	2.455E8	725.786
总计	3 219.49	10 843	18 415.940	1	1 010 000	572.00	3.391E8	176.856

运用 SPSS 对国内外受众的关注者数进行独立样本检验可以发现（表4-35），国内外受众的关注者数不存在显著性差异。首先，$Sig.=0.128>0.05$，也即国内外受众关注者数具有方差齐质性。其次，$Sig.$（双侧）$=0.356>0.05$，也即若假设两者的均值相等，则实际的概率比较高。因此有足够理由认为，两者的均值是不存在显著差异的。

表 4-35　对国内外受众关注者数进行的独立样本检验

		方差方程的 Levene 检验		均值方程的 t 检验						
									差分的 95% 置信区间	
		F	$Sig.$	t	df	$Sig.$（双侧）	均值差值	标准误差值	下限	上限
关注者数	假设方差相等	2.318	0.128	−0.924	5 897	0.356	−857.820	928.764	−2 678.537	962.897
	假设方差不相等			−1.110	596.108	0.267	−857.820	772.575	−2 375.121	659.481

受众被收藏数反映了受众与其他人的互动性，被收藏数越多，表明受众与其他人的互动性越强，反之则越弱。

由表 4-36 可知，中国受众被收藏数的样本量为 464，占总样本量的 4.28%，其均值为 7 784.04，标准差为 28 205.060，极小值为 1，极大值为 294 000，中值为 609.00，方差为 7.955E8，均值的标准误为 1 309.387。而国外受众被收藏数的样本量为 5 422，占总样本量的 50.05%，其均值为 17 543.90，标准差为 47 123.082，极小值为 1，极大值为 663 000，中值为 2 644.00，方差为 2.221E9，均值的标准误为 639.962。所属国家不详的受众被收藏数的样本量为 4 974，占总样本量的 45.67%，其均值为 17 689.76，标准差为 51 321.825，极小值为 1，极大值为 1 570 000，中值为 3 306.00，方差为 2.634E9，均值的标准误为 729.678。

相比较中国，国外受众被收藏数的均值较高，数值分布虽波动较大，但数值分布较为集中。

表 4-36 国内外受众的被收藏数的描述性分析输出结果

国家	均值	N	标准差	极小值	极大值	中值	方差	均值的标准误
不详	17 689.76	4 947	51 321.825	1	1 570 000	3 306.00	2.634E9	729.678
国外	17 543.90	5 422	47 123.082	1	663 000	2 644.00	2.221E9	639.962
中国	7 784.04	464	28 205.060	1	294 000	609.00	7.955E8	1 309.387
总计	17 192.48	10 833	48 497.077	1	1 570 000	2 755.00	2.352E9	465.952

运用SPSS对国内外受众被收藏数进行独立样本检验可以发现(表4-37),国内外受众被收藏数存在显著性差异。首先,$Sig.=0.000<0.05$,方差相等的原假设是不成立的,也就是说国内外受众被收藏数的不具有方差齐质性。其次,$Sig.$(双侧)$=0.000<0.05$,显示出国内外受众被收藏数存在显著性差异。

表 4-37 对国内外受众被收藏数进行的独立样本检验

		方差方程的 Levene 检验		均值方程的 t 检验					差分的95%置信区间	
		F	$Sig.$	t	df	$Sig.$(双侧)	均值差值	标准误差值	下限	上限
被收藏数	假设方差相等	34.316	0.000	−4.394	5 884	0.000	−9 759.863	2 221.023	−14 113.883	−5 405.842
	假设方差不相等			−6.697	707.172	0.000	−9 759.863	1 457.410	−12 621.232	−6 898.493

(二) Google+受众

本节对中国文化在社交媒体Google+上的受众相关情况进行研究。该研究对受众删重后,剩下5 780条不同受众的数据。这其中,男性共占总人数的40.08%,而女性占总人数的59.92%。总体上,女性受众占所有受众的一半以上。

1. 互动性

受众在社交媒体平台上充分发挥媒体的"社交化"特征,增加与其他用户的在线互动,反映着其互动性的程度。从受众主动"圈"其他人以及在Google+中参与社群的数量,来考察受众的互动性。

Google+所提取受众样本中,其"圈子中的人"数量平均值为635个,中值为167个,25百分位数和75百分位数分别为41个和598个。最大值达到4 952个,是平均值的7倍多。

表 4-38 受众圈子中的人统计量

N	有效	4 036
	均值	634.59
	中值	166.50
	众数	1
	标准差	1 113.802
	方差	1 240 555.269
	极小值	1
	极大值	4 952
百分位数	25	41.00
	50	166.50
	75	598.00

社群数反映受众在 Google+平台上参与社群的数量。受众的社群最大达到 30 个,其次为 28 个。数据主要分布在两端,25 百分位数和 75 百分位数分别为 12 和 19 个。

表 4-39 受众的社群数统计量

N	有效	2 095
	均值	21.14
	中值	26.00
	众数	30
	标准差	9.198
	方差	84.609
	极小值	4
	极大值	30
百分位数	25	12.00
	50	26.00
	75	29.00

2. 影响力

受众在社交网络上具有其特定的影响力,例如粉丝数、页面被查看次数等,它反映着受众传播的效果与实际影响。

受众的关注者数是对其进行关注的"粉丝"数。从表中可以看出,受众页面关注者数最高为545 555个,均值为1 888.98,中值为214。25百分位数和75百分位数分别为45个和845个。相对来看,中国文化传播在Google+的受众其关注者数主要在数百位以内,整体影响力层级不高。

表4-40 受众的页面关注者数统计量

N		有效	4 786
	均值		1 888.98
	中值		214.00
	众数		1
	标准差		14 232.070
	方差		2.026
	极小值		1
	极大值		545 555
百分位数		25	44.75
		50	214.00
		75	845.00

受众页面被查看次数也是受众传播影响力的反映。样本的结果显示,均值为5 139 534次,中值为105 516次,25百分位数和75百分位数分别为29 576和658 527次。

表4-41 受众的页面被查看次数统计量

N	有效	5 476
	均值	5 139 534.06
	中值	105 515.50
	众数	6 139[a]
	标准差	2.301

(续表)

		5.296
	方差	5.296
	极小值	338
	极大值	17 006 069 969
百分位数	25	29 576.00
	50	105 515.50
	75	658 526.75

a. 存在多个众数。显示最小值

3. 国内外受众话语特征

(1) 互动性

此人圈子中的人反映了受众与其他人的互动性,此人圈子中的人越多,此人与其他人的互动性越强。反之,此人与其他人的互动性越差。

由表4-42可知,中国受众圈子中的人的样本量为74,占总样本量的1.83%,其均值为878.07,标准差为1 377.102,极小值为5,极大值为4 902,中值为281.50,方差为1 896 411.023,均值的标准误为160.085。而国外受众圈子中的人的样本量为27.35%,其均值为897.81,标准差为1 302.306,极小值为1,极大值为4 941,中值为318.00,方差为1 696 001.025,均值的标准误为39.195。所属国不详的受众圈子中的人的样本量为2 858,占总样本量的70.82%,其均值为526.61,标准差为1 004.420,极小值为1,极大值为4 952,中值为117.50,方差为1 008 859.019,均值的标准误为18.788。

相对而言,国内受众圈子中的人分布较为分散且波动较大,而国外受众圈子中的人分布较为集中且较为稳定。

表4-42 国内外受众圈子中的人的描述性分析输出结果

国家	均值	N	标准差	极小值	极大值	中值	方差	均值的标准误
不详	526.61	2 858	1 004.420	1	4 952	117.50	1 008 859.019	18.788
国外	897.81	1 104	1 302.306	1	4 941	318.00	1 696 001.025	39.195
中国	878.07	74	1 377.102	5	4 902	281.50	1 896 411.023	160.085
总计	634.59	4 036	1 113.802	1	4 952	166.50	1 240 555.269	17.532

运用SPSS对国内外受众圈子中的人进行独立样本检验可以发现,国内外受

众圈子中的人不存在显著性差异(表 4-43)。首先,$Sig.=0.700>0.05$,也即二者方差具有齐质性。其次,$Sig.$(双侧)$=0.900>0.05$,也即若假设两者的均值相等,则实际的概率很高,达到了 0.900。因此,有足够理由认为,两者的均值不存在显著差异,也就是说国内外受众圈子中的人存在一定的一致性。

表 4-43　对国内外受众圈子中的人进行的独立样本检验

		方差方程的 Levene 检验		均值方程的 t 检验					差分的 95% 置信区间	
		F	Sig.	t	df	Sig.(双侧)	均值差值	标准误差值	下限	上限
此人圈子中的人	假设方差相等	0.149	0.700	−0.126	1 176	0.900	−19.747	156.954	−327.688	288.194
	假设方差不相等			−0.120	81.995	0.905	−19.747	164.813	−347.613	308.120

Google+受众可以加入社群,社群的多少反映了受众的活跃度。社群越多,表明受众的活跃度越高,反之则越低。

由表 4-44 可知,中国受众社群数的样本数为 34,占总样本量的 1.62%,其均值为 21.74,标准差为 9.433,极小值为 4,极大值为 30,中值为 27.00,方差为 88.988,均值的标准误为 1.618。而国外受众社群数样本量为 666,占总样本量的 31.79%,其均值为 21.89,标准差为 8.895,极小值为 4,极大值为 30,中值为 27.00,方差为 79.121,均值的标准误为 0.345。所属国家不详的受众社群数的样本量为 1 395,占总样本量的 66.59%,其均值为 20.76,标准差为 9.318,极小值为 4,极大值为 30,中值为 25.00,方差为 86.823,均值的标准误为 0.249。

尽管国内国外受众在样本量上有所差异,但其均值相差不大,且极小值、极大值以及中值是相等的。从方差来看,国外受众社群相对于国内受众社群而言,数据分布更为稳定,而均值的标准误则反映了国外受众社群数据分布较为集中。

表 4-44　国内外受众的社群数的描述性分析输出结果

国家	均值	N	标准差	极小值	极大值	中值	方差	均值的标准误
不详	20.76	1 395	9.318	4	30	25.00	86.823	0.249
国外	21.89	666	8.895	4	30	27.00	79.121	0.345
中国	21.74	34	9.433	4	30	27.00	88.988	1.618
总计	21.14	2 095	9.198	4	30	26.00	84.609	0.201

运用 SPSS 对国内外受众社群进行独立样本检验可以发现,国内外受众社群均值不存在显著性差异(表 4-45)。首先,$Sig.=0.561>0.05$,也即二者方差具有齐质性。其次,$Sig.$(双侧)$=0.920>0.05$,也即若假设两者的均值相等,则实际的概率很高,达到了 0.920。因此有足够理由认为,两者的均值是不存在显著的差异。

表 4-45 对国内外受众社群数进行的独立样本检验

		方差方程的 Levene 检验		均值方程的 t 检验						
		F	$Sig.$	t	df	$Sig.$(双侧)	均值差值	标准误差值	差分的 95% 置信区间	
									下限	上限
社群	假设方差相等	0.339	0.561	−0.101	698	0.920	−0.158	1.569	−3.238	2.922
	假设方差不相等			−0.096	36.060	0.924	−0.158	1.654	−3.513	3.196

(2)影响力

页面关注者数的多少反映了受众的活跃度。页面关注者数越多,表明受众的活跃度越高,反之则越低。由表 4-46 可知,中国受众页面关注者数的样本数为 86,占总样本量的 1.80%,其均值为 1 135.76,标准差为 2 702.340,极小值为 1,极大值为 21 348,中值为 221.50,方差为 7 302 640.798,均值的标准误为 291.401。而国外受众社群数样本量为 1 277,占总样本量的 26.68%,其均值为 3 742.97,标准差为 25 525.822,极小值为 1,极大值为 545 555,中值为 366.00,方差为 6.516E8,均值的标准误为 714.306。所属国家不详的受众的样本量为 3 423,占总样本量的 71.52%,其均值为 1 216.24,标准差为 6 191.992,极小值为 1,极大值为 203 302,中值为 174.00,方差为 38 340 765.839,均值的标准误为 105.834。

相对于国内受众,国外受众页面关注者数分布波动较大,且相对不集中。

表 4-46 国内外受众的页面关注者数的描述性分析输出结果

国家	均值	N	标准差	极小值	极大值	中值	方差	均值的标准误
不详	1 216.24	3 423	6 191.992	1	203 302	174.00	38 340 765.839	105.834
国外	3 742.97	1 277	25 525.822	1	545 555	366.00	6.516E8	714.306
中国	1 135.76	86	2 702.340	1	21 348	221.50	7 302 640.798	291.401
总计	1 888.98	4 786	14 232.070	1	545 555	214.00	2.026E8	205.722

运用 SPSS 对国内外受众页面关注者数进行独立样本检验可以发现,国内外受众页面关注者数不存在显著性差异(表 4-47)。首先,$Sig.=0.124>0.05$,也即二者方差具有齐质性。其次,$Sig.$(双侧)$=0.344>0.05$,也即若假设两者的均值相等,则实际的概率很高,达到了 0.344。因此有足够理由认为,两者的均值不存在显著差异。

表 4-47 对国内外受众页面关注者数进行的独立样本检验

		方差方程的 Levene 检验		均值方程的 t 检验					差分的 95% 置信区间	
		F	$Sig.$	t	df	$Sig.$(双侧)	均值差值	标准误差值	下限	上限
页面关注者数	假设方差相等	2.372	0.124	−0.947	1 361	0.344	−2 607.218	2 754.491	−8 010.727	2 796.290
	假设方差不相等			−3.380	1 226.221	0.001	−2 607.218	771.458	−4 120.742	−1 093.694

被查看次数反映了受众的影响力大小。被查看次数越多,表明受众的影响力越大;被查看次数越少,表明受众的影响力越小。

由表 4-48 可知,中国受众页面被查看次数的样本量为 89,占总样本量的 1.63%,其均值为 1 180 933.80,标准差为 4 336 448.674,极小值为 7 380,极大值为 38 209 686,中值为 93 641.00,方差为 1.880E13,均值的标准误为 459 662.640。而国外受众页面被查看次数的样本量为 1 422,占总样本量的 25.97%,其均值为 2 826 458.47,标准差为 13 007 501.585,极小值为 2 438,极大值为 281 405 476,中值为 221 794.50,方差为 7.308E16,均值的标准误为 4 293 241.857。所属国家不详的受众页面被观看次数的样本量为 3 965,占总样本量的 72.40%,其均值为 6 057 947.40,标准差为 2.703E8,极小值为 338,极大值为 17 006 069 969,中值为 80 947.00,方差为 7.308E16,均值的标准误为 4 293 241.857。

相比较而言,中国受众页面被查看次数较不稳定且分布相对分散。而国外受众页面被查看次数较为稳定且分布相对集中。

表 4-48 国内外受众的页面被查看次数的描述性分析输出结果

国家	均值	N	标准差	极小值	极大值	中值	方差	均值的标准误
不详	6 057 947.40	3 965	2.703E8	338	17 006 069 969	80 947.00	7.308E16	4 293 241.857
国外	2 826 458.47	1 422	13 007 501.585	2 438	281 405 476	221 794.50	1.692E14	344 940.421

(续表)

国家	均值	N	标准差	极小值	极大值	中值	方差	均值的标准误
中国	1 180 933.80	89	4 336 448.674	7 380	38 209 686	93 641.00	1.880E13	459 662.640
总计	5 139 534.06	5 476	2.301E8	338	17 006 069 969	105 515.50	5.296E16	3 109 858.421

运用 SPSS 对国内外受众页面被查看次数进行独立样本检验可以发现，国内外受众页面被查看次数不存在显著性差异（表 4-49）。首先，$Sig.=0.068>0.05$，也即二者方差具有齐质性。其次，$Sig.$（双侧）$=0.235>0.05$，也即若假设两者的均值相等，则实际的概率很高，达到了 0.235。因此，有足够理由认为，两者的均值不存在显著差异。

表 4-49　对国内外受众页面被查看次数进行的独立样本检验

		方差方程的 Levene 检验		均值方程的 t 检验						
		F	Sig.	t	df	Sig.（双侧）	均值差值	标准误差值	差分的 95% 置信区间	
									下限	上限
页面被查看次数	假设方差相等	3.325	0.068	−1.189	1 509	0.235	−1 645 524.674	1 383 958.962	−4 360 211.808	1 069 162.460
	假设方差不相等			−2.863	210.876	0.005	−1 645 524.674	574 694.386	−2 778 406.685	−512 642.663

（三）YouTube 受众

本节对中国文化在社交媒体 YouTube 上的受众相关情况进行研究。受众的注册时间主要分布在 2005—2016 年间。其中 2013—2015 年间注册的受众在样本中是最多的，其次是 2011 和 2012 年间，2010 年及其之前注册的受众占比较少。

1. 影响力

对受众的页面被观看次数、订阅者数来考察其话语层级特征。用户可以随意观看其他用户的个人页面，受众页面被观看次数越多，表明受众的受欢迎度越高。在 6 206 个剔除缺失值后的有效样本中，受众页面被观看次数最高达 6 629 103 110 次，和低观看次数的受众之间差距较大。受众页面被观看次数均值达 1 543 218 次，但中值仅为 735 次，大大低于均值。25 百分位数和 75 百分位数也分别仅为 100 次和 9 570 次。总体来看，受众呈现长尾效应，少部分受众具有巨大的被观看次数，但绝大多数受众仅有很少的被观看次数。

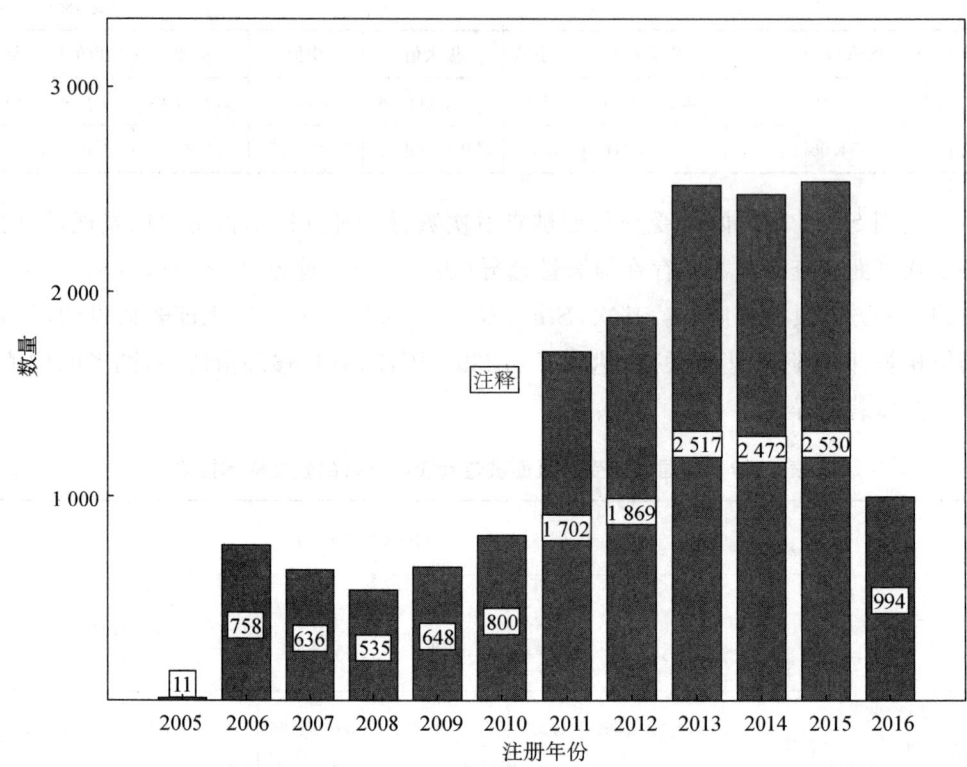

图 4-2 受众注册时间

表 4-50 受众的页面被查看次数统计量

N		有效	6 206
	均值		1 543 217.98
	中值		734.50
	众数		1
	标准差		85 412 226.022
	方差		7.295E15
	极小值		1
	极大值		6 629 103 110
百分位数		25	100.00
		50	734.50
		75	9 569.50

受众可以在 YouTube 上订阅自己喜欢的内容。YouTube 频道的订阅人数指标反映的是关注频道的用户数量。订阅者数越多,表明受众受的关注程度越高。根据对 15 345 个有效样本的统计,订阅者数的极大值为 12 718 088,跨度较大。受众的订阅者数平均为 3 579 个,但中值仅为 3 个,25 百分位数和 75 百分位数分别为 0 和 14。从分布可以看出,绝大多数受众的订阅者数量很少,只有很少数的受众有众多的订阅者,两端的值悬殊,呈现一种显著"长尾"的结构。

表 4-51 受众的订阅者数统计量

N		有效	15 345
	均值		3 578.54
	中值		3.00
	众数		0
	标准差		141 107.895
	方差		1.991E10
	极小值		0
	极大值		12 718 088
百分位数		25	0.00
		50	3.00
		75	14.00

2. 国内外受众话语特征

页面被观看次数是指受众的主页被浏览的次数,反映了受众在 YouTube 上的影响力。如果页面被观看次数越大,就表明受众的影响力越大。反之,表明越小。

由表 4-52 可知,YouTube 的中国受众页面被观看次数共有 15 个样本,其均值为 1 412 425.47,标准差为 4 793 537.901,极小值为 7,极大值为 18 665 900,中值为 4 074.00,方差为 2.298E13,均值的标准误为 1 237 686.164。而 YouTube 国外受众页面被观看次数共有 954 个样本,其均值为 9 301 352.14,标准差为 2.178E8,极小值为 1,极大值为 6 629 103 110,中值为 5 594.00,方差为 4.742E16,均值的标准误为 7 050 476.102。相比较而言,YouTube 上的国外受众页面被观看次数波动较大,其均值也远远超过 YouTube 上国内受众页面被观看次数的均值。在所有数据中,与订阅者数一样,国家不详的受众的样本数为 5 237,占了总体的84.39%,其极小值为1,极大值为31 731 765,方差为9.725E11,波动较大。

表4-52 国内外受众的页面被观看次数描述性分析输出结果

国家	均值	N	标准差	极小值	极大值	中值	方差	均值的标准误
不详	130 329.28	5 237	986 152.279	1	31 731 765	493.00	9.725E11	13 627.077
国外	9 301 352.14	954	2.178E8	1	6 629 103 110	5 594.00	4.742E16	7 050 476.102
中国	1 412 425.47	15	4 793 537.901	7	18 665 900	4 074.00	2.298E13	1 237 686.164
总计	1 543 217.98	6 206	85 412 226.022	1	6 629 103 110	734.50	7.295E15	1 084 211.863

运用SPSS对YouTube受众的页面被观看次数进行独立样本检验可以发现国内国外受众页面被观看次数没有显著性差异(表4-53)。首先,$Sig.=0.785>0.05$,也就是说国内国外受众页面被查看次数的方差是齐的。其次,$Sig.$(双侧)$=0.889>0.05$,二者共同证明了国内国外受众页面被观看次数没有显著性差异,也就是说,国内国外受众页面被观看次数存在一定的一致性。

表4-53 对国内外受众页面被观看次数进行的独立样本检验

		方差方程的 Levene 检验		均值方程的 t 检验						
		F	Sig.	t	df	Sig.(双侧)	均值差值	标准误差值	差分的95%置信区间	
									下限	上限
页面被观看次数	假设方差相等	0.074	0.785	−0.140	967	0.889	−7 888 926.671	56 256 079.498	−1.183E8	1.025E8
	假设方差不相等			−1.102	951.154	0.271	−7 888 926.671	7 158 287.526	−21 936 788.231	6 158 934.890

订阅者数是指受众根据自己的喜好在YouTube上订阅的数量,它在一定程度上反映了受众在使用YouTube时的活跃度。

如表4-54所示,YouTube中国受众订阅者数共有19个样本,在所有样本中所占比例较小,其均值为9 604.89,标准差为40 704.682,极大值为177 675,中值为11.00,方差为1.657E9,均值的标准误为9 338.294。相比较中国而言,除极小值相同外,国外的其他各个指标明显大于中国,其均值为23 149.37,标准差为

423 501.097，极大值为 12 718 088，中值为 44.00，方差为 1.794E11，均值的标准误为 12 250.973。在所有数据中，国家不详的占了大部分比例，但是其均值仍然低于国外订阅者数的均值。

表 4-54　国内外受众的订阅者数描述性分析输出结果

国家	均值	N	标准差	极小值	极大值	中值	方差	均值的标准误
不详	1 915.42	14 131	80 182.958	0	7 373 780	2.00	6.429E9	674.521
国外	23 149.37	1 195	423 501.097	0	12 718 088	44.00	1.794E11	12 250.973
中国	9 604.89	19	40 704.682	0	177 675	11.00	1.657E9	9 338.294
总计	3 578.54	15 345	141 107.895	0	12 718 088	3.00	1.991E10	1 139.116

运用 SPSS 对 YouTube 受众的订阅者数进行独立样本检验发现国内国外订阅者数没有显著性差异，也就是说国内国外订阅者数存在一致性。如表 4-55 所示，$Sig.=0.794>0.05$，这表明假设方差相等是成立的。另一方面，$Sig.$（双侧）$=0.889>0.05$，再次论证了假设方差相等是成立的。

表 4-55　对国内外受众订阅者数进行的独立样本检验

		方差方程的 Levene 检验		均值方程的 t 检验						
		F	Sig.	t	df	Sig.（双侧）	均值差值	标准误差值	差分的 95% 置信区间	
									下限	上限
订阅者数	假设方差相等	0.069	0.794	−0.139	1 212	0.889	−13 544.477	97 204.019	−204 251.300	177 162.346
	假设方差不相等			−0.879	127.582	0.381	−13 544.477	15 404.223	−44 025.318	16 936.364

（四）Flickr 受众

对中国文化在社交媒体 Flickr 上的受众相关情况进行研究。实际的 3 665 个不同受众的样本数据中，标注了性别信息的受众中男性为 2 264 个、女性为 783 个，各占 74% 和 26%。从受众的加入 Flickr 的时间来看，以 2007—2014 年注册加入的为主（表 4-56）。

表 4-56　Flickr 受众注册年份

注册年份	2004	2005	2006	2007	2008	2009	2010	2011	2012	2013	2014	2015	2016
数量	0.30%	2.24%	5.74%	11.81%	11.81%	11.26%	10.55%	10.36%	10.50%	11.24%	11.37%	2.73%	0.08%

1. 互动性与活跃度

Flickr 是相片分享型的社交媒体。用户在 Flickr 中发布相片的数量是其活跃度的重要体现。在有效受众样本中,发布相片数的平均值为 2 298 张,中值为 913 张,25 百分位数和 75 百分位数分别为 364 张和 2 251 张。从发布照片的活跃度来看,受众只有 2 298 张的平均值,低于传者的 6 386 张(表 4-57)。

表 4-57　受众的相片数统计量

N		有效	1 592
		均值	2 297.69
		中值	912.50
		众数	0
		标准差	5 216.899
		方差	27 216 039.010
		极小值	0
		极大值	103 578
百分位数		25	363.50
		50	912.50
		75	2 250.75

根据统计结果,受众正在追踪数最大为 125 239 个,平均为 1 202 个,中值为 341 张,25 百分位数和 75 百分位数分别为 137 张和 933 张。大部分受众正在追踪数主要分布在 1 000 个以下(表 4-58)。

表 4-58　受众的正在追踪数统计量

N		有效	3 658
		均值	1 202.36
		中值	341.00
		众数	0

(续表)

标准差		4 221.852
方差		17 824 031.373
极小值		0
极大值		125 239
百分位数	25	137.00
	50	341.00
	75	933.25

在 Flickr 中,受众可以加入一个组群或创建一个新的组群并自任管理员。在组群中,大家可以进行像在 BBS 上那样的交谈、分享图片、知识、互发邮件等活动。样本的分析结果显示,受众加入的群组数平均为 42 个,中值为 47 个,25 百分位数和 75 百分位数分别为 43 和 49 个(表 4-59)。而 Flickr 上中国文化的传者样本中,其群组数平均值为 40 个。

表 4-59 受众的群组数统计量

N	有效		3 616
均值			42.66
中值			47.00
众数			50
百分位数	25		43.00
	50		47.00
	75		49.00

2. 影响力

受众可根据自己的喜好对相关图片进行评价或者推荐。推荐语数越高,表明图片受关注度越高;推荐语数越低,表明受关注度越低。结果显示,受众得到的推荐语数平均为 1.49 条,大部分都只有 0 条或 1 条(表 4-60)。

表 4-60 受众的推荐语数量统计量

N	有效	1 591
均值		1.49
中值		0.00
众数		0.00

		（续表）
标准差		5.205
方差		27.091
极小值		0.00
极大值		109
百分位数	25	0.00
	50	0.00
	75	1.00

3. 国内外受众的话语特征

使用者可以在 Flickr 上发布自己喜欢的相片，发布相片的数量在一定程度上反映了使用者的活跃程度。受众发布相片数越多，活跃程度越高；受众发布相片数越少，活跃程度越低。

从表 4-61 可以看出，Flickr 中国受众相片数的样本数为 31 个，占总样本数的 1.95%，其相片数均值为 2 514.55，标准差为 3 607.821，极小值为 30，极大值为 15 784，中值为 1 259.00，方差为 13 016 372.723，均值的标准误为 647.984。而 Flickr 国外受众相片数的样本数为 808 个，占总样本数的 50.75%，其均值为 2 717.30，标准差为 5 881.107，极小值为 0，极大值为 103 578，中值为 1 128.50，方差为 34 587 422.054，均值的标准误为 206.897。而所属国家不详的受众的相片数的样本数为 753，占总样本量的 47.30%，其均值为 1 838.49，标准差为 4 420.647，极小值为 0，极大值为 83 534，中值为 714.00，方差为 19 542 118.479，均值的标准误为 161.097。

国内国外受众的 Flickr 相片数的均值、中值相差不大，然而国外受众的 Flickr 相片数极小值为 0，极大值为 103 578，相比较国内来说，波动较大。但是从均值的标准误来看，国外受众的 Flickr 相片数较为集中，而国内相反。

表 4-61　国内外受众相片数的描述性分析输出结果

国家	均值	N	标准差	极小值	极大值	中值	方差	均值的标准误
不详	1 838.49	753	4 420.647	0	83 534	714.00	19 542 118.479	161.097
国外	2 717.30	808	5 881.107	0	103 578	1 128.50	34 587 422.054	206.897
中国	2 514.55	31	3 607.821	30	15 784	1 259.00	13 016 372.723	647.984
总计	2 297.69	1 592	5 216.899	0	103 578	912.50	27 216 039.010	130.750

运用 SPSS 对国内国外受众的 Flickr 相片数进行独立样本检验发现，如表 4-62 所示，$Sig.=0.665>0.05$，并且 $Sig.$（双侧）$=0.849>0.05$，这就表明国内国外在相片数上没有显著性差异，也就是说，国内国外受众的 Flickr 相片数存在一定的一致性。

表 4-62　对国内外受众相片数进行的独立样本检验

		方差方程的 Levene 检验		均值方程的 t 检验					差分的 95% 置信区间	
		F	Sig.	t	df	Sig.（双侧）	均值差值	标准误差值	下限	上限
相片数	假设方差相等	0.187	0.665	−0.191	837	0.849	−202.752	1 064.252	−2 291.668	1 886.164
	假设方差不相等			−0.298	36.415	0.767	−202.752	680.213	−1 581.742	1 176.238

正在追踪数是指受众正在追踪的数量。正在追踪数能够反映受众与其他人的互动性，正在追踪数越大，表明受众与其他人的互动性越强，反之则越弱。

如表 4-63 所示，中国受众正在追踪数样本量为 86 个，占总样本量的 2.35%，其均值为 1 127.42，标准差为 2 424.096，极小值为 8，极大值为 17 709，中值为 394.00，方差为 5 876 241.752，均值的标准误为 261.397。而国外受众正在追踪数样本量为 1 800，占总样本量的 49.21%，其均值为 1 296.63，标准差为 5 033.507，极小值为 0，极大值为 125 239，中值为 363.00，方差为 25 336 187.923，均值的标准误为 118.641。所属国不详的受众正在追踪数样本量为 1 722，占总样本量的 48.44%，其均值为 1 110.24，标准差为 3 281.597，极小值为 0，极大值为 88 285，中值为 323.5，方差为 10 768 879.322，均值的标准误为 77.957。

尽管国内国外受众的正在追踪数样本量有很大差异，但是二者的均值和中值接近一致。国外受众正在追踪数范围较大，而中国受众正在追踪数较为不稳定。

表 4-63　国内外受众正在追踪数分析的描述性分析输出结果

国家	均值	N	标准差	极小值	极大值	中值	方差	均值的标准误
不详	1 110.24	1 772	3 281.597	0	88 285	323.50	10 768 879.322	77.957
国外	1 296.63	1 800	5 033.507	0	125 239	363.00	25 336 187.923	118.641
中国	1 127.42	86	2 424.096	8	17 709	394.00	5 876 241.752	261.397
总计	1 202.36	3 658	4 221.852	0	125 239	341.00	17 824 031.373	69.804

运用SPSS对国内外受众正在追踪数进行独立样本检验可以发现,如表4-64所示,$Sig.=0.567>0.05$,且$Sig.$(双侧)$=0.757>0.05$,说明二者无显著性差异,也就是说,国内外受众正在追踪数具有一定的一致性。

表4-64　对国内外受众正在追踪数进行的独立样本检验

		方差方程的Levene检验		均值方程的t检验					差分的95%置信区间	
		F	$Sig.$	t	df	$Sig.$（双侧）	均值差值	标准误差值	下限	上限
正在追踪数	假设方差相等	0.328	0.567	−0.310	1 884	0.757	−169.207	545.881	−1 239.801	901.387
	假设方差不相等			−0.589	123.380	0.557	−169.207	287.061	−737.409	398.995

Flickr使用者可以加入多个群组,与群内成员进行交流。群组数量的多少,反映了使用者与其他人互动的情况。群组数越大,表明受众与其他人互动性越强,反之越弱。

从表4-65中可以看出,Flickr中国受众群组数样本量为86个,占总样本量的2.38%,其均值为46.6,均值的标准误为1.442。国外受众群组数其均值为44.06,均值标准误为0.258。所属国家不详的受众群组数的均值为42.18,均值的标准误为0.33。

表4-65　国内外受众群组数的描述性分析输出结果

国家	均值	N	标准差	极小值	极大值	方差	均值的标准误
不详	42.18	1 777	13.924	0	99	193.872	0.330
国外	44.06	1 800	10.963	0	99	120.196	0.258
中国	46.60	85	13.294	5	99	176.719	1.442
总计	43.21	3 662	12.582	0	99	158.304	0.208

运用SPSS对Flickr国内外受众的群组数进行独立样本t检验,如表4-66所示,t检验的显著性为0.039,存在显著性差异。

Flickr受众推荐语数能够反映受众的影响力。推荐语数越多,受众影响力越大,反之越小。由下表可知,中国受众的推荐语数样本量为31,占总样本量的1.95%,其均值为1.55,标准差为5.026,极小值为0,极大值为27,中值为0,方差为25.256,均值的标准误为0.903。而国外受众推荐语数样本量为808,占总样本量的50.79%,其均值为1.66,标准差为5.530,极小值为0,极大值为109,中值为

表 4-66　对国内外受众群组数进行的独立样本检验

		方差方程的 Levene 检验		均值方程的 t 检验						
		F	Sig.	t	df	Sig.（双侧）	均值差值	标准误差值	差分的 95% 置信区间	
									下限	上限
群组数	假设方差相等	0.221	0.638	−2.065	1 883	0.039	−2.539	1.230	−4.950	−0.127
	假设方差不相等			−1.733	89.48	0.087	−2.539	1.465	−5.449	0.372

0，方差为 30.585，均值的标准误为 0.195。所属国家不详的受众的推荐语数样本量为 808，占总样本量的 47.26%，其均值为 1.30，标准差为 4.839，极小值为 0，极大值为 63，中值为 0，方差为 23.417，均值的标准误为 0.176。尽管国内国外推荐语数的极大值和样本量有所不同，但是二者的均值、标准差较为一致，且分布较为集中。

表 4-67　受众推荐语数量的描述性分析输出结果

国家	均值	N	标准差	极小值	极大值	中值	方差	均值的标准误
不详	1.30	752	4.839	0	63	0.00	23.417	0.176
国外	1.66	808	5.530	0	109	0.00	30.585	0.195
中国	1.55	31	5.026	0	27	0.00	25.256	0.903
总计	1.49	1 591	5.205	0	109	0.00	27.091	0.130

运用 SPSS 对 Flickr 国内外受众的推荐语数进行分析可以发现二者不存在显著性差异，如表 4-68 所示。首先，$Sig. = 0.958 > 0.05$，且 $Sig.$（双侧）$= 0.914 > 0.05$，所以 Flickr 国内外受众的推荐语数并不存在显著性差异。

表 4-68　对受众推荐语数量进行的独立样本检验

		方差方程的 Levene 检验		均值方程的 t 检验						
		F	Sig.	t	df	Sig.（双侧）	均值差值	标准误差值	差分的 95% 置信区间	
									下限	上限
推荐语数量	假设方差相等	0.003	0.958	−0.108	837	0.914	−0.109	1.009	−2.089	1.872
	假设方差不相等			−0.118	32.850	0.907	−0.109	0.923	−1.988	1.770

三 内容类型与受众分析

本节分析的核心问题是不同类型的内容向受众的信息流动。研究将受众的社交媒体话语特征从活跃度、互动性、影响力三个层面进行考量。其中,活跃度指用户在社交媒体中进行帖子生产、内容发布的活跃程度,例如发推文的数量;互动性指用户通过社交媒体与他人进行类社会互动的程度,例如关注他人的数量、追踪他人帖子的数量;影响力指用户在社交媒体中的话语地位和影响效果,例如关注者数量、得到的推荐语数量所反映的。把采集的信息进行汇总与编码,将受众所关注的信息内容与受众本身的特征相对应,从而得出受众所关注的信息类别与其活跃度、影响力、互动性之间的关系。

研究的方法是对网络采集基础上所得的帖子样本,每种媒体选取其受众反馈度最高的前400条帖子,对这些样本进行内容分析。初始通过网络采集工具进行的帖子爬取采集,其步骤和方法为:对上述四种主要社交媒体中的内容,都以"China"和"culture"为复合关键词进行帖子的检索,通过"八爪鱼"爬取软件自动抓取和存储内容。本部分的研究中,帖子样本的抓取以及受众信息的抓取,其方式同本章开头的说明。从中,根据帖子的被点击观看次数和被收藏人次作为受众反馈热度指标进行等权处理,选取受众反馈热度最高的前400条帖子样本。其相应的受众是对这些帖子做了评论的受众。

对于内容的类型,从以下方式划分和编码(分类方式和第三章第五节相同):①政治:涉及国家或地方的行政机构、政党、政治组织或政治人物的政治行为、政府管理、政治系统、政治事件和政治体制、政策。②经济/商务:国家、地区或企业、个人的经济活动、经营、收支、发展状况,涉及生产、消费、财政、金融、商业、税收、建设等。③教育:初等教育、学校教育、高等教育、社会教育的体系、活动、人物、事件、成果。④文化艺术:狭义的文化,包括文学、美术、音乐、戏剧、舞蹈、杂技、功夫、工艺、装饰、建筑、思想和哲学、文化典籍等。⑤社会/民生:涉及社会成员间的关系、结构以及社会体系,包含社会事件、社会公共活动、社会矛盾、社会群体、慈善公益、社会救助等。⑥司法:国家司法机关及其工作人员依照法定职权和法定程序,具体运用法律处理案件的专门活动,涉及司法机关,如法院、法律;司法工作人员,如律师、法官;以及司法案件的处理等。⑦国际:超出国内范围的国际事物、现象、实践,以及国家间关系、接触、互动、交流。⑧地方和区域:涉及国内的区域、省、自治区、直辖市、城市、村镇、街道等地区单位的议题,着重于地方的状况或特点、发展。⑨国防/

军事:以军事力量为核心的保卫国家安全的行为,包括军队、武器、国防政策、战争等具体问题。⑩宗教:涉及宗教的场所、经典、人物、仪式、活动、事件的内容。⑪民族:涉及中国的民族关系、民族文化、民族发展以及中外民族交流、互动的内容。⑫医疗/卫生/健康:人类健康、医院和药物治疗以及卫生防疫等问题。⑬科技:认识世界事物的知识体系和各种工艺操作方法、技能,以及物化的各种生产手段和物质装备,涉及科学规律、科学研究、技术研发、新理论、新方法、新材料、新工艺、新产品等。⑭自然:与人类社会相区别的物质世界,涉及自然现象、自然灾害、自然环境保护等。⑮历史:包括古代和近现代在内的过去的事物、实践和人物,与当代的事物、实践和健在人物相区别。⑯风俗:与社会习俗、民俗、礼仪、禁忌、社会规范、人情伦理等相关的内容。⑰环境/生态:与自然环境以及生态的状况、发展、保护相关的内容。⑱旅游:涉及旅游目的地点、旅行过程、旅行经历、旅游介绍、旅游组织的内容。⑲影视/流行/娱乐文化:涉及电影、电视、动漫、流行音乐、娱乐偶像和明星、流行文化的内容。⑳体育:涉及竞技体育、体育门类、体育人物、体育事件的内容。㉑新闻媒体:以报刊、广播电视、互联网、出版等媒体为讨论对象的内容。㉒个人生活与情感:关于个人的生活和情感,包括个体的经历、情感、体验、家庭生活等。㉓语言:语言的介绍、学习、传播、交流。㉔时尚/设计:服装、饰品、用品、居所等的时尚内容和设计。㉕节日/庆典:节庆、庆典、重大仪式、文化节等。㉖植物/农林:与植物、种植、园林、农业相关的内容。㉗动物:对动物、宠物的培育、喂养、观看、认知以及其他与之相关的行为和状态。㉘饮食:涉及烹饪、食物、饮品、饮食过程、饮食场所、饮食文化的内容。㉙休闲:游戏、桌游、聚会、玩乐等活动和人员、场所、设施、器物。㉚哲学与生活哲理:关于人生、生活或工作的感悟、道理。㉛其他:不包含在上述所有门类中,或者门类的归属不明确的内容。

(一) Twitter 内容类型与受众

在 Twitter 的内容与受众关系的研究中,选取 Twitter 受众发布的推文数作为受众的活跃度指标,正在关注他人数作为其互动性指标,关注者数作为其影响力指标。

从受众的活跃度情况来看,最热门的 400 条推文,其有效受众平均发推文数为 30 766 条,这和总体受众的 29 966.6 条的平均发推文数大致相当。风俗类、政治类的内容,其受众的平均发推文数最高,分别达到 88 796 条和 81 275 条,标准误分别为 23 907 条和 9 475 条。这两类内容的受众其在 Twitter 平台的发布内容的活跃度要大大高于其他类型内容的受众。其后是社会/民生类、影视/流行/娱乐文化类、民族类内容的受众,其平均发推文数依次为 50 999 条、44 209 条、43 966 条,标准误分别为 11 979 条、5 932 条、9 852 条。体育类、个人生活与情感类、新闻媒体类、经济/商务类的受众,发布推文的活跃度是最低的,其平均值依次为 4 993 条、7 572 条、7 662 条、9 921 条,标准误分别为 767 条、1 718 条、1 989 条、2 020 条,离平均水平有不小的差距。总体上显示,具有社会类、公共性或大众流行文化属性的议题,其受众更为活跃,而个人性、体育性或经济、商务类的内容的受众则具有更低的活跃度和进行内容生产、发布的参与性。参见表 4-69。

表 4-69 受众发布推文数的描述性分析输出结果

	内容类型	N	平均数	标准偏差	标准错误
推文数	动物	14	29 367.14	37 227.061	9 949.350
	风俗	18	88 796.44	101 430.150	23 907.316
	个人生活与情感	26	7 572.15	8 757.967	1 717.579
	国防/军事	32	28 480.81	31 834.254	5 627.554
	国际	98	24 863.69	26 484.106	2 675.299
	教育	26	22 787.92	36 980.092	7 252.393
	节日	18	29 738.56	32 018.525	7 546.839
	经济/商务	66	9 920.91	16 406.686	2 019.523
	历史	28	35 184.79	34 229.583	6 468.783
	旅游	16	12 766.50	14 277.270	3 569.317
	民族	52	43 965.77	71 043.336	9 851.938
	其他	72	29 980.53	51 842.589	6 109.708
	社会/民生	34	50 998.59	69 848.869	11 978.982
	时尚/设计	186	12 001.00	18 684.455	1 370.011
	体育	30	4 993.27	4 198.581	766.552
	文化艺术	74	19 152.14	34 212.880	3 977.166
	新闻媒体	26	7 661.54	10 141.299	1 988.872
	饮食	26	31 964.46	44 718.740	8 770.066
	影视/流行/娱乐文化	100	44 208.84	59 318.429	5 931.843
	语言	8	38 427.50	42 752.781	15 115.391
	政治	94	81 274.91	91 859.915	9 474.627
	自然	30	38 020.87	75 741.087	13 828.367
	总计	1 074	30 766.70	53 133.486	1 621.310

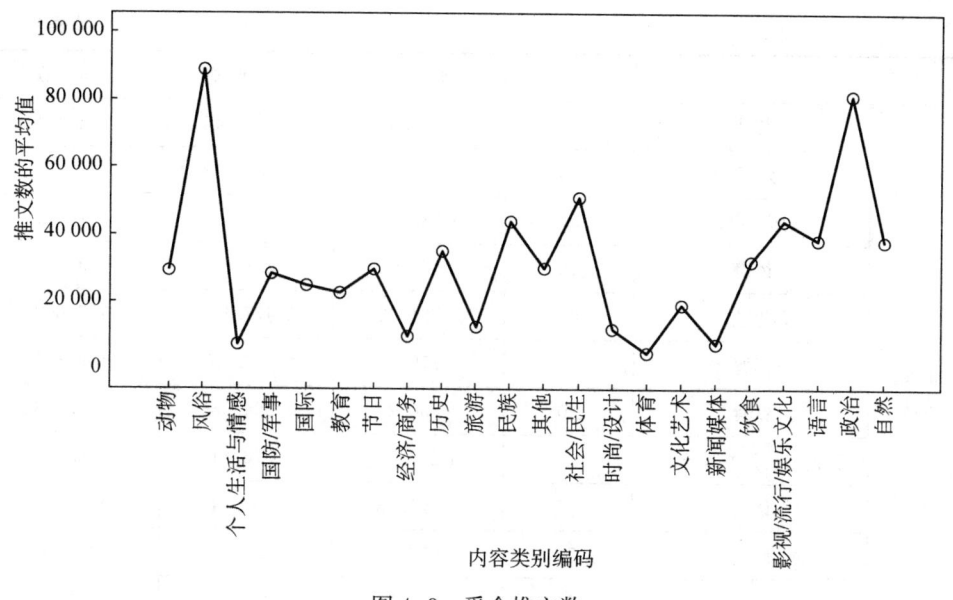

图 4-3 受众推文数

从主动关注他人、与他人在社交媒体进行交互的互动性来看，Twitter 受众中关注社会民生类信息的受众的互动性最高，其次是民族类和政治类。而关注旅游类信息的受众互动性最低，其次是经济/商务类和体育类。类似风俗类、国防/军事类、节日类、以及文化艺术类等信息的受众的互动性都在一个比较低的范围内波动，相互之间的差别不大。参见表 4-70。

表 4-70 受众正在关注的描述性分析输出结果

		N	平均数	标准偏差	标准错误
正在关注	动物	10	2 055.00	2 655.009	839.588
	风俗	14	541.86	532.766	142.388
	个人生活与情感	16	783.38	829.383	207.346
	国防/军事	30	920.60	731.580	133.568
	国际	62	783.87	677.673	86.065
	教育	20	1 811.20	3 702.286	827.856
	节日	12	706.83	686.387	198.143
	经济/商务	50	454.36	495.335	70.051
	历史	24	2 199.08	3 182.528	649.631
	旅游	12	330.67	586.259	169.238
	民族	40	3 148.45	4 644.639	734.382

(续表)

		N	平均数	标准偏差	标准错误
正在关注	其他	48	2 494.50	3 550.315	512.444
	社会/民生	26	3 865.08	5 409.613	1 060.912
	时尚/设计	154	1 383.97	758.433	61.116
	体育	16	454.63	293.843	73.461
	文化艺术	62	721.32	1 477.177	187.602
	新闻媒体	20	719.10	698.534	156.197
	饮食	20	850.20	594.964	133.038
	影视/流行/娱乐文化	54	1 243.78	1 576.614	214.550
	语言	6	1 791.33	2 051.444	837.499
	政治	76	2 973.53	4 524.473	518.993
	自然	24	1 030.75	1 259.286	257.051
	总计	796	1 523.09	2 624.348	93.018

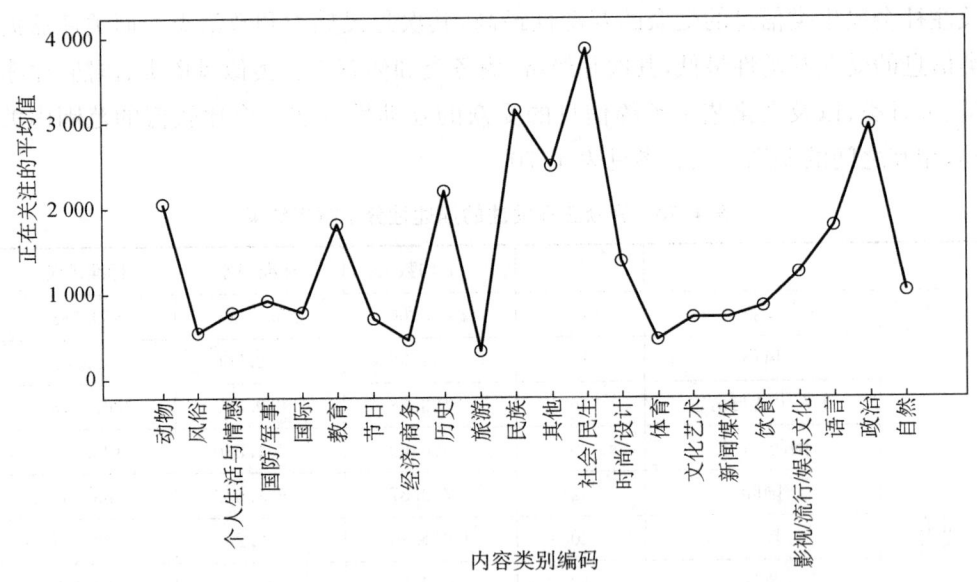

图 4-4 正在关注的数量

从受众的关注者数量来看，Twitter 受众中关注影视/流行/娱乐文化内容的受众，其关注者数量是最高的，为 6 743 个，而且在所有信息类别的受众中处于明显的领先位置。其后依次是社会/民生类、教育类、历史类、政治类内容的受众。受众影响力最低的内容类别是新闻媒体类、时尚/设计类、节日类。此外,国际、经济/商务、旅游等内容类别的受众影响力也都较低。参见表4-71。

表4-71 受众关注者数的描述性分析输出结果

		N	平均数	标准偏差	标准错误
关注者数	动物	14	1 736.57	2 517.818	672.915
	风俗	18	1 528.00	1 570.436	370.155
	个人生活与情感	28	1 236.86	1 412.733	266.981
	国防/军事	34	872.53	2 027.651	347.739
	国际	98	736.59	1 497.145	151.234
	教育	26	3 164.38	7 053.464	1 383.298
	节日	18	555.11	845.656	199.323
	经济/商务	66	670.55	1 048.270	129.033
	历史	30	2 650.13	5 989.668	1 093.559
	旅游	16	889.38	1 530.493	382.623
	民族	52	2 744.73	3 942.153	546.678
	其他	72	2 084.11	3 830.587	451.439
	社会/民生	34	3 174.65	4 441.627	761.733
	时尚/设计	186	450.49	840.680	61.642
	体育	30	1 102.20	2 820.799	515.005
	文化艺术	74	2 153.95	7 057.552	820.424
	新闻媒体	26	418.23	357.593	70.130
	饮食	26	737.77	713.058	139.842
	影视/流行/娱乐文化	98	6 742.69	13 753.215	1 389.285
	语言	8	747.25	548.468	193.913
	政治	96	2 604.38	3 883.507	396.359
	自然	30	1 106.20	1 246.848	227.642
	总计	1 080	1 921.81	5 499.017	167.330

通过对Twitter受众数据进行单因素方差分析,可以得出表4-72、表4-73的检验结果。Twitter受众的活跃度、互动性、影响力层级的平均值等式稳健测试的显著性均<0.05,表明Twitter受众的影响力层级、活跃度层级以及互动性层级均与内容类别之间存在着关联性。

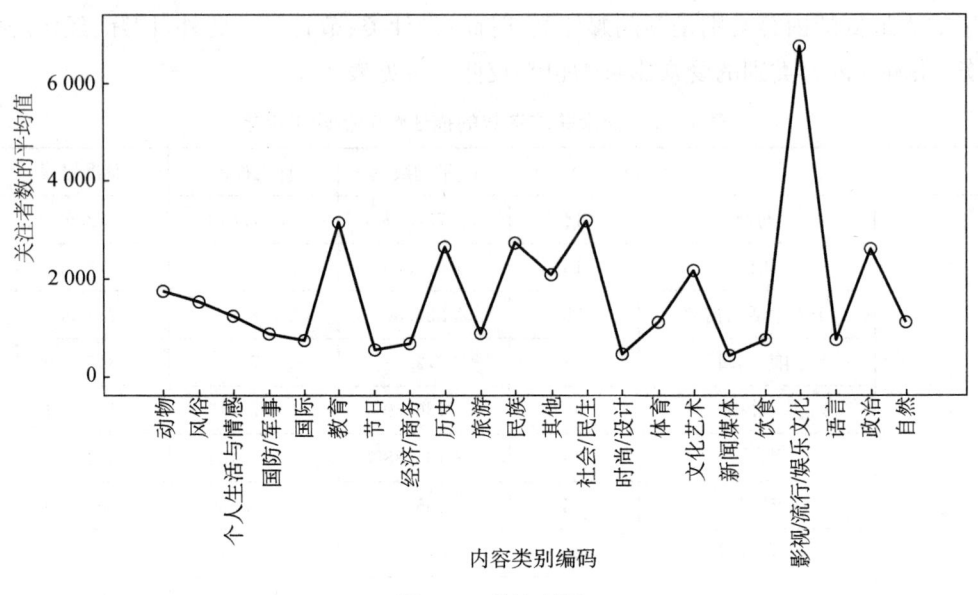

图 4-5 关注者数

表 4-72 变异数同质性测试(推文数、正在关注、关注者数)

	Levene统计资料	$df1$	$df2$	显著性
推文数	39.893	21	1 052	0.000
正在关注	20.936	21	774	0.000
关注者数	18.712	21	1 058	0.000

表 4-73 平均值等式稳健测试(推文数、正在关注、关注者数)

		统计资料[a]	$df1$	$df2$	显著性
推文数	Welch	12.231	21	205.748	0.000
	Brown-Forsythe(B)	9.956	21	257.555	0.000
正在关注	Welch	9.224	21	147.080	0.000
	Brown-Forsythe(B)	5.756	21	208.813	0.000
关注者数	Welch	5.822	21	208.419	0.000
	Brown-Forsythe(B)	8.534	21	313.128	0.000

a. F 值已渐进发布。

总体来看,Twitter中,按照各项指标的前三位与后三位,考察其受众情况,则可以得到表4-74。

从表4-74可以看到,社会/民生类内容的受众,其活跃度、互动性、影响力都居于最前列,是在Twitter上值得重视的一个群体,这也凸显出社会/民生类信息内

表 4-74　Twitter 的受众情况

Twitter 受众	活跃度(发布推文数)	互动性(关注他人数)	影响力(粉丝数)
最高的三类 (从高到低)	风俗类 政治类 社会/民生类	社会/民生类 民族类 政治类	影视/流行/娱乐文化类 社会/民生类 教育类
最低的三类 (从低到高)	体育类 个人生活与情感类 新闻媒体类	旅游类 经济/商务类 体育类	新闻媒体类 时尚/设计类 节日类

容传播和引导的重要性。政治类内容的受众也具有很高的活跃度和互动性,在 Twitter 平台上具有不可忽视的作用。影视/流行/娱乐文化类内容的受众虽然在活跃度和互动性上并未居于最前列,但具有很高的影响力,对于影视/流行/娱乐文化类内容的传播及其受众的引导,也是我国对外传播中应予以重视的主题。同时也要看到,新闻媒体类、体育类内容其受众的活跃度、互动性、影响力等层面都不足,它们形成一种具有沉默性和不够瞩目的群体,然而也正是这些"长尾"的受众形成社交媒体用户的一种普遍组构。

(二) Google+内容类型与受众

将所抽取的 Google+的所有的信息中的热门的 400 条信息进行内容分析,以及内容编码表对其进行编码,确定内容类别。其次将受众信息与内容类别相对应进行分析。在 Google+的受众分析中,将用户"圈子中的人"作为其受众的互动性指标,将 Google 用户的"页面被查看次数"作为 Google 受众的影响力指标。

由表 4-75 和图 4-6 可知,Google+的信息类别中,风俗类、经济/商务类、民族类、社会/民生类以及宗教类信息的受众的圈子中的人数量较多,相互之间的差别不大,其中受众互动性最高的类别是风俗类。圈子中的人数最低的类别分别是医疗/卫生/健康类、影视/流行/娱乐文化类、旅游类以及动物类、教育类的受众。

表 4-75　受众圈子中的人的描述性分析输出结果

		N	平均数	标准偏差	标准错误
此人圈子中的人	地方和区域	281	703.32	1 133.948	67.646
	动物	43	421.12	859.571	131.083
	风俗	57	1 821.56	1 621.103	214.720
	个人生活与情感	161	800.32	1 074.082	84.650
	国际	238	730.57	1 283.878	83.221
	教育	100	444.41	583.093	58.309

(续表)

		N	平均数	标准偏差	标准错误
此人圈子中的人	经济/商务	5	1 738.60	1 903.218	851.145
	历史	237	911.23	1 320.023	85.745
	旅游	4 798	295.82	664.768	9.597
	民族	6	1 663.83	1 786.856	729.481
	其他	236	334.06	584.337	38.037
	社会/民生	52	1 461.44	1 698.685	235.565
	时尚/设计	39	516.92	908.748	145.516
	体育	65	523.14	1 090.703	135.285
	文化艺术	1 103	752.54	1 252.489	37.713
	医疗/卫生/健康	15	128.00	105.908	27.345
	饮食	150	616.29	1 151.808	94.045
	影视/流行/娱乐文化	92	257.18	571.783	59.613
	语言	5	439.00	349.219	156.176
	政治	32	1 320.38	1 366.885	241.633
	植物/农林	106	544.15	917.227	89.089
	自然	58	1 178.28	1 564.559	205.437
	宗教	44	1 529.64	1 676.698	252.772
	总计	7 923	468.96	941.608	10.579

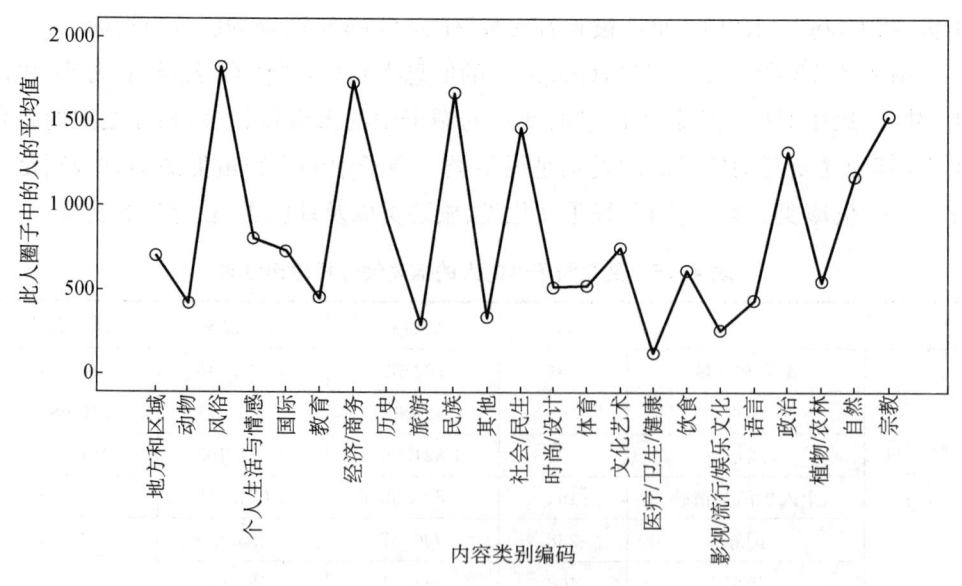

图 4-6 此人圈子中的人

对不同内容类型的受众互动性进行方差分析,根据表 4-77,Welch 和 Brown-Forsythe 检验量的显著性都为 0.000。都低于 0.05 的标准。可以认为,内容类型的差异对于受众圈子中的人数量是有作用的,不同内容类型的受众在互动程度上存在着差异。

表 4-76　变异数同质性测试(此人圈子中的人)

	Levene 统计资料	$df1$	$df2$	显著性
此人圈子中的人	51.331	22	7 900	0.000

表 4-77　平等值等式稳健测试(此人圈子中的人)

		统计资料a	$df1$	$df2$	显著性
此人圈子中的人	Welch	20.241	22	177.319	0.000
	Brown-Forsythe(B)	18.949	22	173.488	0.000

a. F 值已渐进发布。

通过对受众的页面被查看次数与其所关注的内容类别进行交叉分析得出表 4-78。Google+的不同内容类型的受众中,风俗类信息的受众的页面被查看次数最多,具有更高的影响力。其后依次是宗教类、个人生活与情感类、经济/商务类及旅游类。民族类、体育类、文化/艺术类、医疗/卫生/健康类、政治类以及宗教类信息的受众影响力都较低,其中最低的是时尚/设计类、自然类、国际类内容的受众。

表 4-78　受众页面被查看次数的描述性分析输出结果

		N	平均数	标准偏差	标准错误
页面被查看次数	地方和区域	381	1 953 964.57	8 039 562.054	411 879.241
	动物	68	2 804 033.53	8 438 129.118	1 023 273.460
	风俗	96	11 622 095.63	22 495 054.767	2 295 891.913
	个人生活与情感	239	6 678 004.09	34 937 400.815	2 259 912.591
	国际	326	1 319 034.63	3 781 845.185	209 457.033
	教育	294	4 616 379.13	15 498 598.911	903 896.644
	经济/商务	5	6 651 708.80	8 419 073.428	3 765 124.098
	历史	377	3 926 379.82	14 236 848.073	733 234.980
	旅游	11 406	6 029 143.31	225 704 556.926	2 113 360.782
	民族	8	2 712 417.75	3 014 335.006	1 065 728.362
	其他	473	2 256 186.92	4 579 281.484	210 555.587

（续表）

		N	平均数	标准偏差	标准错误
页面被查看次数	社会/民生	71	3 652 848.18	7 900 041.235	937 562.404
	时尚/设计	52	244 966.06	501 760.592	69 581.675
	体育	90	2 072 308.09	6 985 828.118	736 370.940
	文化艺术	1 447	2 357 022.05	16 563 638.963	435 433.151
	医疗/卫生/健康	24	1 660 906.46	3 692 345.584	753 696.886
	饮食	171	1 661 185.80	5 156 288.668	394 311.250
	影视/流行/娱乐文化	128	2 207 663.64	19 535 892.879	1 726 745.291
	语言	10	4 284 506.80	12 109 129.734	3 829 243.044
	政治	47	1 584 059.15	3 960 054.226	577 633.276
	植物/农林	141	1 660 414.16	5 212 249.747	438 950.614
	自然	84	937 346.05	2 135 682.123	233 022.024
	宗教	65	7 791 400.58	15 842 272.888	1 964 992.113
	总计	16 003	5 137 612.62	190 719 990.460	1 507 632.579

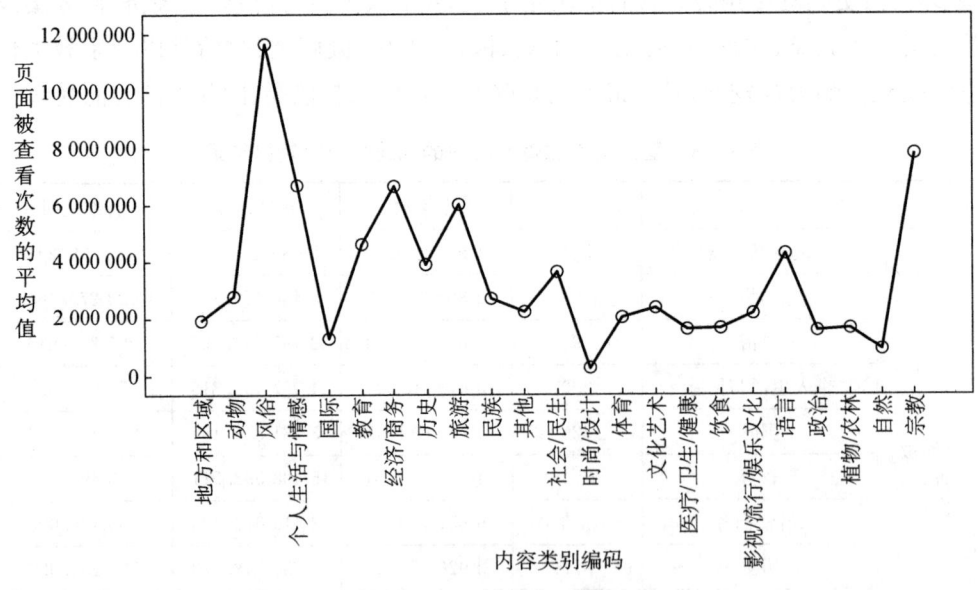

图 4-7　页面被查看次数

对内容类型与相应受众的页面被查看次数进行方差分析，F 值的显著性为 1，高于 0.05 的标准。内容类型的差异对于受众的页面被查看次数所体现的影响力，其作用并不显著。

表 4-79 变异数同质性测试（页面被查看次数）

	Levene 统计资料	$df1$	$df2$	显著性
页面被查看次数	0.119	22	15 980	1.000

表 4-80 变异数分析（页面被查看次数）

		平方和	df	平均值平方	F	显著性
页面被查看次数	群组之间	48 409 288 128 921 832.00	22	2 200 422 187 678 265.00	0.060	1.000
	在群组内	582 010 175 117 631 600 000.00	15 980	36 421 162 397 849 288.00		
	总计	582 058 584 405 760 540 000.00	16 002			

a. F 值已渐进发布。

总体来看，Google＋中，按照各项指标的前三位与后三位，考察其受众情况，则可以得到表 4-81。

表 4-81 Google＋受众情况

Google＋受众	互动性（圈子中的人）	影响力（页面被查看次数）
最高的三类 （从高到低）	风俗类 经济/商务类 民族类	风俗类 宗教类 个人生活与情感类
最低的三类 （从低到高）	医疗/卫生/健康类 影视/流行/娱乐文化类 旅游类	时尚/设计类 自然类 国际类

从表 4-81 可以看到，风俗类内容的受众，其互动性、影响力都居于最前列，是在 Google＋上值得重视的一个群体。在 Google＋中也需注重风俗类文化内容的传播。此外，民族类、宗教类等关系到国家和民族重大文化议题的内容，也是需加大传播和引导的方面，它们的受众在社交媒体上更为主动和更有影响力。关系到医疗/卫生/健康类、时尚/设计类、自然类、旅游类等内容的受众，在 Google＋的平台上其参与度和互动性尚需进一步加强，这也显现出在这些内容类型的传播上，尚未进入国外受众最为关注和最为中心的"议程"。

（三）YouTube 内容类型与受众

在对 YouTube 的受众进行研究的过程中，选取 YouTube 用户的"订阅者数"以及"页面被查看次数"两类数据作为评判 YouTube 的各种内容类别的受众影响力的重要指标。在对其进行综合分析后得出表 4-82 和图 4-8。

在订阅数反映的受众影响力方面，经济/商务类内容的受众显示了其很高的被订阅情况，平均达 32 119 次，远高于 5 016 次的总体平均值。其后，依次是其他类、地方和区域类、旅游类内容的受众。地方和区域类、旅游类的受众被订阅数较高，与 YouTube 作为一种视频媒体、便于传播地方形象和旅游视觉形象具有一定关系。节日类、动物类、司法类内容的受众，被订阅数是最低的。

表 4-82　受众订阅者数描述性分析输出结果

		N	平均数	标准偏差	标准错误
订阅者数	地方和区域	341.00	24 276.55	206 058.54	11 158.70
	动物	14.00	46.57	60.90	16.28
	风俗	919.00	428.62	3 241.44	106.93
	个人生活与情感	311.00	7 575.08	104 386.72	5 919.23
	国防/军事	202.00	197.44	2 073.97	145.92
	国际	1 321.00	995.52	15 448.84	425.05
	环境/生态	51.00	504.31	1 405.04	196.75
	教育	626.00	290.40	2 627.11	105.00
	节日	13.00	26.08	63.66	17.66
	经济/商务	960.00	32 119.31	531 169.79	17 143.43
	科技	433.00	1 594.94	29 607.62	1 422.85
	历史	502.00	2 254.49	28 645.72	1 278.52
	旅游	931.00	10 938.39	240 997.66	7 898.38
	民族	293.00	242.74	3 461.07	202.20
	其他	258.00	27 907.36	440 497.37	27 424.17
	社会/民生	2 293.00	583.55	9 376.41	195.81
	司法	19.00	121.95	423.98	97.27
	体育	593.00	7 255.21	149 849.78	6 153.59
	文化艺术	415.00	5 535.26	54 087.37	2 655.05
	新闻媒体	267.00	2 205.04	20 084.38	1 229.14
	休闲	696.00	1 139.81	17 663.97	669.55
	饮食	1 134.00	1 375.43	18 111.30	537.83
	影视/流行/娱乐文化	1 219.00	4 619.06	74 221.86	2 125.84

(续表)

		N	平均数	标准偏差	标准错误
订阅者数	语言	844.00	270.40	3 822.79	131.59
	政治	1 115.00	834.10	12 141.51	363.61
	自然	373.00	1 609.98	16 346.33	846.38
	总计	16 143.00	5 016.06	160 722.99	1 264.99

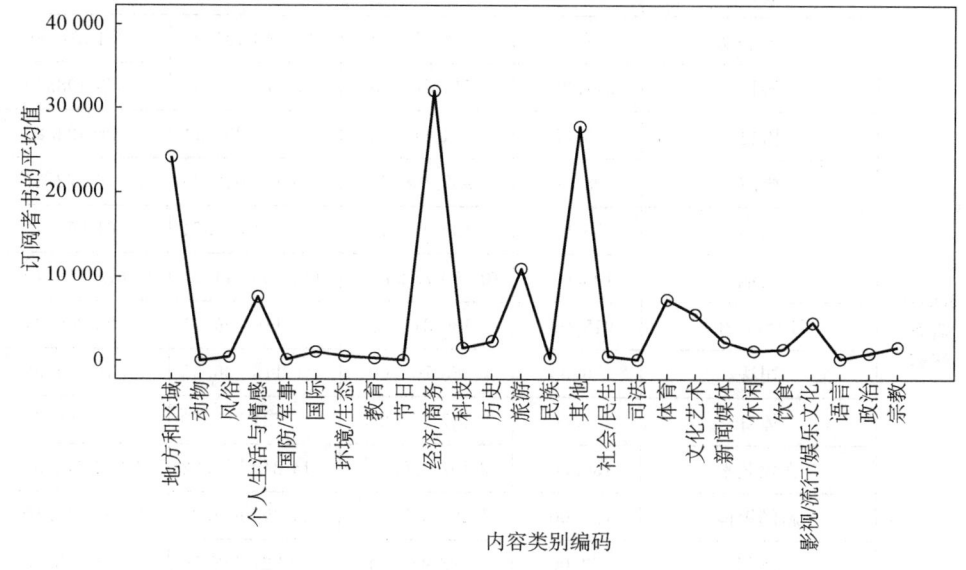

图 4-8　订阅者数

在用户的页面被观看次数所反映的受众影响力方面,经济/商务类内容的受众同样是最高的,也大大超出总体的平均值,这与被订阅数指标所得到的结果是一致的。其后依次是其他类、地方和区域类、旅游类,这也与被订阅数指标的结果一致。节日类、动物类、国防/军事类的内容,其受众的页面被观看次数平均值是各类中最低的,也大大低于总体的平均值。参见表 4-83。

表 4-83　受众页面被观看次数的描述性分析输出结果

		N	平均数	标准偏差	标准错误
页面被观看次数	地方和区域	124.00	5 067 952.52	17 928 028.13	1 609 984.45
	动物	7.00	22 778.14	27 744.28	10 486.35
	风俗	355.00	239 298.32	1 316 328.27	69 863.45
	个人生活与情感	129.00	398 656.56	1 828 529.64	160 993.06

(续表)

		N	平均数	标准偏差	标准错误
页面被观看次数	国防/军事	76.00	30 907.71	116 346.16	13 345.82
	国际	541.00	236 326.65	1 200 255.11	51 603.00
	环境/生态	32.00	430 027.78	1 254 076.25	221 691.46
	教育	243.00	118 751.72	695 003.03	44 584.47
	节日	5.00	11 954.00	15 819.02	7 074.48
	经济/商务	437.00	18 346 778.22	321 543 485.33	15 381 510.86
	科技	211.00	714 578.05	9 579 770.45	659 498.60
	历史	185.00	94 441.43	359 395.11	26 423.25
	旅游	408.00	2 987 458.59	55 478 042.36	2 746 572.37
	民族	86.00	139 948.44	574 504.74	61 950.44
	其他	103.00	10 953 782.87	110 400 844.94	10 878 118.49
	社会/民生	915.00	180 317.56	1 116 396.71	36 906.94
	司法	6.00	68 704.00	113 206.55	46 216.38
	体育	248.00	147 172.08	731 750.50	46 466.20
	文化艺术	150.00	2 492 626.59	14 847 785.22	1 212 316.59
	新闻媒体	124.00	1 265 335.00	11 095 608.95	996 415.10
	休闲	352.00	228 920.24	2 221 442.50	118 403.28
	饮食	482.00	287 073.48	2 037 316.73	92 797.23
	影视/流行/娱乐文化	489.00	302 729.55	2 099 425.67	94 939.31
	语言	247.00	87 345.65	585 156.83	37 232.64
	政治	380.00	427 425.58	4 094 380.05	210 037.27
	自然	184.00	100 441.20	589 729.00	43 475.40
	总计	6 519.00	1 961 182.48	85 671 222.81	1 061 071.07

通过对 YouTube 的受众数据进行单因素方差分析,可以得出表 4-84 的分析结果。YouTube 受众的"订阅者数"与"页面被查看次数"都是其受众的重要的影响力指标,从表 4-85 可知,"订阅者数"这个影响力指标的平均值等式稳健测试中 Welch 和 Brown-forsythe 的结果其显著性均 <0.05,即可以推断 YouTube 的受众的影响力层级中"订阅者数"指标与内容类别存在关联。

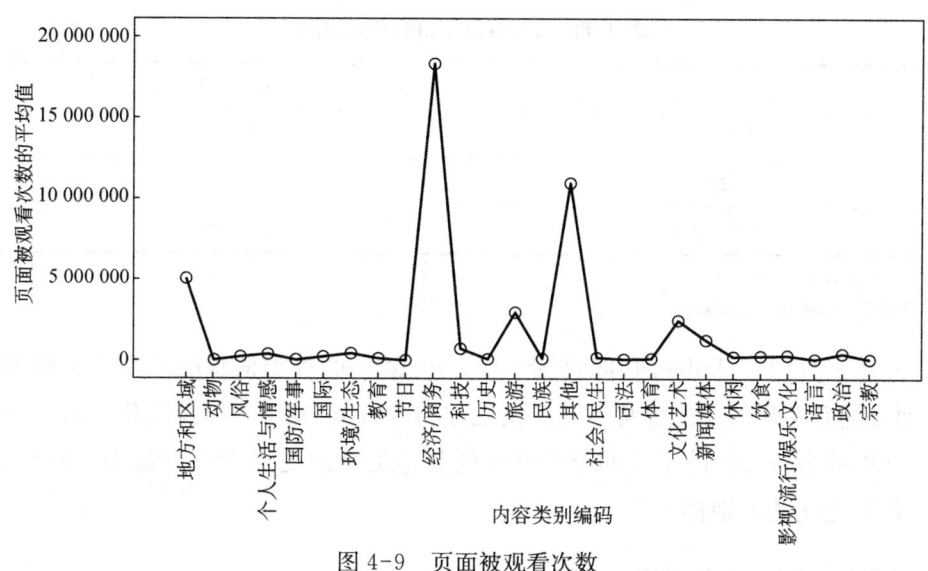

图 4-9 页面被观看次数

表 4-84 变异数同质性测试（订阅者数、页面被观看次数）

	Levene 统计资料	$df1$	$df2$	显著性
订阅者数	7.344	25	16 117	0.000
页面被观看次数	3.032	25	6 493	0.000

表 4-85 平均值等式稳健测试

		统计资料[a]	$df1$	$df2$	显著性
订阅者数	Welch	3.532	25	1 370.450	0.000
	Brown-Forsythe(B)	2.008	25	1 581.509	0.002
页面被观看次数	Welch	4.758	25	447.844	0.000
	Brown-Forsythe(B)	1.273	25	552.011	0.170

a. F 值已渐进发布。

而"页面被查看次数"这一影响力指标的平均值等式稳健测试则显示 Welch 分析的显著性<0.05 而 Brown-Forsythe(B)测试的显著性>0.05，无法准确推断 YouTube 受众的影响力层级是否与内容类别存在关联性，因此对"页面被观看次数"这一影响力指标进行非参数检验。Kruskal-Wallis 检验结果见表 4-86，可知 YouTube 受众的"页面被观看次数"的指标的渐进显著性<0.05，因此可以推断 YouTube 内容类别与其受众的影响力之间存在关联性。

表 4-86 Kruskal-Wallis 检验结果

	页面被观看次数
卡方	191.876
df	25
渐近显著性	0.000

a. Kruskal Wallis 检定。
b. 变数分组：内容类别编码。

总体来看，YouTube 内容的受众中，关注经济/商务类信息的用户的影响力较大，而且拥有明显的领先优势。其次是地方和区域类、旅游类以及文化艺术类信息的受众影响力较大。除了这四个类别外的其他类别的受众影响力都是比较小的，而且相互之间的差别都不大。

(四) Flickr 内容类型与受众

将抽取的 Flickr 中前 400 条受众反馈最为热门的信息，在 sql server 中建立与其受众信息的关联。这些受众是对之做出了有效反馈的受众，本处是对照片帖子作出过评论的受众。本部分的研究选取 Flickr 受众发布的相片数作为其活跃度的指标，正在追踪其他人的数量和参与的群组数作为衡量受众的互动性指标，受众被他人标注的相片数和获得的推荐语数量作为其影响力指标。分别将内容类别与其受众的特征相对应进行分析，从而得出受众的社交媒介特征与他所关注的媒介信息类别之间的联系。

据表 4-87，从发布相片数所反映的受众活跃度来看，国际类内容的受众其活跃程度最高。其后依次是政治类、风俗类、民族类以及地方和区域类。活跃程度最低的受众是节日类信息的受众，文化艺术类、历史类、动物类的内容其受众的活跃性也相对较低。

表 4-87 受众发布相片数的描述性分析输出结果

	描述			
	相片数			
	N	均值	标准差	标准误
地方和区域	716	2 510.59	4 798.048	179.311
动物	51	1 927.61	2 027.702	283.935
风俗	194	2 782.57	3 830.334	275.002

(续表)

	N	均值	标准差	标准误
个人生活与情感	378	2 264.67	4 422.878	227.488
国际	41	5 227.00	11 219.007	1 752.115
节日	62	1 585.48	1 576.556	200.223
历史	209	1 807.03	3 003.059	207.726
旅游	1 075	1 954.01	3 634.476	110.850
民族	88	2 678.72	3 397.633	362.189
其他	269	2 150.25	4 651.336	283.597
文化艺术	33	1 805.00	1 955.767	340.455
饮食	22	2 138.00	2 193.283	467.609
政治	81	3 136.01	7 170.350	796.706
植物/农林	869	2 326.69	5 050.683	171.333
总数	4 088	2 269.88	4 482.794	70.112

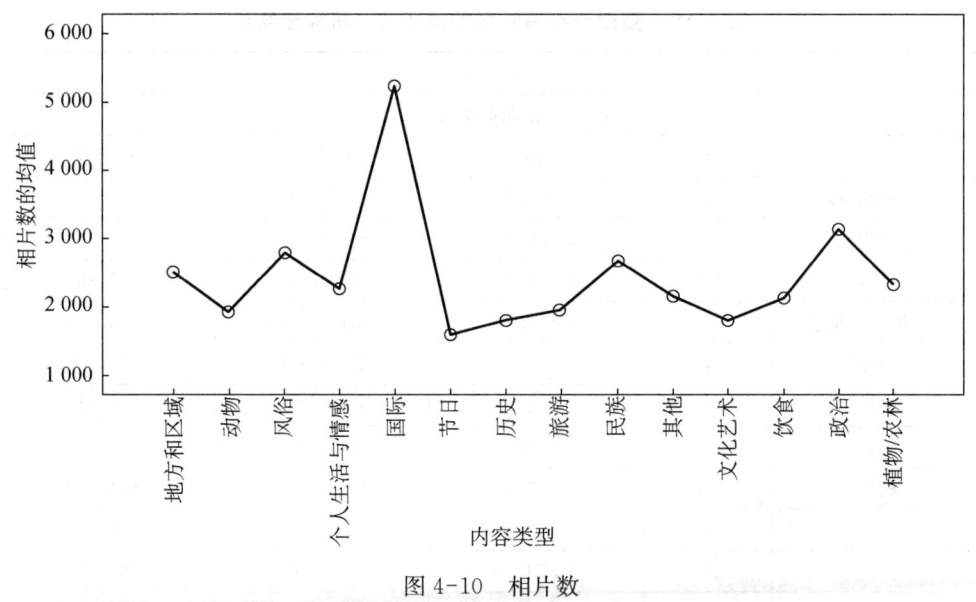

图 4-10 相片数

对内容类型与相应受众的发布相片数进行方差分析,据表 4-88,Welch 和 Brown-Forsythe 统计量的显著性分别为 0.003 和 0.006,都低于 0.05 的标准。可以认为,内容类型的差异对于受众发布相片数是有作用的,不同内容类型的受众在发布相片的活跃度上存在着显著差异。

表 4-88　对受众相片数进行的方差分析

方差齐性检验

相片数

Levene 统计量	$df1$	$df2$	显著性
9.030	13	4 074	0.000

均值相等性的健壮性检验

相片数

	统计量[a]	$df1$	$df2$	显著性
Welch	2.450	13	377.510	0.003
Brown-Forsythe	2.342	13	225.473	0.006

a. 渐近 F 分布。

据表 4-89，从用户正在追踪其他人的数量所反映的受众互动性来看，植物/农林类内容的受众具有很高的互动性。文化艺术类、民族类、饮食类、节日类内容的受众，其互动性则偏低。

表 4-89　受众正在追踪数的描述性分析输出结果

	描述			
	正在追踪数			
	N	均值	标准差	标准误
地方和区域	716	1 610.86	6 774.599	253.179
动物	51	1 089.82	1 441.877	201.903
风俗	194	1 412.12	3 027.775	217.382
个人生活与情感	378	1 633.81	3 100.934	159.495
国际	41	1 574.59	2 847.980	444.780
节日	62	832.23	1 841.816	233.911
历史	209	1 472.85	3 121.146	215.894
旅游	1 075	1 463.98	3 338.813	101.833
民族	88	692.35	1 323.145	141.048
其他	269	1 336.30	4 205.015	256.384
文化艺术	33	280.30	669.085	116.473
饮食	22	816.00	828.964	176.736
政治	81	1 406.32	2 548.156	283.128
植物/农林	869	3 980.28	3 933.307	133.428
总数	4 088	1 985.96	4 319.966	67.565

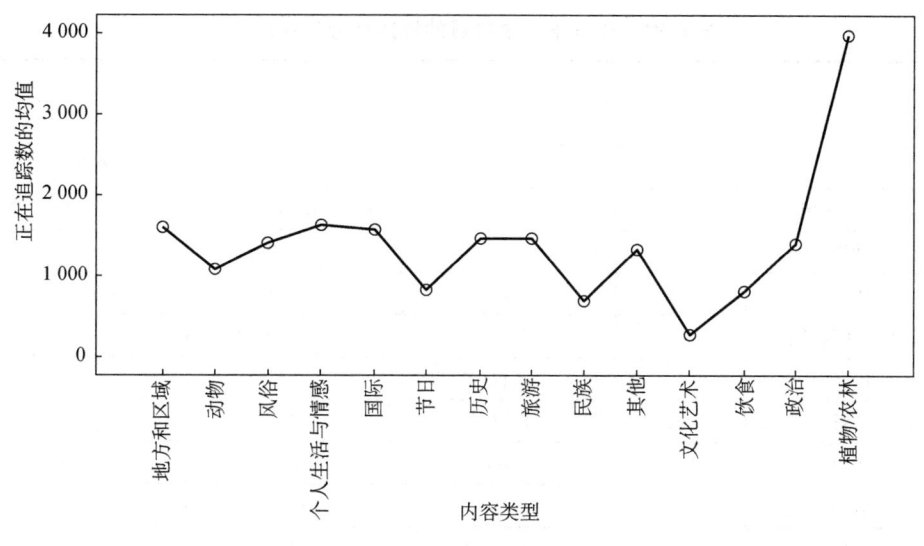

图 4-11 正在追踪数

对基于内容类型的受众追踪他人数进行方差分析,Welch 和 Brown-Forsythe 统计量的显著性都为 0.000,接近于 0,大大低于 0.05 的标准。可以认为,内容类型的差异对于受众追踪他人数是有作用的,不同内容类型的受众在追踪他人的互动性上存在着显著差异。

表 4-90 对受众正在追踪数进行的方差分析

方差齐性检验

正在追踪数

Levene 统计量	$df1$	$df2$	显著性
20.605	13	4 074	0.000

均值相等性的健壮性检验

正在追踪数

	统计量[a]	$df1$	$df2$	显著性
Welch	38.778	13	405.416	0.000
Brown-Forsythe	36.745	13	2 294.747	0.000

a. 渐近 F 分布。

从受众得到的推荐语数量所反映的影响力指标来看,节日类、民族类、风俗类等类型内容的受众其影响力居于最前列。而动物类、其他类、历史类、国际类内容的受众,其影响力则偏低(表 4-91)。

表 4-91 受众推荐语数量的描述性分析输出结果

	描述			
	推荐语数量			
	N	均值	标准差	标准误
地方和区域	716	1.60	4.837	0.181
动物	51	0.78	1.629	0.228
风俗	194	3.08	8.142	0.585
个人生活与情感	378	2.49	6.229	0.320
国际	41	0.90	1.221	0.191
节日	62	5.40	8.263	1.049
历史	209	0.83	2.353	0.163
旅游	1 075	2.30	6.719	0.205
民族	87	4.78	7.178	0.770
其他	269	0.80	2.804	0.171
文化艺术	33	1.12	2.870	0.500
饮食	22	1.05	1.704	0.363
政治	81	2.75	6.848	0.761
植物/农林	869	2.90	3.862	0.131
总数	4 087	2.24	5.531	0.087

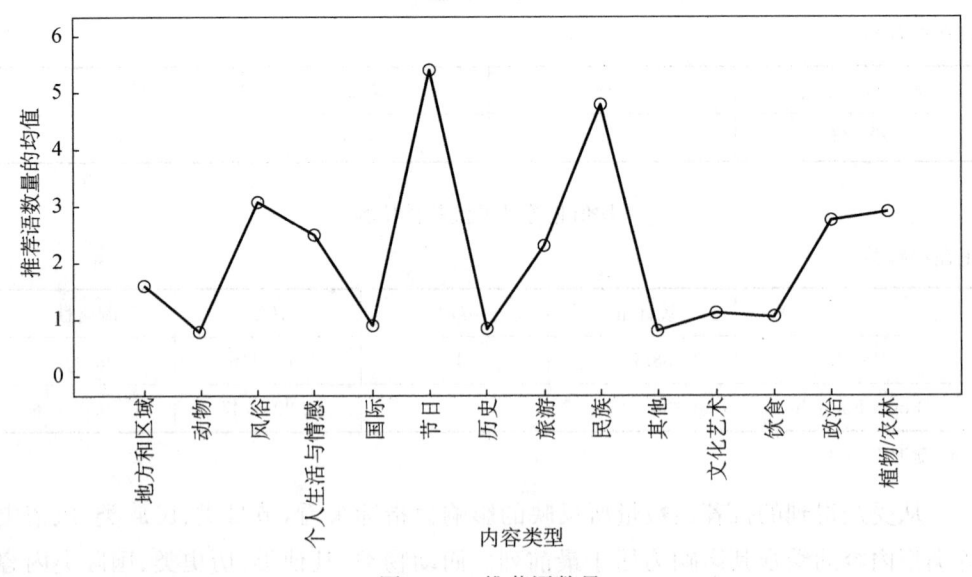

图 4-12 推荐语数量

对基于内容类型的受众追踪他人数进行方差分析,见表 4-92 所示,Welch 和 Brown-Forsythe 统计量的显著性都为 0.000,接近于 0,大大低于 0.05 的标准。可以认为,内容类型的差异对于受众的推荐语数是有作用的,不同内容类型的受众在推荐语数的影响力维度上存在着显著差异。

表 4-92 对受众推荐语数量进行的方差分析

方差齐性检验

推荐语数量

Levene 统计量	$df1$	$df2$	显著性
14.421	13	4 073	0.000

均值相等性的健壮性检验

推荐语数量

	统计量[a]	$df1$	$df2$	显著性
Welch	17.266	13	385.055	0.000
Brown-Forsythe	9.226	13	789.564	0.000

a. 渐近 F 分布。

总体来看,Flickr 中按照各项指标的前三位与后三位,考察其受众情况,如表 4-93 所示。

表 4-93 Flickr 受众情况

Flickr 受众	活跃度(发布相片数)	互动性(追踪他人数)	影响力(得到推荐语数)
最高的三类 (从高到低)	国际类 政治类 风俗类	植物/农林类 个人生活与情感类 地方和区域类	节日类 民族类 风俗类
最低的三类 (从低到高)	节日类 文化艺术类 历史类	文化艺术类 民族类 饮食类	动物类 其他类 历史类

在 Flickr 中,风俗类内容的受众具有较高的活性,活跃度、影响力都较为理想。狭义的文化艺术类其受众的活跃度和互动性都偏低,显示出中国文化内容的传播在最为核心的文化层面,仍需加强传播,强化与中心受众圈的融合。历史类的内容其受众同样也不够活跃,而且影响力偏低。在突出历史和传统文化向度的对外传播方面,我国还需重视及其策略的构建,增强对于主流受众群体的吸引和辐射。

（五）小结

对四种媒体的中国文化内容传播中的受众进行综合审视，它们表现出各自具有的受众特点，同时也有一定程度的共性。从共性的角度而言，风俗类、民族类、政治类等类型的中国文化内容，其受众在多数媒体都表现出较高的活跃度、互动性或影响力，是社交媒体中最具有活性的部分，它们也是中国在国际传播中需要加大挖掘和争取的受众群体。同时，这些类型的内容具有较强的公共领域和公共议题性，更加需要注重对其受众引导的难度和重要性。而节日类、旅游类等偏于娱乐性、个体性、消费性的内容类型，其受众在接受信息的过程中，参与性和互动性则偏弱，总体上其活跃程度和影响效能不如前几类受众。自然类、医疗/卫生/健康类等专门性或技术性较强的内容类型，其受众在社交媒体参与度和影响力也不够高。值得注意的是，在中国文化的国际社交媒体传播中，最为核心和狭义层面的文化艺术类、历史类等类型，其受众并未表现出足够的互动性和参与性、影响力，这也反映出中国文化的传播在社交媒体传播中还未营造出足够的议程性，也还未吸引最为主流和最具参与性的受众参与到其有效的反馈和传播中。基于领域和特征差异对受众的差别化运行和针对性传播，是中国文化对外传播中需要继续探索和实践的命题。

四 传受话语结构与圈层特征

（一）理论分析与研究设计

中国文化在国际社交媒体的有效传播中，传受关系并不是发散和非对称的，而是具有传者和受众之间的层级对称性，形成一种趋同和趋近的"话语流动圈"。这种话语层级并非指向实体性或线下性的社会因素，而是基于线上性和准虚拟化的话语特征，包括其线上的活跃度、互动性、影响力等层面。更具体地说，传者在网络社交媒体中的话语层级，与其吸引什么样的话语层级的受众密切相关；同时，受众也更倾向于对与自己线上活跃度、互动性、影响力相近层级的传者进行信息反馈和传播反馈，形成有效传播通路。

本节的假设可提炼为以下表述：中国文化在国际社交媒体的有效信息流动中，受众最有可能对和自己的话语层级相近的传者进行反馈，传者得到的反馈最有可能来自和自己的话语层级相近的受众。其中，"有效流动"的界定是，传者在社交媒体发出的信息（或帖子）得到受众的反馈；"反馈"的界定是，受众对传者发出的信息

(或帖子)进行了评论、点赞、转发等行为。之所以把"话语圈层"限定在信息"有效流动"的研究范围内,是因为帖子若仅仅被发布而不被浏览、或仅被浏览而并未产生反馈与作用,那我们无从判断这样的帖子达成了有效的信息传播,也难以判断信息的受众是否为有效受众。

本节的研究设计是:对 Twitter、Google+、YouTube、Flickr 四种媒体,抽取一年内关于中国文化的样本帖子。考察这些帖子的传者和受者之间,分别在社交媒体上的发声活跃度(后文简称活跃度)、社交互动性(后文简称互动性)、传播影响力(后文简称影响力)方面,有没有相近性与相关性,以及有怎样的关联结构。基于信息的有效流动和有效传播,本书不把仅仅点击或浏览帖子的受众作为有效受众,而是把有效受众的范围界定为对帖子做出实际反馈行为的受众,例如对帖子进行点赞、收藏、或是转发、评论。

其中的关键概念分别界定如下:①话语层级。本书从社交媒体的线上活跃度、互动性、影响力考察用户的话语层级。活跃度指用户在社交媒体中进行帖子生产、内容发布的活跃程度,例如发推文的数量;互动性指用户通过社交媒体与他人进行类社会互动的程度,例如关注他人的数量、追踪他人帖子的数量;影响力指用户在社交媒体中的话语地位和影响效果,例如关注者数量、得到的推荐语数量所反映的。②话语等级。对上述话语层级的具体数值,由于它们是连续性的,将其转换为离散的等级序数,便于进行分析。转换方法是采取对数函数,将话语转换为若干等级,得到的等级范围最小值为1,最高值依据媒体的不同在10～15之间。③有效受众。对帖子的受众,不考虑那些仅观看而不做任何表示与反馈的受众,而考虑对帖子做出了评论、收藏、转发、点赞等有效反馈的受众。

四种媒体的"有效受众",其界定和选取标准如下:①Twitter:对帖子做出转推或评论的受众;②YouTube:对帖子做出评论的受众;③Google+:对帖子做出评论或点赞的受众;④Flickr:对帖子做出评论的受众。这些有效受众的信息和账户网址,都可以依据四种媒体的不同,通过其评论区或反馈区,而便利地获取到。

需说明的是,由于社交媒体的类型的不同,我们对不同媒体所采取的话语指标是不同的。但这并不妨碍这些指标反映着传者或受众的话语特征,也不妨碍对单独一种媒体的分析的自洽性。因为本文的分析并不是对不同媒体中的话语进行横向比较,而只是分析文章的假设效应在这些媒体中是否单独各自成立。

对于传受关系中"话语圈层"效应的判定和检验,主要通过以下方式,涉及 pearson 相关系数、kendall 秩相关系数、spearman 等级相关系数等。(1)受-传关联性。对于话语等级为 m 的受众群,它可能来自各个等级的传者。本研究将考察它在哪个话语等级的传者中占的比例最高,将这个拥有 m 等级受众的比例最高的传者等级记为 n。最后计算每个等级的受众 $(m_1, m_2, m_3, \cdots, m_{\max})$,和该等级受众分别对应的传者话语等级 $n(n_1, n_2, n_3, \cdots, n_{\max})$ 之间的相关系数。理论上,若存在话语的同层级结构,则每个 m 和对应的 n 值应是相等或相近的,一个值大另一个值也应随之大,一个值小另一个值也相应小,也即两者应具有显著的相关性。

(2) 传-受关联性。对于话语等级 n 的传者,它可能拥有分布于各个等级的受众,n 等级的传者拥有的每个等级的受众所占比例记为 $m_{n,1}, m_{n,2}, m_{n,3}, \cdots, m_{n,\max}$;对于每个等级的受众,在全部受众的总体中所占比例记为 $m_1, m_2, m_3, \cdots, m_{\max}$;则得到 n 等级的传者拥有的每个等级的受众的"相对比例"为(某等级的受众在 n 等级传者的受众中所占比例-该等级受众在全体受众中所占比例),也即:$m_{n,1} - m_1$,$m_{n,2} - m_2$,$m_{n,3} - m_3$,$\cdots$,$m_{n,\max} - m_{\max}$。这种"相对比例"有效地屏除了受众全体的分布结构对于特定等级的传者所拥有的受众的分布结构的影响。随后,考察 n 等级的传者拥有的相对比例最高的受众等级,标为 m。最后计算每个传者等级 n 和它对应的 m 值之间的相关系数。理论上,若存在话语的同层级结构,则每个 m 和对应的 n 值应是相等或相近的,一个值大另一个值也应随之大,一个值小另一个值也相应小,也即两者应具有显著的相关性。

对四种媒体各抽取一年之内的帖子样本用于分析。本研究采取专门主题的抽样,每种媒体都以"China"和"culture"为复合关键词,针对某个专题领域爬取帖子样本。各媒体的数据抓取过程分别如下:

1. Twitter

采集和过滤得到 2014 年 10 月 11 日到 2015 年 10 月 10 日的帖子共 13 471 条,这些帖子在 12 个月中随机分布。从中剔除转推数和收藏数都为 0 的帖子,剩下 3 850 条。对这 3 850 帖子采集它们的转推者和收藏者。由于有些受众账号已被冻结,因此并非所有帖子的受众都能成功采集。成功采集的有:转推者 9 867 条,去重后 6 391 条,成功采集其中 6 383 个受众的具体信息;收藏者 9 649 条,去除重复后 5 836 条,成功采集 5 829 个受众的具体信息和影响力数据。其中存在着无效数据、重复数据或已过期无法采集的数据,最后得到 10 961 个不同的受众。将数据表导入到 sql server 中,并对数据表进行连接,每一行数据中包含一条帖子的传者资料及其一个受众资料,共得到这样的行 13 205 条。

2. YouTube

在 YouTube 首页对组合关键词搜索得到的内容,每隔两周采样一次,抓取 2014 年 11 月 16 日至 2015 年 11 月 15 日之间上传的 YouTube 视频帖子,去除重复帖之后，剩下的样本 2 486 条。这些帖子样本的评论数量分异很大，有必要避免少数过热帖子对总体受众结构比例的过大的偏倚影响。因此对于所有帖子，若帖子的评论数量大于 240 条，则仅取前 240 条评论。最后得到 16 547 条评论及其评论者。这 16 547 条评论，由 15 521 个不同的评论者所发。评论者信息由于存在账户冻结、账户异常等情况，这 15 521 个不同的评论者中，实际成功采集 15 510 个评论者的影响力数据。将 YouTube 中采集得到的 16 547 条评论及其 15 521 个不同的评论者数据导入 sql server 中，并对数据表进行连接，每一行数据中包含一条帖子的传者资料及其一个受众资料，共得到这样的行 16 522 条。受者资料中，页面被观看次数若为 null 则表示无人观看，这一般是账号新注册，尚未上传视频。根据传者、受者的被订阅数、页面被观看次数进行传受之间话语关系的关系，这两个指标都显示着用户在 YouTube 平台中的影响力状况。

3. Google+

在 Google+首页组合关键词搜索，得到按时间更新顺序的帖子。采集的是 2014 年 10 月 21 日到 2015 年 10 月 20 日按时间更新排序全部帖子，共得 4 947 条。对这 4 947 条帖子，爬取做了评论、点赞的所有有效受众的信息。由于很多帖子反响冷清，没有任何受众对其评论或点赞。因此实际取得 472 条帖子的共 7 668 个为帖子评论或点赞的受众。这 7 668 个受众去除重复后为 5 783 个，从中剔除无效账户或异常账户，实际采得 5 780 个不同受众的影响力数据。将数据表导入到 sql server 中，并对数据表进行连接，每一行数据中包含一条帖子的传者资料及其一个受众资料，共得到这样的行 7 318 条。受者资料中，页面被观看次数若为 null 则表示无人观看，这一般是账号新注册，尚未上传视频。

4. Flickr

在 Flickr 首页根据组合关键词搜索得到，每两周采样一次。Flickr 采集的是 2014 年 11 月 4 日到 2015 年 11 月 3 日按时间更新排序的照片帖子，共得 16 692 条，其中 819 条有评论，其他绝大多数的照片帖子的评论数为 0。由于每个照片贴的评论区中，评论数量差异很大，多数帖子没有评论或仅有少数评论，而少数帖子的评论则成千上万条。为了避免这少数帖子对整体数据比例的过大影响和样本参数的偏倚，采取弱化异常值的做法，每条帖子若评论数大于 220 条则只取前 220 条评论。最后采集得到各照片贴的评论 9 018 条，它们由 3 673 个不同的评论者所发。实际采得 3 665 个评论者的个人资料，其他几个由于账户关闭等原因未成功抓取。将数据表导入 sql server 中，并对数据表进行连接，每一行数据中包含一条帖子的传者资料及其一个受众资料，共得到这样的行 8 895 条。

对于传者及其受众的数据资料，进行清洗和标准化的处理、转换。获取得到的帖子、传者、受者的资料，传入到 SQL SERVER 数据库中进行连接操作。其中涉及的所有影响力数值如关注者数、页面被观看总次数等，通常都数值跨度很大。除个别特例和特别说明外，本文都以取对数值的方法将其转为小跨度的等级数处理。具体处理方法为：设原值为 x，转换后的值为 y，则 $y=int(\log(x)*2)+1$，其中 int 是取整函数，也即取不大于该值的最大整数，如 2.511 取值为 2；log 是取以 10 为底的对数；原值 x 为 0 的，若无特别说明，则转换后的值取为 1。转换公式为 $y=int(\log(x)*2)+1$ 的数值范围对应关系为：$[1-10^{1/2})$，转换后为 1；$[10^{1/2}, 10)$，转换后为 2；$[10, 10^{3/2})$，转换后为 3；$[10^{3/2}, 100)$，转换后为 4；$[100, 10^{5/2})$，转换后为 5；$[10^{5/2}, 1\,000)$，转换后为 6；……以此类推。也即，每个转换后的数字编码 n 对应的范围为：下界为 $10^{(n-1)/2}$，且包含该下界值；上界为 $10^{n/2}$，且不包含该上界值。转换后的等级数，基本都在 1 至 20 的整数区间范围内。

（二）Twitter 传受关系

采集所得的 Twitter 样本数据和分析指标中，活跃度用传播主体的发推文数作为指标；互动性用传播主体关注他人的数量作为指标；影响力用传播主体的页面被其他人收藏数作为衡量指标。

1. 传者特征的受众作用

不同等级的传者活跃度特征，其相应的受者等级如表 4-94 所示。随着传者发推文数的增加，该等级的传者所对应的受众其平均发推文数也逐步增加，两者的正相关关系是比较鲜明的。通过方差分析可知，以传者的发推文数等级为自变量，可以见到受者的发推文数之间，是具有显著的差异的，其 Welch 和 Brown-Forsythe 检验量的显著性 P 值均为 0.000，接近于 0。

表 4-94 对受众推文数-转换后进行的方差分析

方差齐性检验

受众推文数-转换后

Levene 统计量	$df1$	$df2$	显著性
3.397	12	13 142	0.000

均值相等性的健壮性检验

受众推文数-转换后

	统计量[a]	$df1$	$df2$	显著性
Welch	50.434	12	45.906	0.000
Brown-Forsythe	48.973	12	25.085	0.000

a. 渐近 F 分布。

从表 4-95 可以看到,随着传者发推文数的等级的不同,受众发推文数等级的平均值也有差异。但大体上,随着传者等级的提升,受者也显现出提升。事实上,由于传者等级为 1、2、13 的样本量低于 30,在社会科学研究中是作为小样本看待的,若将其剔除,则更可以鲜明地看到,传者等级和受者等级之间鲜明的正相关性。

表 4-95 受众推文数-转换后的描述性分析输出结果

	描 述			
	受众推文数-转换后			
传者推文数	N	均值	标准差	标准误
1	3	5.00	3.464	2.000
2	3	6.33	1.528	0.882
3	37	5.62	1.552	0.255
4	84	6.95	1.932	0.211
5	209	7.57	1.502	0.104
6	628	7.43	1.668	0.067
7	1 540	7.75	1.710	0.044
8	2 622	8.14	1.810	0.035
9	2 933	8.11	1.922	0.035
10	3 330	8.45	1.851	0.032
11	1 617	8.82	1.865	0.046
12	142	8.94	1.755	0.147
13	7	9.86	1.215	0.459
总数	13 155	8.20	1.873	0.016

不同等级的传者互动性特征,其相应的受者等级如表 4-96 所示。随着传者关注他人数的增加,该等级的传者所对应的受众其平均关注他人数也逐步增加。

表 4-96 受众正在关注数-转换后的描述性分析输出结果

	描 述			
	受众正在关注数-转换后			
传者正在关注数	N	均值	标准差	标准误
1	29	5.41	1.427	0.265
2	77	5.70	1.424	0.162

（续表）

传者正在关注数	N	均值	标准差	标准误
3	387	5.56	1.371	0.070
4	507	5.82	1.388	0.062
5	1 215	5.85	1.332	0.038
6	3 294	6.02	1.218	0.021
7	2 808	6.28	1.185	0.022
8	745	6.32	1.358	0.050
9	389	6.56	1.613	0.082
10	321	6.09	1.206	0.067
11	26	6.04	1.483	0.291
12	2	6.00	0.000	0.000
总数	9 800	6.09	1.289	0.013

不同等级的传者影响力特征，其相应的受者等级如表4-97所示。通过方差分析可知，以传者的被收藏数的不同等级作为自变量，其对应的受众的被收藏数等级存在显著的差异。

表4-97 对受众被收藏数-转换后进行的方差分析

方差齐性检验

受众被收藏数-转换后

Levene统计量	$df1$	$df2$	显著性
17.169	11	12 537	0.000

均值相等性的健壮性检验

受众被收藏数-转换后

	统计量[a]	$df1$	$df2$	显著性
Welch	41.266	11	263.277	0.000
Brown-Forsythe	33.698	11	213.887	0.000

a. 渐近F分布。

据表4-98，随着传者被收藏数的增加，该等级的传者所对应的受众其平均被收藏数，在总体上也呈现出逐步增加的态势。

表 4-98 受众被收藏数-转换后的描述性分析输出结果

	描 述			
	受众被收藏数-转换后			
传者被收藏数	N	均值	标准差	标准误
1	347	6.96	2.546	0.137
2	793	6.97	2.506	0.089
3	855	6.96	2.294	0.078
4	1 407	7.02	2.212	0.059
5	2 056	7.00	2.291	0.051
6	2 061	7.21	2.131	0.047
7	2 070	7.51	2.056	0.045
8	1 427	7.69	1.951	0.052
9	934	7.98	1.858	0.061
10	341	8.47	1.768	0.096
11	251	8.01	1.826	0.115
12	7	7.86	3.024	1.143
总数	12 549	7.33	2.186	0.020

2. 传受关系中的活跃度

整体上看，由于传-受者话语特征之间的相关性，在传-受者之间形成特定圈层结构。信息更倾向于在相同或相近的传-受者间有效流动和传播。信息从传者到受者，在各个等级之间的转移概率矩阵如下表所示。以发布推文数等级为 8 的受众为例，该等级的受众占到 22.11% 的比例。等级 6 的传者，有 30.6% 的受众属于等级 8，有 22.5% 的受众属于等级 7。空单元格表示为 0。该表是一个转移概率矩阵。从表 4-99 可以看到，样本中等级 8 和等级 9 的受众比例是最多的，分别达到 22.11% 和 21.06%。

用"该等级受众所属的比例最高的传者等级"，表示对于某个等级的受众，它在哪个等级的传者中比例最高。例如表 4-99 中，对于等级为 4 的受众，等级 3 的传者中拥有等级为 4 的受众的比例达到 21.6%，是各个等级传者中该比例最高的。其数值以及排序的对应关系如表 4-100 所示(传者的第 1 级、第 2 级和第 13 级由于分别只有 3、3、7 个传者样本，样本量太少此处不予考虑)。

表 4-99 传者发推文数和受者发推文数的转移概率矩阵

		受者发布推文数-转换后													
		1	2	3	4	5	6	7	8	9	10	11	12	13	合计
传者发布推文数-转换后	1	33.3%	0	0	0	0	0	66.7%	0	0	0	0	0	0	100.0%
	2	0	0	0	0	33.3%	33.3%	0	33.3%	0	0	0	0	0	100.0%
	3	0	0	5.4%	21.6%	27.0%	13.5%	18.9%	10.8%	2.7%	0	0	0	0	100.0%
	4	0	1.2%	1.2%	9.5%	8.3%	19.0%	27.4%	13.1%	6.0%	11.9%	2.4%	0	0	100.0%
	5	0.3%	0	1.0%	0.5%	5.3%	16.3%	27.3%	23.0%	16.7%	7.2%	2.9%	0.8%	0	100.0%
	6	0.3%	1.1%	1.3%	0.8%	6.5%	15.1%	22.5%	30.6%	12.9%	6.2%	1.9%	0.8%	0.1%	100.0%
	7	0.2%	0.3%	0.8%	2.1%	6.0%	11.2%	21.2%	26.3%	17.5%	9.5%	4.2%	0.8%	0.0%	100.0%
	8	0.2%	0.6%	0.9%	1.8%	3.7%	8.9%	16.4%	23.7%	21.1%	14.3%	7.6%	1.3%	0.1%	100.0%
	9	0.4%	0.8%	1.2%	2.2%	3.8%	9.2%	15.5%	22.2%	21.2%	14.5%	7.6%	1.5%	0	100.0%
	10	0.3%	0.5%	1.2%	1.7%	2.9%	6.5%	12.9%	20.0%	23.5%	20.4%	8.6%	2.7%	0	100.0%
	11	0.3%	0.5%	0.8%	1.7%	2.4%	4.4%	9.2%	17.5%	23.7%	22.2%	14.7%	2.1%	0	100.0%
	12	0	0	2.1%	0.7%	2.1%	2.8%	8.5%	16.9%	25.4%	24.6%	14.8%	0	0	100.0%
	13	0	0	0	0	0	0	0	14.3%	28.6%	14.3%	42.9%	0	0	100.0%
合计		0.002 9	0.005 7	0.010 7	0.018 9	0.038 6	0.085 0	0.154 3	0.221 1	0.210 6	0.158 3	0.080 2	0.013 2	0.000 5	100.0%

表 4-100 受众发推文等级序列

受众发推文数等级	3	4	5	6	7	8	9	10	11	12
该等级受众所属的比例最高的传者等级	3	3	3	4	4	6	12	12	12	11

对表 4-101 中的等级序列进行相关分析,其结果如表 4-101 所示:受众等级和该等级受众所属的比例最高的传者等级之间是高度相关的,传者等级和该等级传者拥有的比例最高的受众等级之间也是高度相关的。

表 4-101 受众发推文等级序列的相关性检验结果

相关性

		发推文数等级	该等级受众所属的比例最高的传者等级	该等级传者拥有的比例最高的受众等级
发推文数等级	Pearson 相关性	1	0.902**	0.896**
	显著性(双侧)		0.000	0.000
	N	10	10	10
该等级受众所属的比例最高的传者等级	Pearson 相关性	0.902**	1	0.733*
	显著性(双侧)	0.000		0.016
	N	10	10	10
该等级传者拥有的比例最高的受众等级	Pearson 相关性	0.896**	0.733**	1
	显著性(双侧)	0.000	0.016	
	N	10	10	10

**. 在 0.01 水平(双侧)上显著相关。
*. 在 0.05 水平(双侧)上显著相关。

考察每个等级的传者,其受众的分布偏向。由于受众在各个等级的分布,还受到总体中受众分布的影响,所以把传-受矩阵中,某等级传者所对应的各个等级的受众的比例,减去该等级的受众在总体的比例,也即单元格的值减去该列的总体值。这样得到的矩阵如表 4-102 所示。

用"该等级传者拥有的相对比例最高的受众等级",表示对于某个等级的传者,它拥有哪个等级的受众是相对比例最高的。其中,相对比例指的是,i 等级的传者拥有的 j 等级受众比例-总体的 j 等级受众比例。其数值以及排序的对应关系如表 4-103 所示(传者的第 1 级、第 2 级和第 13 级由于分别只有 3、3、7 个传者样本,样本量太少此处不予考虑)。

表 4-102 传者发布推文数与受者发布推文数转移概率矩阵

传者发布推文数-转换后 * 受者发布推文数-转换后 交叉制表

相对比例

传者发布推文数-转换后	受者发布推文数-转换后													合计
	1	2	3	4	5	6	7	8	9	10	11	12	13	
1	33.01%	-0.005 7	-0.010 7	-0.018 9	-0.038 6	-0.085	51.27%	-0.221 1	-0.210 6	-0.158 3	-0.080 2	-0.013 2	-0.000 5	100.0%
2	-0.002 9	-0.005 7	-0.010 7	-0.018 9	29.44%	24.80%	-0.154 3	11.19%	-0.210 6	-0.158 3	-0.080 2	-0.013 2	-0.000 5	100.0%
3	-0.002 9	-0.005 7	4.33%	19.71%	23.14%	5.00%	3.47%	-11.31%	-18.36%	-0.158 3	-0.080 2	-0.013 2	-0.000 5	100.0%
4	-0.002 9	0.63%	0.13%	7.61%	4.44%	10.50%	11.97%	-9.01%	-15.06%	-3.93%	-5.62%	-0.013 2	-0.000 5	100.0%
5	-0.002 9	-0.005 7	-0.07%	-1.39%	1.44%	7.80%	11.87%	0.89%	-4.36%	-8.63%	-5.12%	-0.013 2	-0.000 5	100.0%
6	0.01%	0.53%	0.23%	-1.09%	2.64%	6.60%	7.07%	8.49%	-8.16%	-9.63%	-6.12%	-0.52%	-0.000 5	100.0%
7	-0.09%	-0.27%	-0.27%	0.21%	2.14%	2.70%	5.77%	4.19%	-3.56%	-6.33%	-3.82%	-0.52%	-0.000 5	100.0%
8	-0.09%	0.03%	-0.17%	-0.09%	-0.16%	0.40%	0.97%	1.59%	0.04%	-1.53%	-0.42%	-0.52%	0.05%	100.0%
9	0.11%	0.23%	0.13%	0.31%	-0.06%	0.70%	0.07%	0.09%	0.14%	-1.33%	-0.42%	-0.02%	-0.05%	100.0%
10	0.01%	-0.07%	0.13%	-0.19%	-0.96%	-2.00%	-2.53%	-2.11%	2.44%	4.57%	0.58%	0.18%	0.05%	100.0%
11	0.01%	-0.07%	-0.27%	-0.19%	-1.46%	-4.10%	-6.23%	-4.61%	2.64%	6.37%	6.68%	1.38%	-0.000 5	100.0%
12	-0.002 9	-0.005 7	1.03%	-1.19%	-1.76%	-5.70%	-6.93%	-5.21%	4.34%	8.77%	6.78%	0.78%	-0.000 5	100.0%
13	-0.002 9	-0.005 7	-0.010 7	-0.018 9	-0.038 6	-0.085	-0.154 3	-7.81%	7.54%	-1.53%	34.88%	-0.013 2	-0.000 5	100.0%
合计	0.002 9	0.005 7	0.010 7	0.018 9	0.038 6	0.085	0.154 3	0.221 1	0.210 6	0.158 3	0.080 2	0.013 2	0.000 5	100.0%

表 4-103　传者发推文数等级序列

传者发推文数等级	3	4	5	6	7	8	9	10	11	12
该等级传者拥有的相对比例最高的受众等级	4	3	3	4	4	6	12	12	12	11

根据表 4-104 和表 4-105 的相关分析结果，传者发推文数等级和该等级传者拥有的相比比例最高的受众等级之间，存在着显著的相关性。

表 4-104　传者发推文数等级序列的相关性检验结果

		发推文数等级	该等级传者拥有的相对比例最高的受众等级
发推文数等级	Pearson 相关性	1	0.883**
	显著性（双侧）		0.001
	N	10	10
该等级传者拥有的相对比例最高的受众等级	Pearson 相关性	0.883**	1
	显著性（双侧）	0.001	
	N	10	10

**. 在 0.1 水平（双侧）上显著相关。

表 4-105　双变量相关性检验结果

			发推文数等级	该等级传者拥有的相对比例最高的受众等级
Kendall 的 tau_b	发推文数等级	相关系数	1.000	0.677**
		Sig.（双侧）		0.010
		N	10	10
	该等级传者拥有的相对比例最高的受众等级	相关系数	0.677**	1.000
		Sig.（双侧）	0.10	
		N	10	10
Spearman 的 rho	发推文数等级	相关系数	1.000	0.835**
		Sig.（双侧）		0.003
		N	10	10
	该等级传者拥有的相对比例最高的受众等级	相关系数	0.835**	1.000
		Sig.（双侧）	0.003	
		N	10	10

**. 在置信度（双测）为 0.01 时，相关性是显著的。

3. 传受关系中的互动性

从用户正在关注他人数来考察其在 Twitter 平台上与他人主动交互的互动性。对不同等级的传者来说，每个等级的受众的分布概率矩阵如表4-106所示。

表4-106 传者正在关注数与受众正在关注数转移概率矩阵

传者正在关注数-转换后	受者正在关注数-转换后												合计
	1	2	3	4	5	6	7	8	9	10	11	12	
1	3.4%	0	3.4%	10.3%	34.5%	31.0%	10.3%	6.9%	0	0	0	0	100.0%
2	1.3%	1.3%	7.8%	5.2%	23.4%	23.4%	36.4%	1.3%	0	0	0	0	100.0%
3	0.5%	0	5.2%	15.0%	27.6%	29.5%	15.5%	4.7%	1.8%	0	0	0.3%	100.0%
4	1.2%	1.2%	2.8%	6.5%	26.2%	33.7%	19.1%	7.1%	1.8%	0.4%	0	0	100.0%
5	0.4%	0.3%	3.0%	9.4%	25.5%	31.6%	21.3%	5.6%	2.2%	0.7%	0	0	100.0%
6	0.2%	0.3%	1.9%	7.2%	21.3%	34.6%	25.7%	6.8%	1.8%	0.2%	0	0	100.0%
7	0.1%	0.1%	1.5%	5.5%	15.3%	32.2%	34.5%	8.1%	2.5%	0.2%	0.1%	0	100.0%
8	0.3%	0.4%	1.9%	6.0%	15.6%	29.1%	29.9%	12.2%	4.0%	0.4%	0.1%	0	100.0%
9	1.3%	1.0%	1.6%	4.4%	14.9%	23.1%	26.7%	18.8%	6.2%	2.3%	0.3%	0	100.0%
10	0	0.3%	0	3.7%	24.6%	37.7%	21.8%	7.2%	1.9%	1.2%	0	0	100.0%
11	0	0	0	19.2%	23.1%	11.5%	30.8%	11.5%	3.8%	0	0	0	100.0%
12	0	0	0	0	0	100.0%	0	0	0	0	0	0	100.0%
合计	0.3%	0.3%	2.1%	7.0%	20.1%	32.4%	27.2%	7.8%	2.4%	0.4%	0.1%	0.0%	100.0%

用"该等级受众所属的比例最高的传者等级",表示对于某个等级的受众,它来自哪个等级的传者中比例最高。某个等级的受众所属的比例比高的传者等级,其数值以及排序的对应关系如表4-107所示(传者的第1级、第11级和第12级由于分别只有29、26、2个传者样本,样本量小于30,社会科学中通常把小于30的样本视作小样本,因此此处对这三个等级不予考虑)。

表4-107 受众正在关注数等级序列

受众正在关注数等级	2	3	4	5	6	7	8	9	10
该等级受众所属的比例最高的传者等级	2	2	3	3	4	2	9	9	9

对上述等级序列进行相关分析,其结果如表4-108、表4-109所示,Kendall 秩相关系数的 P 值为0.012,Spearman 等级相关系数的 P 值为0.009,都通过了显著性检验。

表4-108 受众正在关注数等级序列的相关性检验结果

		正在关注数等级	该等级受众所属的比例最高的传者等级	该等级传者拥有的比例最高的受众等级
正在关注数等级	Pearson 相关性	1	0.847**	0.173
	显著性(双侧)		0.004	0.656
	N	9	9	9
该等级受众所属的比例最高的传者等级	Pearson 相关性	10.847**	1	0.212
	显著性(双侧)	0.004		0.584
	N	9	9	9
该等级传者拥有的比例最高的受众等级	Pearson 相关性	0.173	0.212	1
	显著性(双侧)	0.656	0.584	
	N	9	9	9

**. 在0.1水平(双侧)上显著相关。

考察每个等级的传者,其受众的分布偏向。由于受众在各个等级的分布,还受到总体中受众分布的影响,所以把传-受矩阵中,某等级传者所对应的各个等级的受众的比例,减去该等级的受众在总体的比例,也即单元格的值减去该列的总体值。这样得到的矩阵如表4-110所示。

表 4-109　双变量相关性检验结果

			受众正在关注数等级	该等级受众所属的比例最高的传者等级
Kendall 的 tau_b	受众正在关注数等级	相关系数	1.000	0.712*
		Sig.（双侧）		0.012
		N	9	9
	该等级受众所属的比例最高的传者等级	相关系数	0.712*	1.000
		Sig.（双侧）	0.12	
		N	9	9
Spearman 的 rho	受众正在关注数等级	相关系数	1.000	0.806**
		Sig.（双侧）		0.009
		N	9	9
	该等级受众所属的比例最高的传者等级	相关系数	0.806**	1.000
		Sig.（双侧）	0.009	
		N	9	9

*．在置信度（双测）为 0.05 时，相关性是显著的。
**．在置信度（双测）为 0.01 时，相关性是显著的。

用"该等级传者拥有的相对比例最高的受众等级"，表示对于某个等级的传者，它拥有哪个等级的受众是相对比例最高的。其中，相对比例指的是，i 等级的传者拥有的 j 等级受众比例-总体的 j 等级受众比例。其数值以及排序的对应关系如表 4-111 所示（传者的第 1 级、第 11 级和第 12 级由于分别只有 29、26、2 个传者样本，样本量小于 30，社会科学中通常把小于 30 的样本视作小样本，因此此处对这三个等级不予考虑）。

表 4-111　传者正在关注数等级序列

传者正在关注数等级	2	3	4	5	6	7	8	9	10
该等级传者拥有的相对比例最高的受众等级	2	2	3	3	10	2	8	9	9

由表 4-112、表 4-113，根据相关分析的结果可知，传者正在关注数等级和"该等级传者拥有的相对比例最高的受众等级"，存在着显著的相关性，其 Kendall 秩相关系数的 P 值为 0.041，Spearman 等级相关系数的显著性 P 值为 0.05，都符合 0.05 的临界水平，SPSS 检验结果都是显著相关的。

表 4-110 传者正在关注数与受者正在关注数转移概率矩阵

		受者正在关注数-转换后-相对比例											合计
		1	2	3	4	5	6	7	8	9	10	11	12	
传者正在关注数-转换后	1	3.10%	-0.003	1.30%	3.30%	14.40%	-1.40%	-16.90%	-0.90%	-0.024	-0.004	-0.001	0	100.0%
	2	1.00%	1.00%	5.70%	-1.80%	3.30%	-9.00%	9.20%	-6.50%	-0.024	-0.004	-0.001	0	100.0%
	3	0.20%	-0.003	3.10%	8.00%	7.50%	-2.90%	-11.70%	-3.10%	-0.60%	-0.004	-0.001	0.30%	100.0%
	4	0.90%	0.90%	0.70%	-0.50%	6.10%	1.30%	-8.10%	-0.70%	-0.60%	0.00%	-0.001	0	100.0%
	5	0.10%	0.00%	0.90%	2.40%	5.40%	-0.80%	-5.90%	-2.20%	-0.20%	0.30%	-0.001	0	100.0%
	6	-0.10%	0.00%	-0.20%	0.20%	1.20%	2.20%	-1.50%	-1.00%	-0.60%	-0.20%	-0.001	0	100.0%
	7	-0.20%	-0.20%	-0.60%	-1.50%	-4.80%	-0.20%	7.30%	0.30%	0.10%	-0.20%	0.00%	0	100.0%
	8	0.00%	0.10%	-0.20%	-1.00%	-4.50%	-3.30%	2.70%	4.40%	1.60%	0.00%	0.00%	0	100.0%
	9	1.00%	0.70%	-1.10%	-2.60%	-5.20%	-9.30%	-0.50%	11.00%	3.80%	1.90%	0.20%	0	100.0%
	10	-0.003	0.00%	-0.50%	-3.30%	4.50%	5.30%	-5.40%	-0.60%	-0.50%	0.80%	-0.001	0	100.0%
	11	-0.003	-0.003	-0.021	12.20%	3.00%	-20.90%	3.60%	3.70%	1.40%	-0.004	-0.001	0	100.0%
	12	-0.003	-0.003	-0.021	-0.07	-0.201	67.60%	-0.272	-0.078	-0.024	-0.004	-0.001	0	100.0%
	合计	0.30%	0.30%	2.10%	7.00%	20.10%	32.40%	27.20%	7.80%	2.40%	0.40%	0.10%	0.00%	100.0%

表 4-112 对传者正在关注数等级序列进行的相关性分析

		传者正在关注数等级	该等级传者拥有的相对比例最高的受众等级
传者正在关注数等级	Pearson 相关性	1	0.749*
	显著性（双侧）		0.020
	N	9	9
该等级传者拥有的相对比例最高的受众等级	Pearson 相关性	0.749*	1
	显著性（双侧）	0.020	
	N	9	9

＊．在 0.05 水平（双侧）上显著相关。

表 4-113 相关系数

			传者正在关注数等级	该等级传者拥有的相对比例最高的受众等级
Kendall 的 tau_b	传者正在关注数等级	相关系数	1.000	0.569*
		Sig.（双侧）		0.041
		N	9	9
	该等级传者拥有的相对比例最高的受众等级	相关系数	0.569*	1.000
		Sig.（双侧）	0.041	
		N	9	9
Spearman 的 rho	传者正在关注数等级	相关系数	1.000	0.667*
		Sig.（双侧）		0.050
		N	9	9
	该等级传者拥有的相对比例最高的受众等级	相关系数	0.667*	1.000
		Sig.（双侧）	0.050	
		N	9	9

＊．在置信度（双测）为 0.05 时，相关性是显著的。

4. 传受关系中的影响力

从用户页面的被收藏数来考察其在 Twitter 平台上的影响力状况。对不同影响力等级的传者来说，每个等级中各等级的受众的分布概率矩阵如表 4-114 所示。

用"该等级受众所属的比例最高的传者等级"，表示对于某个等级的受众，它来自哪个等级的传者中比例最高。用"该等级传者拥有的比例最高的受众等级"，表示对于某个等级的传者，它拥有哪个等级的受众是比例最高的。某个等级的受众所属的比例比高的传者等级，以及某个等级的传者拥有的比例最高的受众等级，

表 4-114 传者被收藏数与受者被收藏书转移概率矩阵

传者被收藏数-转换后	受者被收藏数-转换后													合计
	1	2	3	4	5	6	7	8	9	10	11	12	13	
1	2.0%	2.9%	4.6%	8.9%	9.8%	14.1%	14.1%	13.0%	14.1%	6.9%	8.4%	1.2%	0	100.0%
2	4.7%	2.0%	4.0%	4.9%	8.2%	13.1%	18.7%	15.0%	14.1%	9.5%	5.3%	0.5%	0	100.0%
3	1.6%	2.2%	5.0%	5.8%	7.5%	18.7%	15.4%	18.2%	11.9%	8.0%	5.0%	0.5%	0	100.0%
4	1.2%	2.1%	3.6%	6.0%	7.7%	18.6%	19.1%	16.9%	10.8%	8.7%	4.5%	0.9%	0	100.0%
5	1.6%	1.7%	4.3%	6.7%	11.0%	14.2%	16.7%	16.8%	12.6%	9.4%	4.1%	0.9%	0	100.0%
6	1.0%	1.5%	3.1%	6.2%	7.7%	14.1%	18.8%	17.9%	17.0%	8.3%	3.8%	0.6%	0	100.0%
7	1.1%	0.8%	2.3%	4.8%	6.8%	10.6%	18.6%	22.2%	17.0%	10.7%	4.5%	0.5%	0	100.0%
8	0.5%	0.6%	2.8%	3.3%	5.5%	11.1%	16.6%	23.1%	19.3%	13.3%	3.4%	0.6%	0	100.0%
9	0.3%	0.9%	1.9%	1.5%	4.7%	8.4%	17.2%	22.4%	22.5%	15.3%	4.2%	0.7%	0.3%	100.0%
10	0.3%	0.3%	0.3%	0.9%	3.2%	8.8%	12.6%	18.8%	27.9%	15.8%	8.8%	2.1%	0	100.0%
11	0	0.8%	1.6%	1.2%	7.2%	9.6%	9.2%	26.7%	26.7%	10.8%	5.6%	0.8%	0	100.0%
12	0	14.3%	0	0	0	14.3%	0	14.3%	28.6%	14.3%	14.3%	0	0	100.0%
合计	1.3%	1.4%	3.2%	5.1%	7.5%	13.3%	17.4%	19.1%	16.2%	10.3%	4.5%	0.7%	0.0%	100.0%

其数值以及排序的对应关系如表4-115所示(传者的第12级只有7个传者样本,样本量过小,此处不纳入考察范围)。

表4-115 被收藏数等级序列

被收藏数等级	1	2	3	4	5	6	7	8	9	10	11
该等级受众所属的比例最高的传者等级	2	1	3	1	5	3	4	8	10	10	10

对表4-115的上述等级序列进行相关分析,其结果如表4-116所示,受众等级和该等级受众所属的比例最高的传者等级之间是高度相关的。也即,受众被收藏数的等级越高,那么该等级受众所属的比例最高的传者等级,也相应越高,其Pearson相关系数的显著性为0.000,相关系数达0.907。Kendall秩相关系数和Spearman等级相关系数也都通过检验,P值分别为0.002和0.000,相关系数分别为0.763和0.899。这显示,受众及其传者在影响力等级存在显著的关联。

表4-116 相关系数

			受众被收藏数等级	该等级受众所属比例最高的传者等级
Kendall的tau_b	受众被收藏数等级	相关系数	1.000	0.763**
		Sig.(双侧)		0.002
		N	11	11
	该等级受众所属比例最高的传者等级	相关系数	0.763**	1.000
		Sig.(双侧)	0.002	
		N	11	11
Spearman的rho	受众被收藏数等级	相关系数	1.000	0.899**
		Sig.(双侧)		0.000
		N	11	11
	该等级受众所属比例最高的传者等级	相关系数	0.899**	1.000
		Sig.(双侧)	0.000	
		N	11	11

**. 在置信度(双测)为0.01时,相关性是显著的。

同时,考察每个等级的传者,其受众的分布偏向。由于受众在各个等级的分布,还受到总体中受众分布的影响,所以把传-受矩阵中,某等级传者所对应的各个等级的受众的比例,减去该等级的受众在总体的比例,也即单元格的值减去该列的总体值。这样得到的矩阵如表4-117所示。

表 4-117 传者被收藏数与受者被收藏数转移概率矩阵

		相对比例												
传者被收藏数—转换后		1	2	3	4	5	6	7	8	9	10	11	12	13	合计
	1	0.70%	1.50%	1.40%	3.80%	2.30%	0.80%	−3.30%	−6.10%	−2.10%	−3.40%	3.90%	0.50%	0	100.00%
	2	3.40%	0.60%	0.80%	−0.20%	0.70%	−0.20%	1.30%	−4.10%	−2.10%	−0.80%	0.80%	−0.20%	0	100.00%
	3	0.30%	0.80%	1.80%	0.70%	0.00%	5.40%	−2.00%	−0.90%	−4.30%	−2.30%	0.50%	−0.20%	0	100.00%
	4	−0.10%	0.70%	0.40%	0.90%	0.20%	5.30%	1.70%	−2.20%	−5.40%	−1.60%	0.00%	0.20%	0	100.00%
	5	0.30%	0.30%	1.10%	1.60%	3.50%	0.90%	−0.70%	−2.30%	−3.60%	−0.90%	−0.40%	0.20%	0	100.00%
	6	−0.30%	0.10%	−0.10%	1.10%	0.20%	0.80%	1.40%	−1.20%	0.80%	−2.00%	−0.70%	−0.10%	0	100.00%
	7	−0.20%	−0.60%	−0.90%	−0.30%	−0.70%	−2.70%	1.20%	3.10%	0.80%	0.40%	0.00%	−0.20%	0	100.00%
	8	−0.80%	−0.80%	−0.40%	−1.80%	−2.00%	−2.20%	−0.80%	4.00%	3.10%	3.00%	−1.10%	−0.10%	0	100.00%
	9	−1.00%	−0.50%	−1.30%	−3.60%	−2.80%	−4.90%	−0.20%	3.30%	6.30%	5.00%	−0.30%	0.00%	0	100.00%
	10	−1.00%	−1.10%	−2.90%	−4.20%	−4.30%	−4.50%	−4.80%	−0.30%	11.70%	5.50%	4.30%	1.40%	0.30%	100.00%
	11	−0.013	−0.60%	−1.60%	−3.90%	−0.30%	−3.70%	−8.20%	7.60%	10.50%	0.50%	1.10%	0.10%	0	100.00%
	12	−0.013	12.90%	−0.032	−0.051	−0.075	1.00%	−0.174	−4.80%	12.40%	4.00%	9.80%	−0.007	0	100.00%
合计		1.30%	1.40%	3.20%	5.10%	7.50%	13.30%	17.40%	19.10%	16.20%	10.30%	4.50%	0.70%	0.00%	100.00%

用"该等级传者拥有的相对比例最高的受众等级",表示对于某个等级的传者,它拥有哪个等级的受众是相对比例最高的。其中,相对比例指的是,i 等级的传者拥有的 j 等级受众比例-总体的 j 等级受众比例。其数值以及排序的对应关系如表4-118所示(传者的第12级只有7个传者样本,样本量过小,此处不纳入考察范围)

表4-118 被收藏数等级序列

被收藏数等级	1	2	3	4	5	6	7	8	9	10	11
该等级传者拥有的相对比例最高的受众等级	2	1	3	1	5	3	4	11	10	10	10

据表4-119、表4-120,相关分析的结果显示,传者的被收藏数等级和"该等级传者拥有的相对比例最高的受众等级",其相关性的 P 值为0.000,Pearson 相关系数为0.878,存在显著的强相关性。Kendall 秩相关系数和 Spearman 等级相关系数也都通过检验,P 值分别为0.007和0.001,相关系数分别为0.648和0.843。这显示,传者及其受众在影响力等级存在显著的关联。

表4-119 对被收藏数等级序列进行的相关性分析

		被收藏数等级	该等级传者拥有的相对比例最高的受众等级
被收藏数等级	Pearson 相关性	1	0.878**
	显著性(双侧)		0.000
	N	11	11
该等级传者拥有的相对比例最高的受众等级	Pearson 相关性	0.878**	1
	显著性(双侧)	0.000	
	N	11	11

**. 在0.1水平(双侧)上显著相关。

表4-120 相关系数

			传者被收藏数等级	该等级传者拥有的相对比例最高的受众等级
Kendall 的 tau_b	传者被收藏数等级	相关系数	1.000	0.648**
		Sig.(双侧)		0.007
		N	11	11
	该等级传者拥有的相对比例最高的受众等级	相关系数	0.648**	1.000
		Sig.(双侧)	0.007	
		N	11	11

(续表)

			传者被收藏数等级	该等级传者拥有的相对比例最高的受众等级
Spearman 的 rho	传者被收藏数等级	相关系数	1.000	0.843**
		Sig.(双侧)		0.001
		N	11	11
	该等级传者拥有的相对比例最高的受众等级	相关系数	0.843**	1.000
		Sig.(双侧)	0.001	
		N	11	11

**. 在置信度(双测)为0.01时,相关性是显著的。

(三) Google+传受关系

在采集所得的Google+数据和分析的指标中,以用户的圈子中的人数衡量其与他人进行主动交互的互动性,以关注者(粉丝)数量衡量其影响力状况。

1. 传者特征的受众作用

以传者的圈子中的人数等级作为分组的自变量因子,其对应的受众的圈子中的人数,均值状况如表4-121所示。

表 4-121　受众圈子中的人数量(转换后)

描　述				
受者圈子中的人数量-转换后				
	N	均值	标准差	标准误
1	110	4.25	1.700	0.162
2	370	4.32	1.734	0.090
3	156	4.38	1.542	0.123
4	394	4.75	1.610	0.081
5	305	5.02	1.648	0.094
6	695	5.09	1.672	0.063
7	1 650	4.78	1.689	0.042
8	616	5.41	1.586	0.064
9	237	4.92	1.752	0.114
10	76	5.57	1.871	0.215
12	68	5.04	1.460	0.177

	N	均值	标准差	标准误
13	23	4.70	1.893	0.395
14	37	4.89	1.390	0.229
总数	4 737	4.88	1.693	0.025

通过方差分析可知,在符合 Levene 方差齐性检验的情况下,不同互动性等级的传者,其受者的互动性等级存在显著的差异,F 值的显著性 P 值为 0.000。传者的圈子中人数所反映的互动性等级对于受众的圈子中人数的等级具有影响。

表 4-122 对受众圈子中的人数量(转换后)进行的方差

方差齐性检验

受者圈子中的人数量-转换后

Levene 统计量	$df1$	$df2$	显著性
1.524	12	4 724	0.108

单因素方差分析

受者圈子中的人数量-转换后

	平方和	df	均方	F	显著性
组间	472.899	12	39.408	14.201	0.000
组内	13 109.075	4 724	2.775		
总数	13 581.975	4 736			

以传者的关注者数等级作为分组的自变量因子,其对应的受众的关注者等级情况如表 4-123 所示。

表 4-123 受众的关注者数(转换后)

描 述

受者的关注者数-转换后

	N	均值	标准差	标准误
1	27	3.70	1.489	0.287
2	32	3.44	1.740	0.308
3	155	4.26	1.472	0.118
4	183	4.58	1.804	0.133
5	350	4.95	1.586	0.085

(续表)

	N	均值	标准差	标准误
6	895	5.15	1.637	0.055
7	2 061	5.17	1.591	0.035
8	629	5.68	1.895	0.076
9	501	5.59	1.815	0.081
10	386	4.61	2.284	0.116
11	117	4.67	2.193	0.203
12	315	5.17	1.950	0.110
13	89	5.60	2.076	0.220
14	106	4.77	1.817	0.176
15	62	6.44	1.955	0.248
16	119	5.29	1.410	0.129
总数	6 027	5.16	1.791	0.023

对表 4-123 所显示的数据进行方差分析,Levene 方差齐性的统计量显著性为 0.000,不符合方差齐性,考察其 Welch 和 Brown-Forsythe 统计量,显著性均为 0.000,接近于 0。表 4-124 的结果显示,不同的关注者数等级的传者,其受者的关注者数等级具有显著差异。

表 4-124 对受众的关注者数(转换后)进行的方差齐性检验

方差齐性检验

受者的关注者数-转换后

Levene 统计量	$df1$	$df2$	显著性
12.606	15	6 011	0.000

均值相等性的健壮性检验

受者的关注者数-转换后

	统计量[a]	$df1$	$df2$	显著性
Welch	18.490	15	582.267	0.000
Brown-Forsythe	18.276	15	1 643.537	0.000

a. 渐近 F 分布。

2. 传受关系中的互动性

从用户的圈子中的人数来考察其在 Google+平台上与他人主动交互的互动性。对不同等级的传者来说,每个等级中各等级的受众的分布概率矩阵如表 4-125 所示。

表 4-125 传者圈子中的人数量与受者圈子中的人数量转移概率矩阵

		传者圈子中的人数量-转换后中的 %								
		受者圈子中的人数量-转换后								合计
		1	2	3	4	5	6	7	8	
传者圈子中的人数量-转换后	1	10.0%	3.6%	17.3%	21.8%	25.5%	12.7%	7.3%	1.8%	100.0%
	2	6.2%	8.1%	17.0%	24.1%	22.7%	9.5%	7.8%	4.6%	100.0%
	3	3.2%	7.7%	21.2%	17.9%	24.4%	17.9%	7.1%	0.6%	100.0%
	4	4.3%	3.6%	10.4%	26.9%	21.6%	21.1%	7.1%	5.1%	100.0%
	5	3.3%	3.9%	9.8%	17.4%	26.2%	21.3%	11.5%	6.6%	100.0%
	6	3.5%	4.0%	9.2%	16.7%	21.7%	25.9%	12.4%	6.6%	100.0%
	7	3.4%	4.8%	15.0%	20.7%	22.4%	15.6%	13.5%	4.7%	100.0%
	8	1.8%	1.3%	8.0%	18.5%	19.2%	26.6%	14.3%	10.4%	100.0%
	9	5.9%	5.1%	9.7%	12.7%	22.8%	30.8%	6.8%	6.3%	100.0%
	10	1.3%	3.9%	9.2%	15.8%	21.1%	10.5%	17.1%	21.1%	100.0%
	12	1.5%	1.5%	10.3%	25.0%	20.6%	26.5%	10.3%	4.4%	100.0%
	13	13.0%	4.3%	4.3%	8.7%	30.4%	26.1%	13.0%	0	100.0%
	14	0	5.4%	8.1%	27.0%	24.3%	24.3%	8.1%	2.7%	100.0%
合计		3.7%	4.4%	12.4%	19.9%	22.2%	19.8%	11.6%	6.0%	100.0%

用"该等级受众所属的比例最高的传者等级",表示对于某个等级的受众,它来自哪个等级的传者中比例最高。用"该等级传者拥有的比例最高的受众等级",表示对于某个等级的传者,它拥有哪个等级的受众是比例最高的。某个等级的受众所属的比例比高的传者等级,以及某个等级的传者拥有的比例最高的受众等级,其数值以及排序的对应关系如下表 4-126 所示(传者的第 13 级只有 23 个传者样本,受者的第 9~14 级为空缺,这几个等级样本量过小,此处不纳入考察范围)。

表 4-126 受众圈子中的人数量等级序列

受众圈子中的人数量等级	1	2	3	4	5	6	7	8
该等级受众所属的比例最高的传者等级	1	2	3	4	5	8	8	8

如表 4-127 所示,对上述等级序列进行相关分析,Pearson 相关系数达 0.972,显著性 P 值为 0.000。Kendnell 秩相关系数为 0.945,显著性 P 值为 0.001;

Spearman 等级相关系数为 0.976，显著性 P 值为 0.000。就圈子中的人数所体现的互动性而言，受众等级和该等级受众所属的比例最高的传者等级之间是高度相关的。

表 4-127　对受众圈子中的人数量等级序列进行的相关性分析

			受众圈子中的人数量等级	该等级受众所属的比例最高的传者等级
Kendall 的 tau_b	受众圈子中的人数量等级	相关系数	1.000	0.945 **
		$Sig.$（双侧）		0.001
		N	8	8
	该等级受众所属的比例最高的传者等级	相关系数	0.945 **	1.000
		$Sig.$（双侧）	0.001	
		N	8	8
Spearman 的 rho	受众圈子中的人数量等级	相关系数	1.000	0.976 **
		$Sig.$（双侧）		0.000
		N	8	8
	该等级受众所属的比例最高的传者等级	相关系数	0.976 **	1.000
		$Sig.$（双侧）	0.000	
		N	8	8

**. 在置信度（双测）为 0.01 时，相关性是显著的。

考察每个等级的传者，其受众的分布偏向。由于受众在各个等级的分布，还受到总体中受众分布的影响，所以把传-受矩阵中，某等级传者所对应的各个等级的受众的比例，减去该等级的受众在总体的比例，也即单元格的值减去该列的总体值。这样得到的矩阵见表 4-128。

表 4-128　传者圈子中的人数量与受者圈子中的人数量转移概率矩阵

		受者圈子中的人数量-转换后-相对比例								合计
		1	2	3	4	5	6	7	8	
传者圈子中的人数量-转换后	1	6.30%	−0.80%	4.90%	1.90%	3.30%	−7.10%	−4.30%	−4.20%	100.0%
	2	2.50%	3.70%	4.60%	4.20%	0.50%	−10.30%	−3.80%	−1.40%	100.0%
	3	−0.50%	3.30%	8.80%	−2.00%	2.20%	−1.90%	−4.50%	−5.40%	100.0%
	4	0.60%	−0.80%	−2.00%	7.00%	−0.60%	1.30%	−4.50%	−0.90%	100.0%
	5	−0.40%	−0.50%	−2.60%	−2.50%	4.00%	1.50%	−0.10%	0.60%	100.0%
	6	−0.20%	−0.40%	−3.20%	−3.20%	−0.50%	6.10%	0.80%	0.60%	100.0%

(续表)

		受者圈子中的人数量-转换后-相对比例								合计
		1	2	3	4	5	6	7	8	
传者圈子中的人数量-转换后	7	−0.30%	0.40%	2.60%	0.80%	0.20%	−4.20%	1.90%	−1.30%	100.0%
	8	−1.90%	−3.10%	−4.40%	−1.40%	−3.00%	6.80%	2.70%	4.40%	100.0%
	9	2.20%	0.70%	−2.70%	−7.20%	0.60%	11.00%	−4.80%	0.30%	100.0%
	10	−2.40%	−0.50%	−3.20%	−4.10%	−1.10%	−9.30%	5.50%	15.10%	100.0%
	12	−2.20%	−2.90%	−2.10%	5.10%	−1.60%	6.70%	−1.30%	−1.60%	100.0%
	13	9.30%	−0.10%	−8.10%	−11.20%	8.20%	6.30%	1.40%	−0.06	100.0%
	14	−0.037	1.00%	−4.30%	7.10%	2.10%	4.50%	−3.50%	−3.30%	100.0%
合计		3.70%	4.40%	12.40%	19.90%	22.20%	19.80%	11.60%	6.00%	100.0%

用"该等级传者拥有的相对比例最高的受众等级",表示对于某个等级的传者,它拥有哪个等级的受众是相对比例最高的。其中,相对比例指的是,i 等级的传者拥有的 j 等级受众比例-总体的 j 等级受众比例。其数值以及排序的对应关系如下所示(传者的第 13 级只有 23 个传者样本,受者的第 9~14 级为空缺,这几个等级样本量过小,此处不纳入考察范围)。

表 4-129 圈子中的人数量等级序列

圈子中的人数量等级	1	2	3	4	5	6	7	8
该等级传者拥有的比例最高的受众等级	1	2	3	4	5	8	8	8

如表 4-130 所示,根据相关分析的结果可知,传者的圈子中的人数量等级和"该等级传者拥有的相对比例最高的受众等级",存在着显著的相关性,其 Pearson 相关系数为 0.972,显著性 P 值为 0.000;Kendall 秩相关系数为 0.945,显著性为 0.001;Spearman 等级相关系数为 0.976,显著性为 0.000。

表 4-130 相关系数

			圈子中的人数量等级	该等级传者拥有的比例最高的受众等级
Kendall 的 tau_b	圈子中的人数量等级	相关系数	1.000	0.945**
		Sig.(双侧)		0.001
		N	8	8

			圈子中的人数量等级	该等级传者拥有的比例最高的受众等级
Kendall 的 tau_b	该等级传者拥有的比例最高的受众等级	相关系数	0.945**	1.000
		Sig.（双侧）	0.001	
		N	8	8
Spearman 的 rho	圈子中的人数量等级	相关系数	1.000	0.976**
		Sig.（双侧）		0.000
		N	8	8
	该等级传者拥有的比例最高的受众等级	相关系数	0.976**	1.000
		Sig.（双侧）	0.000	
		N	8	8

**．在置信度（双测）为 0.01 时，相关性是显著的。

3．传受关系中的影响力

从 Google＋用户的关注者数量来考察其在 Google＋社交网络平台上的影响力状况。对不同影响力等级的传者来说，每个等级中各等级的受众的分布概率矩阵如表 4-131 所示。

用"该等级受众所属的比例最高的传者等级"，表示对于某个等级的受众，它来自哪个等级的传者中比例最高。用"该等级传者拥有的比例最高的受众等级"，表示对于某个等级的传者，它拥有哪个等级的受众是比例最高的。某个等级的受众所属的比例比高的传者等级，以及某个等级的传者拥有的比例最高的受众等级，其数值以及排序的对应关系如下所示（传者的第 1 级只有 27 个传者样本，受者的第 13～16 级为空缺，这几个等级样本量过小，不纳入考察范围）：

对表 4-132 进行相关分析显示，受众的关注者等级和该等级受众所属的比例最高的传者等级之间，存在着高度的相关性，Pearson 相关系数为 0.769，显著性水平为 0.006。Kendall 秩相关系数和 Spearman 等级相关系数也都通过检验，P 值分别为 0.009 和 0.009，大大低于 0.05 的显著性临界标准，其相关系数分别为 0.623 和 0.740。这显示，受众及其传者在影响力等级存在显著的关联。

考察每个等级的传者，其受众的分布偏向。由于受众在各个等级的分布，还受到总体中受众分布的影响，所以把传-受矩阵中，某等级传者所对应的各个等级的受众的比例，减去该等级的受众在总体的比例，也即单元格的值减去该列的总体值。这样得到的矩阵如表 4-134 所示。

表 4-131 传者的关注者数与受者的关注者数转移概率矩阵

传者正在关注数-转换后	受者的关注者数-转换后												
	1	2	3	4	5	6	7	8	9	10	11	12	合计
1	11.1%	11.1%	14.8%	33.3%	18.5%	11.1%	0	0	0	0	0	0	100.0%
2	3.1%	28.1%	31.3%	18.8%	12.5%	0	3.1%	0	0	3.1%	0	0	100.0%
3	3.9%	4.5%	22.6%	27.7%	22.6%	11.6%	5.2%	1.9%	0	0	0	0	100.0%
4	4.9%	9.3%	10.9%	25.7%	16.9%	18.0%	8.7%	4.4%	1.1%	0	0	0	100.0%
5	3.1%	3.4%	10.9%	16.9%	30.0%	20.6%	11.1%	3.1%	0.6%	0.3%	0.2%	0	100.0%
6	2.1%	4.5%	8.9%	16.6%	22.8%	25.1%	15.0%	3.7%	0.9%	0.1%	0	0	100.0%
7	2.0%	2.8%	10.7%	16.7%	24.6%	19.4%	20.6%	2.7%	0.4%	0.3%	0	0	100.0%
8	2.2%	3.3%	9.5%	11.3%	15.3%	19.7%	23.7%	9.9%	4.5%	0.6%	0.4%	0	100.0%
9	2.0%	2.6%	8.6%	11.6%	21.0%	25.3%	15.4%	7.8%	4.8%	0.6%	0	0	100.0%
10	8.5%	10.4%	15.8%	17.6%	15.0%	10.9%	8.5%	7.3%	3.9%	2.1%	0	0.6%	100.0%
11	8.5%	9.4%	12.0%	19.7%	14.5%	17.1%	6.8%	7.7%	3.4%	0	0.9%	0	100.0%
12	3.8%	5.7%	8.3%	16.8%	22.2%	20.0%	14.6%	4.4%	1.9%	1.6%	0	0	100.0%
13	3.4%	6.7%	6.7%	10.1%	15.7%	23.6%	16.9%	10.1%	4.5%	2.2%	0	0	100.0%
14	3.8%	9.4%	10.4%	18.9%	20.8%	20.8%	10.4%	3.8%	1.9%	0	0	0	100.0%
15	1.6%	4.8%	3.2%	4.8%	11.3%	16.1%	29.0%	14.5%	14.5%	0.8%	0	0	100.0%
16	0	0	9.2%	21.8%	26.9%	22.7%	12.6%	5.9%	1.9%	0.5%	0.1%	0	100.0%
合计	2.9%	4.4%	10.6%	16.4%	21.8%	20.0%	16.5%	4.8%	1.9%	0.5%	0.1%	0.0%	100.0%

表 4-132　关注者数量等级序列

关注者数量等级	2	3	4	5	6	7	8	9	10	11	12
该等级受众所属的比例最高的传者等级	2	2	3	5	9	15	15	15	10	11	12

表 4-133　相关系数

			受众的关注者数量等级	该等级受众所属比例最高的传者等级
Kendall 的 tau_b	受众的关注者数量等级	相关系数	1.000	0.623**
		Sig.(双侧)		0.009
		N	11	11
	该等级受众所属比例最高的传者等级	相关系数	0.623**	1.000
		Sig.(双侧)	0.009	
		N	11	11
Spearman 的 rho	受众的关注者数量等级	相关系数	1.000	0.740**
		Sig.(双侧)		0.009
		N	11	11
	该等级受众所属比例最高的传者等级	相关系数	0.740**	1.000
		Sig.(双侧)	0.009	
		N	11	11

**. 在置信度(双测)为 0.01 时,相关性是显著的。

用"该等级传者拥有的相对比例最高的受众等级",表示对于某个等级的传者,它拥有哪个等级的受众是相对比例最高的。其中,相对比例指的是,i 等级的传者拥有的 j 等级受众比例-总体的 j 等级受众比例。其数值以及排序的对应关系如下表 4-135 所示(传者的第 1 级只有 27 个传者样本,受者的第 13~16 级为空缺,这几个等级样本量过小,不纳入考察范围)。

表 4-135　关注者数量等级序列

关注者数量等级	2	3	4	5	6	7	8	9	10	11	12
该等级传者拥有的相对比例最高的受众等级	2	2	3	5	9	7	8	9	2	11	12

表 4-136 的相关分析结果显示,传者的关注者数量等级和该等级传者拥有的相对比例最高的受众等级,存在着显著的相关性,其 P 值为 0.012,相关系数为 0.724。Kendall 秩相关系数和 Spearman 等级相关系数也都通过检验,P 值分别为

表 4-134 传者的关注者数与受者的关注者数转移概率矩阵

传者的关注者数-转换后×受者的关注者数-转换后 交叉制表

		传者的关注者数-转换后 相对比例											合计
		1	2	3	4	5	6	7	8	9	10	11	12	
传者正在关注数-转换后	1	8.20%	6.70%	4.20%	16.90%	−3.30%	−8.90%	−0.165	−0.048	−0.019	−0.005	−0.001	0	100.0%
	2	0.20%	23.70%	20.70%	2.40%	−9.30%	−0.2	−13.40%	−0.048	−0.019	2.60%	−0.001	0	100.0%
	3	1.00%	0.10%	12.00%	11.30%	0.80%	−8.40%	−11.30%	−2.90%	−0.019	−0.005	−0.001	0	100.0%
	4	2.00%	4.90%	0.30%	9.30%	−4.90%	−2.00%	−7.80%	−0.40%	−0.80%	−0.005	−0.001	0	100.0%
	5	0.20%	−1.00%	0.30%	0.50%	8.20%	0.60%	−5.40%	−1.70%	−1.30%	−0.20%	−0.001	0	100.0%
	6	−0.80%	0.10%	−1.70%	0.20%	1.00%	5.10%	−1.50%	−1.10%	−1.00%	−0.40%	0.10%	0	100.0%
	7	−0.90%	−1.60%	0.10%	0.30%	2.80%	−0.60%	4.10%	−2.10%	−1.50%	−0.20%	−0.001	0	100.0%
	8	−0.70%	−1.10%	−1.10%	−5.10%	−6.50%	−0.30%	7.20%	5.10%	2.60%	0.10%	−0.001	0	100.0%
	9	−0.90%	−1.80%	−2.00%	−4.80%	−0.80%	5.30%	−1.10%	3.00%	2.90%	0.10%	0.30%	0	100.0%
	10	5.60%	6.00%	5.20%	1.20%	−6.80%	−9.10%	−8.00%	2.50%	2.00%	1.60%	−0.001	0	100.0%
	11	5.60%	5.00%	1.40%	3.20%	−7.30%	−2.90%	−9.70%	2.90%	1.50%	−0.005	0.80%	0	100.0%
	12	0.90%	1.30%	−2.30%	0.40%	0.40%	0.00%	−1.90%	−0.40%	0.00%	1.10%	−0.001	0.60%	100.0%
	13	0.50%	2.30%	−3.90%	−6.30%	6.10%	3.60%	0.40%	5.30%	2.60%	1.70%	−0.001	0	100.0%
	14	0.90%	5.00%	−0.20%	2.50%	−1.00%	0.80%	−6.10%	−1.00%	0.00%	−0.005	−0.001	0	100.0%
	15	−1.30%	0.40%	−7.40%	−11.60%	−10.50%	−3.90%	12.50%	9.70%	12.60%	−0.005	−0.001	0	100.0%
	16	−0.029	−0.044	−1.40%	5.40%	5.10%	2.70%	−3.90%	1.10%	−0.019	0.30%	−0.001	0	100.0%
合计		2.9%	4.4%	10.6%	16.4%	21.8%	20.0%	16.5%	4.8%	1.9%	0.5%	0.1%	0.0%	100.0%

0.006 和 0.016，大大低于 0.05 的显著性临界标准。相关系数分别为 0.661 和 0.703。这显示，传者及其受众在影响力等级存在显著的关联。

表 4-136 相关系数

			传者的关注者数量等级	该等级传者拥有的相对比例最高的受众等级
Kendall 的 tau_b	传者的关注者数量等级	相关系数	1.000	0.661**
		Sig.（双侧）		0.006
		N	11	11
	该等级传者拥有的相对比例最高的受众等级	相关系数	0.661**	1.000
		Sig.（双侧）	0.006	
		N	11	11
Spearman 的 rho	传者的关注者数量等级	相关系数	1.000	0.703*
		Sig.（双侧）		0.016
		N	11	11
	该等级传者拥有的相对比例最高的受众等级	相关系数	0.703*	1.000
		Sig.（双侧）	0.016	
		N	11	11

**．在置信度（双测）为 0.01 时，相关性是显著的。
*．在置信度（双测）为 0.05 时，相关性是显著的。

（四）YouTube 传受关系

1. 传者特征的受众作用

基于不同等级的传者，其相应的受者等级如表 4-137 所示。随着传者被订阅数的增加，该等级的传者所对应的受众其平均被订阅数等级如下。

表 4-137 受者被订阅者数（转换后）

描述				
受者被订阅者数-转换后				
传者被订阅数	N	均值	标准差	标准误
1	291	2.30	2.248	0.132
2	79	2.29	2.155	0.242
3	105	2.33	1.730	0.169

(续表)

传者被订阅数	N	均值	标准差	标准误
4	107	2.71	2.438	0.236
5	209	2.14	1.873	0.130
6	232	2.47	2.017	0.132
7	907	2.26	1.842	0.061
8	605	2.37	2.080	0.085
9	1 455	2.33	1.895	0.050
10	2 072	1.95	1.543	0.034
11	2 463	2.08	1.646	0.033
12	3 101	2.15	1.593	0.029
13	1 661	2.35	1.807	0.044
14	2 747	2.08	1.510	0.029
15	488	2.20	1.607	0.073
总数	16 522	2.17	1.706	0.013

在传受者的被订阅数等级之间,以传者的被订阅数等级作为分组的自变量,其对应的受者的被订阅数等级存在着显著的差异。通过方差分析可知,Welch 和 Brown-Forsythe 检验量的 P 值都为 0.000,接近于 0。

表 4-138 对受者被订阅者数(转换后)进行的方差分析

方差齐性检验

受者被订阅者数-转换后

Levene 统计量	$df1$	$df2$	显著性
20.778	14	16 507	0.000

单因素方差分析

受者被订阅者数-转换后

	平方和	df	均方	F	显著性
组间	326.949	14	23.353	8.073	0.000
组内	47 751.328	16 507	2.893		
总数	48 078.277	16 521			

均值相等性的健壮性检验

受者被订阅者数-转换后

	统计量[a]	$df1$	$df2$	显著性
Welch	7.301	14	1 473.891	0.000
Brown-Forsythe	6.490	14	2 609.141	0.000

a. 渐近 F 分布。

以传者的页面被观看次数的等级作为分组因子,其对应的受者页面被观看次数的平均等级如表 4-139 所示。

表 4-139 受者页面被观看次数(转换后)

描 述				
受者页面被观看次数-转换后				
传者页面被观看次数	N	均值	标准差	标准误
1	196	3.33	3.703	0.264
2	1	3.00	空缺	空缺
3	2	2.00	1.414	1.000
4	22	3.55	3.528	0.752
5	35	5.60	4.251	0.719
6	44	3.64	3.603	0.543
7	139	5.00	4.567	0.387
8	83	3.48	3.229	0.354
9	187	3.63	3.586	0.262
10	121	5.00	4.345	0.395
11	219	4.04	3.869	0.261
12	1 000	3.62	3.670	0.116
13	1 402	3.17	3.369	0.090
14	1 621	2.94	3.101	0.077
15	2 147	3.47	3.477	0.075
16	1 799	3.45	3.493	0.082
17	2 281	3.09	3.235	0.068
18	3 386	3.31	3.204	0.055

(续表)

传者页面被观看次数	N	均值	标准差	标准误
19	507	3.23	3.243	0.144
20	1 330	2.98	3.057	0.084
总数	16 522	3.30	3.362	0.026

表 4-139 中，由于传者页面观看次数为 2、3 时，样本分别只有 1 个和 2 个。因此把传者页面被观看次数等级为 2 的，替换为 1，并入到等级为 1 的传者中；把被观看次数等级为 3 的传者，替换为 4，并入到等级为 4 的传者中。方差分析的结果显示，不同等级的传者，其受者的等级存在着显著的差异。在缺乏方差齐性的情况下，考察 Welch 和 Brown-Forsythe 检验量，显著性 P 值都接近于 0。参见表 4-140。

表 4-140　对受者页面被观看次数（转换后）进行的方差分析

方差齐性检验

受者页面被观看次数-转换后

Levene 统计量	$df1$	$df2$	显著性
19.456	17	16 504	0.000

均值相等性的健壮性检验

受者页面被观看次数-转换后

	统计量[a]	$df1$	$df2$	显著性
Welch	7.036	17	748.168	0.000
Brown-Forsythe	7.918	17	1 638.764	0.000

a. 渐近 F 分布。

单因素方差分析

受者页面被观看次数-转换后

	平方和	df	均方	F	显著性
组间	1 765.813	19	92.938	8.293	0.000
组内	184 936.492	16 502	11.207		
总数	186 702.305	16 521			

2. 传受关系中的影响力

根据每一行传者对应数据，根据传者被订阅数和受者被订阅数制作交叉表。共有有效样本对 16 522 个。其中每一行的数据表示某个等级的传者，其对应的各个等级的受众所占的比例，见表 4-141。

表 4-141 传者被订阅者数与受者被订阅者数转移概率矩阵

		受者被订阅者数-转换后															
		1	2	3	4	5	6	7	8	9	10	11	12	13	14	15	合计
传者被订阅者数-转换后	1	0.587 6	0.123 7	0.096 2	0.082 5	0.017 2	0.017 2	0.017 2	0.041 2	0	0.006 9	0	0	0.006 9	0.003 4	0	1
	2	0.582 3	0.113 9	0.101 3	0.101 3	0.012 7	0.012 7	0.025 3	0.038 0	0	0	0	0.012 7	0	0	0	1
	3	0.514 3	0.095 2	0.181 0	0.047 6	0.123 8	0.009 5	0.009 5	0.019 0	0	0	0	0	0	0	0	1
	4	0.570 1	0.056 1	0.074 8	0.112 1	0	0.037 4	0.084 1	0.046 7	0.018 7	0	0.004 8	0	0	0	0	1
	5	0.569 4	0.143 5	0.119 6	0.067 0	0.038 3	0.028 7	0.019 1	0	0	0.004 8	0	0	0.004 8	0	0	1
	6	0.500 0	0.146 6	0.107 8	0.086 2	0.069 0	0.025 9	0.030 2	0.017 2	0.012 9	0.004 3	0	0	0	0	0	1
	7	0.533 6	0.132 3	0.144 4	0.073 9	0.046 3	0.023 3	0.022 1	0.013 2	0.006 6	0.003 3	0	0	0.001 1	0	0	1
	8	0.509 1	0.163 6	0.124 0	0.097 5	0.028 1	0.014 9	0.029 8	0.008 3	0.005 0	0.006 6	0.006 6	0.005 0	0.001 7	0	0	1
	9	0.498 8	0.158 8	0.157 4	0.076 3	0.035 1	0.022 7	0.020 6	0.014 4	0.008 9	0.004 1	0.002 1	0.000 7	0.000 7	0	0	1
	10	0.596 5	0.138 0	0.139 0	0.054 0	0.034 3	0.014 5	0.009 7	0.008 2	0.003 4	0.001 0	0.001 0	0.000 5	0	0	0	1
	11	0.550 5	0.158 7	0.146 2	0.063 3	0.033 7	0.019 1	0.013 4	0.005 7	0.004 1	0.002 0	0.002 0	0.001 2	0	0	0	1
	12	0.512 4	0.157 4	0.168 7	0.080 6	0.041 0	0.020 6	0.005 2	0.007 7	0.003 2	0.001 3	0	0.001 6	0	0.000 3	0	1
	13	0.463 0	0.177 0	0.161 3	0.089 7	0.050 0	0.022 3	0.013 2	0.007 7	0.006 6	0.004 8	0.003 6	0.000 6	0	0	0	1
	14	0.498 4	0.194 8	0.168 5	0.079 0	0.053 2	0.010 2	0.010 2	0.003 3	0.001 1	0.001 5	0.001 1	0.000 4	0.000 4	0.001 1	0.000 4	1
	15	0.483 6	0.186 5	0.153 7	0.084 0	0.053 3	0.016 4	0.010 2	0.004 1	0.004 1	0.002 0	0.002 0	0	0	0	0	1
合计		0.522 9	0.161 0	0.152 8	0.075 4	0.038 2	0.018 2	0.013 0	0.008 7	0.004 2	0.002 5	0.001 5	0.001 0	0.000 4	0.000 3	0.000 1	1

用"该等级受众所属的比例最高的传者等级",表示对于某个等级的受众,它来自哪个等级的传者中比例最高。用"该等级传者拥有的比例最高的受众等级",表示对于某个等级的传者,它拥有哪个等级的受众是比例最高的。某个等级的受众所属的比例比高的传者等级,以及某个等级的传者拥有的比例最高的受众等级,其数值以及排序的对应关系如表 4-142 所示。对下表进行相关分析的结果显示,受者的被订阅数与其对应的传者的被订阅数等级之间不存在显著的相关性,其 Pearson 相关系数的显著性为 0.439,Pearson 相关系数值为 -0.216;Kendall 秩相关系数的显著性为 -0.267,显著性为 0.186。

表 4-142　受众被订阅数的数量等级序列

受众被订阅数的数量等级	1	2	3	4	5	6	7	8	9	10	11	12	13	14	15
该等级受众所属的比例最高的传者等级	10	14	3	4	3	4	4	4	4	1	8	2	1	1	14

考察每个等级的传者,其受众的分布偏向。由于受众在各个等级的分布,还受到总体中受众分布的影响,所以把传-受矩阵中,某等级传者所对应的各个等级的受众的比例,减去该等级的受众在总体的比例,也即单元格的值减去该列的总体值。这样得到的矩阵如表 4-143 所示。

用"该等级传者拥有的相对比例最高的受众等级",表示对于某个等级的传者,它拥有哪个等级的受众是相对比例最高的。其中,相对比例指的是,i 等级的传者拥有的 j 等级受众比例-总体的 j 等级受众比例。其数值以及排序的对应关系如表 4-144 所示。对下表进行的相关分析显示,传者被订阅数的数量等级和"该等级传者拥有的相对比例最高的受众等级"之间缺乏相关性,其 Pearson 相关系数的 P 值为 0.646,Pearson 相关系数值为 -0.129;Kendall 秩相关系数为 -0.114,显著性为 0.575;都不符合 0.05 的显著性水平的要求。

表 4-144　传者被订阅数的数量等级序列

传者被订阅数的数量等级	1	2	3	4	5	6	7	8	9	10	11	12	13	14	15
该等级传者拥有的比例最高的受众等级	10	14	3	4	3	4	4	4	4	1	8	8	1	1	14

根据每一行传者对应数据,根据传者的页面被观看次数和受者的页面被观看次数制作交叉表。共有有效样本对 16 522 个。其中每一行的数据表示某个等级的传者,其对应的各个等级的受众所占的比例,如表 4-145 所示。

表 4-143 传者被订阅者数与受者被订阅者数转移概率矩阵

		受者被订阅者数-转换后-相对比例														
		1	2	3	4	5	6	7	8	9	10	11	12	13	14	15	合计
传者被订阅者数-转换后	1	0.064 7	−0.037 3	−0.056 6	0.007 1	−0.021	−0.001	0.004 2	0.032 5	−0.004 2	0.004 4	−0.001 5	−0.001	0.006 5	0.003 1	−0.000 1	1
	2	0.059 4	−0.047 1	−0.051 5	0.025 9	−0.025 5	−0.005 5	0.012 3	0.029 3	−0.004 2	−0.002 5	−0.001 5	0.011 7	−0.000 4	−0.000 3	−0.000 1	1
	3	−0.008 6	−0.065 8	0.028 2	−0.027 8	0.085 6	−0.008 7	−0.003 5	0.010 3	−0.004 2	−0.002 5	−0.001 5	−0.001	−0.000 4	−0.000 3	−0.000 1	1
	4	0.047 2	−0.104 9	−0.078	0.036 7	−0.038 2	0.019 2	0.071 1	0.038	0.014 5	−0.002 5	−0.001 5	−0.001	−0.000 4	−0.000 3	−0.000 1	1
	5	0.046 5	−0.017 5	−0.033 2	−0.008 4	0.000 1	0.010 5	0.006 1	−0.008 7	−0.004 2	0.002 3	0.003 3	−0.001	0.004 4	−0.000 3	−0.000 1	1
	6	−0.022 9	−0.014 4	−0.045	0.010 8	0.030 8	0.007 7	0.017 2	0.008 5	0.008 7	0.001 8	−0.001 5	−0.001	−0.000 4	−0.000 3	−0.000 1	1
	7	0.010 7	−0.028 7	−0.008 4	−0.001 5	0.008 1	0.005	0.009 1	0.004 5	0.002 4	0.000 8	−0.001 5	−0.001	0.000 7	−0.000 3	−0.000 1	1
	8	−0.013 8	0.002 6	−0.028 8	0.022 1	−0.010 1	−0.003 3	0.016 8	−0.000 4	0.000 8	0.004 1	0.005 1	0.004	0.001 3	−0.000 3	−0.000 1	1
	9	−0.024 6	−0.002 2	0.004 6	0.000 9	−0.003 1	0.004 5	0.007 6	0.005 7	0.000 7	0.001 6	0.000 6	−0.000 3	−0.000 3	−0.000 3	−0.000 1	1
	10	0.073 6	−0.023	−0.013 8	−0.021 3	−0.003 9	−0.003 7	−0.003 3	−0.000 5	−0.000 8	−0.001 5	0.000 5	−0.000 5	−0.000 4	−0.000 3	−0.000 1	1
	11	0.027 6	−0.002 3	−0.006 6	−0.012 1	−0.004 5	0.000 9	0.000 4	−0.003	−1E−04	−0.000 5	0.000 6	0.000 2	−0.000 4	−0.000 3	−0.000 1	1
	12	−0.010 5	−0.003 6	0.015 9	0.005 2	0.002 8	0.002 4	−0.005	−0.001	−0.001	−0.001 2	−0.001 5	−0.000 6	−0.000 4	−0.000 3	−0.000 1	1
	13	−0.059 9	0.016	0.008 5	0.014 3	0.011 8	0.004 1	0.000 2	−0.000 9	0.002 4	0.002 3	0.002 1	−0.000 4	−0.000 4	0.000 8	−0.000 1	1
	14	−0.024 5	0.033 8	0.008 8	0.003 6	−0.006 2	0.004 1	−0.005	−0.005 4	−0.003 1	−0.001	−0.000 4	−0.000 6	0	−0.000 3	−0.000 1	1
	15	−0.039 3	0.025 5	0.000 9	0.008 6	0.015 1	−0.001 8	−0.002 8	−0.004 6	−1E−04	−0.000 5	0.000 5	−0.001	−0.000 4	−0.000 3	−0.000 1	1
合计		0.522 9	0.161	0.152 8	0.075 4	0.038 2	0.018 2	0.013	0.008 7	0.004 2	0.002 5	0.001 5	0.001	0.000 4	0.000 3	0.000 1	1

表 4-145 传者页面被观看次数与受者页面被观看次数转移概率矩阵

受者页面被观看次数-转换后

传者页面被观看次数转换后	1	2	3	4	5	6	7	8	9	10	11	12	13	14	15	16	17	19	20	合计
1	0.642 9	0.010 2	0.020 4	0.040 8	0.045 9	0.035 7	0.045 9	0.035 7	0.020 4	0.030 6	0.020 4	0.010 2	0.020 4	0.015 3	0.005 1	0	0	0	0	1.000 0
2	0	0	1.000 0	0	0	0	0	0	0	0	0	0	0	0	0	0	0	0	0	1.000 0
3	0.500 0	0	0.500 0	0	0	0	0	0	0	0	0	0	0	0	0	0	0	0	0	1.000 0
4	0.590 9	0	0	0.090 9	0.045 5	0	0.090 9	0.045 5	0.090 9	0	0	0.045 5	0	0.057 1	0	0	0	0	0	1.000 0
5	0.371 4	0	0	0	0.171 4	0.028 6	0.057 1	0.114 3	0.028 6	0.085 7	0.057 1	0.028 6	0	0.022 7	0	0	0	0	0	1.000 0
6	0.568 2	0	0	0.113 6	0	0.090 9	0.090 9	0.045 5	0.022 7	0	0.022 7	0	0.022 7	0	0	0	0	0	0	1.000 0
7	0.503 6	0.007 2	0.014 4	0.014 4	0.021 6	0.036 0	0.050 4	0.071 9	0.064 7	0.043 2	0.086 3	0.028 8	0.007 2	0.043 2	0.016 5	0	0.007 2	0	0	1.000 0
8	0.554 2	0	0.036 1	0.060 2	0.084 3	0.072 3	0.024 1	0.060 2	0.072 3	0.012 0	0	0.012 0	0.007 2	0.005 3	0.004 6	0	0	0	0	1.000 0
9	0.577 5	0.005 3	0.042 8	0.021 4	0.048 1	0.080 2	0.042 8	0.048 1	0.032 1	0.032 1	0.042 8	0.010 7	0.010 7	0.005 3	0.004 3	0	0	0	0	1.000 0
10	0.462 8	0	0.033 1	0.033 1	0.049 6	0.024 8	0.024 8	0.107 4	0.099 2	0.033 1	0.033 1	0.041 3	0.033 1	0.008 3	0.016 5	0	0	0	0	1.000 0
11	0.552 5	0.004 6	0.004 6	0.041 1	0.059 4	0.045 7	0.077 6	0.059 4	0.041 1	0.018 3	0.041 1	0.022 8	0.022 8	0.004 6	0	0	0	0	0	1.000 0
12	0.581 0	0.012 0	0.031 0	0.043 0	0.059 0	0.046 0	0.051 0	0.042 0	0.033 0	0.025 0	0.025 0	0.027 0	0.017 0	0.005 0	0.003 0	0	0	0	0	1.000 0
13	0.634 6	0.003 6	0.039 9	0.037 1	0.057 1	0.048 5	0.032 8	0.047 5	0.026 4	0.019 3	0.022 2	0.010 0	0.012 3	0.002 9	0.004 3	0	0	0	0	1.000 0
14	0.644 0	0.008 0	0.045 0	0.046 9	0.061 3	0.039 5	0.042 6	0.033 4	0.017 9	0.022 2	0.016 0	0.012 3	0.004 3	0.004 9	0	0	0	0	0	1.000 0
15	0.589 7	0.012 1	0.022 8	0.044 7	0.059 4	0.052 6	0.058 7	0.043 8	0.039 6	0.023 8	0.021 4	0.021 4	0.006 5	0.007 0	0.003 3	0	0	0	0	1.000 0
16	0.599 3	0.010 0	0.025 0	0.047 2	0.047 2	0.047 8	0.047 8	0.054 8	0.040 6	0.031 7	0.018 3	0.013 3	0.010 0	0.002 2	0.000 6	0.002 8	0.000 5	0	0	1.000 0
17	0.626 5	0.015 8	0.026 3	0.052 6	0.059 6	0.059 6	0.039 5	0.028 5	0.025 0	0.024 0	0.014 9	0.012 7	0.008 3	0.004 4	0.001 3	0.000 4	0.000 6	0	0	1.000 0
18	0.574 1	0.014 8	0.034 8	0.056 4	0.073 2	0.066 2	0.051 1	0.044 9	0.027 8	0.022 7	0.012 1	0.010 0	0.006 2	0.003 5	0.001 5	0.000 3	0	0	0	1.000 0
19	0.609 5	0.007 9	0.033 5	0.049 3	0.057 9	0.061 1	0.035 5	0.037 5	0.043 4	0.027 4	0.019 7	0.011 8	0.003 9	0.002 4	0.001 5	0	0	0.000 6	0	1.000 0
20	0.628 3	0.009 4	0.037 4	0.059 4	0.059 4	0.057 2	0.047 4	0.033 1	0.015 8	0.015 8	0.020 3	0.006 0	0.005 3	0.004 5	0	0	0	0	0.000 8	1.000 0
合计	0.602 6	0.011 0	0.031 7	0.048 8	0.060 4	0.055 0	0.046 2	0.042 4	0.030 3	0.023 8	0.019 0	0.013 0	0.008 8	0.004 8	0.001 8	0.000 4	0.000 2	0.000 1	0.000 1	1.000 0

用"该等级受众所属的比例最高的传者等级",表示对于某个等级的受众,它来自哪个等级的传者中比例最高。用"该等级传者拥有的比例最高的受众等级",表示对于某个等级的传者,它拥有哪个等级的受众是比例最高的。某个等级的受众所属的比例比高的传者等级,以及某个等级的传者拥有的比例最高的受众等级,其数值以及排序的对应关系如表 4-146 所示(其中传者的等级 2、3 的样本量分别为 1 和 2,传者等级 4 的样本数为 24,受众的等级 18 空缺,因样本量不足,将这四个等级的数据不纳入考察范围)。

表 4-146 受众页面被观看数的数量等级序列

受众页面被观看数的数量等级	1	5	6	7	8	9	10	11	12	13	14	15	16	17	19	20
该等级受众所属的比例最高的传者等级	1	5	6	11	10	10	5	7	4	10	5	10	16	7	18	20

对表 4-146 进行 Pearson 相关分析,可知受众的页面被观看数等级与该等级受众所属的比例最高的传者等级具有显著的相关性。其中,P 值为 0.003,相关系数为 0.699。Kendall 秩相关系数和 Spearman 等级相关系数也都通过了检验,P 值分别为 0.022 和 0.025,低于 0.05 的显著性临界标准。这显示,受众及传者在影响力等级存在显著的关联。

表 4-147 双变量相关性检验结果
相关系数

			受众页面被观看数的数量等级	该等级受众所在比例最高的传者等级
Kendall 的 tau_b	受众页面被观看数的数量等级	相关系数	1.000	0.435*
		Sig.(双侧)		0.022
		N	16	16
	该等级受众所在比例最高的传者等级	相关系数	0.435*	1.000
		Sig.(双侧)	0.022	
		N	16	16
Spearman 的 rho	受众页面被观看数的数量等级	相关系数	1.000	0.558*
		Sig.(双侧)		0.025
		N	16	16
	该等级受众所在比例最高的传者等级	相关系数	0.558*	1.000
		Sig.(双侧)	0.025	
		N	16	16

*. 在置信度(双测)为 0.05 时,相关性是显著的。

传者和受者根据页面被观看情况,得到的相对比例转移概率矩阵如表 4-148 所示。

表 4-148 传者页面被观看次数与受者页面被观看次数转移概率矩阵

传者页面被观看次数-转换后×受者页面被观看次数-转换后 交叉列表

相对比例

	受者页面被观看次数-转换后																				合计
传者页面被观看次数-转换后	1	2	3	4	5	6	7	8	9	10	11	12	13	14	15	16	17	19	20	
1	0.040 3	−0.000 8	−0.011 3	−0.008	−0.014 5	−0.019 3	−0.000 3	−0.006 7	−0.009 9	0.006 8	0.001 4	−0.002 8	0.011 8	0.010 5	0.003 3	−0.000 4	−0.000 2	−0.000 1	−0.000 1	1.000 0
2	−0.602 6	−0.011	0.968 3	−0.048 8	−0.060 4	−0.055	−0.046 3	−0.042 4	−0.030 3	−0.023 8	−0.019	−0.013	−0.008 6	−0.004 8	−0.001 8	−0.000 4	−0.000 2	−0.000 1	−0.000 1	1.000 0
3	−0.102 6	−0.011	0.468 3	−0.048 8	−0.060 4	−0.055	−0.046 2	−0.042 4	−0.030 3	−0.023 8	−0.019	−0.013	−0.008 6	−0.004 8	−0.001 8	−0.000 4	−0.000 2	−0.000 1	−0.000 1	1.000 0
4	−0.011 7	−0.011	−0.031 7	0.042 1	−0.014 9	−0.055	0.044 7	0.003 1	0.060 6	−0.023 8	−0.019	0.032 5	−0.008 6	−0.004 8	−0.001 8	−0.000 4	−0.000 2	−0.000 1	−0.000 1	1.000 0
5	−0.231 3	−0.011	−0.031 7	−0.048 8	0.111	−0.026 4	0.010 9	0.071 9	−0.001 7	0.061 9	0.038 1	0.015 6	−0.008 6	0.052 3	−0.001 8	−0.000 4	−0.000 2	−0.000 5	−0.000 1	1.000 0
6	−0.034 8	−0.011	−0.031 7	0.064 8	−0.060	0.035 9	0.044 7	0.003 1	−0.007 6	−0.023 8	0.003 7	−0.013	0.014 1	0.017 9	−0.001 8	−0.000 4	0.007	−0.000 1	−0.000 1	1.000 0
7	−0.099	−0.003 8	−0.017 3	−0.034 4	−0.038 8	−0.019	0.004 2	0.029 5	0.034 4	0.019 4	0.067 3	0.015 8	−0.001 4	0.038 4	−0.001 8	−0.000 4	−0.000 2	−0.000 1	−0.000 1	1.000 0
8	−0.048 4	−0.011	0.004 4	0.011 4	0.023 9	0.017 3	−0.022 1	0.017 8	0.042	−0.011 8	−0.019	−0.001	−0.003 4	−0.004 8	−0.001 8	−0.000 4	−0.000 2	−0.000 1	−0.000 1	1.000 0
9	−0.025 1	−0.005 7	0.011	−0.027 4	−0.012 3	0.025 2	−0.003 4	0.005 7	0.001 8	0.008 3	0.023 8	−0.002	0.002 1	0.000 5	−0.001 8	−0.000 4	−0.000 2	−0.000 1	−0.000 1	1.000 0
10	−0.139 8	−0.011	0.001 4	−0.015 7	−0.010 8	−0.030 2	−0.021 4	0.065	0.068 9	0.009 3	0.014 1	0.028 3	0.024 5	0.003 5	0.014 7	−0.000 4	−0.000 2	−0.000 1	−0.000 1	1.000 0
11	−0.050	−0.006 4	−0.027	−0.007 7	−0.001	−0.009 3	0.031 4	0.017	0.010 8	−0.005 5	0.022 1	0.009 8	0.014 2	−0.000 2	0.002 8	−0.000 4	−0.000 2	−0.000 1	−0.000 1	1.000 0
12	−0.021 6	0.001	−0.000 7	−0.005 8	−0.001 4	−0.009	0.004 8	−0.000 4	0.002 7	0.001 2	0.006	0.014	0.008 4	0.000 2	0.001 2	−0.000 4	−0.000 2	−0.000 1	−0.000 1	1.000 0
13	0.032 2	−0.007 4	0.008 2	0.011 7	−0.001 3	−0.006 5	−0.013 4	0.005 4	−0.003 9	−0.004 5	0.003 8	−0.003	0.004 2	−0.001 9	0.002 5	−0.000 4	−0.000 2	−0.000 1	−0.000 1	1.000 0
14	0.041 4	−0.003	0.013 3	−0.001 9	0.001 3	−0.015	−0.003 6	−0.008 5	−0.012 4	−0.001 6	−0.003	−0.000 7	−0.003 7	−0.004 8	−0.001 8	−0.000 4	0.007	−0.000 1	−0.000 1	1.000 0
15	−0.012 9	0.001 1	−0.008 9	−0.004 1	−0.001 2	0.003 7	0.006 4	0.001 4	0.009 3	0	0.002 4	−0.000 7	−0.002	0.000 5	0.001 5	−0.000 4	−0.000 2	−0.000 1	−0.000 1	1.000 0
16	−0.003 4	−0.001	−0.006 1	−0.001 6	−0.012 6	−0.007 2	0.001 6	0.012 1	0.010 3	0.007 7	−0.000 7	0.000 3	0.001	−0.002 6	−0.001 5	0.002 8	−0.000 3	−0.000 1	−0.000 1	1.000 0
17	0.023 9	−0.004 8	−0.005 4	−0.000 8	−0.000 9	−0.004 6	−0.006 7	−0.013 9	−0.005 3	0.000 3	−0.004 1	0.000 3	0.000 3	−0.000 4	−0.000 5	0	−0.002 2	−0.000 5	−0.000 1	1.000 0
18	−0.028 5	0.003 8	0.002 9	0.003 8	0.012 8	0.004 6	−0.006 7	−0.000 4	−0.002 5	0.000 4	−0.006 9	−0.003	−0.002 4	−0.000 4	−0.001	0.000 1	−0.000 4	−0.000 1	−0.000 1	1.000 0
19	0.006 9	−0.003 1	0.001 8	0.000 5	−0.003 2	0.006 1	−0.010 7	−0.004 9	0.013 1	−0.001	0.000 7	−0.001	−0.004 7	−0.002 8	−0.001 8	−0.000 4	−0.000 2	−0.000 1	−0.000 7	1.000 0
20	0.026	−0.002	0.005 9	0.010 6	−0.001	0.002 1	0.001 2	−0.009 3	−0.014 5	−0.008	0.001 3	−0.007	−0.003 3	−0.003	−0.001 8	−0.000 4	−0.000 2	−0.000 1	−0.000 1	1.000 0
合计	0.602 6	0.602 6	0.011	0.031 7	0.048 8	0.060 4	0.055	0.046 2	0.042 4	0.030 4	0.023 8	0.019	0.013	0.008 6	0.004 8	0.001 8	0.000 4	0.000 2	0.000 1	0.000 1

用"该等级传者拥有的相对比例最高的受众等级",表示对于某个等级的传者,它拥有哪个等级的受众是相对比例最高的。其中,相对比例指的是,i 等级的传者拥有的 j 等级受众比例-总体的 j 等级受众比例。其数值以及排序的对应关系如表 4-149 所示(其中传者的等级 2、3 的样本量分别为 1 和 2,传者等级 4 的样本数为 24,受众的等级 18 空缺,因样本量不足,将这四个等级的数据不纳入考察范围)。

表 4-149 页面被观看数的数量等级序列

页面被观看数的数量等级	1	5	6	7	8	9	10	11	12	13	14	15	16	17	19	20
该等级传者拥有的相对比例最高的受众等级	14	5	6	6	5	10	4	7	10	10	5	10	16	7	19	20

Pearson 相关分析的结果显示,传者的页面被观看数的数量等级和"该等级传者拥有的相对比例最高的受众等级",存在显著相关性,其 P 值为 0.041,相关系数为 0.515。据表 4-150,Kendall 秩相关系数和 Spearman 等级相关系数也都通过了检验,P 值分别为 0.027 和 0.038,低于 0.05 的显著性临界标准。这显示,传者及其受众在影响力等级存在显著的关联。

表 4-150 双变量相关性检验结果

相关系数

			传者页面被观看数的数量等级	该等级传者拥有的相对比例最高的受众等级
Kendall 的 tau_b	传者页面被观看数的数量等级	相关系数	1.000	0.426*
		Sig.(双侧)		0.027
		N	16	16
	该等级传者拥有的相对比例最高的受众等级	相关系数	0.426*	1.000
		Sig.(双侧)	0.027	
		N	16	16
Spearman 的 rho	传者页面被观看数的数量等级	相关系数	1.000	0.522*
		Sig.(双侧)		0.038
		N	16	16
	该等级传者拥有的相对比例最高的受众等级	相关系数	0.522*	1.000
		Sig.(双侧)	0.038	
		N	16	16

*. 在置信度(双测)为 0.05 时,相关性是显著的。

(五) Flickr 传受关系

对 Flickr 采集所得的资料中,从传者、受者的活跃度、互动性进行考察。活跃度用发布照片数量衡量,互动性用追踪他人照片数量衡量,影响力用得到的推荐语数量来衡量。传播主体发布的照片数和被其他会员追踪数,其实际的空缺值太多因而不纳入考察范围,实际所得的数据也无其他有效的可以衡量传播主体影响力的指标。本部分对指标值的转换,和前文相同。一个例外,是对于传者或受者得到的推荐语数量,设原值为 x,转换后的新值为 y,则转换方式为,$y = = INT(LN(x+1) \times 2) + 1$。之所以采取这样的不同的方式,因为该原值普遍较小,绝大多数在两位数之内,所以不采用以 10 为底的对数,而采取自然对数;且 0 值较多,所以先对原值加 1,之后再进行对数函数的处理。

1. 传者特征的受众作用

Flickr 用户的活跃度指标中,发布相片数是衡量其在平台中进行内容生产和发布的活跃性的重要指标。以传者的发布相片数的不同等级作为分组的自变量因子,考察其对应的受众的发布相片数和活跃度,具体结果如表 4-151 所示。可以看到,随着传者等级的增加,该等级传者对应的受众的平均等级在总体上也呈现上升态势。

表 4-151 受众发布相片数(转换后)

	N	均值	标准差	标准误	均值的 95% 置信区间		极小值	极大值
					下限	上限		
4	24	5.79	1.615	0.330	5.11	6.47	3	8
5	1 132	6.33	1.204	0.036	6.26	6.40	1	10
6	414	6.49	1.191	0.059	6.37	6.60	2	10
7	2 100	6.54	1.168	0.25	6.49	6.59	2	10
8	467	6.79	1.298	0.060	6.67	6.91	1	10
9	537	7.02	1.056	0.046	6.93	7.11	4	10
10	76	7.93	1.552	0.178	7.58	8.29	5	11
总数	4 750	6.58	1.220	0.018	6.55	6.62	1	11

通过方差分析得出,对于不同的传者发布相片数等级而言,其对应的受众的发布相片数等级存在显著性差异,Welch 和 Brown-Forsythe 检验量的显著性值都为 0.000,接近于 0。参见表 4-152。

表 4-152　对受众发布相片数(转换后)进行的方差分析

方差齐性检验

受众发布相片数-转换后

Levene 统计量	$df1$	$df2$	显著性
9.691	6	4 743	0.000

均值相等性的健壮性检验

受众发布相片数-转换后

	统计量[a]	$df1$	$df2$	显著性
Welch	36.467	6	257.182	0.000
Brown-Forsythe	33.405	6	297.810	0.000

a. 渐近 F 分布。

以传者的追踪他人数的等级作为分组的自变量因子,其对应的受众的追踪他人数的等级情况如表 4-153 所示。可以看出,随着传者等级的增加,受众的等级在整体上也呈增加态势。

表 4-153　受者正在追踪数(转换后)

描　述

受者正在追踪数-转换后

	N	均值	标准差	标准误	均值的 95% 置信区间		极小值	极大值
					下限	上限		
1	20	2.90	2.770	0.619	1.60	4.20	1	9
2	28	4.14	2.272	0.429	3.26	5.02	1	8
3	183	5.07	1.550	0.115	4.84	5.29	1	9
4	386	5.30	1.416	0.072	5.15	5.44	1	9
5	1 172	5.44	1.202	0.035	5.37	5.51	1	9
6	4 641	5.68	1.421	0.021	5.64	5.72	1	11
7	800	5.90	1.342	0.047	5.81	5.99	1	10
8	1 439	6.58	1.595	0.042	6.50	6.66	1	10
9	69	5.97	1.403	0.169	5.63	6.31	3	9
总数	8 738	5.78	1.487	0.016	5.75	5.81	1	11

对于传者追踪人数的等级和受者追踪他人数的等级之间的关系,通过方差分析得出,以前者作为分组的自变量因子,后者具有显著的差异,Welch 和 Brown-Forsythe 检验量的显著性 P 值都为 0.000,接近于 0。

表 4-154　对受者正在追踪数(转换后)进行的方差分析

方差齐性检验

受者正在追踪数-转换后

Levene 统计量	$df1$	$df2$	显著性
32.059	8	8 729	0.000

均值相等性的健壮性检验

受者正在追踪数-转换后

	统计量[a]	$df1$	$df2$	显著性
Welch	73.603	8	234.254	0.000
Brown-Forsythe	61.717	8	149.690	0.000

a. 渐近 F 分布。

以传者得到的推荐语数量的等级作为分组的自变量因子,其对应的受众所得的推荐语数量的等级情况如下表所示。对两者进行方差分析得出,前者对后者具有影响作用,在不同的传者等级作为分组变量情况下,受者的等级呈现出显著差异,Welch 和 Brown-Forsythe 统计量的显著性都为 0.000,接近于 0(表 4-155)。

表 4-155　受众推荐语数量(转换后)

描　述

受众推荐语数量-转换后

| | N | 均值 | 标准差 | 标准误 | 均值的 95% 置信区间 | | 极小值 | 极大值 |
					下限	上限		
1	3 786	1.66	1.308	0.021	1.62	1.71	1	10
2	411	1.85	1.485	0.073	1.71	1.99	1	8
3	2 479	1.66	1.253	0.025	1.61	1.71	1	9
4	1 322	2.59	1.607	0.044	2.50	2.68	1	9
5	626	2.41	1.731	0.069	2.28	2.55	1	10
6	59	3.64	2.310	0.301	3.04	4.25	1	9

(续表)

	N	均值	标准差	标准误	均值的95%置信区间		极小值	极大值
					下限	上限		
7	64	2.95	2.096	0.262	2.43	3.48	1	8
8	78	2.86	2.068	0.234	2.39	3.33	1	8
总数	8 825	1.90	1.465	0.016	1.87	1.93	1	10

表4-156 对受众推荐语数量(转换后)进行的方差分析

方差齐性检验

受众推荐语数量-转换后

Levene统计量	$df1$	$df2$	显著性
98.984	7	8 817	0.000

均值相等性的健壮性检验

受众推荐语数量-转换后

	统计量[a]	$df1$	$df2$	显著性
Welch	77.388	7	416.710	0.000
Brown-Forsythe	63.725	7	508.867	0.000

a. 渐近 F 分布。

2. 传受关系中的活跃度

中国文化的相关帖子信息从Flickr传者到受者,在各个等级之间的转移概率矩阵如表4-157所示。其中有效的样本对数量为4 650个。

表4-157 传者发布相片数与受众发布相片数转移概率矩阵

		受众发布相片数-转换后										合计
		1	2	3	4	5	6	7	8	9	10	11	
传者发布相片数-转换后	4			4.2%	29.2%	8.3%	16.7%	25.0%	16.7%				100.0%
	5	0.3%	0.3%	0.3%	1.1%	24.0%	32.4%	25.5%	12.1%	3.5%	0.5%		100.0%
	6		0.2%	1.2%	2.2%	13.5%	34.8%	29.7%	14.0%	3.9%	0.5%		100.0%
	7		0.1%	1.3%	3.2%	12.0%	29.2%	34.5%	17.3%	2.2%	0.2%		100.0%
	8	0.2%	0.4%	0.9%	2.6%	10.7%	24.0%	27.6%	28.7%	4.5%	0.4%		100.0%
	9				2.0%	4.3%	25.1%	30.7%	34.5%	2.8%	0.6%		100.0%
	10					5.3%	5.3%	43.4%	13.2%	3.9%	27.6%	1.3%	100.0%
合计		0.1%	0.2%	0.9%	2.5%	13.9%	29.0%	30.9%	18.8%	3.0%	0.8%	0.0%	100.0%

用"该等级受众所属的比例最高的传者等级",表示对于某个等级的受众,它来自哪个等级的传者中比例最高。用"该等级传者拥有的比例最高的受众等级",表示对于某个等级的传者,它拥有哪个等级的受众是比例最高的。某个等级的受众所属的比例比高的传者等级,以及某个等级的传者拥有的比例最高的受众等级,其数值以及排序的对应关系如表 4-158 所示(其中第 1~3 级、第 11 级由于传者空缺,此处不纳入分析范围)。

表 4-158 受众发布相片数量等级序列

受众发布相片数量等级	4	5	6	7	8	9	10
该等级受众所属的比例最高的传者等级	4	5	6	10	9	8	10

相关系数的分析结果显示,受众发布相片的数量等级和该等级受众所属的比例最高的传者等级,其 Pearson 相关系数为 0.854,显著性为 0.014。其 Kendall 秩相关系数的 P 值为 0.033,相关系数的值为 0.683;Spearman 等级相关系数的 P 值为 0.027,相关系数的值为 0.811(表 4-159)。两个相关系数通过了检验,可以认为受众发布相片的数量等级和该等级受众所属的比例最高的传者等级之间,具有显著的相关性。

表 4-159 双变量相关性检验结果

相关系数

			受众发布相片数量等级	该等级受众所属的比例最高的传者等级
Kendall 的 tau_b	受众发布相片数量等级	相关系数	1.000	0.683*
		Sig.(双侧)		0.033
		N	7	7
	该等级受众所属的比例最高的传者等级	相关系数	0.683*	1.000
		Sig.(双侧)	0.033	
		N	7	7
Spearman 的 rho	受众发布相片数量等级	相关系数	1.000	0.811*
		Sig.(双侧)		0.027
		N	7	7
	该等级受众所属的比例最高的传者等级	相关系数	0.811*	1.000
		Sig.(双侧)	0.027	
		N	7	7

*. 在置信度(双测)为 0.05 时,相关性是显著的。

考察每个等级的传者,其受众的分布偏向。由于受众在各个等级的分布,还受到总体中受众分布的影响,所以把传-受矩阵中,某等级传者所对应的各个等级的受众的比例,减去该等级的受众在总体的比例,也即单元格的值减去该列的总体值。这样得到的矩阵如表 4-160 所示。

表 4-160 传者发布相片数与受众发布相片数转移概率矩阵

		受众发布相片数-转换后-相对比例										合计
		1	2	3	4	5	6	7	8	9	10	11	
传者发布相片数-转换后	4	−0.001	−0.002	3.30%	26.70%	−5.60%	−12.30%	−5.90%	−2.10%	−0.03	−0.008	0	100.0%
	5	0.20%	0.10%	−0.60%	−1.40%	10.10%	3.40%	−5.40%	−6.70%	0.50%	−0.30%	0	100.0%
	6	−0.001	0.00%	0.30%	−0.30%	−0.40%	5.80%	−1.20%	−4.80%	0.90%	−0.30%	0	100.0%
	7	−0.001	−0.10%	0.40%	0.70%	−1.90%	0.20%	3.60%	−1.50%	−0.80%	−0.60%	0	100.0%
	8	0.10%	0.20%	0.00%	0.10%	−3.20%	−5.00%	−3.30%	9.90%	1.50%	−0.40%	0	100.0%
	9	−0.001	−0.002	−0.009	−0.50%	−9.60%	−3.90%	−0.20%	15.70%	−0.20%	−0.20%	0	100.0%
	10	−0.001	−0.002	−0.009	−0.025	−8.60%	−23.70%	12.50%	−5.60%	−0.20%	26.80%	1.30%	100.0%
合计		0.10%	0.20%	0.90%	2.50%	13.90%	29.00%	30.70%	18.80%	3.00%	0.80%	0.00%	100.0%

用"该等级传者拥有的相对比例最高的受众等级",表示对于某个等级的传者,它拥有哪个等级的受众是相对比例最高的。其中,相对比例指的是,i 等级的传者拥有的 j 等级受众比例-总体的 j 等级受众比例。其数值以及排序的对应关系如表 4-161 所示(其中第 1~3 级、第 11 级由于传者空缺,此处不纳入分析范围)。

表 4-161 传者发布相片数量等级序列

传者发布相片数量等级	4	5	6	7	8	9	10
该等级传者拥有的相对比例最高的受众等级	4	5	6	10	8	8	10

根据相关分析的结果可知,传者发布相片数量等级和"该等级传者拥有的相对比例最高的受众等级",存在着显著的相关性。其 Pearson 相关系数为 0.85,显著性水平为 0.015。其 Kendall 秩相关系数的 P 值为 0.021,Spearman 等级相关系数的 P 值为 0.019,两个相关系数的值分别为 0.751 和 0.837。参见表 4-162。

3. 传受关系中的互动性

从用户追踪他人的数量来考察其在 Flickr 平台上与他人主动交互的互动性。对不同等级的传者来说,每个等级中各等级的受众的分布概率矩阵如表 4-163 所示,其中有效的样本对数量为 8 738 个。

表 4-162 双变量相关性检验结果

			传者发布相片数量等级	该等级传者拥有的相对比例最高的受众等级
Kendall 的 tau_b	传者发布相片数量等级	相关系数	1.000	0.751**
		$Sig.$(双侧)		0.021
		N	7	7
	该等级传者拥有的相对比例最高的受众等级	相关系数	0.751*	1.000
		$Sig.$(双侧)	0.021	
		N	7	7
Spearman 的 rho	传者发布相片数量等级	相关系数	1.000	0.837*
		$Sig.$(双侧)		0.019
		N	7	7
	该等级传者拥有的相对比例最高的受众等级	相关系数	0.837*	1.000
		$Sig.$(双侧)	0.019	
		N	7	7

*. 在置信度(双测)为 0.05 时,相关性是显著的。

表 4-163 传者正在追踪数与受者正在追踪数转移概率矩阵

		受者正在追踪数-转换后										合计
		1	2	3	4	5	6	7	8	9	10	11	
传者正在追踪数-转换后	1	55.0%	15.0%	0	0	5.0%	10.0%	5.0%	5.0%	5.0%	0	0	100.0%
	2	3.6%	42.9%	0	7.1%	7.1%	17.9%	17.9%	3.6%	0	0	0	100.0%
	3	1.1%	4.4%	8.7%	16.9%	36.1%	15.3%	11.5%	3.8%	2.2%	0	0	100.0%
	4	1.3%	2.3%	2.1%	22.3%	30.1%	23.1%	12.4%	5.7%	0.8%	0	0	100.0%
	5	0.3%	0.7%	1.8%	16.4%	37.5%	26.2%	11.7%	4.5%	1.0%	0	0	100.0%
	6	0.6%	1.4%	3.4%	11.7%	28.2%	29.5%	14.8%	8.3%	1.9%	0.1%	0.1%	100.0%
	7	0.4%	1.1%	1.8%	11.0%	21.9%	29.1%	26.0%	7.1%	1.3%	0.4%	0	100.0%
	8	0.4%	0.9%	2.7%	6.4%	15.8%	19.3%	10.6%	41.8%	1.9%	0.1%	0	100.0%
	9	0	0	2.9%	14.5%	18.8%	27.5%	20.3%	14.5%	1.4%	0	0	100.0%
合计		0.7%	1.5%	3.0%	11.9%	26.9%	26.6%	14.6%	13.0%	1.7%	0.1%	0.0%	100.0%

用"该等级受众所属的比例最高的传者等级",表示对于某个等级的受众,它来自哪个等级的传者中比例最高。用"该等级传者拥有的比例最高的受众等级",表

示对于某个等级的传者,它拥有哪个等级的受众是比例最高的。某个等级的受众所属的比例比高的传者等级,以及某个等级的传者拥有的比例最高的受众等级,其数值以及排序的对应关系如下表 4-164 所示(传者的第 1 级只有 20 个传者样本,传者第 10、11 级为空缺,这几个等级样本量过小,不纳入考察范围)。

表 4-164　正在追踪他人照片的数量等级序列

正在追踪他人照片的数量等级	2	3	4	5	6	7	8	9
该等级受众所属的比例最高的传者等级	2	3	4	5	6	7	8	3

该结果的相关分析中,受众正在追踪他人照片的数量等级和该等级受众所属的比例最高的传者等级,其 Kendall 秩相关系数的 P 值为 0.034,通过显著性的检验,相关系数为 0.618。可以认为,两者之间具有相关性。

表 4-165　双变量相关性检验结果

			受众正在追踪他人照片的数量等级	该等级受众所属的比例最高的传者等级
Kendall 的 tau_b	受众正在追踪他人照片的数量等级	相关系数	1.000	0.618*
		$Sig.$(双侧)		0.034
		N	8	8
	该等级受众所属的比例最高的传者等级	相关系数	0.618*	1.000
		$Sig.$(双侧)	0.034	
		N	8	8
Spearman 的 rho	受众正在追踪他人照片的数量等级	相关系数	1.000	0.575
		$Sig.$(双侧)		0.136
		N	8	8
	该等级受众所属的比例最高的传者等级	相关系数	0.575	1.000
		$Sig.$(双侧)	0.136	
		N	8	8

＊. 在置信度(双测)为 0.05 时,相关性是显著的。

考察每个等级的传者,其受众的分布偏向。由于受众在各个等级的分布,还受到总体中受众分布的影响,所以把传-受矩阵中,某等级传者所对应的各个等级的受众的比例,减去该等级的受众在总体的比例,也即单元格的值减去该列的总体值。这样得到的矩阵如表 4-166 所示。

表 4-166　传者正在追踪数与受者正在追踪数转移概率矩阵

		受者正在追踪数-转换后										合计
		1	2	3	4	5	6	7	8	9	10	11	
传者正在追踪数-转换后	1	54.30%	13.50%	−0.03	−0.119	−21.90%	−16.60%	−9.60%	−8.00%	3.30%	−0.001	0	100.0%
	2	2.90%	41.40%	−0.03	−4.80%	−19.80%	−8.70%	3.30%	−9.40%	−0.017	−0.001	0	100.0%
	3	0.40%	2.90%	5.70%	5.00%	9.20%	−11.30%	−3.10%	−9.20%	0.50%	−0.001	0	100.0%
	4	0.60%	0.80%	−0.90%	10.40%	3.20%	−3.50%	−2.20%	−7.30%	−0.90%	−0.001	0	100.0%
	5	−0.40%	−0.80%	−1.20%	4.50%	10.60%	−0.40%	−2.90%	−8.50%	−0.70%	−0.001	0	100.0%
	6	−0.10%	−0.10%	0.40%	−0.20%	1.30%	2.90%	0.20%	−4.70%	0.20%	0.00%	0.10%	100.0%
	7	−0.30%	−0.40%	−1.20%		−5.00%	2.50%	11.40%	−5.90%		0.30%	0	100.0%
	8	−0.30%	−0.60%	−0.30%	−5.50%	−11.10%	−7.30%	−4.00%	28.80%	0.20%		0	100.0%
	9	−0.007	−0.015	−0.10%	2.60%	−8.10%	0.90%	5.70%	1.50%	−0.30%	−0.001	0	100.0%
合计		0.70%	1.50%	3.00%	11.90%	26.90%	26.60%	14.60%	13.00%	1.70%	0.10%	0	100.0%

用"该等级传者拥有的相对比例最高的受众等级",表示对于某个等级的传者,它拥有哪个等级的受众是相对比例最高的。其中,相对比例指的是,i 等级的传者拥有的 j 等级受众比例-总体的 j 等级受众比例。其数值以及排序的对应关系如表 4-167 所示(传者的第 1 级只有 20 个传者样本,传者第 10、11 级为空缺,这几个等级样本量过小,不纳入考察范围)。

表 4-167　传者正在追踪他人照片的数量等级序列

传者正在追踪他人照片的数量等级	2	3	4	5	6	7	8	9
该等级传者拥有的相对比例最高的受众等级	2	3	4	5	6	7	8	3

根据表 4-168 的相关分析的结果可知,传者正在追踪他人照片的数量等级和"该等级传者拥有的相对比例最高的受众等级",其 Kendall 秩相关系数的 P 值为 0.034,通过显著性检验,相关系数值为 0.618。Spearman 等级相关系数为 0.575,双侧的显著性 P 值为 0.136,该值未通过显著性检验。Kendall 相关系数是检验秩相关的直接和针对性的检验手段,由于该值通过了检验,因此总体上可以认为传者正在追踪他人照片的数量等级和"该等级传者拥有的相对比例最高的受众等级"存在着显著的相关性。

表 4-168　双变量相关性检验结果

			传者正在追踪他人照片的数量等级	该等级传者拥有的相对比例最高的受众等级
Kendall 的 tau_b	传者正在追踪他人照片的数量等级	相关系数	1.000	0.618*
		Sig.(双侧)		0.034
		N	8	8
	该等级传者拥有的相对比例最高的受众等级	相关系数	0.618*	1.000
		Sig.(双侧)	0.34	
		N	8	8
Spearman 的 rho	传者正在追踪他人照片的数量等级	相关系数	1.000	0.575
		Sig.(双侧)		0.136
		N	8	8
	该等级传者拥有的相对比例最高的受众等级	相关系数	0.575	1.000
		Sig.(双侧)	0.136	
		N	8	8

*. 在置信度(双测)为 0.05 时,相关性是显著的。

4. 传受关系中的影响力

根据每一行传者对应数据,根据传者的推荐语数量和受者的推荐语数量制作交叉表。共有有效样本对 8 825 个。其中每一行的数据表示某个等级的传者,其对应的各个等级的受众所占的比例。

表 4-169　传者推荐语数量与受众推荐语数量转移概率矩阵

		受众推荐语数量-转换后									合计
		1	2	3	4	5	6	7	8	9	10	
传者推荐语数量-转换后	1	71.4%	10.7%	7.3%	5.5%	2.3%	1.6%	0.5%	0.6%	0	0.0%	100.0%
	2	62.8%	16.5%	9.5%	3.9%	2.2%	2.9%	1.0%	1.2%	0	0	100.0%
	3	70.8%	9.8%	10.2%	4.1%	2.8%	1.6%	0.6%	0.1%	0.0%	0	100.0%
	4	43.2%	8.6%	4.8%	38.4%	1.7%	0.8%	2.1%	0.2%	0.1%	0	100.0%
	5	44.9%	17.9%	16.0%	3.7%	10.9%	4.5%	1.4%	0.5%	0.2%	0.2%	100.0%
	6	33.9%	3.4%	6.8%	15.3%	20.3%	8.5%	6.8%	3.4%	1.7%	0	100.0%
	7	39.1%	12.5%	15.6%	4.7%	12.5%	7.8%	6.3%	1.6%	0	0	100.0%
	8	47.4%	3.8%	10.3%	11.5%	14.1%	7.7%	3.8%	1.3%	0	0	100.0%
合计		64.1%	10.8%	8.6%	9.9%	3.3%	1.9%	1.0%	0.4%	0.0%	0.0%	100.0%

用"该等级受众所属的比例最高的传者等级",表示对于某个等级的受众,它来自哪个等级的传者中比例最高。用"该等级传者拥有的比例最高的受众等级",表示对于某个等级的传者,它拥有哪个等级的受众是比例最高的。某个等级的受众所属的比例比高的传者等级,以及某个等级的传者拥有的比例最高的受众等级,其数值以及排序的对应关系如表4-170所示(因传者的第9、10级为空缺,这两级的数据不纳入考察范围)。

表4-170 推荐语数量等级序列

推荐语数量等级	1	2	3	4	5	6	7	8
该等级受众所属的比例最高的传者等级	1	5	5	4	6	6	6	6

相关分析显示,受众的推荐语数量等级和该等级受众所属的比例最高的传者等级之间,存在着显著的相关性,其中Pearson相关系数为0.76,P值为0.02。Kendall秩相关系数和Spearman等级相关系数都通过了检验,P值分别为0.023和0.007,低于0.05的显著性临界标准;相关系数分别为0.701和0.856。这显示,受众及其传者在影响力等级存在显著的关联。

表4-171 双变量相关性检验结果

			受众的推荐语数量等级	该等级受众所在比例最高的传者等级
Kendall的tau_b	受众的推荐语数量等级	相关系数	1.000	0.701*
		Sig.(双侧)		0.023
		N	8	8
	该等级受众所在比例最高的传者等级	相关系数	0.701*	1.000
		Sig.(双侧)	0.023	
		N	8	8
Spearman的rho	受众的推荐语数量等级	相关系数	1.000	0.856**
		Sig.(双侧)		0.007
		N	8	8
	该等级受众所在比例最高的传者等级	相关系数	0.856**	1.000
		Sig.(双侧)	0.007	
		N	8	8

*. 在置信度(双测)为0.05时,相关性是显著的。
**. 在置信度(双测)为0.01时,相关性是显著的。

考察每个等级的传者,其受众的分布偏向。由于受众在各个等级的分布,还受到总体中受众分布的影响,所以把传-受矩阵中,某等级传者所对应的各个等级的受众的比例,减去该等级的受众在总体的比例,也即单元格的值减去该列的总体值。这样得到的矩阵如表 4-172 所示。

表 4-172 传者推荐语数量与受众推荐语数量转移概率矩阵

传者推荐语数量-转换后		受众推荐语数量-转换后-相对比例									合计
		1	2	3	4	5	6	7	8	9	10	
	1	7.30%	−0.10%	−1.30%	−4.40%	−1.00%	−0.30%	−0.50%	0.20%	0	0.00%	100.0%
	2	−1.30%	5.70%	0.90%	−6.00%	−1.10%	1.00%	0.00%	0.80%	0	0	100.0%
	3	6.70%	−1.00%	1.60%	−5.80%	−0.50%	−0.30%	−0.40%	−0.30%	0.00%	0	100.0%
	4	−20.90%	−2.20%	−3.80%	28.50%	−1.60%	−1.10%	1.10%	−0.20%	0.10%	0	100.0%
	5	−19.20%	7.10%	7.40%	−6.20%	7.60%	2.60%	0.40%	0.10%	0.20%	0.20%	100.0%
	6	−30.20%	−7.40%	−1.80%	5.40%	17.00%	6.60%	5.80%	3.00%	1.70%	0	100.0%
	7	−25.00%	1.70%	7.00%	−5.20%	9.20%	5.90%	5.30%	1.20%	0	0	100.0%
	8	−16.70%	−7.00%	1.70%	1.60%	10.80%	5.80%	2.80%	0.90%	0	0	100.0%
合计		64.1%	10.8%	8.6%	9.9%	3.3%	1.9%	1.0%	0.4%	0.0%	0.0%	100.0%

用"该等级传者拥有的相对比例最高的受众等级",表示对于某个等级的传者,它拥有哪个等级的受众是相对比例最高的。其中,相对比例指的是,i 等级的传者拥有的 j 等级受众比例-总体的 j 等级受众比例。其数值以及排序的对应关系如表4-173 所示(因传者的第 9、10 级为空缺,这两级的数据不纳入考察范围)。

表 4-173 推荐语数量等级序列

推荐语数量等级	1	2	3	4	5	6	7	8
该等级传者拥有的相对比例最高的受众等级	1	5	5	4	6	6	6	6

根据相关分析的结果可知,传者的推荐语数量等级和"该等级传者拥有的相对比例最高的受众等级",存在着显著的相关性,其 P 值为 0.029,Pearson 相关系数为 0.76。Kendall 秩相关系数和 Spearman 等级相关系数也都通过了检验,P 值分别为 0.023 和 0.007,低于 0.05 的显著性临界标准;相关系数分别为 0.701 和 0.856。这显示,传者及其受众在影响力等级存在显著的关联。

表 4-174　双变量相关性检验结果

			传者的推荐语数量等级	该等级传者拥有的相对比例最高的受众等级
Kendall 的 tau_b	传者的推荐语数量等级	相关系数	1.000	0.701*
		Sig.（双侧）		0.023
		N	8	8
	该等级传者拥有的相对比例最高的受众等级	相关系数	0.701*	1.000
		Sig.（双侧）	0.023	
		N	8	8
Spearman 的 rho	传者的推荐语数量等级	相关系数	1.000	0.856**
		Sig.（双侧）		0.007
		N	8	8
	该等级传者拥有的相对比例最高的受众等级	相关系数	0.856**	1.000
		Sig.（双侧）	0.007	
		N	8	8

＊．在置信度（双测）为 0.05 时，相关性是显著的。
＊＊．在置信度（双测）为 0.01 时，相关性是显著的。

（六）小结

网络媒体和社交网络上的信息传播正在引起越来越多的重视。朱天等研究者界定和区分了互联网圈子、互联网群体、互联网社会组织、互联网社区的各自的概念内涵，其中互联网圈子指的是"社会成员基于不同缘由，以社会关系的远近亲疏作为衡量标准，通过互联网媒介平台集聚与互动，所建立并维系的一个社会关系网络"；互联网群体是人们以网结缘和因网结缘，形成的网络社会群体；互联网社会组织是"为实现特定目标，媒介网络所建立的分工明确的共同活动的人类群体"；互联网社区的现实示例则是天涯论坛、BBS 等。[1] 在这些基本范型的梳理之中，我们主要看到的只是基于线下社会关系的互联网圈子或基于网络活动、网络主题纽带的互联网用户关联，而未展现出一种更深层次的网络圈层，这种圈层基于网络主体的传受间性和线上特征，形成信息有效流动循环的机制与范型。赖特·米尔斯曾经在其名著《权力精英》中指出美国由顶层的政府、经济企业与军事系统"权力精

---

[1] 朱天，张诚.概念、形态、影响：当下中国互联网媒介平台上的圈子传播现象解析[J].四川大学学报（哲学社会科学版），2014(6).

英"所主导的社会结构,"权力精英"具有内部的共同性和对于其他中层、下层的相对封隔性。[1] 借用米尔斯的概念,可以提问的是,在网络社交媒体背景下是否也存在着一种话语的圈层结构,这些圈层看似界限松散、交互自由,但是其中的交互并不是自由的而是具有其自身的层级性,层级更倾向于其相同或相近层级的交流、传播。在这样的语境中,个体的话语仍然是基于其圈层界限范围之内的话语流动。

中国文化在国际社交媒体传播中"话语圈层"现象和效应的明确提出,不同于"圈子"或分化之后的"分众"等理论概念和实践现象,其阐释特征主要有如下方面需加以重视和强调:

其一,社交媒体"话语圈层"不是基于线下社会属性的层级划分,例如实体的社会身份和阶层差异、现实中的地位和话语权的区分,而是指向线上话语和话语等级间的话语关系。在现有的研究中,多从前者的社会实体因素来对社交媒体中的"社会资本"进行分析,而基于线上社会资本特征的互动和传播机制并未得到相应的足够重视。例如张志安关注了微信空间中的"层级互动"现象并认为,这种层次间的差异和"信息流动秩序"主要"是由现实社会关系网络,即'社会资本或社会资源'的配置与协调状况所决定。社会群体的交往边界在微信空间中得到再现或者强化,被强弱关系形塑的异质性网络具有以社群为单位的层级分布特征,信息扩散与流动的状态主要表现为同一或者相似社会群体的'层级互动'。也就是说,微信空间中的群体内交往更加频繁,而群际分化的垂直结构则造成群体间交往的阻滞"。[2] 并不能否认线下的"现实社会关系网络"可能对这种层级化的信息流动秩序产生的影响,但我们需关注的是线上的话语特征和话语权可否被排除在这种影响的原因之外,而且多数时候它是被忽视的。张志安的分析着眼于微信,它"作为一款私密性很强的社交软件",与我们所主要针对的微博、SNS等社交媒体还有区别,但是相应的问题仍是普遍存在并值得引起重视的。

其二,社交媒体"话语圈层"不是指向社会学意义上的"圈子"伦理或"熟人社会"的群体架构,而是基于网络性甚至伴有不同程度匿名性、准虚拟性的交互关系。从社会学"圈子"的角度出发来解释"互联网群体"是一种常见的研究角度。例如有研究者把"圈子"纳入社交媒体的研究中指出:"建构在当下现实人际关系与互联网交叉平台上的圈子,在实际上促使碎片化的传播受众群体出现有限聚集的同时,对传统的信息生产与传播机制也形成了直接影响。在此形态下,多元生产与定向扩

---

[1] [美]查尔斯·赖特·米尔斯.权力精英[M].王崑,许荣,译.南京:南京大学出版社,2004.
[2] 张志安,束开荣.微信舆论研究:关系网络与生态特征[J].新闻记者,2016(6).

散将成为重要的社会信息流通特征。"[1]赵高辉认为,微博是以"熟人"为中心构建的交往圈子,并带有"差序格局"的特征。[2]无可否认,社交媒体中存在着大量由各种社会圈子和社会群体构成的互动关系,但对于"话语圈层"来说,它并不关注这些因素的作用,而是只聚焦于线上的互动格局和圈层差异。这种圈层并不来自其他的圈子因素,而主要由参与者的话语权或者说话语层级所主导。

其三,社交媒体"话语圈层"不是基于兴趣、事件、主题等关系的聚合,而只是一种话语流动的秩序或者说机制。网络中的兴趣圈层、因事件而聚合的圈子、网络群体的亚文化等,都是网络群体形成的纽带,但是我们也需注意网络用户的话语层级、网络话语地位等网络本身的维度,对于信息流动的引力与约束机制。例如有研究者从兴趣、爱好等因素论述受众的分化及其带来的"圈层"后果,指出受众会"将自己所喜爱的内容、关注的热点,依靠互联网的平台以链接方式推给更多有着相同爱好和属性的受众,这就形成了'圈层文化'"。[3]对于互联网中"兴趣型圈子""任务型圈子"的划分也都建立于这种关系范式。[4]亦可以说,"话语圈层"聚焦的是信息有效传播中的流动机制而不是聚合方式。

其四,社交媒体"话语圈层"不是聚焦于传者或受众维度,而着重于传受关系和"传受间性"。社交媒体的研究不仅要关注传播参与者在网络话语上的层级化,也需将视阈置于传播者中的传-受话语层级之间的关系。社交媒体的研究中把视域单独地置于受众或传者的维度并不鲜见,例如对微博意见领袖的舆论话语分析、去中心化的"分众"理论、受众分化的"圈层受众",或是基于媒介传者话语身份、受众社会特征的考察分析。对于"微博意见领袖"或社交媒体受众的舆论话语、话语权力已有诸多研究,但是传者和受众在传受关系及其有效传播中,具有怎样的关系格局和"间性"结构,这在对于社交媒体的研究中仍需加以重视和挖掘。

通过对中国文化在几种代表性国际社交媒体中传播的分析,传者和受众间的"话语圈层"效应都得到了检验。具体来说,若用受-传关联性表示受众等级与其所在比例最高的传者等级之间的相关系数,用传-受关联性表示传者等级与其对应的具有最高相对比例的受众等级之间的相关系数,那么几种媒体的检验结果如下:(1)Twitter中,基于用户发推文数的活跃度层级指标、关注他人数的互动性层级指标、页面被收藏数的影响力层级指标,都通过了Kendall秩相关系数的检验;

---

[1] 朱天,张诚.概念、形态、影响:当下中国互联网媒介平台上的圈子传播现象解析[J].四川大学学报(哲学社会科学版),2014(6).
[2] 赵高辉.圈子、想象与语境消解:微博人际传播探析[J].新闻记者,2013(5).
[3] 白晓婷.分众理论下的"圈层受众"理论及其研究[J].西部广播电视,2015(17).
[4] 朱天,张诚.框架理论视域下互联网圈子的传播结构认知[J].现代传播,2015(10).

(2)Google+中,基于用户的圈子中的人数的互动性层级指标、关注者数量的影响力层级指标,都通过了 Kendall 秩相关系数的检验;(3)YouTube 中,基于用户页面被观看次数的影响力层级指标,通过了 Kendall 秩相关系数的检验;(4)Flickr 中,基于用户发布相片数的活跃度层级指标、追踪他人数的互动性层级指标、得到的推荐语数的影响力层级指标,都通过了 Kendall 秩相关系数的检验。检验结果如下表所示,其中"√"表示通过了 Kendall 秩相关系数的显著性检验,具有显著的正相关关系;"×"表示不具有显著的正相关关系;"—"表示数据暂缺。表 4-175 的结果显示,除了数据暂缺部分的指标外,其他层面的传受话语圈层效应都通过了显著性的检验。

表 4-175 不同媒介类型中传者与受者的"话语圈层"效应

媒介样本类型	话语圈层	受-传关联性(受众等级与其所在比例最高的传者等级之间的相关系数)	传-受关联性(传者等级与其对应的具有最高相对比例的受众等级之间的相关系数)
Twitter	活跃度层级	√	√
	互动性层级	√	√
	影响力层级	√	√
Google+	活跃度层级	—	—
	互动性层级	√	√
	影响力层级	√	√
YouTube	活跃度层级	—	—
	互动性层级	—	—
	影响力层级	√	√
Flickr	活跃度层级	√	√
	互动性层级	√	√
	影响力层级	√	√

总体而言,基于 Twitter、Google+、YouTube、Flickr 这几种具有重要性和代表性的不同类型的社交媒体,通过受-传关联性、传-受关联性等方式,计算和检验"话语圈层"结构和分析传-受者在活跃度、互动性、影响力等级上的相关性。分析结果显示,中国文化在国际社交媒体传播中的"话语圈层"效应在所考察的典型媒体中是存在和显著的。这种话语圈层揭示着网络用户和网络社会在联结上的一种实践现象与内在机制,其推广意义不应仅局限于中国文化国际传播的个别领域中。

对网络社交媒体的话语圈层的实证检验与分析,也有助于确认网络话语结构中的圈层效应及其程度,明确基于线上特征的结构性层级分化。中国在国际社交媒体中的传播研究需充分重视传受关系和传受结构中的"话语圈层"效应和机制,以及在这种交互语境下的信息流动有效性及其传播约束。

第五章

中国文化在国际社交媒体的传播效果及其影响因素

 研究框架与研究设计

本章分析的是中国文化在国际社交媒体的传播效果及其影响因素。对作为样本的社交媒体,从帖子的被转发、收藏等情况来考察所发布内容的实际认知和影响状况。在此基础上,从内容类型、内容丰富度、内容倾向性、内容话题度、传播形式、传播持续度、传者影响力、传者扩散力、传者活跃度、传者互动性、传者详实度、传者持续度等角度考察关系到传播效果的可能因素。由于各种媒体的数据类型各不相同,因此其所能获得和分析的影响因素也存在局部的差异。

其中:(1)内容类型是所发布的帖子的内容所属类型,本研究中采取前文的划分方法,将其分为 31 个类型(参见第三章第五节)。需说明的是,其中有一些类过于细碎,因此对于过于小的类进行合并。合并的标准有两个:一是被合并的类规模不大,不是作为经常出现的主要类别;二是被合并的类之间尽可能具有相关性或相近性。被合并的类分别如下:自然与环境/生态;风俗与节日;教育与语言;个人生活与情感与哲学与生活哲理;影视/流行/娱乐文化与新闻媒体;影视/流行/传媒/娱乐文化;民族与宗教;社会/民生与司法;体育与休闲与时尚/设计;科技与医疗/卫生/健康与国防/军事。(2)内容丰富度表示内容上的丰富程度,例如帖子的篇幅、说明文字的篇幅、视频长度等。(3)内容倾向性表示内容在情感、价值等方面的倾向性。(4)内容话题度表示内容容易引发讨论话题的程度,也反映着帖子对网民"议程"的关联和设置能力。(5)传播形式关系到内容的媒介传播环节和方式特点,内容中有无超链接、有无设置标签词都关系到传播中的不同形式。(6)传播持续度

指帖子内容在时间上的传播跨度,用帖子上传以来的总天数或总月数来反映。(7)传者影响力是帖子传者的影响力,例如其被订阅数、粉丝数、被收藏数等。(8)传者扩散力反映传者在影响力上的增长速度和扩散效率,用日均或月均的传者影响力来反映。(9)传者详实度用传者在社交媒体对自身情况进行必要的说明和展示的详实程度,例如自我说明、个人资料的丰实度。帖子的传者在社交媒体中可以提供自身的多种资料,如个人的网址或所在地等,这关系到对传者的轮廓勾画和形象建构,也可能影响到传者与受众的交互架构。(10)传者持续度表示传者在该社交媒体平台上活动和传播的时间跨度长短,主要是考察其从注册到采样时间为止的时间跨度。

  在几种媒体样本中,具体的研究框架如下。(1)Twitter。从帖子的被转推数、被收藏数来反映作为帖子传播效果的评估指标,考察它和帖子的内容类型、内容丰富度、内容话题度、传播形式、传播持续度、传者影响力、传者扩散力、传者活跃度、传者互动性、传者详实度、传者社会特征、传者持续度之间的关系。(2)Google+。从帖子的点赞数、分享数来作为其传播效果的衡量指标,考察它和帖子的内容类型、内容丰富度、内容话题度、传播形式、传播持续度、传者影响力、传者扩散力、传者活跃度、传者互动性、传者详实度、传者社会特征、传者持续度之间的关系。(3)YouTube。该媒体上的帖子都以视频形式发布,从视频的被点击观看次数来反映其传播效果。考察它和帖子的内容类型、内容丰富度、内容倾向性、内容话题度、传播形式、传播持续度、传者影响力、传者扩散力、传者持续度之间的关系。(4)Flickr。从图片帖的被点击观看数和被收藏数考察其传播效果,分析其与帖子的内容类型、内容丰富度、内容话题度、传播形式、传播持续度、传者影响力、传者扩散力、传者活跃度、传者互动性、传者详实度、传者持续度之间的作用关系和机制。

  各媒体的取样方法如下。(1)Twitter 的研究对象是 2014 年 10 月 11 日到 2015 年 10 月 10 日之间的 Twitter 样本,共采集得到 13 471 条。这些推文中,删除正文相同的帖子后,剩 11 830 条;由于 Twitter 中大量的推特无人回复、转推或收藏,因此再从上述结果中删去转推数、收藏数都为 0 的帖子,剩下的为 3 850 条。对这些具有转推或收藏数的帖子,进行其传播效果的分析。(2)Google+的研究样本的抽取方法是通过"八爪鱼"软件,自动抓取、采集和结构化提取、存储这些帖子页面上的信息。采样和抓取的帖子在 Google+首页根据"China"和"culture"的组合关键词搜索按时间更新顺序的帖子得到。Google+采集的是 2014 年 10 月 21 日到 2015 年 10 月 20 日按时间更新排序的帖子,共得 4 947 条,这些帖子的网址都不相同,但包含重复的内容。对此进行再删选,剔除传者名称和正文都相同的帖子后剩余 4 409 条。(3)YouTube 研究的样本抽取方法是通过软件自动抓取、采集和结构化提取、存储这些帖子页面上的信息。采样和抓取的帖子在 YouTube 首页根据"China"和"culture"的组合关键词搜索得到,每两周采样一次。共抓取 2014 年 11 月 16 日至 2015 年 11 月 15 日之间上传的 YouTube 帖子,去除重复帖之后,剩下的样本 2 486 条。帖子及其相关信息(包括帖子标题、帖子链接网址、视频说明文字部分、视频时长、传者账号名、传者在 YouTube 页面的链接网址、上传日期、点击观看次数、点赞数、点踩数、评论数、视频内容所属类别、音乐名称、推荐者信息等)的抓取时间为 2015 年 11 月 20 日。(4)Flickr 研究的对象是 Flickr 上传播与中国文化相关的内容的视频。样本的抽取方法是通过"八爪鱼"软件,自动抓取、采集和结构化提取、存储这些帖子页面上的信息。采样和抓取的帖子在 Flickr 首页根据"China"和"culture"的组合关键词搜索得到,每两周采样一次。Flickr 采集的是 2014 年 11 月 4 日到 2015 年 11 月 3 日按时间更新排序的照片,共得 16 692 条,这些照片帖的网址都不相同,但包含标题与正文都重复的。对此,进行再删选,剔除标题和正文都重复的帖子后剩余 10 490 条。

需要指出的是,后文对四种媒体的分析中,除了对于内容类型的分析是各随机抽取 400 条帖子作为样本外,其他各项指标的分析都是对本处所指的所抽取的所有样本的分析。之所以对内容类型的分析不采取这里所抓取和预处理的全样本,是因为对内容类型的认定和编码需要人工进行,不可能对上万条的帖子进行一一的分类。本章中各媒体用于内容分类的 400 条随机样本,其抽取方法同第三章第五节中的方法和过程。

Twitter 传播效果及其影响因素

Twitter 中的传播效果用帖子被转推(retweet)、收藏(favorite)的次数来反映;内容类型用前文内容分析的结果来划分,并对相近或相似的内容加以适当的合并;内容丰富度表示内容上的丰富程度,用帖子的正文字符串长度来反映;内容话题度表示内容容易引发讨论话题的程度,用帖子评论数或者说回复数来反映,但是本书所采集的全部 13 471 条样本中,回复数全部为 0,没有区分度,因而不予分析;传播形式关系到内容的媒介传播方式和路径,本书根据帖子中有无网址的超链接、有无标签词以及标签词长度,来反映帖子在传播环节的特点差异;传播持续度指帖子内容在时间上的传播跨度,用帖子上传到采集日期的总天数来反映(该天数和效果有关,与传播效果的采集是同一天,不能用其他日期代替);传者影响力(传者的关注者数量、页面被喜欢数);传者扩散力反映传者在影响力上的增长速度和扩散效率,用传者的关注者数量平均增加数(关注者数量/注册总月数)、喜欢次数的平均增加数(页面被收藏总次数/注册总月数)来反映;传者活跃度空缺用发布推文的总数、月均发布推文数、照片和视频总量、月均发布照片和视频量来反映;传者互动性传者关注他人的数量及其平均后的值(按总月数取平均值);传者详实度用传者在个人页面有无个人说明及其篇幅长度、有无标注主页网址、有无标注地区来反映;传者持续度表示传者在 Twitter 上注册和活动的时间跨度(注册时间到采集时间的总天数)来反映。

本书初始提出的假设为:(1)中国文化在 Twitter 传播帖子的内容类型与其传播效果具有关联性;(2)中国文化在 Twitter 传播帖子的内容丰富度与其传播效果具有关联性;(3)中国文化在 Twitter 传播帖子的传播形式与其传播效果具有关联性;(4)中国文化在 Twitter 传播帖子的传播持续度与其传播效果具有关联性;(5)中国文化在 Twitter 传播帖子的传者影响力与其传播效果具有关联性;(6)中国文化在 Twitter 传播帖子的传者扩散力与其传播效果具有关联性;(7)中国文化在 Twitter 传播帖子的传者活跃度与其传播效果具有关联性;(8)中国文化在 Twitter 传播帖子的传者互动性与其传播效果具有关联性;(9)中国文化在 Twitter 传播帖子的传者详实度与其传播效果具有关联性;(10)中国文化在 Twitter 传播帖子的传者持续度与其传播效果具有关联性。

(一)传播效果的总体概况

全部 13 471 条帖子样本,经剔除转推数和收藏数都为零的帖子后剩下的为 3 850,其被转推数、收藏数的平均值分别为 3.39 次和 2.77 次。转推数的中值为 1 次,众数为 0 次;收藏数的中值和众数都是 1 次。

表 5-1 转推数与收藏数分析统计量

		转推数	收藏数
N	有效	3 850	3 850
	缺失	0	0
均值		3.39	2.77
均值的标准误		0.287	0.176
中值		1.00	1.00

(续表)

		转推数	收藏数
众数		0	1
极小值		0	0
极大值		683	383
百分位数	25	0.00	1.00
	50	1.00	1.00
	75	2.00	2.00

(二) 内容类型与传播效果

随机抽取(方法为等距抽取)得到 400 条帖子,对其中各内容类别的转推数和收藏数进行方差分析(ANOVA),考察其传播效果。表 5-2、表 5-3 的结果显示,经济/商务类的内容,其转推数、收藏数都是在各类之中最高的。此外,国际类、动物类也是仅次于经济/商务类的最具被转推和收藏效果的内容类型。

表 5-2 描述性统计量(转推数)

		N	均值	标准差	标准误	均值的 95% 置信区间	
						下限	上限
转推数	地方和区域	2	0.50	0.707	0.500	−5.85	6.85
	动物	6	2.17	2.401	0.980	−0.35	4.69
	风俗-节日	17	2.12	5.667	1.374	−0.80	5.03
	个人生活与情感-哲学与生活哲理	13	0.08	0.277	0.077	−0.09	0.24
	国际	39	4.56	18.932	3.032	−1.57	10.70
	教育-语言	16	1.00	2.608	0.652	−0.39	2.39
	经济/商务	51	7.22	48.116	6.738	−6.32	20.75
	科技-医疗/卫生/健康-国防/军事	12	0.17	0.389	0.112	−0.08	0.41
	历史	12	1.08	2.466	0.712	−0.48	2.65
	旅游	22	0.14	0.468	0.100	−0.07	0.34
	民族-宗教	10	1.80	2.573	0.814	−0.04	3.64
	其他	34	0.06	0.239	0.041	−0.02	0.14
	社会/民生-司法	28	0.14	0.448	0.085	−0.03	0.32
	体育-休闲-时尚/设计	23	0.96	2.477	0.516	−0.11	2.03

(续表)

		N	均值	标准差	标准误	均值的95%置信区间	
						下限	上限
转推数	文化艺术	27	0.41	0.888	0.171	0.06	0.76
	饮食	22	1.50	4.373	0.932	−0.44	3.44
	影视/流行/传媒/娱乐文化	39	0.82	1.745	0.279	0.25	1.39
	政治	20	1.00	2.772	0.620	−0.30	2.30
	植物/农林	1	0.00				
	自然-环境/生态	6	0.50	1.225	0.500	−0.79	1.79
	总数	400	1.94	18.274	0.914	0.14	3.74

表5-3 描述性统计量(收藏数)

		N	均值	标准差	标准误	均值的95%置信区间	
						下限	上限
收藏数	地方和区域	2	0.00	0.000	0.000	0.00	0.00
	动物	6	2.33	2.066	0.843	0.17	4.50
	风俗-节日	17	1.47	3.555	0.862	−0.36	3.30
	个人生活与情感-哲学与生活哲理	13	0.31	0.480	0.133	0.02	0.60
	国际	39	2.13	7.302	1.169	−0.24	4.50
	教育-语言	16	0.44	1.031	0.258	−0.11	0.99
	经济/商务	51	7.80	53.596	7.505	−7.27	22.88
	科技-医疗/卫生/健康-国防/军事	12	0.17	0.577	0.167	−0.20	0.53
	历史	12	0.67	2.015	0.582	−0.61	1.95
	旅游	22	0.50	0.913	0.195	0.10	0.90
	民族-宗教	10	1.20	1.874	0.593	−0.14	2.54
	其他	34	0.26	0.666	0.114	0.03	0.50
	社会/民生-司法	28	0.21	0.686	0.130	−0.05	0.48
	体育-休闲-时尚/设计	23	1.52	3.527	0.736	0.00	3.05
	文化艺术	27	0.44	0.847	0.163	0.11	0.78
	饮食	22	1.41	5.124	1.092	−0.86	3.68
	影视/流行/传媒/娱乐文化	39	0.56	1.188	0.190	0.18	0.95
	政治	20	0.35	0.813	0.182	−0.03	0.73
	植物/农林	1	0.00				
	自然-环境/生态	6	0.67	1.633	0.667	−1.05	2.38
	总数	400	1.73	19.341	0.967	−0.18	3.63

但是从总体上看,帖子的内容类型与其转推数、收藏数都没有显著的关联。表 5-5 的单因素方差分析显示,各内容类型的转推数,其 P 值为 0.996;各内容类型的收藏数,其 P 值为 0.998。两者都没有显著性,也即不同内容类型的帖子,其两个指标上的传播效果都没有显著差异。

表 5-4 方差齐性检验结果(转推数、收藏数)

	Levene 统计量	$df1$	$df2$	显著性
转推数	1.341[a]	18	380	0.159
收藏数	1.316[b]	18	380	0.173

表 5-5 方差分析(ANOVA)结果(转推数、收藏数)

		单因素方差分析				
		平方和	df	均方	F	显著性
转推数	组间	2 254.018	19	118.633	0.344	0.996
	组内	130 990.542	380	344.712		
	总数	133 244.560	399			
收藏数	组间	2 315.114	19	121.848	0.315	0.998
	组内	146 940.636	380	386.686		
	总数	149 255.750	399			

(三) 内容丰富度与传播效果

推特上的推文其正文篇幅平均为 137.48 字符,中值为 136 字符,这是符合微博对短篇幅的要求的。由于大部分帖子篇幅都很短,有限篇幅内展示的内容丰富程度也更有限。

表 5-6 推特正文字符串长度统计量

N		有效	3 850
		缺失	0
均值			137.48
均值的标准误			0.674
中值			136.00

(续表)

众数		136
极小值		24
极大值		513
百分位数	25	116.00
	50	136.00
	75	143.00

对此需分析的是,Twitter中的推文篇幅是否和推文的传播效果有关系?经表5-7的相关分析,推文的篇幅长短与转推数没有关联,其P值为0.252。推文篇幅长短与其被收藏数有一定的关联,其显著性为0.002,但是Pearson相关系数的值很低,且为−0.05,是一种很微弱的负相关度。在实际中这种相关性近乎可以忽略。

表5-7 相关性检验结果(转推数、被收藏数)

		推特正文字符串长度
转推数	Pearson 相关性	−0.018
	显著性(双侧)	0.252
	N	3 850
收藏数	Pearson 相关性	−0.050**
	显著性(双侧)	0.002
	N	3 850

**. 在0.01水平(双侧)上显著相关。

(四)传播形式与传播效果

推特的传播形式和传播环节差异,主要从超链接、标签词的角度进行考察。在3 850个有效样本中,68.8%的推文附有超链接网址;37.6%的推文有标签词,所有样本的标签词平均为7.03个字符。

表5-8 文中的标签词字符串长度统计量

N	有效	3 850
	缺失	0

(续表)

均值		7.03
均值的标准误		0.196
中值		0.00
众数		0
极小值		0
极大值		77
百分位数	25	0.00
	50	0.00
	75	11.00

从表 5-9 所示独立样本 t 检验得知,有无超链接的传播形式差异,不影响到推特的传播效果,在转推数方面的 P 值高达 0.5,在收藏数方面的 P 值达 0.247。有无标签词则对传播效果有影响,其显著性的 P 值分别为 0.001 和 0.000,无标签词的推文其转推数和收藏数都高于有标签词的推文。

表 5-9 按组统计的基本描述统计量(转推数、收藏数)

组统计量

推特正文中有无网址链接		N	均值	标准差	均值的标准误
转推数	有	2 648	3.08	13.250	0.257
	无	1 202	4.08	25.054	0.723
收藏数	有	2 648	2.62	11.544	0.224
	无	1 202	3.11	9.414	0.272

独立样本检验

		方差方程的 Levene 检验		均值方程的 t 检验						
		F	$Sig.$	t	df	$Sig.$(双侧)	均值差值	标准误差值	差分的 95% 置信区间	
									下限	上限
转推数	假设方差相等	10.693	0.001	−1.623	3 848	0.105	−1.005	0.619	−2.218	0.209
	假设方差不相等			−1.310	1 514.268	0.190	−1.005	0.767	−2.509	0.500
收藏数	假设方差相等	0.556	0.456	−1.311	3 848	0.190	−0.498	0.380	−1.243	0.247
	假设方差不相等			−1.414	2 806.721	0.157	−1.498	0.352	−1.189	0.193

组统计量

文中有无标签词		N	均值	标准差	均值的标准误
转推数	有	1 448	2.30	11.655	0.306
	无	2 402	4.05	20.612	0.421
收藏数	有	1 448	1.75	4.834	0.127
	无	2 402	3.39	13.275	0.271

独立样本检验

		方差方程的 Levene 检验		均值方程的 t 检验						
									差分的 95% 置信区间	
		F	Sig.	t	df	Sig.(双侧)	均值差值	标准误差值	下限	上限
转推数	假设方差相等	24.997	0.000	−2.955	3 848	0.003	−1.748	0.592	−2.908	0.588
	假设方差不相等			−3.360	3 833.784	0.001	−1.748	0.520	−2.768	0.728
收藏数	假设方差相等	54.483	0.000	−4.513	3 848	0.000	−1.636	0.363	−2.347	0.925
	假设方差不相等			−5.469	3 307.814	0.000	−1.636	0.299	−2.223	−1.050

一条推文可能有一至多个关键词,关键词数量越多其字符串长度也就越长。根据表 5-10 所示的相关分析可知,标签词的总字符串长度和转推数、收藏数存在着显著的相关性,呈现出轻微的负相关,其相关系数分别为 −0.035 和 −0.058。一条推文的长度是很有限的,往往限制在百余字之内,标签词在推文中占的篇幅比

表 5-10　相关性分析

		文中的标签词字符串长度	标签词在推文字符串长度所占比
转推数	Pearson 相关性	−0.035*	−0.042**
	显著性(双侧)	0.032	0.010
	N	3 850	3 850
收藏数	Pearson 相关性	−0.058**	−0.059**
	显著性(双侧)	0.000	0.000
	N	3 850	3 850

**. 在 0.01 水平(双侧)上显著相关。
*. 在 0.05 水平(双侧)上显著相关。

例越大,其转推数、收藏数也会受到轻微的负面影响,这种负相关同样也具有显著性。对此可能的解释是,标签词越多则推文的内容表达充分性和对正文内容本身的关注越受影响,从而可能影响到传播效果。

(五)传播持续度与传播效果

传播持续度衡量的是样本内容从发布到采集时间之间的间隔。Twitter 样本的传播持续度与转推数、与收藏数都没有相关性,如表 5-12 所示,其显著性(双侧)水平分别为 0.228 和 0.613,都大大高于 0.05 的水平。也即,帖子并非历时越久就

表 5-11 传播持续度统计量

N		有效	3 850
		缺失	0
均值			79.19
均值的标准误			1.447
中值			40.00
众数			27
极小值			1
极大值			309
百分位数		25	24.00
		50	40.00
		75	74.00

表 5-12 传播持续度与传播效果相关性分析

		传播持续度
转推数	Pearson 相关性	0.019
	显著性(双侧)	0.228
	N	3 850
收藏数	Pearson 相关性	−0.008
	显著性(双侧)	0.613
	N	3 850

**. 在 0.01 水平(双侧)上显著相关。

越能获得转推、收藏等关注。在推特的快信息和快传播语境下,信息的沉淀和更新都很快速,"经典"并非靠时间的沉积而取得。

(六) 传者影响力与传播效果

中国文化在 Twitter 上的传者影响力,主要从传者的关注者(粉丝)数量和传者页面被喜欢数来衡量。样本帖子的传者粉丝数平均为 74 819 个,被喜欢数平均为 5 681 次(表 5-13)。

表 5-13 关注者数量与喜欢数的统计量

		关注者数量	喜欢数
N	有效	3 686	3 445
	缺失	164	405
均值		74 818.94	5 681.10
均值的标准误		10 415.662	484.256
中值		1 821.50	420.00
众数		377 000	1
极小值		1	1
极大值		21 900 000	509 000
百分位数	25	565.00	63.00
	50	1 821.50	420.00
	75	7 183.25	2 394.50

传者影响力和帖子的传播效果具有显著关联。其中,关注者数量和帖子的转推数、收藏数之间,如表 5-14 所示,其相关系数的显著性(双侧)都接近于 0,相关系数分别为 0.26 和 0.415。传者被喜欢数和帖子的传播效果之间没有关系。在 Twitter 的中国文化传播中,传者是否被喜欢或许并不重要,但是传者的粉丝数量确实关系到推特帖子的传播效果。

表 5-14 传者影响力与帖子传播效果相关性分析

		关注者数量	被喜欢数
转推数	Pearson 相关性	0.260**	0.000
	显著性(双侧)	0.000	0.981
	N	3 686	3 445

(续表)

		关注者数量	被喜欢数
收藏数	Pearson 相关性	0.415**	0.003
	显著性(双侧)	0.000	0.841
	N	3 686	3 445

**. 在 0.01 水平(双侧)上显著相关。

(七)传者扩散力与传播效果

传者扩散力是帖子传者的粉丝数和被喜欢数的月均增长量(表 5-15),考察传者在影响力上的增长速度和扩散效率。在传者扩散力的维度,粉丝数量的增长速度和帖子的被转推、被收藏数之间存在显著相关性,如表 5-16 所示,显著性(双侧)

表 5-15　关注者数量月增长量与被喜欢数月增长量的统计量

		关注者数量月均增长量	被喜欢数月均增长量
N	有效	3 121	3 121
	缺失	729	729
均值		1 086.60	129.87
均值的标准误		136.229	18.409
中值		42.00	6.00
众数		14	0
极小值		0	0
极大值		208 571	19 577
百分位数	25	13.00	1.00
	50	42.00	6.00
	75	156.50	35.00

表 5-16　传者扩散力与传播效果的相关性分析

		关注者数量月均增长量	被喜欢数月均增长量
转推数	Pearson 相关性	0.283**	−0.003
	显著性(双侧)	0.000	0.866
	N	3 121	3 121
收藏数	Pearson 相关性	0.427**	−0.003
	显著性(双侧)	0.000	0.869
	N	3 121	3 121

**. 在 0.01 水平(双侧)上显著相关。

都接近于0,相关系数分别为0.283和0.427。传者被喜欢数的增长速度则和传播效果没有关联。在此,被关注仍然比被喜欢更为重要。

(八) 传者活跃度与传播效果

传者活跃度指推特的传者进行内容生产和提供的活跃程度,它包括传者提供内容的规模和频率,本研究中用传者发推文的总数量、月均发推文数、发布照片和视频的数量、月均发布照片和视频数量进行衡量。具体情况参见表5-17。

表5-17 传者活跃度统计量

		发布推文数	月均发布推文数	照片和视频数量	月均照片和视频数量
N	有效	3 850	3 121	3 644	3 121
	缺失	0	729	206	729
均值		38 506.61	809.63	2 533.75	49.49
均值的标准误		1 598.129	46.770	174.492	4.104
中值		8 276.00	170.00	351.00	6.00
众数		0	94	0	0
极小值		0	0	0	0
极大值		1 180 000	45 385	293 000	4 500
百分位数	25	2 266.75	62.00	72.00	1.00
	50	8 276.00	170.00	351.00	6.00
	75	32 100.00	563.00	1 697.00	25.00

表5-18的结果显示,传者发布照片和视频的活跃程度与帖子的传播效果具有一定的相关性:发布照片和视频的数量、频率,分别与转推数的相关系数显著性为0.000和0.006;发布照片和视频的数量与收藏数的相关系数显著性为0.14。帖子的传播效果与传者发布推文的总数和频率,在0.05的显著性水平上缺乏相关性。

表5-18 传者活跃度与传播效果相关性分析

		推文数	月均发布推文数	照片和视频数量	月均照片和视频数量
转推数	Pearson 相关性	0.029	0.008	0.064**	0.050**
	显著性(双侧)	0.075	0.664	0.000	0.006
	N	3 850	3 121	3 644	3 121

(续表)

		推文数	月均发布推文数	照片和视频数量	月均照片和视频数量
收藏数	Pearson 相关性	0.017	−0.006	0.041*	0.025
	显著性（双侧）	0.289	0.734	0.014	0.170
	N	3 850	3 121	3 644	3 121

**. 在 0.01 水平（双侧）上显著相关。
*. 在 0.05 水平（双侧）上显著相关。

（九）传者互动性与传播效果

Twitter 是一种典型的社交媒体（social media），其中社会性的互动和交互模式是区别于传统的 web1.0 网络文化的重要特征。在 Twitter 中，传者不仅可以拥有粉丝，被动地得到他人的关注，也可以主动地关注他人，形成与其他主体的交互关系。

表 5-19　正在关注的数量统计量

N	有效	3 584
	缺失	266
均值		2 517.02
均值的标准误		169.601
中值		752.50
众数		424
极小值		1
极大值		368 000
百分位数	25	299.00
	50	752.50
	75	1 819.75

传者的这种主动交互行为，并不能带来帖子传播效果的提升。表 5-20 的结果显示，传者关注他人的数量和帖子被转推数、收藏数之间都缺乏显著的相关性，其显著性（双侧）分别为 0.168 和 0.067，大于 0.05 的临界水平。这显示 Twitter 所

存在的一种话语权结构,影响力仍然掌握在被关注的中心式传者中,而不是对他人进行关注的互动式主体中。

表 5-20　传者互动性与传播效果的相关性分析

		正在关注他人的数量
转推数	Pearson 相关性	0.023
	显著性(双侧)	0.168
	N	3 584
收藏数	Pearson 相关性	0.031
	显著性(双侧)	0.067
	N	3 584

**. 在 0.01 水平(双侧)上显著相关。

(十) 传者详实度与传播效果

帖子的传者在社交媒体中可以提供自身的多种资料,这关系到对传者的轮廓勾画和形象建构,也可能影响到传者与受众的交互架构。本研究选择传者的个人说明情况、对自身主页网址、所在地区的标注情况,来体现传者资料的丰富程度,并进一步考察其与帖子传播效果之间的关系。

推特传者在个人页面可以进行对自己的个人说明。所抽取的样本中,91.2%的帖子传者有个人说明,所有帖子的传者个人说明平均篇幅为 99 字符(表5-21、表 5-22)。

表 5-21　变量"传者有无个人说明"频率分布

		频率	百分比	有效百分比	累积百分比
有效	无	337	8.8	8.8	8.8
	有	3 512	91.2	91.2	100.0
	合计	3 849	100.0	100.0	
缺失	系统	1	0.0		
	合计	3 850	100.0		

表 5-22 传者名称下个人说明的字符串长度统计量

N	有效	3 850
	缺失	0
均值		99.33
均值的标准误		0.858
中值		113.00
众数		0
极小值		0
极大值		260
百分位数	25	56.00
	50	113.00
	75	148.00

表 5-23 的 T 检验的分析显示,传者有无个人说明,对传播效果并无影响。

表 5-23 对传者有无个人说明进行的独立样本检验

组统计量

传者有无个人说明		N	均值	标准差	均值的标准误
转推数 retweet	1	3 512	3.08	12.976	0.219
	0	337	6.70	43.103	2.348
收藏数 favarite	1	3 512	2.68	10.413	0.176
	0	337	3.71	15.272	0.832

独立样本检验

		方差方程的 Levene 检验		均值方程的 t 检验					差分的 95% 置信区间	
		F	Sig.	t	df	Sig.(双侧)	均值差值	标准误差值	下限	上限
转推数 retweet	假设方差相等	51.951	0.000	-3.575	3 847	0.000	-3.624	1.014	-5.611	-1.637
	假设方差不相等			-1.537	341.867	0.125	-3.624	2.358	-8.262	1.014

（续表）

		方差方程的 Levene 检验		均值方程的 t 检验						
									差分的 95% 置信区间	
		F	Sig.	t	df	Sig.（双侧）	均值差值	标准误差值	下限	上限
收藏数 favarite	假设方差相等	8.366	0.004	−1.648	3 847	0.099	−1.027	0.623	−2.248	0.195
	假设方差不相等			−1.207	366.575	0.228	−1.027	0.850	−2.699	0.645

经表 5-24 的 Pearson 相关系数的分析，传者个人说明的篇幅无助于帖子传播效果的提升，两者还存在着轻微的负相关。传者个人说明长度与转推数之间的相关显著性（双侧）为 0.021，具有显著性，而其相关系数为−0.037。传者个人说明长度与收藏数的显著性（双侧）虽然高于 0.05 的通常临界水平，但其 0.057 的实际值和该临界水平也很接近。这里的启示是，传者的自我说明和自我呈现并无助于其帖子传播效果的增长和话语权提升。

表 5-24　传者详实度与传播效果相关性分析

		传者名称下个人说明的字符串长度
转推数	Pearson 相关性	−0.037*
	显著性（双侧）	0.021
	N	3 850
收藏数	Pearson 相关性	−0.031
	显著性（双侧）	0.057
	N	3 850

**.在 0.01 水平（双侧）上显著相关。
*.在 0.05 水平（双侧）上显著相关。

推特的传者还可以在个人页面标注其主页网址、所在地区等信息资料。样本中，70.9% 的帖子其传者标有个人主页网址，76.2% 的帖子其传者标有所在的地区。据表 5-27、表 5-28 对这两个指标进行独立样本 t 检验可知，有无标注主页网址或地区，对推特传播效果均无影响。

表 5-25 变量"传者有无标注主页网址"频率分布

		频率	百分比	有效百分比	累积百分比
有效	无	1 121	29.1	29.1	29.1
	有	2 729	70.9	70.9	100.0
	合计	3 850	100.0	100.0	

表 5-26 变量"传者有无标注地区"频率分布

		频率	百分比	有效百分比	累积百分比
有效	无	917	23.8	23.8	23.8
	有	2 933	76.2	76.2	100.0
	合计	3 850	100.0	100.0	

表 5-27 对传者有无标注主页网址进行的独立样本检验

组统计量

	传者有无标注主页网址	N	均值	标准差	均值的标准误
转推数	有	2 729	3.46	14.041	0.269
	无	1 121	3.24	24.669	0.737
收藏数	有	2 729	2.92	11.929	0.228
	无	1 121	2.40	7.961	0.238

独立样本检验

		方差方程的 Levene 检验		均值方程的 t 检验						
		F	Sig.	t	df	Sig.(双侧)	均值差值	标准误差值	差分的 95% 置信区间	
									下限	上限
转推数	假设方差相等	0.046	0.829	0.350	3 848	0.726	0.221	0.632	−1.017	1.459
	假设方差不相等			0.282	1 427.543	0.778	0.221	0.784	−1.318	1.759
收藏数	假设方差相等	7.039	0.008	1.347	3 848	0.178	0.522	0.388	−0.238	1.282
	假设方差不相等			1.583	3 067.469	0.114	0.522	0.330	−0.125	1.168

表 5-28　对传者有无标注地区进行的独立样本检验

组统计量

传者有无标注地区		N	均值	标准差	均值的标准误
转推数	有	2 933	3.25	13.355	0.247
	无	917	3.87	27.569	0.910
收藏数	有	2 933	2.82	11.347	0.210
	无	917	2.61	9.451	0.312

独立样本检验

		方差方程的 Levene 检验		均值方程的 t 检验					差分的 95% 置信区间	
		F	Sig.	t	df	Sig. (双侧)	均值差值	标准误差值	下限	上限
转推数	假设方差相等	4.843	0.028	−0.922	3 848	0.357	−0.621	0.673	−1.941	0.700
	假设方差不相等			−0.658	1 053.560	0.511	−0.621	0.943	−2.472	1.230
收藏数	假设方差相等	0.504	0.478	−0.527	3 848	0.598	0.218	0.413	−0.593	1.028
	假设方差不相等			0.579	1 812.804	0.562	0.218	0.376	−0.519	0.955

（十一）传者持续度与传播效果

传播持续度是传者在推特公共传播空间中的历史持续性，也可能关系到媒介传播的"先发优势"。注册越早、活动时间跨度越久的传者，是否在推特中占有一定的优势？基于 3 122 个有效样本帖子的分析可知，其传者持续度和帖子的转推数、收藏数存在一定程度的正相关，其 Pearson 相关系数的显著性（双侧）分别为 0.005 和 0.000，相关系数的值分别为 0.05 和 0.081。传者持续度和传播效果之间有相关性，但相关程度比较微弱。传者持续度的统计特征见表 5-29。

表 5-29　传者持续度（注册时间到采集时间的月数）统计量

N	有效	3 122
	缺失	728

（续表）

均值		62.68
均值的标准误		0.349
中值		64.00
众数		55
极小值		0
极大值		113
百分位数	25	47.00
	50	64.00
	75	78.00

Google+ 传播效果及其影响因素

本书考察中国文化在Google＋上的传播效果与帖子（视频）的内容类型、内容丰富度、内容话题度、传播形式、传播持续度、传者影响力、传者扩散力、传者活跃度、传者互动性、传者详实度、传者社会特征、传者持续度之间的关系。

其中，传播效果用帖子的点赞（为此信息加1）人数、分享人数来反映；内容类型用前文内容分析的结果来划分，并对相近或相似的内容加以适当的合并；内容丰富度表示内容上的丰富程度，用帖子的正文字符串长度＋框住的转载正文的字符串长度来反映；内容话题度表示内容容易引发讨论话题的程度，用帖子的评论数来反映；传播形式关系到内容的媒介传播方式和路径，本部分根据帖子有无网址超链接、有无标签词，来反映帖子在传播环节的差异；传播持续度指帖子内容在时间上的传播跨度，用帖子发布到采集日期之间的总天数来反映；传者影响力用帖子传者的关注者数量、页面被查看次数来衡量；传者互动性包括传者圈子中的人数量、圈了传者的人数量、社群数量；传者详实度包括传者在Google＋的自我介绍部分（含个性宣言、介绍、晒一晒）的字符串长度，以及有无网站、链接、撰稿网站、电话或手机、电子邮箱、地址；传者社会特征包括其工作经历、教育背景、职业、技能、性别、婚恋、现在所在地、之前所在地。

本研究初始提出的假设为：(1)中国文化在Google＋传播帖子的内容类型与其传播效果具有关联性；(2)中国文化在Google＋传播帖子的内容丰富度与其传播效果具有关联性；(3)中国文化在Google＋传播帖子的内容话题度与其传播效

果具有关联性;(4)中国文化在 Google＋传播帖子的传播形式与其传播效果具有关联性;(5)中国文化在 Google＋传播帖子的传播持续度与其传播效果具有关联性;(6)中国文化在 Google＋传播帖子的传者影响力与其传播效果具有关联性;(7)中国文化在 Google＋传播帖子的传者互动性与其传播效果具有关联性;(8)中国文化在 Google＋传播帖子的传者详实度与其传播效果具有关联性;(9)中国文化在 Google＋传播帖子的传者社会特征与其传播效果具有关联性。

(一)传播效果的总体概况

结合帖子被点赞数和被分享数来看,Google＋上帖子的传播状况如表 5-30 所示。在 4 409 条有效样本中,其被点赞数的平均值为 7.37 次,中值和众数都为 1 次,最大值为 5 539 次;被分享数的平均值为 0.63 次,中值和众数都为 0 次,最大值是 474 次。

表 5-30　帖子被点赞数与被分享数统计量

		为此信息点赞的人数	分享此信息的人数
N	有效	4 409	4 409
	缺失	0	0
均值		7.37	0.63
均值的标准误		1.480	0.136
中值		1.00	0.00
众数		1	0
极小值		1	0
极大值		5 539	474
百分位数	25	1.00	0.00
	50	1.00	0.00
	75	1.00	0.00

(二)内容类型与传播效果

在 400 条随机抽取的帖子中,其传播效果的主要分布如表 5-31 和图 5-1、图 5-2所示。就帖子的被点赞次数、被分享次数而言,自然-环境/生态类以及狭义的文化艺术类,是表现最高的。

表 5-31 不同类型内容的帖子被点赞次数与被分享次数分析

		N	均值	标准差	标准误	均值的95%置信区间	
						下限	上限
为此信息点赞的人数	地方和区域	16	10.50	24.323	6.081	−2.46	23.46
	动物	5	1.20	0.447	0.200	0.64	1.76
	风俗-节日	23	4.30	7.131	1.487	1.22	7.39
	个人生活与情感-哲学与生活哲理	22	4.64	6.374	1.359	1.81	7.46
	国际	23	2.65	2.854	0.595	1.42	3.89
	教育-语言	24	1.92	4.074	0.832	0.20	3.64
	经济/商务	22	1.32	1.086	0.232	0.84	1.80
	科技-医疗/卫生/健康-国防/军事	8	6.38	8.123	2.872	−0.42	13.17
	历史	21	3.19	4.033	0.880	1.35	5.03
	旅游	47	14.91	37.936	5.534	3.78	26.05
	民族-宗教	4	2.00	2.000	1.000	−1.18	5.18
	其他	36	2.19	2.628	0.438	1.31	3.08
	社会/民生-司法	17	1.94	2.680	0.650	0.56	3.32
	体育-休闲-时尚/设计	12	4.75	6.412	1.851	0.68	8.82
	文化艺术	52	112.56	767.515	106.435	−101.12	326.24
	饮食	9	1.00	0.000	0.000	1.00	1.00
	影视/流行/传媒/娱乐文化	28	2.75	7.357	1.390	−0.10	5.60
	政治	17	2.47	1.841	0.447	1.52	3.42
	植物/农林	8	30.63	81.791	28.917	−37.75	99.00
	自然-环境/生态	6	149.17	361.953	147.767	−230.68	529.01
	总数	400	21.57	280.771	14.039	−6.03	49.17
分享此信息的人数	地方和区域	16	1.00	2.805	0.701	−0.49	2.49
	动物	5	0.00	0.000	0.000	0.00	0.00
	风俗-节日	23	0.61	1.901	0.396	−0.21	1.43
	个人生活与情感-哲学与生活哲理	22	0.32	0.780	0.166	−0.03	0.66
	国际	23	0.30	0.470	0.098	0.10	0.51
	教育-语言	24	0.13	0.338	0.069	−0.02	0.27
	经济/商务	22	0.18	0.395	0.084	0.01	0.36
	科技-医疗/卫生/健康-国防/军事	8	0.88	1.356	0.479	−0.26	2.01
	历史	21	0.57	1.964	0.429	−0.32	1.47

（续表）

		N	均值	标准差	标准误	均值的95%置信区间	
						下限	上限
分享此信息的人数	旅游	47	0.94	3.516	0.513	−0.10	1.97
	民族-宗教	4	0.00	0.000	0.000	0.00	0.00
	其他	36	0.14	0.351	0.058	0.02	0.26
	社会/民生-司法	17	0.24	0.562	0.136	−0.05	0.52
	体育-休闲-时尚/设计	12	0.25	0.622	0.179	−0.14	0.64
	文化艺术	52	9.50	65.682	9.109	−8.79	27.79
	饮食	9	0.22	0.441	0.147	−0.12	0.56
	影视/流行/传媒/娱乐文化	28	0.29	0.535	0.101	0.08	0.49
	政治	17	0.29	0.470	0.114	0.05	0.54
	植物/农林	8	4.38	12.374	4.375	−5.97	14.72
	自然-环境/生态	6	14.50	34.051	13.901	−21.23	50.23
	总数	400	1.89	24.143	1.207	−0.48	4.27

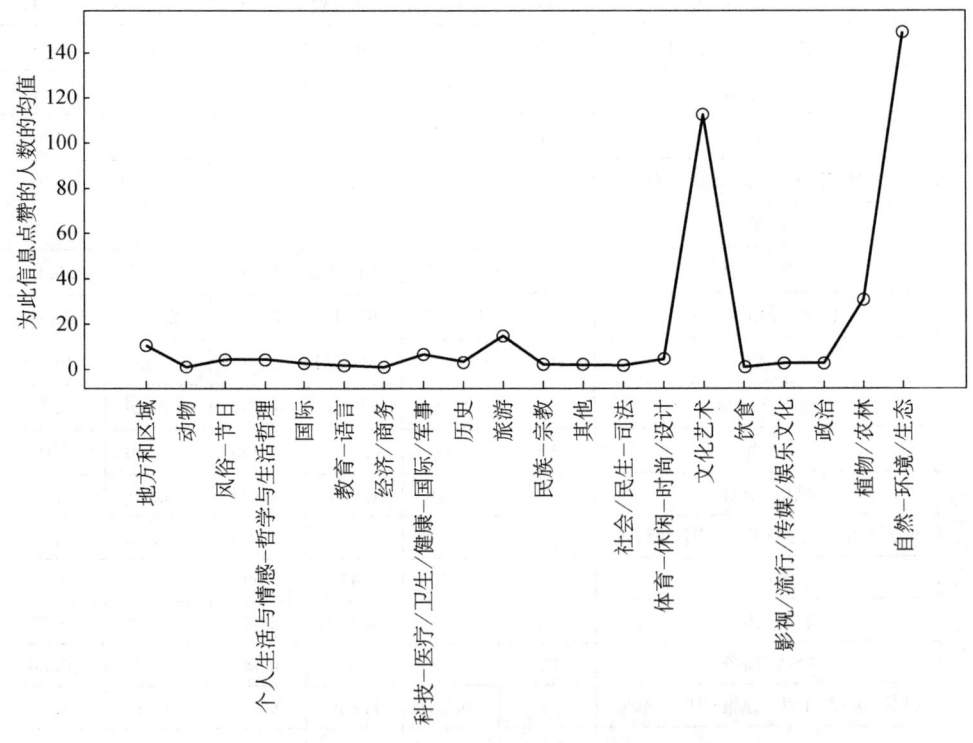

图 5-1　不同类型内容的帖子被点赞次数分析

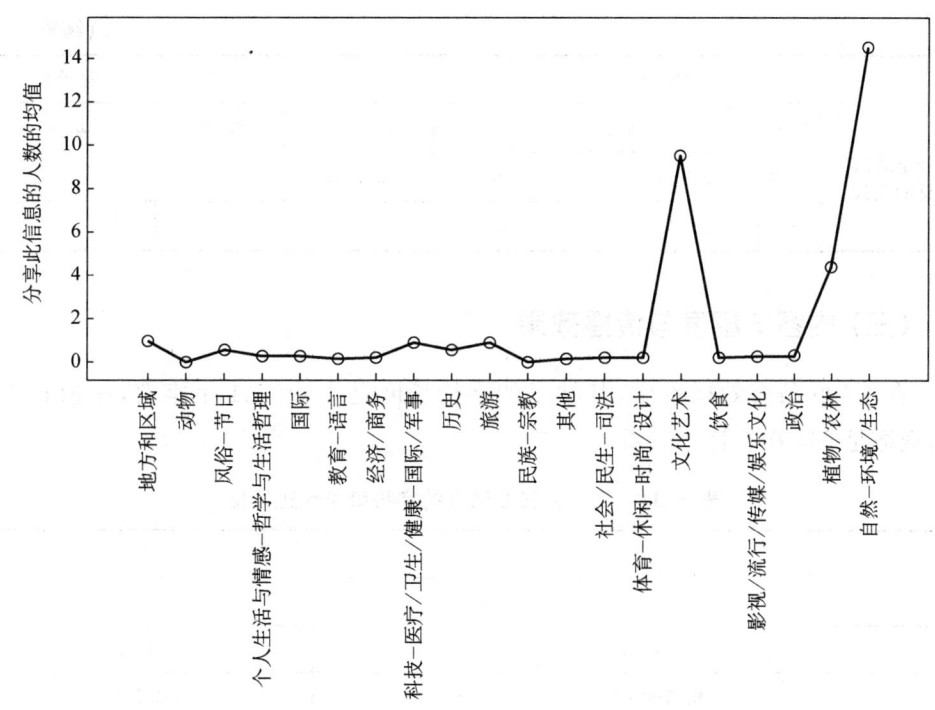

图 5-2 不同类型内容的帖子被分享次数分析

根据表 5-32、表 5-33 的方差分析结果,内容类型对传播效果的作用并不明显。基于不同的内容类型,Google＋帖子的被点赞人次、被分享人次的 F 值的显著性分别为 0.998 和 0.986。

表 5-32 方差分析结果(为此信息点赞的人数、分享此信息的人数)

方差齐性检验

	Levene 统计量	$df1$	$df2$	显著性
为此信息点赞的人数	1.528	19	380	0.072
分享此信息的人数	1.537	19	380	0.070

表 5-33 方差检验(ANOVA)结果(为此信息点赞的人数、分享此信息的人数)

单因素方差分析

		平方和	df	均方	F	显著性
为此信息点赞的人数	组间	628 502.833	19	33 079.096	0.408	0.988
	组内	30 825 681.21	380	81 120.241		
	总数	31 454 184.04	399			

(续表)

		平方和	df	均方	F	显著性
分享此信息的人数	组间	4 765.744	19	250.829	0.418	0.986
	组内	227 798.633	380	599.470		
	总数	232 564.377	399			

(三) 内容丰富度与传播效果

在 4 409 条有效样本中,其帖子的平均长度是 1 945.21 个字符,中值是 549 次,众数是 647 次。详情参看表 5-34。

表 5-34　正文和转载部分的字符串长度统计量

N	有效	4 409
	缺失	0
均值		1 945.21
均值的标准误		84.139
中值		549.00
众数		647
百分位数	25	201.00
	50	549.00
	75	1 356.00

从表 5-35 的相关分析的结果来看,内容的篇幅并不影响到帖子的传播效果,帖子的点赞人数、分享人数与正文篇幅长短之间没有显著的相关性。

表 5-35　内容丰富度与传播效果相关性分析

		正文和转载部分的字符串长度
为此信息点赞的人数	Pearson 相关性	−0.003
	显著性(双侧)	0.852
	N	4 409
分享此信息的人数	Pearson 相关性	−0.007
	显著性(双侧)	0.641
	N	4 409

**. 在 0.01 水平(双侧)上显著相关。

(四) 内容话题度与传播效果

由表 5-36 所示,所有样本帖子的评论条数平均为 16.45,最大值为 404 次。大部分帖子的被评论是不足的,样本的中值和众数都为 0 次,75 百分数也仅为 3 次。

表 5-36 该帖子的评论条数统计量

N		有效	4 409
		缺失	0
均值			16.45
均值的标准误			0.647
中值			0.00
众数			0
极小值			0
极大值			404
百分位数		25	0.00
		50	0.00
		75	3.00

表 5-37 的结果显示,评论的条数所反映的内容话题度,与传播效果之间也并无很明显的关系。它与帖子的被点赞人次、被分享人次尽管存在着显著的相关性,其显著性(双侧)分别为 0.001 和 0.002,但是 Pearson 相关系数都很低,分别只有 0.051 和 0.047,在此可以认为这种相关性非常微弱。

表 5-37 内容话题度与传播效果相关性分析

		该帖子的评论条数
为此信息点赞的人数	Pearson 相关性	0.051**
	显著性(双侧)	0.001
	N	4 409
分享此信息的人数	Pearson 相关性	0.047**
	显著性(双侧)	0.002
	N	4 409

**. 在 0.01 水平(双侧)上显著相关。

(五) 传播形式与传播效果

本研究从传播中的网址超链接与标签词考察传播形式及其与传播效果之间的

关系。

在 4 409 个帖子样本的正文中,有链接的有 1 747 条帖子,占 39.6%。基于表 5-39 所示的 T 检验可以看到,有无链接的传播形式对于传播效果没有作用,帖子的被点赞次数和被分享次数的 t 值显著性分别为 0.554 和 0.770,并无显著性的差异。

表 5-38 变量"正文中有无网址链接"频率分布

		频率	百分比	有效百分比	累积百分比
有效	无	2 662	60.4%	60.4%	60.4%
	有	1 747	39.6%	39.6%	100.0%
	合计	4 409	100.0%	100.0%	

表 5-39 对正文中有无网址链接进行的独立样本检验

组统计量

正文中有无网址链接		N	均值	标准差	均值的标准误
为此信息点赞的人数	有	1 747	6.29	55.611	1.330
	无	2 662	8.08	118.144	2.290
分享此信息的人数	有	1 747	0.58	7.019	0.168
	无	2 662	0.66	10.098	0.196

独立样本检验

		方差方程的 Levene 检验		均值方程的 t 检验						
		F	Sig.	t	df	Sig.(双侧)	均值差值	标准误差值	差分的 95% 置信区间	
									下限	上限
为此信息点赞的人数	假设方差相等	1.147	0.284	−0.592	4 407	0.554	−1.790	3.025	−7.721	4.141
	假设方差不相等			−0.676	4 056.399	0.499	−1.790	2.648	−6.982	3.402
分享此信息的人数	假设方差相等	0.216	0.642	−0.292	4 407	0.770	−0.081	0.277	−0.625	0.463
	假设方差不相等			−0.314	4 392.750	0.754	−0.081	0.258	−0.587	0.425

标签词的运用也是传播中的一种常见形式。Google+ 的 4 409 个样本中,运用了标签词的有 1 162 个,占 26.4%。在标签词的长度上,平均为 5.25 个字符,中

值和众数都是 0 个字符(表 5-40 和表 5-41)。

表 5-40 变量"有无标签词"频率分布

		频率	百分比	有效百分比	累积百分比
有效	无	3 247	73.6%	73.6%	73.6%
	有	1 162	26.4%	26.4%	100.0%
	合计	4 409	100.0%	100.0%	

表 5-41 标签词字符串长度统计量

N	有效	4 409
	缺失	0
均值		5.25
均值的标准误		0.152
中值		0.00
众数		0
极小值		0
极大值		73
和		23 139
百分位数	25	0.00
	50	0.00
	75	7.00

表 5-42 的结果显示,有无标签词的帖子其传播效果没有显著差异。表 5-43 的结果显示,标签词的总长度与帖子的被点赞人次之间存在着很微弱的相关性,与帖子的被分享人次之间没有显著的相关性。

表 5-42 传播形式与传播效果

组统计量

	右上角有无标签词	N	均值	标准差	均值的标准误
为此信息点赞的人数	有	1 162	10.80	91.516	2.685
	无	3 247	6.14	100.527	1.764
分享此信息的人数	有	1 162	0.85	7.295	0.214
	无	3 247	0.55	9.542	0.167

独立样本检验

		方差方程的 Levene 检验		均值方程的 t 检验					差分的 95% 置信区间	
		F	Sig.	t	df	Sig.（双侧）	均值差值	标准误差值	下限	上限
为此信息点赞的人数	假设方差相等	6.651	0.010	1.388	4 407	0.165	4.662	3.358	−1.921	11.246
	假设方差不相等			1.451	2 231.327	0.147	4.662	3.212	−1.637	10.962
分享此信息的人数	假设方差相等	2.803	0.094	0.971	4 407	0.332	0.299	0.308	−0.305	0.902
	假设方差不相等			1.100	2 660.991	0.272	0.299	0.272	−0.234	0.832

表 5-43　标签词字符串长度与传播效果相关性分析

		标签词字符串长度
为此信息点赞的人数	Pearson 相关性	0.032*
	显著性（双侧）	0.036
	N	4 409
分享此信息的人数	Pearson 相关性	0.022
	显著性（双侧）	0.150
	N	4 409

**. 在 0.01 水平（双侧）上显著相关。
*. 在 0.05 水平（双侧）上显著相关。

（六）传播持续度与传播效果

采集到的帖子中，传播持续度从 1 天到 253 天不等。根据表 5-45 的结果分析，Gogole+样本帖子的传播持续度与帖子的被点赞人次、被分享人次之间的相关系数的显著性（双侧）分别为 0.571 和 0.935，远大于 0.05 的显著性水平，这显示出传播持续度和传播效果缺乏关联。

表 5-44　传播持续度（采集日减发布日）统计量

N	有效	4 408
	缺失	1

（续表）

均值		25.31
均值的标准误		0.644
中值		7.00
众数		1
极小值		0
极大值		253
百分位数	25	3.00
	50	7.00
	75	27.00

表 5-46 传播持续度（采集日减发布日）与传播效果的相关性分析

		传播持续度（采集日减发布日）
为此信息点赞的人数	Pearson 相关性	−0.009
	显著性（双侧）	0.571
	N	4 408
分享此信息的人数	Pearson 相关性	0.001
	显著性（双侧）	0.935
	N	4 408

**. 在 0.01 水平（双侧）上显著相关。

（七）传者影响力与传播效果

传者影响力指标都对传播效果产生着正向作用。其中，由表 5-47 的结果所示，传者页面的被查看次数，与帖子的被点赞、被分享次数之间的相关性都是显著的，其相关系数分别为 0.379 和 0.406。粉丝数量和帖子的被点赞人次之间没有关系，但是和帖子的被分享人次之间的相关系数具有显著性。

表 5-46 对粉丝数量和被查看次数的统计量

		粉丝数量	被查看次数
N	有效	4 409	4 409
	缺失	0	0

(续表)

		粉丝数量	被查看次数
均值		373 352.05	2 584 201.17
均值的标准误		67 690.694	331 297.881
中值		118.00	37 973.00
众数		0	0
极小值		0	0
极大值		93 020 861	551 312 476
百分位数	25	16.00	2 601.50
	50	118.00	37 973.00
	75	1 372.00	368 848.00

表 5-47 传者影响力与传播效果的相关性分析

		粉丝数量	被查看次数
为此信息点赞的人数	Pearson 相关性	0.016	0.379**
	显著性（双侧）	0.283	0.000
	N	4 409	4 409
分享此信息的人数	Pearson 相关性	0.083**	0.406**
	显著性（双侧）	0.000	0.000
	N	4 409	4 409

**. 在 0.01 水平（双侧）上显著相关。

（八）传者互动性与传播效果

传者圈子中的人数、传者参加的社群数量，和传播效果之间都无关系，由表 5-49 所示，它们和帖子的被点赞人次之间的 Pearson 相关系数的显著性分别为 0.136 和 0.387；和帖子的被分享人次之间的 Pearson 相关系数的显著性分别为 0.146 和 0.824。传者被圈人次，与传播效果之间则具有显著的相关性，与帖子被点赞人数的相关系数为 0.158；与帖子被分享人数的相关系数为 0.329。

表 5-48　此人圈子中的人和社群数量的统计量

		此人圈子中的人	社群数量
N	有效	4 409	4 409
	缺失	0	0
均值		2 861.03	5.26
均值的标准误		1 282.612	0.155
中值		65.00	0.00
众数		0	0
极小值		0	0
极大值		4 994 400	30
百分位数	25	3.00	0.00
	50	65.00	0.00
	75	435.50	4.00

表 5-49　传者互动性与传播效果的相关性分析

		此人圈子中的人	社群数量
为此信息点赞的人数	Pearson 相关性	0.022	0.013
	显著性（双侧）	0.136	0.387
	N	4 409	4 409
分享此信息的人数	Pearson 相关性	0.022	−0.003
	显著性（双侧）	0.146	0.824
	N	4 409	4 409

**．在 0.01 水平（双侧）上显著相关。

（九）传者详实度与传播效果

传者自我说明的文字资料，包括个性宣言、介绍、晒一晒等，其篇幅平均长度为 359.56 字符，中值为 35 字符，而众数则为 0 字符。

表 5-50　个性宣言、介绍、晒一晒的字符串长度统计量

N	有效	4 409
	缺失	0
均值		359.56
均值的标准误		16.995
中值		35.00
众数		0
极小值		0
极大值		24 067
百分位数	25	0.00
	50	35.00
	75	294.00

表 5-51 的相关分析显示,传者自我说明的篇幅与传播效果的两个指标都没有显著的相关性,其 Pearson 相关系数的显著性分别为 0.128 和 0.107。

表 5-51　传者互动性与传播效果的相关性分析

		个性宣言、介绍、晒一晒的字符串长度
为此信息点赞的人数	Pearson 相关性	0.023
	显著性(双侧)	0.128
	N	4 409
分享此信息的人数	Pearson 相关性	0.024
	显著性(双侧)	0.107
	N	4 409

**. 在 0.01 水平(双侧)上显著相关。

Google+的传者可以上传许多个人资料,包括联系方式和互动信息,例如传者的网站主页、撰稿网站、地址、电话或手机、电邮等;以及传者的社会特征信息,例如居住地等。在联系方式和互动信息方面,4 409 个样本帖的各项信息状况如下:有网站信息的占 28.2%;有链接信息的占 65.9%;有地址信息的占 5.9%。

传者有无传达自身的联系方式和互动信息,总体上看与传播效果没有关联。

除了有无撰稿网站信息在帖子的被分享人次之间存在着显著的差异之外,表5-52、表5-53显示,其他的指标:有无网站信息、有无链接信息,对于帖子的被点赞人次、被分享人次,没有表现出显著差异。

表 5-52 对有无网站信息进行的独立样本检验

组统计量

有无网站信息		N	均值	标准差	均值的标准误
为此信息点赞的人数	有	1 244	11.06	174.957	4.960
	无	3 165	5.92	37.599	0.668
分享此信息的人数	有	1 244	1.16	16.145	0.458
	无	3 165	0.42	3.224	0.057

独立样本检验

		方差方程的 Levene 检验		均值方程的 t 检验						
		F	Sig.	t	df	Sig.（双侧）	均值差值	标准误差值	差分的95%置信区间	
									下限	上限
为此信息点赞的人数	假设方差相等	10.266	0.001	1.564	4 407	0.118	5.140	3.287	−1.305	11.584
	假设方差不相等			1.027	1 288.371	0.305	5.140	5.005	−4.680	14.959
分享此信息的人数	假设方差相等	20.010	0.000	2.463	4 407	0.014	0.742	0.301	0.151	1.332
	假设方差不相等			1.608	1 282.145	0.108	0.742	0.461	−0.163	1.647

表 5-53 对有无链接信息进行的独立样本检验

组统计量

有无链接信息		N	均值	标准差	均值的标准误
为此信息点赞的人数	有	2 907	8.51	116.879	2.168
	无	1 502	5.15	43.464	1.121
分享此信息的人数	有	2 907	0.76	10.831	0.201
	无	1 502	0.38	3.298	0.085

独立样本检验

		方差方程的 Levene 检验		均值方程的 t 检验						
		F	Sig.	t	df	Sig.(双侧)	均值差值	标准误差值	差分的 95% 置信区间	
									下限	上限
为此信息点赞的人数	假设方差相等	2.936	0.087	1.079	4 407	0.281	3.368	3.122	−2.753	9.488
	假设方差不相等			1.380	4 100.963	0.168	3.368	2.441	−1.417	8.153
分享此信息的人数	假设方差相等	5.182	0.023	1.312	4 407	0.190	0.375	0.286	−0.186	0.936
	假设方差不相等			1.720	3 805.419	0.086	0.375	0.218	−0.052	0.803

帖子的传者会展现多层面的社会特征资料，本研究分析的社会特征信息主要实体的空间地点信息，包括现在所在地和之前所在地。在 4 409 条样本帖子中，有传者的现在所在地信息的占 33.6%，有之前所在地信息的占 15.1%。基于表 5-54、表 5-55 所示的独立样本 t 检验的方法，传者有无标注其所在地信息，其帖子的传播效果并无显著差异。

表 5-54 对有无现在所在地信息进行的独立样本检验

组统计量

	有无现在所在地信息	N	均值	标准差	均值的标准误
为此信息点赞的人数	有	1 481	6.44	33.373	0.867
	无	2 928	7.84	118.201	2.184
分享此信息的人数	有	1 481	0.43	3.257	0.085
	无	2 928	0.73	10.803	0.200

独立样本检验

		方差方程的 Levene 检验		均值方程的 t 检验						
		F	Sig.	t	df	Sig.(双侧)	均值差值	标准误差值	差分的 95% 置信区间	
									下限	上限
为此信息点赞的人数	假设方差相等	1.330	0.249	−0.446	4 407	0.656	−1.398	3.133	−7.540	4.745
	假设方差不相等			−0.595	3 738.651	0.552	−1.398	2.350	−6.005	3.210

(续表)

		方差方程的 Levene 检验		均值方程的 t 检验						
		F	$Sig.$	t	df	$Sig.$（双侧）	均值差值	标准误差值	差分的95%置信区间	
									下限	上限
分享此信息的人数	假设方差相等	3.433	0.064	−1.032	4 407	0.302	−0.296	0.287	−0.859	0.267
	假设方差不相等			−1.367	3 829.005	0.172	−0.296	0.217	−0.721	0.129

表 5-55　对有无之前所在地信息进行的独立样本检验

组统计量

有无现在所在地信息		N	均值	标准差	均值的标准误
为此信息点赞的人数	有	665	7.24	23.246	0.901
	无	3 744	7.39	106.163	1.735
分享此信息的人数	有	665	0.36	2.007	0.078
	无	3 744	0.68	9.734	0.159

独立样本检验

		方差方程的 Levene 检验		均值方程的 t 检验						
		F	$Sig.$	t	df	$Sig.$（双侧）	均值差值	标准误差值	差分的95%置信区间	
									下限	上限
为此信息点赞的人数	假设方差相等	0.171	0.679	−0.036	4 407	0.971	−0.150	4.135	−8.256	7.956
	假设方差不相等			−0.077	4 278.945	0.939	−0.150	1.955	−3.983	3.684
分享此信息的人数	假设方差相等	2.255	0.133	−0.843	4 407	0.399	−0.319	0.379	−1.062	0.424
	假设方差不相等			−1.803	4 345.822	0.071	−0.319	0.177	−0.667	0.028

四　YouTube 传播效果及其影响因素

本书考察中国文化在 YouTube 上的传播效果与帖子（视频）的内容类型、内容丰富度、内容倾向性、内容话题度、内容类型、传播形式、传播持续度、传者影响力、传者扩散力、传者持续度之间的关系。其中,传播效果用视频的被点击观看次数来反映;内容类型用前文内容分析的结果来划分,并对相近或相似的内容加以适当的合并;内容丰富度表示内容上的丰富程度,用视频长度(秒数)、说明文字长度、标题长度来反映;内容倾向性表示内容在情感、价值等方面的倾向性,用被点赞数、被点踩数以及被点赞数除以被点踩数的比值来反映;内容话题度表示内容容易引发讨论话题的程度,用视频的评论条数来反映;内容类型反映视频内容所关系的类别,用页面中作者标注的内容类别来表示;传播环节关系到内容的媒介传播方式和路径,本研究中,根据所抓取到的是否有推荐者这一结构化数据,来反映帖子在传播环节的差异;传播持续度指帖子内容在时间上的传播跨度,用帖子上传以来的总天数来反映;传者影响力用帖子传者的订阅者数量、被观看总次数来反映;传者扩散力反映传者在影响力上的增长速度和扩散效率,用传者的订阅者日均增加数(订阅者数量/注册总天数)、日均被观看次数(被观看总次数/注册总天数)来反映;传者详实度用传者在 YouTube 自我说明的字符串长度来反映;传者持续度表示传者在 YouTube 上活动的时间跨度长短,用其 YouTube 账号的注册总天数来反映。

本书初始提出的假设为:(1)中国文化在 YouTube 传播帖子的内容丰富度与其传播效果具有关联性;(2)中国文化在 YouTube 传播帖子的内容倾向性与其传播效果具有关联性;(3)中国文化在 YouTube 传播帖子的内容话题度与其传播效果具有关联性;(4)中国文化在 YouTube 传播帖子的内容类型与其传播效果具有关联性;(5)中国文化在 YouTube 传播帖子的传播形式与其传播效果具有关联性;(6)中国文化在 YouTube 传播帖子的传播持续度与其传播效果具有关联性;(7)中国文化在 YouTube 传播帖子的传者影响力与其传播效果具有关联性;(8)中国文化在 YouTube 传播帖子的传者扩散力与其传播效果具有关联性;(9)中国文化在 YouTube 传播帖子的传者详实度与其传播效果具有关联性;(10)中国文化在 YouTube 传播帖子的传者持续度与其传播效果具有关联性。

(一)传播效果的总体概况

以 YouTube 中帖子视频被点击观看的次数作为考察传播效果的指标,由图 5-3 所示,这 2 486 个抽样所得的视频中,呈现出极少数视频具有巨大的点击量,绝大多数视频点击量很低的情况。尽管平均点击量达到了 54 632 次,但是中值只有 41 次。25 百分位的值甚至只有 11 次,而 75 百分位的值也只有 177 次(参看

表5-56)。对于这些与中国文化相关的视频来说,多数帖子的传播效果是不够理想的。但是极少数的热门视频,大大拉高了整体的平均水平。

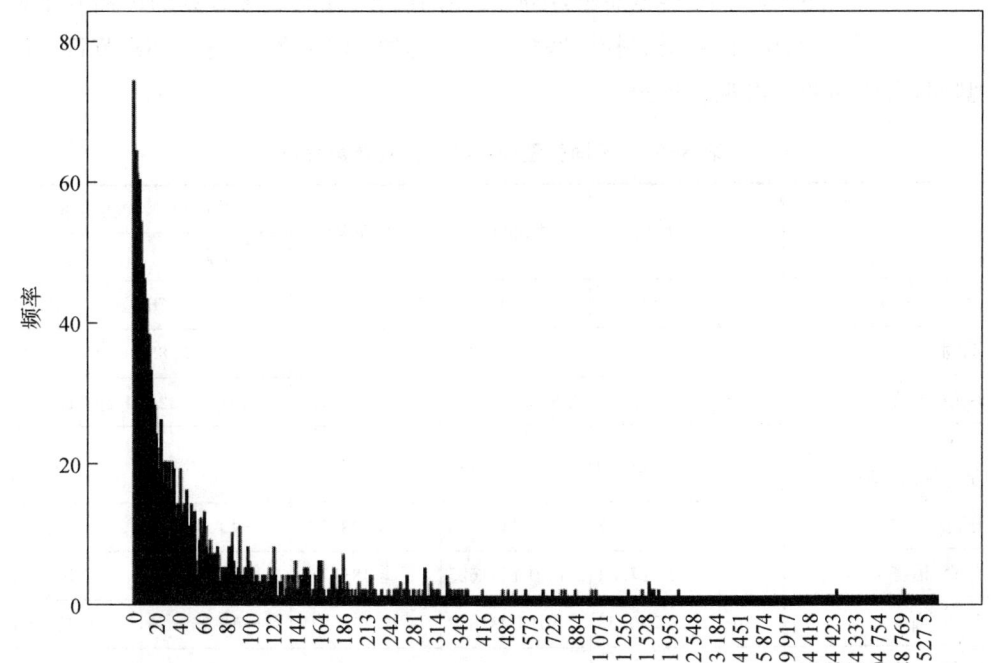

图 5-3　点击观看数

表 5-56　点击观看数统计量

N		有效	2 485
		缺失	1
均值			54 632.18
均值的标准误			14 388.557
中值			41.00
众数			0
标准差			717 266.300
百分位数		25	11.00
		50	41.00
		75	176.50

（二）内容类型与传播效果

对 400 条随机抽取的样本显示，不同类型的内容，其点击观看数的传播效果如表 5-57 所示。其中，饮食类、科技-医疗/卫生/健康-国防/军事类、风俗-节日类的视频具有较高的点击观看频次。

表 5-57　不同类型内容的点击观看数分析

	N	均值	标准差	标准误	均值的95%置信区间	
					下限	上限
地方和区域	10	118.30	191.594	60.587	−18.76	255.36
动物	3	5.00	4.359	2.517	−5.83	15.83
风俗-节日	32	415 463.47	2 348 342.265	415 132.185	−431 204.20	1 262 131.14
个人生活与情感-哲学与生活哲理	10	211.20	355.444	112.401	−43.07	465.47
国际	28	39 323.11	205 646.505	38 863.537	−40 418.28	119 064.50
教育-语言	35	9 927.54	50 178.625	8 481.736	−7 309.42	27 164.50
经济/商务	30	18 700.53	101 099.832	18 458.219	−19 050.76	56 451.83
科技-医疗/卫生/健康-国防/军事	7	546 784.57	1 329 934.806	502 668.108	−683 199.98	1 776 769.12
历史	11	1 371.91	3 045.649	918.298	−674.19	3 418.00
旅游	13	10 995.31	35 077.313	9 728.696	−10 201.70	32 192.32
民族-宗教	10	4 380.40	13 126.533	4 150.974	−5 009.76	13 770.56
其他	22	27.14	39.530	8.428	9.61	44.66
社会/民生-司法	12	250 061.17	780 614.235	225 343.919	−245 917.46	746 039.79
体育-休闲-时尚/设计	16	120 087.13	419 469.112	104 867.278	−103 432.19	343 606.44
文化艺术	60	1 659.22	6 700.472	865.027	−71.80	3 390.03
饮食	28	758 433.00	2 826 004.573	534 064.665	−337 377.18	1 854 243.18
影视/流行/传媒/娱乐文化	62	71 745.61	500 100.114	63 512.778	−55 256.04	198 747.26
政治	9	1 691.33	3 108.110	1 036.037	−697.77	4 080.44
自然-环境/生态	2	33.00	46.669	33.000	−386.30	452.30
总数	400	125 147.27	1 052 693.358	52 634.668	21 671.33	228 623.20

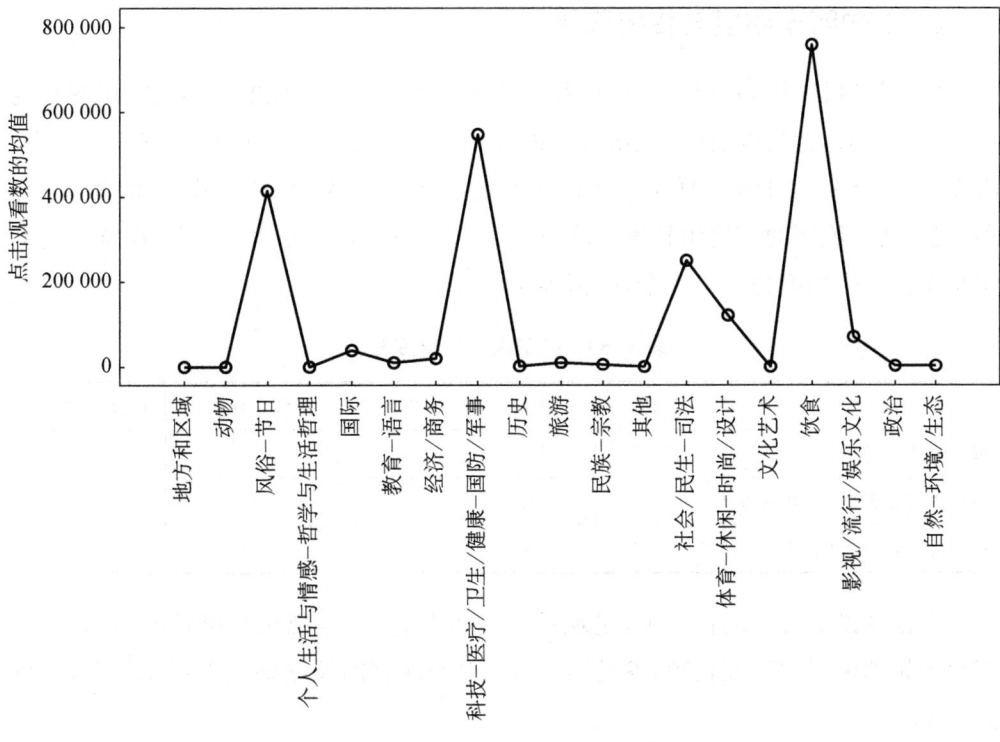

图 5-4　不同类型内容的点击观看数分析图

表 5-58 所示的方差分析显示（未假定方差齐性），Welch 和 Brown-Forsythe 检验量的 P 值分别为 0.079 和 0.261，不同内容类型在传播效果上无显著差异。

表 5-58　对点击观看数进行的方差分析

方差齐性检验

点击观看数

Levene 统计量	$df1$	$df2$	显著性
3.959	18	381	0.000

均值相等性的健壮性检验

点击观看数

	统计量[a]	$df1$	$df2$	显著性
Welch	1.653	18	54.482	0.079
Brown-Forsythe	1.233	18	68.286	0.261

a. 渐近 F 分布。

(三) 内容丰富度与传播效果

内容的容量、篇幅、长短等反映着帖子在内容上的丰富程度。本研究用视频的长度、视频的标题长度、视频说明文字的篇幅反映该视频帖的内容丰富度。其中，由表5-59所示，2 486个样本帖子的视频时长平均值为603.29秒，中值为212.5秒；视频文字说明的字符串长度平均值为744.58个，中值为307.5个；视频标题的字符串长度平均值为50.57个，中值为49个。

表5-59 帖子内容丰富度分析

	均值	中值	众数	百分位数(25)	百分位数(75)
视频时长（总秒数）	603.29	212.5	162	114	489.5
视频说明文字的字符串长度	744.58	307.5	0	100	959
视频标题的字符串长度	50.57	49	42	34	67

在视频说明文字的长度上，呈现长尾分布态势，少数视频有很长的说明文字，多数视频则说明的篇幅较短，参见图5-5。视频标题的长度则近乎正态分布，参见图5-6。

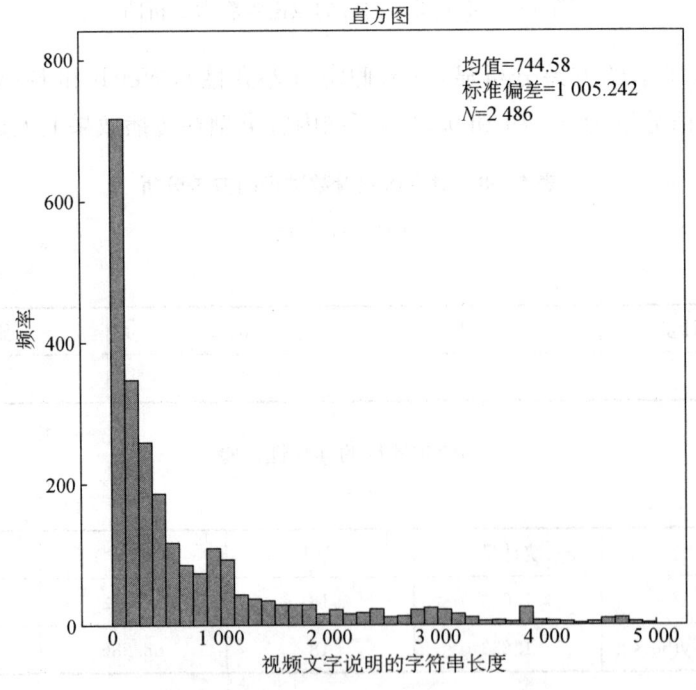

图5-5 视频文字说明的字符串长度

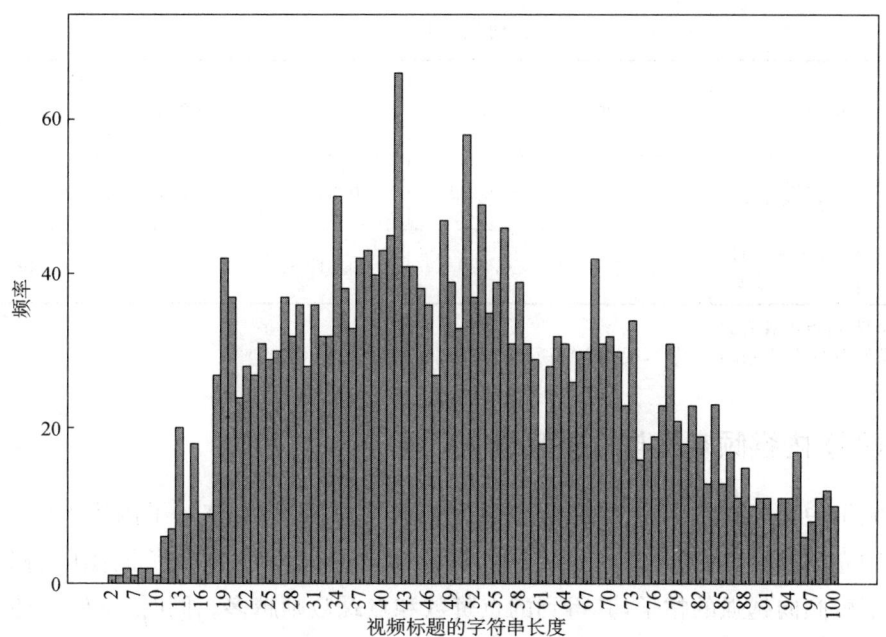

图 5-6 视频标题的字符串长度

表 5-60、表 5-61 的结果显示,内容的丰富度与传播效果之间的关系上,由 Pearson 相关分析以及多元线性回归分析(逐步策略),经 2 485 个有效样本数据显示,视频时长、视频的标题长度都与视频帖的传播效果没有显著关系;而视频的文字说明篇幅则与传播效果之间存在显著的正相关关系和影响作用。

表 5-60 内容丰富度与传播效果相关性分析

		视频时长 (总秒数)	视频标题的 字符串长度	视频文字说明的 字符串长度
点击观看数	Pearson 相关性	−0.014	0.016	0.089**
	显著性(双侧)	0.490	0.413	0.000
	N	2 485	2 485	2 485

表 5-61 回归系数

系数a						
模型		非标准化系数		标准系数	t	Sig.
		B	标准误差	试用版		
1	(常量)	7 240.663	17 837.844		0.406	0.685
	视频文字说明的 字符串长度	63.649	14.259	0.089	4.464	0.000

a. 因变量:点击观看数。

已排除的变量[a]

模型		Beta In	t	Sig.	偏相关	共线性统计量
						容差
1	视频时长（总秒数）	−0.019[b]	−0.941	0.347	−0.019	0.997
	视频标题的字符串长度	0.005[b]	0.229	0.819	0.005	0.982

a. 因变量：点击观看数。
b. 模型中的预测变量：(常量)，视频文字说明的字符串长度。

（四）内容倾向性与传播效果

帖子中设置有观看者点赞及点踩的选项，它们反映出该帖子内容的倾向性。若是中立的内容，则得到的点赞数或点踩数则越少；正面倾向或负面倾向、积极倾向或消极倾向越强的帖子，其得到的点赞数和点踩数则越多。同时，本研究还计算了每条条子的点赞数除以点踩数的值。在全部 2 486 个样本中，点赞数为 0 的有 1 433 个，剩余的点赞数大于 0 的视频有 1 053 个；点踩数为零的有 2 124 个视频，剩余的点踩数大于 0 的共有 362 个；点赞数除以点踩数的比值中，点赞数或点踩数为零的有 2 157 个。剩下的该值不为零的视频共有 329 个。视频的点赞数、点踩数以及点赞数/点踩数的数值分布如表 5-62 所示。

表 5-62　内容倾向性统计量

		点赞数	点踩数	点赞数/点踩数
N	有效	2 444	2 444	362
	缺失	42	42	2 124
均值		556.24	24.17	22.95
中值		0.00	0.00	9.00
众数		0	0	0
百分位数	25	0.00	0.00	3.00
	50	0.00	0.00	9.00
	75	2.00	0.00	21.00

经表 5-63 的 Pearson 相关的分析显示，点赞数和点踩数都与传播效果在 0.01 的显著性水平上相关，其相关系数分别为 0.83 和 0.855，这显示帖子的情感色彩和

倾向程度与传播效果的关联。点赞数除以点踩数的比值反映帖子内容在倾向上的正面性和无争议性，这个因素与传播效果之间并无关系。

表 5-63　内容倾向性与传播效果的相关性分析

		相关性		
		点赞数	点踩数	点赞数/点踩数
点击观看数	Pearson 相关性	0.830**	0.855**	0.027
	显著性(双侧)	0.000	0.000	0.615
	N	2 443	2 443	361

**. 在 0.01 水平(双侧)上显著相关。

表 5-64 的多元线性回归的分析，与 Pearson 相关分析是吻合的，结果显示，点踩数和点赞数是关系到视频点击量的显著因素，而点赞数/点踩数则与点击量之间没有关系。

表 5-64　回归系数

		系数[a]				
模型		非标准化系数		标准系数	t	Sig.
		B	标准误差	试用版		
1	(常量)	1 219.025	52 943.627		0.023	0.982
	点踩数	2 282.871	74.853	0.849	30.498	0.000
2	(常量)	178.322	47 586.509		0.004	0.997
	点踩数	1 418.542	114.781	0.528	12.359	0.000
	点赞数	37.985	4.087	0.397	9.294	0.000

a. 因变量：点击观看数。

已排除的变量[a]

模型		Beta In	t	Sig.	偏相关	共线性统计量
						容差
1	点赞数	0.397[b]	9.294	0.000	0.441	0.344
	点赞数/点踩数	0.027[b]	0.965	0.335	0.051	1.000
2	点赞数/点踩数	−0.002[c]	−0.065	0.948	−0.003	0.985

a. 因变量：点击观看数。
b. 模型中的预测变量：(常量)，点踩数。
c. 模型中的预测变量：(常量)，点踩数，点赞数。

(五) 内容话题度与传播效果

视频帖的内容是否具有话题性，可以从其所得到的评论条数来反映。评论数量越多，表明该帖子的话题度越高。在评论条数上，截止抓取日期，有 2 141 条帖子的评论数为 0 条。剩余的 345 条有评论的帖子中，其均值为 627.23 条，中值为 5 条，25 百分位数和 75 百分位数分别为 2 条和 39 条，众数为 1 条，标准差为 4 610.496。帖子的评论数量分布参见图 5-7。

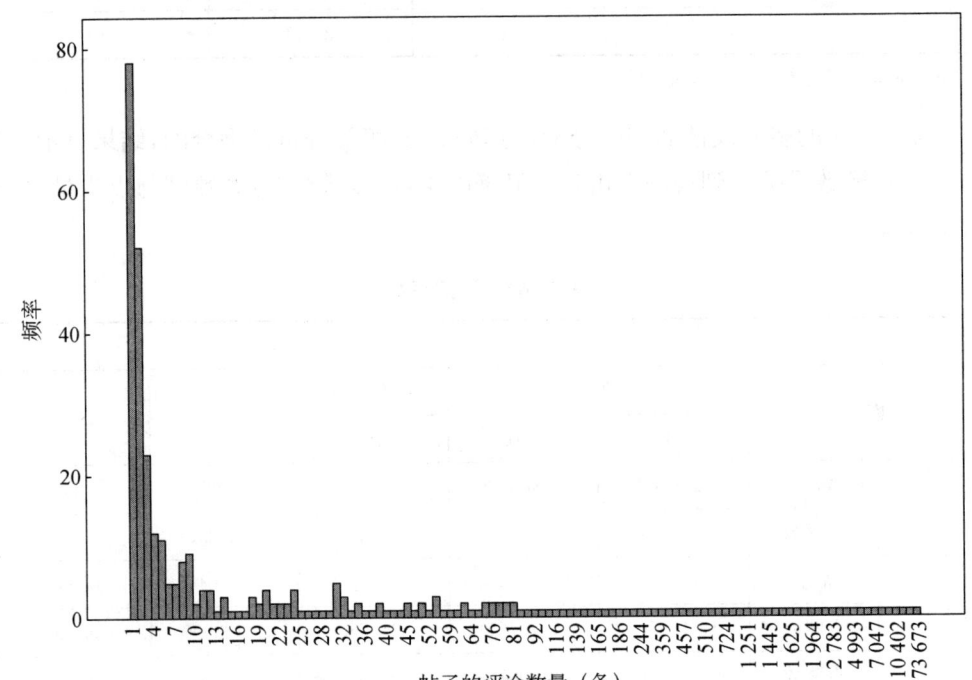

图 5-7　帖子的评论数量(条)

表 5-65、表 5-66 的结果中，从 Pearson 相关分析和线性回归分析可知，帖子的点击观看数和它的评论数量之间存在着相关性，评论数量对点击观看数的影响是

表 5-65　相关性分析结果

		评论数量
点击观看数	Pearson 相关性	0.713**
	显著性(双侧)	0.000
	N	2 485

表 5-66　回归系数

模型		非标准化系数		标准系数	t	Sig.
		B	标准误差	试用版		
1	(常量)	28 080.020	10 098.663		2.781	0.005
	评论数量	295.612	5.831	0.713	50.697	0.000

a. 因变量：点击观看数。

显著的。在一元线性回归的意义上，点击观看数＝28 080＋295.612×评论数量；其标准系数为0.713。从中显示，内容的话题度是影响帖子的被点击观看次数的重要因素。

（六）传播形式与传播效果

从帖子的说明中有无网址超链接来考察 YouTube 视频在传播形式上的差异。在所有样本中，有网址链接的占 35.7%，无网址链接的占 64.3%。对它们进行独立样本 t 检验，t 值的显著性水平为 0.000，有网址链接组和无网址链接组在被点击观看次数上表现出显著的差异。

表 5-67　对有无网址链接进行独立样本检验

组统计量

视频文字说明全文有无网址链接		N	均值	标准差	均值的标准误
点击观看数	有	887	149 948.89	1 194 533.597	40 108.513
	无	1 598	1 724.84	27 082.878	677.496

独立样本检验

		方差方程的 Levene 检验		均值方程的 t 检验						
		F	Sig.	t	df	Sig.（双侧）	均值差值	标准误差值	差分的95%置信区间	
									下限	上限
点击观看数	假设方差相等	89.575	0.000	4.959	2 483	0.000	148 224.057	29 891.036	89 610.130	206 837.983
	假设方差不相等			3.695	886.506	0.000	148 224.057	40 114.234	69 494.113	226 954.000

(七) 传播持续度与传播效果

上传到 YouTube 的帖子从其发布时间到被采集时间有其间隔和时间跨度,有些帖子的跨度很大,一些新发的帖子则时间跨度较短,还有一些帖子则在发布之后会被删除。这个关于帖子传播时间跨度的变量可称为它的传播持续度。在所抽取的 2 486 条帖子样本中,其时间跨度从 4 天到 369 天不等,均值为 152.1 天,中值为 127 天,25% 百分位数为 51 天,75% 百分位数为 247 天。帖子持续度的分布情况见图 5-8。

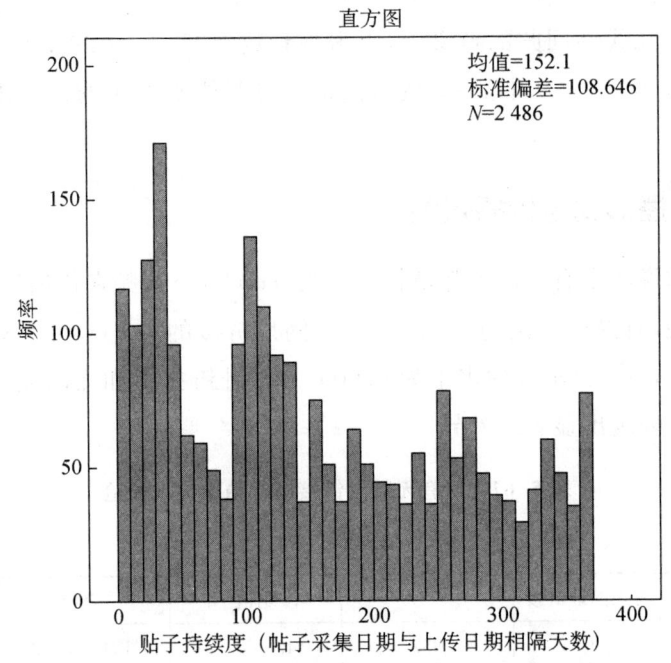

图 5-8　帖子持续度(帖子采集日期与上传日期相隔天数)直方图

通过表 5-68 的 Pearson 相关分析,传播持续度与点击观看数之间在 0.05 的显著性水平(双侧)上存在着相关性,但是其相关系数为 0.043,解释力微弱。

表 5-68　传播持续度与传播效果的相关性分析

		点击观看数
传播持续度	Pearson 相关性	0.043*
	显著性(双侧)	0.032
	N	2 485

*. 在 0.05 水平(双侧)上显著相关。

把点击观看数作为因变量、传播持续度作为自变量进行线性回归分析,结果显示,判定系数 R^2 仅为 0.002,拟合优度低;回归系数 0.032 具有显著性(表5-69)。综上可以得出,传播持续度和传播效果之间存在关联性,但是前者对后者的影响作用很有限。

表 5-69　方差分析

Anova[a]

模型		平方和	df	均方	F	Sig.
1	回归	2 371 582 767 476.100	1	2 371 582 767 476.100	4.616	0.032[b]
	残差	1 275 574 243 848 800.000	2 483	513 723 014 034.958		
	总计	1 277 945 826 616 280.000	2 484			

a. 因变量:点击观看数。
b. 预测变量:(常量),传播持续度。

(八) 传者影响力与传播效果

在传播研究和实践中,意见领袖是一个具有关键意义的概念,传播的影响力往往需要依靠意见领袖和达成和推动。在中国文化的国际传播中,这种意见领袖的作用是否还存在并且重要呢?本研究对样本帖子的传者影响力进行量化,通过传者 YouTube 账户总的订阅者数量以及总的被观看次数来反映传播主体的影响力。越是具有意见领袖性质的账户,其订阅者数量和被点击观看次数都越多。对于抽样中有效的传者账户所拥有的订阅者数量以及被观看次数,统计结果如表 5-70 所示。

表 5-70　传者订阅者数与被观看次数统计量

		订阅者数量(位)	被观看次数(次)
N	有效	2 318	2 312
	缺失	168	174
均值		77 575.86	29 774 803.24
中值		98.00	50 475.00
众数		0	50 475
百分位数	25	9.00	1 779.00
	50	98.00	50 475.00
	75	2 650.00	830 789.50

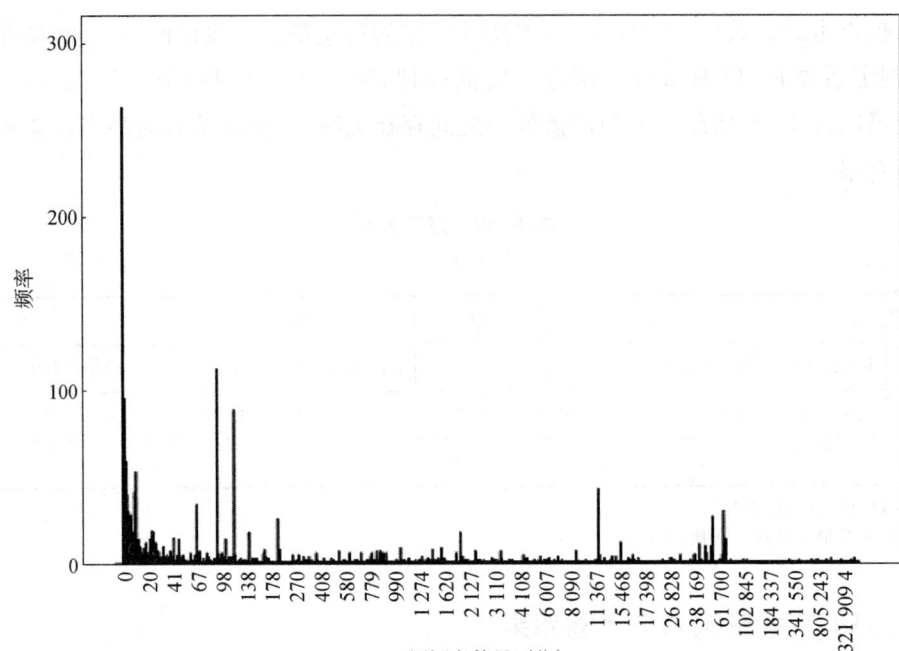

图 5-9　传者订阅者数量(位)

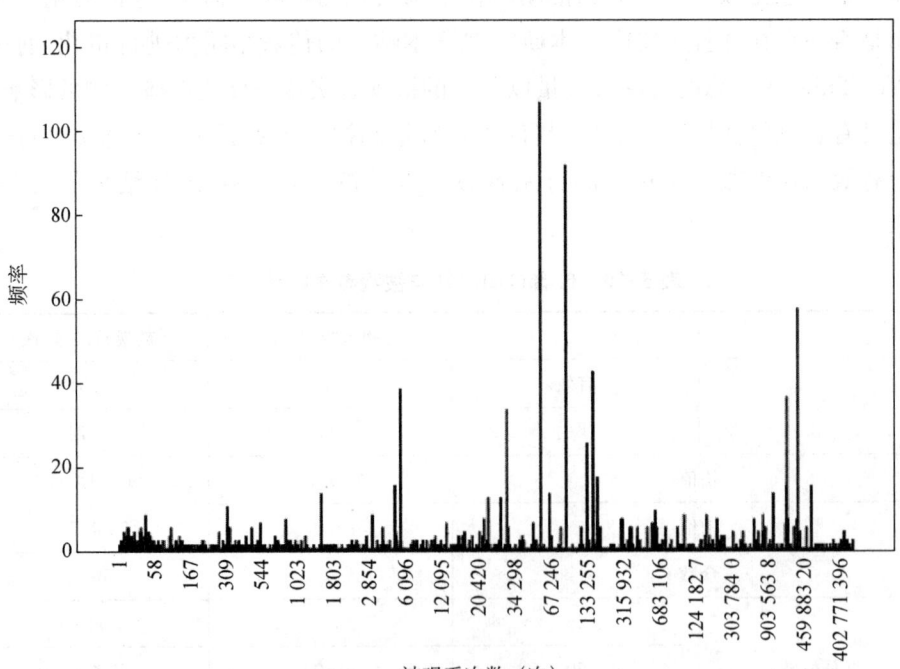

图 5-10　被观看次数(次)

通过表 5-71 的 Pearson 相关分析结果可知,传者影响力与帖子的传播效果之间具有显著的相关性,其显著性(双侧)都接近于 0。在 2 300 多条有效样本的分析结果中,传者账户的订阅者数量与帖子传播效果之间的相关系数为 0.51,传者账户的被观看次数与传播效果之间的相关系数为 0.442。

表 5-71　传者影响力与传播效果的相关性分析

		订阅者数量(位)	被观看次数(次)
点击观看数	Pearson 相关性	0.510**	0.442**
	显著性(双侧)	0.000	0.000
	N	2 317	2 311

**. 在 0.01 水平(双侧)上显著相关。

以传播效果为因变量、以传者影响力的不同指标为多重的自变量,进行多元线性回归分析(逐步策略)。由表 5-72 可以看到,最终的回归模型结果中,只保留了订阅者数量这个显著的自变量,而传者的被观看次数则由于偏相关等因素被排除。也即,就传者影响力或"意见领袖"的角度而言,传者的订阅者数量是对于传播效果具有显著意义的因子;传者的被观看次数与帖子的被点击观看数之间尽管具有相关性,但它并不一定是影响到传播效果的重要因素。

表 5-72　回归系数

模型		非标准化系数		标准系数	t	Sig.
		B	标准误差	试用版		
1	(常量)	11 719.603	13 409.144		0.874	0.382
	订阅者数量(位)	0.603	0.021	0.510	28.499	0.000

a. 因变量:点击观看数。

已排除的变量[a]

模型		Beta In	t	Sig.	偏相关	共线性统计量
						容差
1	被观看次数(次)	0.032[b]	0.935	0.350	0.019	0.279

a. 因变量:点击观看数。
b. 模型中的预测变量:(常量),订阅者数量(位)。

(九) 传者扩散力与传播效果

传者影响力反映着传者已经获得和实现的"意见领袖"地位和作用。但是也存在着一些传播主体,尽管它们尚未取得足够的影响力,也未必已经成长为意见领袖,但是其影响力的增长很快,账户的订阅者数量以及被观看次数具有很好的成长速度,这反映着传者在 YouTube 媒体的扩散力。本书选取传者订阅者数量日均增长量、日均被观看次数作为传者扩散力的度量指标,考察传者扩散力与其中国文化相关视频帖传播效果之间的关系。

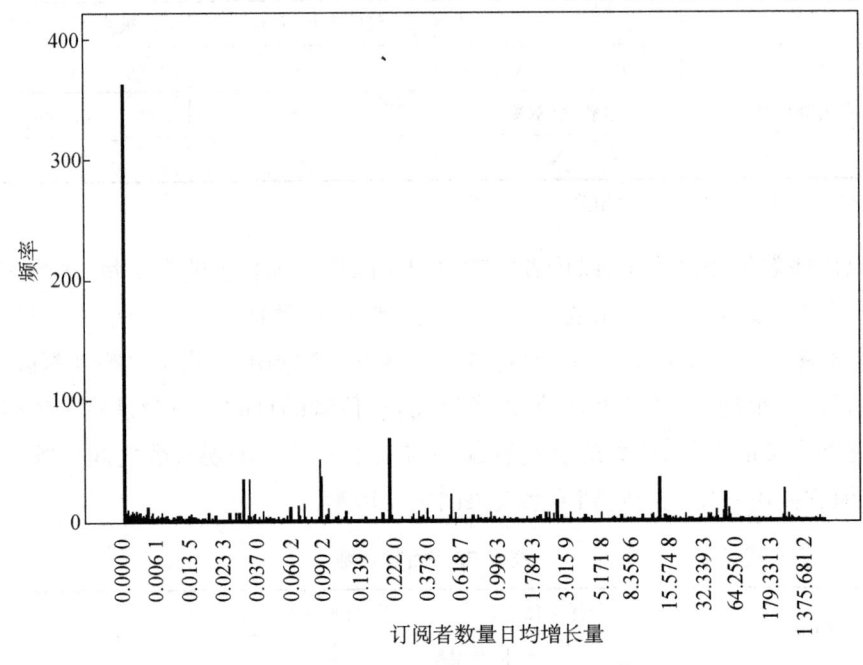

图 5-11　订阅者数量日均增长量

表 5-73　订阅者数量日均增长量统计量

N		有效	2 486
		缺失	0
均值			72.339 148
中值			0.122 050
众数			0.000 0
标准差			794.723 535 2
百分位数		25	0.011 100
		50	0.122 050
		75	3.099 000

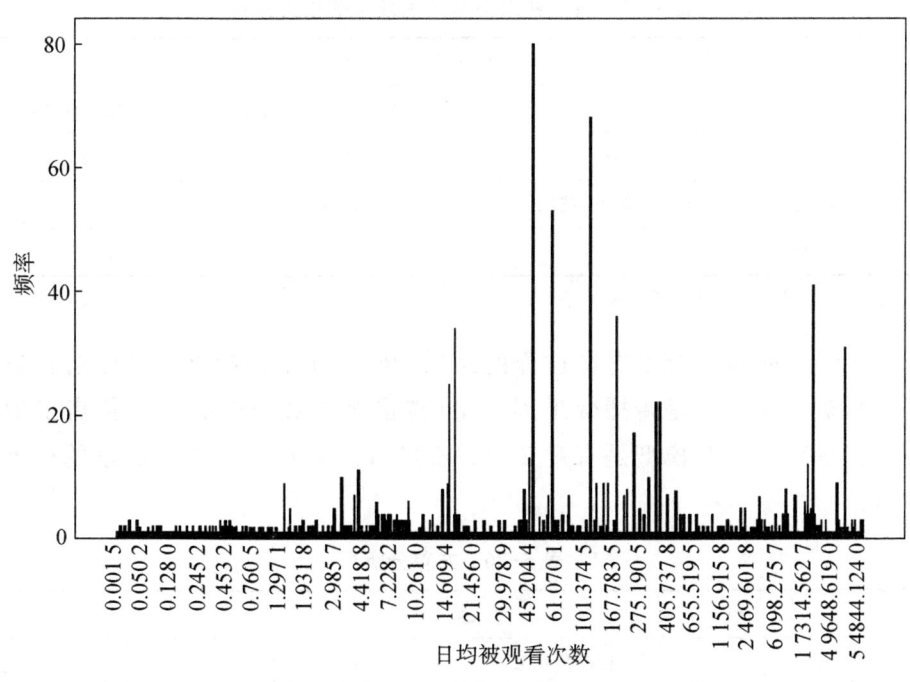

图 5-12 日均被观看次数

表 5-74 日均被观看次数统计量

N		有效	2 486
		缺失	0
均值			18 043.834 849
中值			59.111 874
众数			45.432 0
标准差			154 964.389 205 4
百分位数		25	5.613 398
		50	59.111 874
		75	481.040 172

表 5-75 所示，对 2 485 个有效样本的 Pearson 相关分析显示，传者扩散力的两个指标与它们的中国文化帖子传播效果之间存在显著的相关性。

表 5-75 传者扩散力与传播效果的相关分析

	相关性	订阅者数量日均增长量	日均被观看次数
点击观看数	Pearson 相关性	0.238**	0.492**
	显著性(双侧)	0.000	0.000
	N	2 485	2 485

**. 在 0.01 水平(双侧)上显著相关。

多元线性回归分析也支持这样的结果,传者的订阅者数量日均增长量以及日均被观看次数都是传播效果因变量(点击观看数)的因子,以传者扩散力的两个指标建立回归模型是有意义的。不过订阅者数量日均增长量的标准系数较低。

表 5-76 方差分析

		系数a				
模型		非标准化系数		标准系数	t	$Sig.$
		B	标准误差	试用版		
1	(常量)	10 781.072	12 589.096		0.856	0.392
	订阅者数量日均增长量	67.784	16.768	0.075	4.043	0.000
	日均被观看次数	2.158	0.086	0.466	25.091	0.000

a. 因变量:点击观看数。

(十) 传者详实度与传播效果

传者丰富度关系到在社交中的传者传达性与可沟通性。本研究对 YouTube 传者详实度的反映,采取其说明文字的篇幅。说明文字越长,则意味着传者更愿意分享自身的情况,更愿意展开传达与互动。在所统计的 2 486 个传者样本中,自我描述篇幅,其字符串长度平均值为 218.74,众数为 0,为 0 有 1 142 人次,中位数为 66 个,25 百分位数和 75 百分位数分别为 0 和 409.75。

由于传者说明中,没有说明文字的传者占到了很大频次,其 1 142 的人次已经约达 2 486 个样本的一半,因此对于传者详实度和传播效果之间的关系的分析,从两个步骤进行:首先讨论没有自我说明和有自我说明的传者,其传播效果有没有差异;其后分析在有自我说明的传者中,是否自我说明篇幅越长则其传播效果越好。

将传者分为有自我说明和没有自我说明的两组,对其进行比较分析和 t 检验。表 5-77 的结果显示,没有自我说明的传者,其帖子的平均观看书为 3 696.36 次,大大低于有自我说明的传者,后者的帖子平均点击观看数为 97 944.69 次。表 5-78 所示的 T 检验显示出两组的差异是很显著的。

表 5-77 按组统计的基本描述统计量(传者有无自我说明)

	传者自我说明部分的字符串长度是否为 0	N	平均数	标准偏差	标准错误平均值
点击观看数	是	1 142	3 696.36	61 605.925	1 823.012
	不是	1 343	97 944.69	972 089.296	26 525.779

表 5-78 独立样本检验结果

		Levene 的变异数相等测试		针对平均值是否相等的 t 测试					
		F	显著性	T	df	显著性(双尾)	平均差异	标准误差	95%差异数的信赖区间	
									下限	上限
点击观看数	采用相等变异数	39.433	0.000	−3.271	2 483	0.001	−94 248.326	28 815.519	−150 753.250	−37 743.403
	不采用相等变异数			−3.545	1 354.672	0.000	−94 248.326	26 588.350	−146 407.136	−42 089.517

对传者说明部分与传播效果之间进行相关系数的分析与检验。在有说明文字的 1 343 个样本中,表 5-79 显示,两者的 Pearson 相关系数虽然具有显著性,但是相关系数很微弱,为 −0.056。而基于表 5-80 所示的 Spearman 的相关系数显示,两者之间没有显著的相关性。结合这两种分析可知,在有说明文字的传者中,其说明资料的篇幅长短与其传播效果之间基本没有关系,或者这种相关关系很微弱而可以忽略。

表 5-79 传者详实度与传播效果的相关性分析

		点击观看数	传者自我说明部分的字符串长度
点击观看数	Pearson 相关	1	−0.056*
	显著性(双尾)		0.040
	N	1 343	1 343

(续表)

		点击观看数	传者自我说明部分的字符串长度
传者自我说明部分的字符串长度	Pearson 相关	−0.056*	1
	显著性(双尾)	0.040	
	N	1 343	1 344

*.相关性在 0.05 层上显著(双尾)。

表 5-80　Spearman 相关分析

			点击观看数	传者自我说明部分的字符串长度
Spearman 的 rho	点击观看数	相关系数	1.000	0.004
		显著性(双尾)		0.888
		N	1 343	1 343
	传者自我说明部分的字符串长度	相关系数	0.004	1.000
		显著性(双尾)	0.888	
		N	1 343	1 344

(十一) 传者持续度与传播效果

对于传者而言,其在 YouTube 上的存续和传播跨度同样可能是影响到帖子传播效果的因素,这也牵涉到传播主体在国际新型媒体的"先发优势"和"后发赶超"的问题。尤其对于中国的国际传播来说,在国际新媒体传播领域的起步时间落后于发达国家,是否会对传播效果带来关键的影响?本书设立传者持续度指标,通过传者已注册日期的长短(帖子采集日期与传者注册日期的间隔天数)来反映,并考察该指标与传播效果的关联。对传者持续度的统计显示,在 2 486 个帖子样本中,其传者持续度从 4 天到 3 701 天不等,均值为 1 111 天,中值为 916 天,25 百分位数为 387 天,75 百分位数为 1 501 天,标准差为 899.94。

表 5-81 的 Pearson 相关分析的结果显示,传者持续度和传播效果(点击观看数)之间的相关系数具有显著性,但是相关系数值只有 0.052 的较低水平。线性回归的分析结果中,其回归系数也是具有显著意义的。总体来看,传者的时间持续度对于帖子传播有一定的作用,但影响比较微弱。

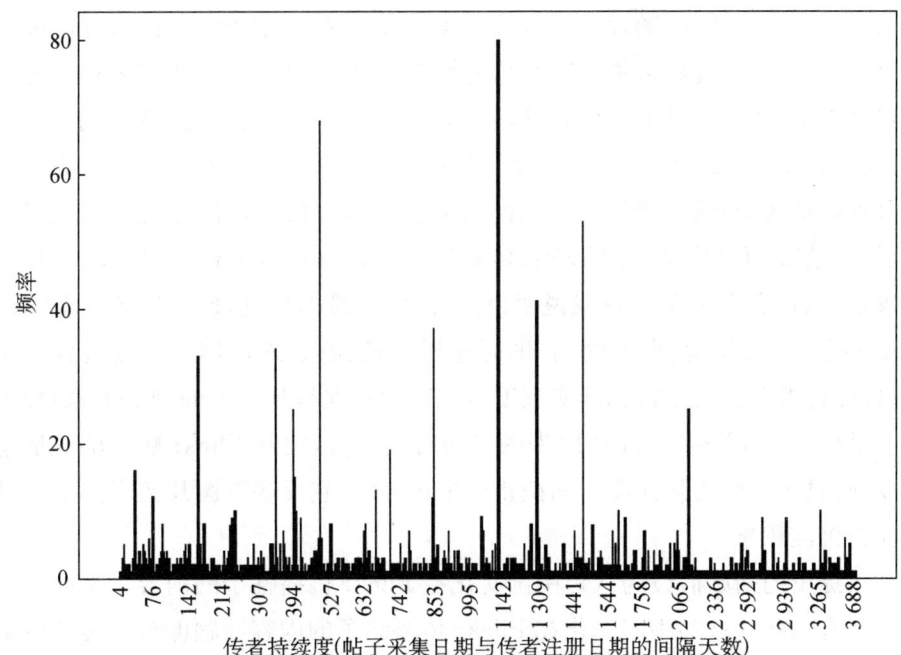

图 5-13　传者持续度(帖子采集日期与传者注册日期的间隔天数)

表 5-81　传者持续度与点击观看次数的相关性分析

		传者持续度
点击观看数	Pearson 相关性	0.052**
	显著性(双侧)	0.009
	N	2 485

**. 在 0.01 水平(双侧)上显著相关。

五　Flickr 传播效果及其影响因素

　　本书从内容类型、内容丰富度、内容话题度、传播形式、传播持续度、传者活跃度、传者互动性、传者详实度、传者持续度这几大方面,考察 Flickr 上照片帖的传播效果及其影响因素和作用机制。图片帖的传播效果用图片的被观看次数、收藏人数来反映,它们分别反映出图片帖的认知效果和认同效果;内容类型用前文内容分析的结果来划分,并对相近或相似的内容加以适当的合并;内容丰富度表示内容上的丰富程度,用图片的说明文字长度、标题长度来反映;内容话题度表示内容容易引发讨论话题的程度,用图片的留言数来反映;传播持续度指帖子内容在时间上的传播跨度,用照片上传到采集日期的总天数来反映;传者影响力用传者得到的推荐语数量来表示;传者扩散力用传者月均推荐语数量来表示;传者活跃度用发布相片数、日均发布相片数来表示;传者互动性指的是传者在 Flickr 利用自媒体平台的特性与其他会员的交互性,用传者喜欢的其他会员相片数、传者追踪其他会员数、群组数、博览馆数、推荐语数量来反映;传者详实度是自媒体平台上对于图片传者信息的展示,从传者在 Flickr 自我说明、标签语的字符串长度,以及传者在 Flickr 上所展示的家乡、居住地、个人网站、即时通讯方式、电子邮件信息的完善程度来反映,自媒体传者资料的丰富和详实程度可能影响到他与其他人的网络关系;传者持续度表示传者在 Flickr 上注册以来的时间跨度长短,用其 Flickr 账号的注册总月数来反映,具体跨度为从注册时间截止到采集时间,它反映着图片传者的历史持续及影响力沉淀积累。

本书提出的初始假设为:(1)中国文化在 Flickr 传播帖子的内容丰富度与其传播效果具有关联性;(2)中国文化在 Flickr 传播帖子的内容话题度与其传播效果具有关联性;(3)中国文化在 Flickr 传播帖子的传播形式与其传播效果具有关联性;(4)中国文化在 Flickr 传播帖子的传播持续度与其传播效果具有关联性;(5)中国文化在 Flickr 传播帖子的传者影响力与其传播效果具有关联性;(6)中国文化在 Flickr 传播帖子的传者扩散力与其传播效果具有关联性;(7)中国文化在 Flickr 传播帖子的传者活跃度与其传播效果具有关联性;(8)中国文化在 Flickr 传播帖子的传者互动性与其传播效果具有关联性;(9)中国文化在 Flickr 传播帖子的传者详实度与其传播效果具有关联性;(10)中国文化在 Flickr 传播帖子的传者持续度与其传播效果具有关联性。

(一)传播效果的总体概况

从图片帖的被点击观看次数和被收藏人次考察其传播效果。表 5-82 显示,在 10 490 个有效样本中,帖子的点击观看次数差异较大,从 0 次到 79 556 次不等,标准误为 19.689 次。点击观看次数的均值为 439.78 次;中值大大低于平均值,仅为 66 次;最小的众数为 17 次。照片收藏人数中,从 0 次到 1 039 次不等;大部分照片的收藏人数很有限,均值仅为 2.1 次,而中值和众数都为 0 次。

图片的点击观看次数和收藏数存在着显著的相关性,表 5-83 中的 Pearson 相关系数为 0.43,显著性水平符合要求。

表 5-82　照片的点击观看次数和照片收藏人数统计量

		照片的点击观看次数	照片收藏人数
N	有效	10 490	10 490
	缺失	0	0
均值		439.78	2.10
均值的标准误		19.689	0.201
中值		66.00	0.00
众数		17[a]	0
极小值		0	0
极大值		79 556	1 039
百分位数	25	30.00	0.00
	50	66.00	0.00
	75	209.00	0.00

a. 存在多个众数，显示最小值。

表 5-83　双变量分析结果（照片的点击观看次数、照片收藏人数）

	相关性		
		照片的点击观看次数	照片收藏人数
照片的点击观看次数	Pearson 相关性	1	0.430**
	显著性（双侧）		0.000
	N	10 490	10 490
照片收藏人数	Pearson 相关性	0.430**	1
	显著性（双侧）	0.000	
	N	10 490	10 490

**. 在 0.01 水平（双侧）上显著相关。

（二）内容类型与传播效果

对随机抽取的 400 条照片帖，根据帖子内容的类型考察其点击观看次数、被收藏次数，得到结果如表 5-84 和图 5-14、图 5-15 所示。其中，民族-宗教类、旅游类、经济/商务类的被点击观看次数较高；旅游类、风俗-节日类、地方和区域类、民族-宗教类、经济/商务类内容的被收藏人次较高。

表 5-84 不同内容类型的传播效果

		N	均值	标准差	标准误	均值的95%置信区间	
						下限	上限
照片的点击观看次数	地方和区域	20	613.60	1 795.373	401.458	−226.66	1 453.86
	动物	9	641.11	540.815	180.272	225.40	1 056.82
	风俗-节日	6	1 761.00	3 547.956	1 448.447	−1 962.35	5 484.35
	个人生活与情感-哲学与生活哲理	7	255.57	257.544	97.343	17.38	493.76
	国际	3	825.33	902.155	520.860	−1 415.74	3 066.41
	教育-语言	7	105.00	215.267	81.363	−94.09	304.09
	经济/商务	4	2 588.50	3 366.810	1 683.405	−2 768.85	7 945.85
	历史	16	1 980.44	3 239.098	809.775	254.44	3 706.43
	旅游	20	3 359.50	11 468.890	2 564.522	−2 008.11	8 727.11
	民族-宗教	9	4 417.89	8 745.403	2 915.134	−2 304.42	11 140.20
	其他	6	143.00	274.602	112.106	−145.18	431.18
	社会/民生-司法	3	718.00	591.567	341.541	−751.53	2 187.53
	体育-休闲-时尚/设计	6	101.00	85.145	34.760	11.65	190.35
	文化艺术	18	1 277.72	2 385.417	562.248	91.48	2 463.96
	饮食	8	153.50	153.120	54.136	25.49	281.51
	影视/流行/传媒/娱乐文化	5	740.00	889.819	397.939	−364.86	1 844.86
	政治	2	544.50	511.238	361.500	−4 048.79	5 137.79
	植物/农林	247	132.19	142.411	9.061	114.34	150.04
	自然-环境/生态	4	378.75	610.043	305.021	−591.96	1 349.46
	总数	400	623.50	3 144.859	157.243	314.37	932.63
收藏人数	地方和区域	20	23.10	85.084	19.025	−16.72	62.92
	动物	9	3.44	8.618	2.873	−3.18	10.07
	风俗-节日	6	32.17	69.898	28.536	−41.19	105.52
	个人生活与情感-哲学与生活哲理	7	1.14	2.268	0.857	−0.95	3.24
	国际	3	6.00	7.211	4.163	−11.91	23.91
	教育-语言	7	0.14	0.378	0.143	−0.21	0.49
	经济/商务	4	17.50	33.680	16.840	−36.09	71.09

(续表)

		N	均值	标准差	标准误	均值的95%置信区间	
						下限	上限
收藏人数	历史	16	2.19	3.371	0.843	0.39	3.98
	旅游	20	72.20	234.464	52.428	−37.53	181.93
	民族-宗教	9	24.44	43.310	14.437	−8.85	57.74
	其他	6	0.67	1.633	0.667	−1.05	2.38
	社会/民生-司法	3	1.33	2.309	1.333	−4.40	7.07
	体育-休闲-时尚/设计	6	1.00	1.549	0.632	−0.63	2.63
	文化艺术	18	1.06	2.014	0.475	0.05	2.06
	饮食	8	0.25	0.707	0.250	−0.34	0.84
	影视/流行/传媒/娱乐文化	5	0.20	0.447	0.200	−0.36	0.76
	政治	2	0.50	0.707	0.500	−5.85	6.85
	植物/农林	247	0.08	0.590	0.038	0.00	0.15
	自然-环境/生态	4	2.25	3.862	1.931	−3.90	8.40
	总数	400	6.37	57.906	2.895	0.68	12.06

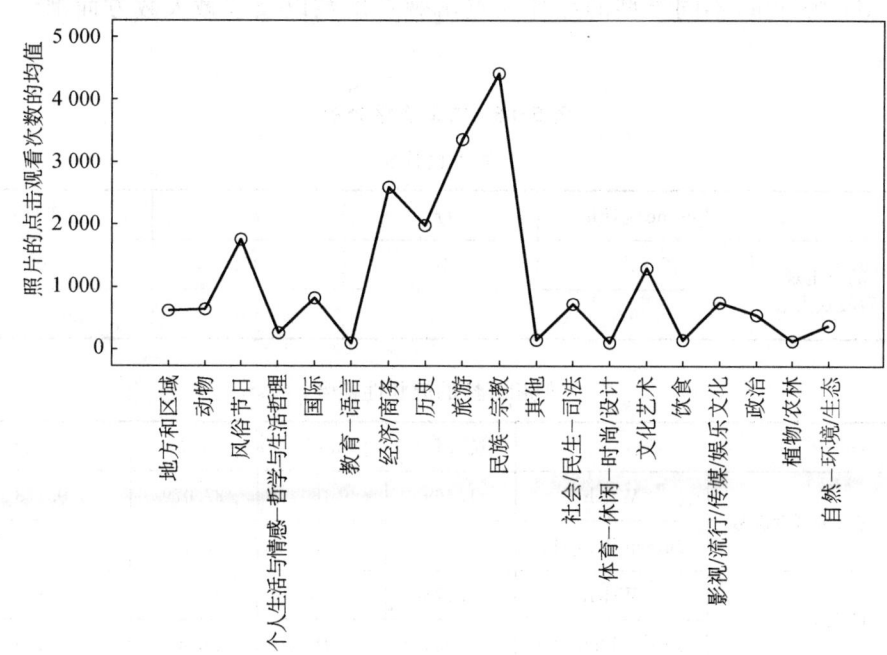

图 5-14 不同内容类型的照片点击观看次数分析

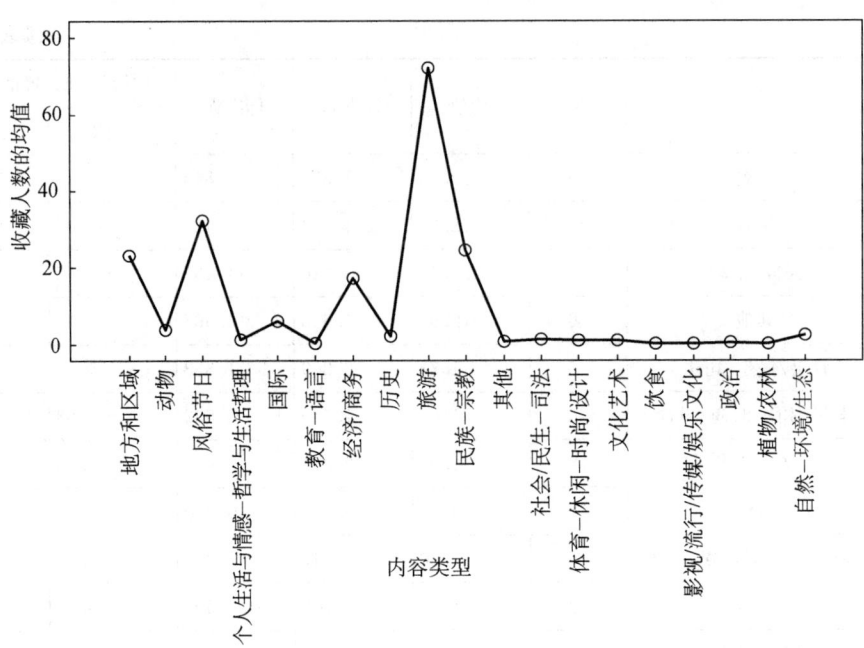

图 5-15　不同内容类型的收藏人数分析

方差分析可知,在未假定方差齐性的情况下,根据表 5-85 中 Welch 和 Brown-Forsythe 统计量,不同类型的照片在点击观看次数以及收藏人数方面都无显著差异。

表 5-85　方差齐性分析

方差齐性检验

	Levene 统计量	$df1$	$df2$	显著性
照片的点击观看次数收藏人数	7.317	18	381	0.000
	6.462	18	381	0.000

均值相等性的健壮性检验

		统计量[a]	$df1$	$df2$	显著性
照片的点击观看次数	Welch	1.469	18	27.079	0.178
	Brown-Forsythe	1.663	18	37.444	0.093
收藏人数	Welch	1.178	18	27.154	0.341
	Brown-Forsythe	1.669	18	29.665	0.105

a. 渐近 F 分布。

(三) 内容丰富度与传播效果

内容丰富度表示内容上的丰富程度,用图片的说明文字(不含标题)长度、标题长度、关键词长度来反映。据表 5-86 的结果,照片帖中的说明文字平均长度为 2 892.37 字符,中值为 712 字符;照片标题平均长度为 60.73 字符,中值为 42 字符;照片所带的关键词平均长度为 59.26 字符,中值仅为 0 字符。

表 5-86　照片说明正文的长度(字符)和照片标题的长度(字符)统计量

		照片说明正文的长度(字符)	照片标题的长度(字符)
N	有效	10 490	10 490
	缺失	0	0
均值		2 892.37	60.73
均值的标准误		49.24	0.65
中值		712	42
众数		0	8
极小值		0	0
极大值		32 767	255
百分位数	25	37	17
	50	712	42
	75	4 441.5	68

据表 5-87 的结果,在照片帖的内容丰富度与传播效果的关系上,照片说明正文长度与照片的点击观看次数之间,其相关性的显著性水平(双侧)接近于为 0,相关系数为 0.412。内容丰富度的两个指标与照片收藏人数,其相关系数的值分别为 −0.031、−0.048,虽然在 0.01 的水平上都显著相关,但是相关系数的值过低,关联性过于微弱。而照片标题长度、照片关键词长度与照片的点击观看次数之间的相关性都不符合显著性水平的要求,分别为 0.309 和 0.277,大大高于 0.05 的显著性水平,说明它们之间没有显著的相关性。

总体来看,内容的丰富详实程度和传播效果存在着部分的关联。为了增强传播效果,需要增加和充实照片的说明文字,"读图时代"依然需要文字的力量。

表 5-87　内容丰富度与传播效果的相关性分析

		照片的点击观看次数	照片收藏人数
照片说明正文的长度	Pearson 相关性	0.412**	−0.031**
	显著性（双侧）	0.000	0.002
	N	10 490	10 490
照片标题的长度	Pearson 相关性	−0.010	−0.048**
	显著性（双侧）	0.309	0.000
	N	10 490	10 490

**. 在 0.01 水平（双侧）上显著相关。

（四）内容话题度与传播效果

内容话题度表示内容容易引发讨论话题的程度，用图片的留言数来反映。在 10 237 个有效样本中，各照片帖的留言数界于 0 条和 868 条之间，均值为 0.96 条，标准误为 0.177 条，中值和众数、25 百分位数、75 百分位数都为 0 条。

照片易引发话题的程度，关系到其认知效果和认同效果。根据线性相关分析（表 5-88），照片留言数和它被点击观看数、被收藏人数都存在着显著的相关性，Pearson 线性相关系数分别为 0.221 和 0.446。内容话题度和被收藏人数的相关性也表明，留言的多少和话题的强弱程度，有助于增强照片的认同效果，增强其被收藏的次数。获得关注乃至争议，在此意义上都是有助于获得接受的。

表 5-88　照片留言数与传播效果的相关性分析

		照片的留言数
照片的点击观看次数	Pearson 相关性	0.221**
	显著性（双侧）	0
	N	10 237
照片收藏人数	Pearson 相关性	0.446**
	显著性（双侧）	0
	N	10 237

**. 在 0.01 水平（双侧）上显著相关。

(五) 传播形式与传播效果

传播形式关系到内容的媒介传播方式和路径,本研究中,根据图片帖子中的网址链接、关键词、图片所在的相簿,来反映图片帖子在传播环节的差异。其中,帖子正文中的链接是指向其他页面内容的渠道,关键词有助于标明照片的主题。10 490 个有效样本中,如表 5-89 和表 5-90 所示,有链接的帖子占 30.1%,有关键词的帖子占 28.7%。

表 5-89 变量"照片说明正文中有无链接"频率分布

		频率	百分比	有效百分比	累积百分比
有效	无	7 335	69.9	69.9	69.9
	有	3 155	30.1	30.1	100.0
	合计	10 490	100.0	100.0	

表 5-90 变量"照片说明正文中有无关键词"频率分布

		频率	百分比	有效百分比	累积百分比
有效	无	7 483	71.3	71.3	71.3
	有	3 007	28.7	28.7	100.0
	合计	10 490	100.0	100.0	

通过表 5-91 所示的 t 检验可知,有链接的帖子并不比无链接的具有更好的传播效果。相反,其传播效果更低。无链接网址的照片帖中,其照片点击观看次数平均为 552.56 次,显著高于无链接组的 177.59 次;无链接组的帖子,其被收藏人数平均为 2.95,也大大高于有链接组,后者仅为 0.12 次。这或许意味着在 Flickr 中,照片帖需要传达好自身的内容,而不必将额外的、其他的内容附加其中,影响对自身传达的纯正性。

照片是否标明关键词,对于其点击观看次数缺乏影响,其 t 检验的显著性(双侧)仅为 0.482。但是设立关键词,有助于提升照片的被收藏效果。独立样本 t 检验显示(表 5-92),其显著性接近于为 0,也即有无关键词,其收藏人次具有显著的差异。有关键词的照片帖,其被收藏数是无关键词组的两倍多。

表 5-91 对照片说明正文中有无链接进行的独立样本检验

组统计量

照片说明正文中有无链接		N	均值	标准差	均值的标准误
照片的点击观看次数	无	7 335	552.56	2 361.559	27.574
	有	3 155	177.59	675.985	12.035
照片收藏人数	无	7 335	2.95	24.544	0.287
	有	3 155	0.12	1.648	0.029

独立样本检验

		方差方程的 Levene 检验		均值方程的 t 检验						
		F	Sig.	t	df	Sig.（双侧）	均值差值	标准误差值	差分的95%置信区间	
									下限	上限
照片的点击观看次数	假设方差相等	228.765	0.000	8.765	10 488	0.000	374.967	42.779	291.112	458.822
	假设方差不相等			12.463	9 585.462	0.000	374.967	30.086	315.992	433.941
照片收藏人数	假设方差相等	115.027	0.000	6.460	10 488	0.000	2.826	0.437	1.968	3.683
	假设方差不相等			9.808	7 486.603	0.000	2.826	0.288	2.261	3.390

通过对关键词长度与传播效果之间的相关分析也证实了这一点。关键词长度和照片点击观看次数之间的相关系数没有显著性，但是和照片收藏人数的相关系数则是显著的，其显著性（双侧）的值为 0.009。

上述结果表明，为了增加照片被收藏的传播效果，设立合理有效的关键词对图片主题进行凝练和醒目的标示，是必要与有助益的。

表 5-92 对照片有无关键词进行的独立样本检验

组统计量

有无关键词		N	均值	标准差	均值的标准误
照片的点击观看次数	有	3 007	417.96	2 367.981	43.183
	无	7 483	448.55	1 856.780	21.465
照片收藏人数	有	3 007	3.55	28.903	0.527
	无	7 483	1.52	16.037	0.185

独立样本检验

		方差方程的 Levene 检验		均值方程的 t 检验					差分的 95% 置信区间	
		F	Sig.	t	df	Sig.(双侧)	均值差值	标准误差值	下限	上限
照片的点击观看次数	假设方差相等	0.105	0.746	−0.703	10 488	0.482	−30.594	43.541	−115.944	54.755
	假设方差不相等			−0.634	4 562.983	0.526	−30.594	48.223	−125.136	63.947
照片收藏人数	假设方差相等	58.268	0.000	4.582	10 488	0.000	2.034	0.444	1.164	2.905
	假设方差不相等			3.641	3 772.615	0.000	2.034	0.559	0.939	3.130

表 5-93　关键词长度与传播效果的相关性分析

		关键词字符串长度
照片的点击观看次数	Pearson 相关性	−0.011
	显著性(双侧)	0.277
	N	10 490
照片收藏人数	Pearson 相关性	0.026**
	显著性(双侧)	0.009
	N	10 490

**. 在 0.01 水平(双侧)上显著相关。

(六)传播持续度与传播效果

传播持续度指帖子内容在时间上的传播跨度,用照片上传到采集日期的总天数来反映。所分析的 10 490 条帖子样本中,其传播持续度均值为 216.36 天,均值标准误为 0.94 天,中值和众数分别为 199 条和 122 天,25 百分位数和 75 百分位数分别为 130 天和 288 天。

表 5-94 所示的相关分析的结果显示,传播持续度尽管和照片的点击观看次数、收藏人数有一定的相关性,但是其相关系数值非常低,分别只有 0.056 和 0.069。尽管我们不能忽视传播持续度和传播效果之间的关联,但这种关联作用是缺乏足够力度的。

表 5-94　传播持续度与传播效果的相关性分析

		照片的点击观看次数	照片收藏人数	照片上传截止到采集日期的天数跨度
照片的点击观看次数	Pearson 相关性	1	0.430**	0.056**
	显著性（双侧）		0.000	0.000
	N	10 490	10 490	10 490
照片收藏人数	Pearson 相关性	0.430**	1	0.069**
	显著性（双侧）	0.000		0.016
	N	10 490	10 490	10 490
照片上传截止到采集日期的天数跨度	Pearson 相关性	0.056**	0.069**	1
	显著性（双侧）	0.000	0.000	
	N	10 490	10 490	10 490

**. 在 0.01 水平（双侧）上显著相关。

（七）传者影响力与传播效果

从传者得到的推荐语数量考察其在 Flickr 平台的影响力。在所有 10 490 条帖子样本剔除重复后的 944 个有效传者数据中，其均值为 0.45 条，均值标准为 0.082 条，极大值为 45 条。对传者得到的推荐语数量和帖子的点击观看次数、收藏人次分别进行 Pearson 相关系数分析，如表 5-95 所示，其显著性 P 值都为 0.000，表现出显著的相关性。

表 5-95　传者影响力与传播效果的相关性分析

		照片的点击观看次数	照片收藏人数
推荐语数量	Pearson 相关性	0.061**	0.112**
	显著性（双侧）	0.000	0.000
	N	10 414	10 414

**. 在 0.01 水平（双侧）上显著相关。

（八）传者扩散力与传播效果

从推荐语数量月均增长量考察传者扩散力，其值为传者推荐语数量除以该传者的注册以来的总月数。基于 10 414 个有效样本，对 Flickr 照片帖的传者扩散力与其被点击观看次数、被收藏人次进行 Pearson 相关系数的分析显示,在表 5-96 中,月均推荐语数量与后两者都存在显著的关联,其相关系数的 P 值均为 0.000,低于 0.01 的水平。月均推荐语数量与照片收藏人数的相关系数为 0.135,与照片点击观看次数的相关系数为 0.072。这两个相关系数的值都不高。

表 5-96　月均推荐语数量与传播效果的相关性分析

		照片的点击观看次数	照片收藏人数
月均推荐语数量	Pearson 相关性	0.072**	0.135**
	显著性(双侧)	0.000	0.000
	N	10 414	10 414

**. 在 0.01 水平(双侧)上显著相关。

(九) 传者活跃度与传播效果

传者活跃度用发布相片数、日均发布相片数来表示。每个帖子对应一个传者,抓取传者的发布相片数量进行分析。如表 5-97 所示,在剔除缺失值或无效值之后的 10 414 个有效样本中,对其传者剔除重复,在剩下的 976 个不同传者中其发布相片总数均值为 11 602,均值标准误为 5 679,中值为 869.5,众数为 58,最大值为 5 328 417,25 百分位数和 75 百分位数分别为 243.25 和 3 611.25;月均发布相片数平均为 470,均值标准误为 333,中值为 21,极大值为 313 436。

表 5-97　传者发布相片数与月均发布相片数统计量

		发布相片数	月均发布相片数
N	有效	944	944
	缺失	32	32
均值		11 602.09	470.034
均值的标准误		5 678.844	332.753
中值		869.50	21.00
众数		58[a]	1[a]
极小值		0	0
极大值		5 328 417	313 436
百分位数	25	243.25	8.00
	50	869.50	21.00
	75	3 611.25	66.00

a. 存在多个众数,显示最小值。

对照片传者的发布相片数、月均发布相片数,与照片的点击观看次数、收藏人次分别进行 Pearson 相关系数的分析,结果如表 5-98 所示。总体上,虽然相关系数具有显著性,但相关性很微弱。可以说,传者的历史发帖数量和发帖活跃度对于其帖子的传播效果并无有效关联。

表 5-98 传者活跃度与传播效果的相关性分析

		照片的点击观看次数	照片收藏人数
发布相片数	Pearson 相关性	−0.096**	−0.066**
	显著性(双侧)	0.000	0.000
	N	10 414	10 414
月均发布相片数	Pearson 相关性	−0.096**	−0.066**
	显著性(双侧)	0.000	0.000
	N	10 414	10 414

**.在 0.01 水平(双侧)上显著相关。

(十)传者互动性与传播效果

传者互动性包括传者喜欢的其他会员相片数、传者追踪数、群组数、博览馆数、推荐语数量。表 5-99 中的统计结果显示,剔除重复之后的 976 个传者:喜欢其他会员的相片数平均为 3 112,大大高于中值乃至 75 百分位数,少部分的极大值对平均数的影响很大;传者正在追踪数平均为 405 个,也大大高于中值和 75 百分位数,受到少部分极端值的重要影响;传者的群组数平均为 21.5 个,博览馆数平均为 1.84 个;推荐语数量平均仅为 0.45 条。

表 5-99 传者互动性统计量

		传者喜欢其他会员的相片数	传者正在追踪数	群组数	博览馆数
N	有效	976	944	976	976
	缺失	0	32	0	0
均值		3 112.38	404.63	21.50	1.84
均值的标准误		943.903	48.988	0.722	0.557
中值		15.00	30.50	10.00	0.00
众数		0	0	0	0
极小值		0	0	0	0
极大值		762 401	22 493	50	447

(续表)

		传者喜欢其他会员的相片数	传者正在追踪数	群组数	博览馆数
百分位数	25	0.00	3.00	0.00	0.00
	50	15.00	30.50	10.00	0.00
	75	175.50	210.50	50.00	0.00

表5-100中的相关分析显示,就照片的点击观看次数而言,网络的社交主动性是具有显著相关的因素,传者主动关注他人、主动关注他人照片都是积极的正向因子;群组数、博览馆数虽然有关系,但相关系数很低。就照片的被收藏人数而言,传者的互动性的作用更为明显,传者喜欢其他会员的相片数与传者自身的照片被收藏人数,其相关系数为0.44,是五种互动性指标中最高的;传者正在追踪数与传者照片被收藏人数之间的相关系数为0.272;群组数、博览馆数也与照片收藏人数有一定的关联。这说明,对于传播效果的提升,需要增强传者的网络互动性、社交媒体上的主动性。

表5-100 传者互动性与传播效果的相关性分析

		照片的点击观看次数	照片收藏人数
传者喜欢其他会员的相片数	Pearson相关性	0.158**	0.440**
	显著性(双侧)	0.000	0.000
	N	10 490	10 490
传者正在追踪数	Pearson相关性	0.233**	0.272**
	显著性(双侧)	0.000	0.000
	N	10 414	10 414
群组数	Pearson相关性	0.046**	0.107**
	显著性(双侧)	0.000	0.000
	N	10 490	10 490
博览馆数	Pearson相关性	0.064**	0.117**
	显著性(双侧)	0.000	0.000
	N	10 490	10 490

**. 在0.01水平(双侧)上显著相关。

(十一) 传者详实度与传播效果

传者详实度用传者在Flickr的自我说明资料的丰富程度来反映。表5-101中,在剔除重复之后的976个传者中,其个人自我介绍平均长度为407.84个字符,标签语平均长度为 9.43 字符。

表 5-101　传者自我说明资料统计量

		个人自我介绍说明的字符串长度	传者名称下的标签语字符串长度
N	有效	976	976
	缺失	0	0
均值		407.84	9.43
均值的标准误		60.952	0.283
中值		0.00	9.00
众数		0	0
极小值		0	0
极大值		32 477	50
百分位数	25	0.00	0.00
	50	0.00	9.00
	75	311.75	14.00

表 5-102 中,个人自我介绍长度和照片点击观看次数之间存在着一定程度的相关性,Pearson 相关系数为 0.12;和照片收藏人数之间则没有相关性,其双侧显著性值为 0.666。传者的标签语长度和照片点击观看次数也存在一定的相关性,其 Pearson 相关系数为 0.131;和照片收藏人数之间也缺乏足够的相关性,Pearson 相关系数虽然显著,但是其相关系数值仅有 0.053。总体来看,个人介绍资料的丰富度和照片被点击观看的效果之间存在着一定的相关,和照片被收藏效果之间则关系很微弱甚至可忽略。

表 5-102　传者详实度与传播效果的相关性分析

		照片的点击观看次数	照片收藏人数
个人自我介绍说明的字符串长度	Pearson 相关性	0.120**	0.004
	显著性(双侧)	0.000	0.666
	N	10 490	10 490
传者名称下的标签语字符串长度	Pearson 相关性	0.131**	0.053**
	显著性(双侧)	0.000	0.000
	N	10 490	10 490

**. 在 0.01 水平(双侧)上显著相关。

自媒体平台上,"人人都是麦克风",这也难免传者身份和社会特征信息的虚拟性。有无详实的社会特征信息,是否对传播效果有影响?本研究对采集的样本,剔除重复样本之后有 976 个传者,其中有家乡信息的为 268 个,有目前居住地信息的为 350 个。

表 5-103　有无家乡信息和目前居住地信息统计量

		有无家乡信息	有无目前居住地信息
N	有效	976	976
	缺失	0	0
	有	268	350

有传者家乡信息的照片帖,点击观看次数平均为 707.84 次,大大高于无传者家乡信息的均值,后者为 357.36 次;有传者家乡信息的帖子,其被收藏人数平均为 5.21 人,也大大高于无传者家乡信息的 1.14 人。经 t 检验(表 5-104、表 5-105),有传者家乡信息的帖子其传播效果显著优于无传者家乡信息的帖子。

表 5-104　按组统计的基本描述统计量

	组统计量				
	有无家乡信息-有 0 有 1	N	均值	标准差	均值的标准误
照片的点击观看次数	0	8 023	357.36	1 479.869	16.522
	1	2 467	707.84	3 174.616	63.916
照片收藏人数	0	8 023	1.14	10.48	0.117
	1	2 467	5.21	37.846	0.762

表 5-105　独立样本检验

		方差方程的 Levene 检验		均值方程的 t 检验						
		F	Sig.	t	df	Sig.(双侧)	均值差值	标准误差值	差分的 95% 置信区间	
									下限	上限
照片的点击观看次数	假设方差相等	148.355	0.000	−7.570	10 488	0.000	−350.478	46.300	−441.235	−259.722
	假设方差不相等			−5.309	2 802.712	0.000	−350.478	66.016	−479.924	−221.032

（续表）

		方差方程的 Levene 检验		均值方程的 t 检验					差分的 95% 置信区间	
		F	Sig.	t	df	Sig.（双侧）	均值差值	标准误差值	下限	上限
照片收藏人数	假设方差相等	202.171	0.000	−8.603	10 488	0.000	−4.063	0.472	−4.988	−3.137
	假设方差不相等			−5.270	2 583.221	0.000	−4.063	0.771	−5.574	−2.551

有当前居住地信息的，其照片点击观看次数、照片收藏人数也都明显要好于无当前居住地信息的。

表 5-106　按组统计的基本描述统计量

	有无目前居住地信息-无 0 有 1	N	均值	标准差	均值的标准误
照片的点击观看次数	0	6 447	320.81	1 447.151	18.023
	1	4 043	629.49	2 674.702	42.065
照片收藏人数	0	6 447	0.92	10.713	0.133
	1	4 043	3.97	30.179	0.475

表 5-107　独立样本检验

		方差方程的 Levene 检验		均值方程的 t 检验				
		F	Sig.	t	df	Sig.（双侧）	均值差值	标准误差值
照片的点击观看次数	假设方差相等	151.520	0.000	−7.651	10 488	0.000	−308.678	40.344
	假设方差不相等			−6.745	5 545.090	0.000	−308.678	45.764
照片收藏人数	假设方差相等	149.902	0.000	−7.403	10 488	0.000	−3.049	0.412
	假设方差不相等			−6.185	4 687.756	0.000	−3.049	0.493

在其他的网络互动性上，976 个不重复的传者中，显示有网站信息的为 62 个。传者有无网站在照片被点击观看次数方面：有自身网站信息的传者其照片点击观看平均次数为 577 次，而无自身网站信息的传者其照片点击观看次数平均为 416 次。独立样本 t 检验显示（表 5-108），有或无网站的传者，其差异显著性（双侧）为 0.007，低于通常的 0.05 或 0.01 的标准，具有显著的差异性。但是传者有无网站，

和照片被收藏人数之间并无关联,也没有显著差异。

表 5-108 对有无网站信息进行的独立样本检验

	有无网站信息-无0有1	N	均值	标准差	均值的标准误
照片的点击观看次数	0	8 952	416.20	1 985.412	20.984
	1	1 538	577.03	2 184.603	55.705
照片收藏人数	0	8 952	2.11	21.420	0.226
	1	1 538	2.02	14.820	0.378

表 5-109 独立样本检验

		方差方程的 Levene 检验		均值方程的 t 检验						
		F	Sig.	t	df	Sig.（双侧）	均值差值	标准误差值	差分的 95% 置信区间	
									下限	上限
照片的点击观看次数	假设方差相等	11.051	0.001	−2.890	10 488	0.004	−160.830	55.642	−269.900	−51.761
	假设方差不相等			−2.702	1 997.255	0.007	−160.830	59.526	−277.570	−44.090
照片收藏人数	假设方差相等	2.963	0.085	−0.158	10 488	0.874	0.090	0.568	−1.024	1.204
	假设方差不相等			0.204	2 776.786	0.838	0.090	0.441	−0.774	0.954

（十二）传者持续度与传播效果

传者持续度表示传者在 Flickr 上活动的时间跨度长短,用其 Flickr 账号的注册总月数来反映,具体跨度为从注册时间截止到采集时间。对于剔除重复后的 976 个传者,统计结果如表 5-110 所示。

表 5-110 传者注册总月数(从注册到采集年月)统计量

N	有效	944
	缺失	32
均值		56.76
均值的标准误		1.240
中值		53.00

(续表)

众数		11
极小值		1
极大值		140
百分位数	25	20.00
	50	53.00
	75	91.00

对于传者持续度和传播效果之间的相关分析结果如表 5-111 所示,传播效果和传者持续度之间几乎没有关系:传者持续度和照片点击观看次数之间的相关系数仅为 0.04;传者持续度和照片收藏人数的相关系数仅为 0.019,而其显著性也不低于 0.5。可以认为,这是极为微弱的相关关系。

表 5-111　传者持续度与传播效果的相关性分析

	相关性		
		照片的点击观看次数	照片收藏人数
传者注册总月数 (从注册到采集年月)	Pearson 相关性	0.040**	0.019*
	显著性(双侧)	0.000	0.050
	N	10 416	10 416

**.在 0.01 水平(双侧)上显著相关。
*.在 0.05 水平(双侧)上显著相关。

六　小结

对于中国文化在 Twitter 的传播,经实证分析和检验,主要结论有:(1)在内容类型层面,Twitter 中经济/商务类和国际类、风俗-节日类等内容的传播效果较好,但是总体来看不同类型的内容其差异并不显著。(2)在内容丰富度层面,Twitter 作为一种篇幅很短的微博媒体,其帖子的篇幅长短与传播效果缺乏关联。(3)在传播形式层面,推文中有无超链接不影响传播效果,而有无标签词则对传播效果会产生轻度的负面影响。(4)帖子的传播持续度对传播效果之间缺乏显著关联。(5)在传者影响力层面,传者是否被收藏或被喜欢对其帖子的传播效果并无作用,但是传者的粉丝数是影响到传播效果的显著因素。中国文化的国际传播仍需借助和倚靠"意见领袖"的力量,它们具有广阔的受众接触面和影响力,是中国文化对外传播的很好中间力量和"二次传播"渠道。(6)在传者活跃度层面,传者发布推文的活跃度对传播效果并无影响,但是发布照片和视频的数量、速率则有微弱程度的影响,这提示着在推特中也要重视图像和视频等多媒体的内容形态。(7)在传者互动性层面,传者主动关注他人、与他人交互并不能带来帖子传播效果的提升,Twitter 的话语权结构中影响力可以说仍然掌握在被关注的中心式传者中,而不是对他人进行关注的互动式主体中。(8)在传者详实度层面,传者的自我说明详实程度以及网页、地址等个人信息的标注对传播效果都无显著影响。(9)传者持续度与传播效果之间虽然有关联,但这种相关性很微弱,传者的时间"积淀"对于其传播效果的影响近乎可以忽略。

对于中国文化在 Google＋的传播,具体的研究结论有:(1)在内容类型层面,Google＋中较为小众和知识化的狭义文化艺术类、自然-环境/生态类的内容具有更高的传播效果,而总体上看各类型之间的差异不大。(2)内容丰富度与传播效果之间缺乏关联。(3)内容话题度与帖子的帖子的被点赞人次、被分享人次尽管具有显著的关联,但相关系数的值都很低。(4)传播形式中,超链接、标签词的运用对于传播效果都无显著作用。(5)传播持续度和帖子的传播效果之间缺乏关联性。(6)传者影响力中,传者的页面被查看次数和传播效果存在显著和重要的关联,传者的关注者(粉丝)数量和传播效果也存在显著关联但相关系数较低。(7)传者互动性和传播效果缺乏关联。(8)传者详实度层面,传者自我说明的篇幅以及网址、地址等个人信息的标注,对于传播效果都无显著影响。

对于中国文化在 YouTube 经由视频帖的传播,经实证分析和检验,内容丰富度、内容倾向性、内容话题度、内容类型、传者影响力、传者扩散力与这些视频的传播效果具有显著的相关性。具体而言:(1)在内容类型层面上,尽管不同类型的内容未表现出统计学意义上严格的显著性差异,但仍有部分类型的内容值得关注。其中饮食类、科技-医疗/卫生/健康-国防/军事类、风俗-节日类的内容具有较为领先的被点击频数。(2)在内容丰富度层面上,视频时长、视频的标题长度与视频帖的传播效果没有显著关系,而视频的文字说明篇幅则与传播效果之间存在显著的正相关。这对我国在 YouTube 等领域中国际传播实践的启示是,并不需要追求"大而长"的视频,但是相关说明文字的篇幅仍需详实和丰富。尽管进入"视觉文化"时代,但文字的重要性仍然不可忽视。(3)在内容倾向性层面上,点踩数和点赞数是关系到视频点击量的显著因素,而点赞数/点踩数则与点击量之间没有关系。这对于我国传播实践的启示是,需要加强在对外传播中的情感性和倾向性,不要避讳一些带有强烈情感色彩或价值偏向的内容,过于客观、中立的内容不易得到反馈和取得好的传播效果。(4)在内容话题度层面上,帖子所引起的评论数量与被点击观看次数具有正相关。这对于传播实践的启示是,要加强对于"议题"的敏感和把握,针对国际受众所关心的话题进行传播,往往能取得强烈反馈,达到事半功倍的传播效果。(5)在传者影响力层面上,传者的订阅者数量是对于传播效果具有显著意义的因子;传者的被观看总次数与帖子的被点击观看数之间尽管具有相关性,但前者作为自变量对后者作为因变量的线性回归模型并不充分。(6)在传者扩散力层面上,传者的订阅者数量日均增长量以及日均被观看次数都与传播效果正相关。有很好的扩散力的传者同样是我国文化国际传播需要重视的力量。(7)传者的资料丰富度体现着其在社交媒体空间中的传达意愿和可沟通性,越丰富的资料则越易于让受众了解传者。研究显示,尽管在有说明文字的传者中,其自我说明部分的篇幅长短与传播效果基本没有关系,但没有自我说明和有自我说明的传者之间其传播效果存在着重大和显著的差异。这要求我们在传播中注重自身资料和信息的主动传达,提供必要的自我情况说明和介绍,打造一个易于接近和了解的传者形象。(8)传播持续度和传者持续度与传播效果虽有关联,但作用较为微弱;这对于我国在新媒体领域"后发赶超"西方发达国家的"先发优势",争夺和重塑国际新媒体空间中的话语权提供了一定的依据和支撑。

对于中国文化在 Flickr 的传播,基于实证分析的具体结论主要有:(1)内容类型层面,民族-宗教类、旅游类、经济/商务类在 Flickr 的传播效果较佳,但是总体上不同类型的内容其差异不显著。(2)进入读图时代,尽管"图像时代"的"视觉文化的转向"[1]深刻影响着媒介信息流动中的作用机理,但文字内容依然重要。照片帖的说明文字丰富程度,尽管它未必决定着帖子的内容质量以及内容认同效果,但与照片的被观看次数有显著的相关性。中国文化在自媒体的图像传播,依然需要重视文字传播的力量。(3)中国文化在图片自媒体的传播效果提升,需要增强对恰当"议题"的设置和反应敏感度。增强帖子的话题性,有助于增强其信息传播的认知效果以及内容被喜欢和收藏的认同效果。(4)Flickr 传播中,无论是帖子内容本身亦或传者都不存在"先发优势"或历史积淀性,这也为媒介发展中的国家和地区进行"后发赶超"提供了有利的基础。(5)传者的影响力及其扩散力,与帖子的传播效果之间存在显著关联。(6)传者的内容生产、发布的规模和频率,并非越活跃就越好,它和传播效果之间基本没有关联。(7)有良好传播效果的图像自媒体传者,并非只是被动接受关注、被网民进行"四十五度角仰视"的"高冷"意见领袖。传者

---

[1] 周宪.视觉文化的转向[M].北京:北京大学出版社,2008.

的主动性以及与其他用户积极的互动性,与传播效果之间的关联是显著的,包括主动关注他人、主动对他人发布的照片表示喜欢和收藏、参与群组等。(8)传者对自身作必要的个人说明,尽管不能显著改善其内容的吸引力和被收藏效果,但是可以一定程度上提升其被点击观看的传播效果。社交媒体中的传者要有意识地降低网络平台中的虚拟性和不确定性,对自身社会特征的呈现尽管不是越多越好,但做出必要的展示和明确仍有助于提升帖子传播效果。(9)传者在 Flickr 平台的活动开始并非越久远越好,传者持续度对传播效果只有微弱的影响。

对几种样本媒体的分析中,把在 0.05 的显著性水平上缺乏统计显著性的视为无关联或无影响;把符合 0.05 的显著性水平,并且若存在 Pearson 相关系数则其相关系数的值不小于 0.1 的视为有关联;把显著性虽然符合要求但是相关系数过低(在−0.1 到 0.1 之内)的视为微弱相关;若数据暂缺则用"—"表示。各项指标与传播效果的关联性汇总如下。

表 5-112 各因素与传播效果的关联性

	内容类型	内容丰富度	内容话题度	传播形式	传播持续度	传者影响力	传者扩散力	传者活跃度	传者互动性	传者详实度	传者持续度
Twitter	无	微弱	—	有	无	有	有	微弱	无	无	微弱
Google+	无	无	微弱	无	无	有	—	有	有	无	—
YouTube	无	微弱	有	有	微弱	有	有	—	—	有	微弱
Flickr	无	有	有	有	微弱	有	有	微弱	有	有	微弱

最后得到的结果和启示主要有:(1)在几种社交媒体中,与传播效果的关联最为主要的是传者因素,包括传者的影响力以及扩散力。在此意义上,中国文化的对外传播必须充分重视和发挥好中外社交媒体意见领袖的作用,利用他们的传者影响力和扩散力做好一次传播、二次传播乃至多级传播。(2)传者互动性在部分媒介类型中具有显著作用,但一部分媒介中并未表现出传者互动性的作用。需要针对实际媒介类型的不同,采取合适的积极互动策略。而传者自身资料的详实度在多数情况下是没有作用或作用微弱。(3)在内容的层面,内容的类型以及丰富性对于传播效果并无一致的强关联,甚至内容类型没有表现出在传播效果上的差异,但是内容的话题度及其对"议程"的把握能力仍是和传播效果有关联的。中国在对外文化传播中需要掌握好敏感的议程,以更好地提升公众的反馈和实现传播效果。我国的对外文化传播也需在内容上分类处理和应对,重点针对帖子数量少、传播效果

佳的那部分类型的内容,强化文化"走出去";对于传播帖子较多、传播效果尚可的那部分类型,保持一定的重视;对于传播效果差的部分类型,则可以避免多做无用功。(4)尽管有些传播形式的差异并不会带来效果的变化,但必要的传播形式仍是有益的,例如帖子关键词的设置等。在不同的社交平台可以采取不同的传播环节及形式,促进中国文化的传播。(5)传播的时间跨度,包括内容和传者的持续度在几种媒体中都显现出虽然有一定的正相关,但这种相关性很微弱,近乎可以忽视其作用力。这给我们的启示是,社交媒体作为一种新型媒介话语竞争场域,先发积淀并不会对后来者形成重大的阻碍,也有助于中国加大追赶步伐,在社交媒体中加强自身的话语权。总体来说,基于实证分析的结果可为我国在新语境下的对外传播和文化走出去提供优化支撑。我国需要做好社交媒体时代的文化传播,增强中国的媒介竞争力与文化软实力。

第六章
结　语

 总结

社交媒体正在崛起为一种强势的媒介形态和传播文化,在全球范围内产生着日益深刻的影响作用。文化内容传播是社交媒体文化及其影响力生成中具有主要性和关键性的构成因素,是我国网络文化建设、文化传播发展面临的战略问题和重点领域。本书从中国文化在国际社交媒体传播中的传者、内容、受众、效果的不同层面探讨其运行和传播特征。

(一)传者层面

国外传者仍然是关于中国文化的具有主导性的社交媒体发声源,其中美、英国传者数量在各国中具有一定优势。Twitter 样本中来自中国的传者占 10.4%,国外传者占 69%,国家归属不详的占 20.6%;Google+样本中,国内传者占 6.8%,国外传者占 33%,国家归属不详的占 60.3%;YouTube 样本中,中国传者占 23%,国外传者占 71%,国家归属情况不详的占 6%。Flickr 样本中,中国传者占 22%,国外传者占 77%。这也提示着,中国的对外文化传播迫切需要提高自己的本土声音,避免关于中国文化的话语形象和话语权被国外甚或少数西方发达国家所主导。

虽然部分媒体中组织机构占有一定的比重,但传者仍以个体为主要力量。例如 Google+的传者中,属于个人的占 35.8%,属于组织机构的占 16.3%,其余的为情况不详;YouTube 中传播主体为个人的占 61%,为组织机构的占 35%,有 4%的主体情况不详;Flickr 中传者为个体的占 56.5%,明确标示为组织机构的仅占 3%,情况不详的占 40.5%。我国需要重视个体传者在社交媒体中的作用,

但另一方面这也显示出对于组织机构型传者的传播作用挖掘的不足及其潜能。

在个体类型的传者中,传媒人员、知识群体和专业技术人员都占有主要的地位。Twitter 的个体传者中,以传媒从业人员和教师或学者、专业技术人员以及经商管理层人物居多。Google＋的个体传者中,以专业技术人员、企事业单位职员/办事人员、教师或学者为多。YouTube 的个体传者中,以传媒从业人员、自由职业者、教师或学者所占比重为多。Flickr 的个体传者中,占比多的有传媒从业人员、专业技术人员、企事业单位职员和办事人员、自由职业者以及教师或学者。这些传媒人员和知识、技术阶层一般处于社会的中间阶层,具有行业领域独特的技能,知识储备量相对较高。对于这些传者,中国需要加强针对性的重视和引导,使得他们更好地发挥作用。

在组织类型的传者中,本身拥有众多传播渠道的大众媒体是中国文化在国际社交媒体发声的主要力量,企业也是重要的传播者,各类各级的学校和教育机构在其中也具有一定程度的重要性。Twitter 上的组织机构传者主要有大众媒体和文化企业、文化类的非政府组织和社会团体、非文化类的组织机构和社会团体,政府部门基本没有涉及。Google＋中占比最多的是非文化类的企业、大众媒体和专门的语言培训机构。YouTube 中占比最多的是大众媒体、文化企业以及学校、非文化类的企业。Flickr 中的组织机构传者以学校和政府部门居多。对于中国的对外文化传播战略而言,注重大众媒体的社交媒体发声是应有之义,与此同时,企业、教育机构也起着必要及至不可或缺的作用。

从传者关注的信息主题类型来看,新闻媒体类、经济/商务类领域具有普遍的重要性;文化艺术类、教育类以及关于个体的体验和生活经验,也是中国文化传播主体中不可忽视的类型。

从传者在社交媒体的活跃程度和互动效能来看,国内传者仍然与国外传者有一定差距,需要继续弥补和缩小差距;组织机构显现出比个体更好的传播活力与效果,是值得倚重和加大发展力度的传播主体,其中大众媒体在国际社交平台的传播更需着重加强,企业的跨国传播也值得重视;传媒从业人员、专业技术人员、教师和学者等具有一定的知识和文化素养的群体是中国文化在国际社交媒体传播中具有相当活性的重要力量,对其需加大引导力度。

(二) 内容层面

就高频热词的呈现与议题指向而言,饮食类的议题具有广泛的讨论和呈现,在各种媒体都是传播的最热门话题;其次是文化艺术、教育、国际、地方和区域、历史、个人生活与情感的议题,除了个别媒体之外,几乎覆盖了所有种类媒体的最热门议题;再次一级的是经济/商务、旅游、语言、节日议题,它们也在多种社交媒体的人们议题中具有良好的覆盖性;具有很大的特色性和差异性的则是宗教、民族、国防/军事、科技、自然、环境/生态、时尚/设计、植物/农林、休闲/游戏类的议题,它们只在少数社交媒体的热门议题中得到讨论和传播;另有一些通常认为比较重要也较具有敏感度,但是在这些社交媒体中并未得到高频呈现的议题,例如社会/民生、司法、医疗/卫生/健康等类型。

从共词聚类的内容类型分析得出,中国文化在国际社交媒体的传播中,教育、艺术、科技、军事等泛文化与软文化类,社会、政治与生活等日常文化类是得到广泛呈现的主要类型。与周边国家和地区的文化关系也是传播的重要方面,例如韩、日等东亚邻国,印度、尼泊尔、柬埔寨等南亚邻国。我国边陲与少数民族文化也是另一个不可忽视的主题,西藏、贵州等都属于这个方面。其他媒体常见的一些中国文化元素如长城、功夫等在社交媒体并不具有很高的呈现规模、呈现强度或关联强度;中国传统思想文化等传统文化元素在国际社交媒体被传播的程度和它的典型意义也并未足够匹配。

基于随机样本的内容分析得出,几种具有代表性的社交媒体在不同内容类型的传播和分布上各有差异,但也具有一些共性的要素。文化艺术类、影视/流行/娱乐文化类、旅游类、国际类、经济/商务类的内容在多种媒体中都有广泛的表达和传播;历史类、政治类、饮食类也有在多种媒体中的良好覆盖性。涉及我国民族/宗教、自然和环境/生态、科技/体育/医疗卫生、时尚和休闲等方面的内容在国外主流社交媒体也出现的较少,反映出我国在文化软实力的建构方面的单薄和欠缺之处。文化传播仍需更为全面和立体化的建构,使得在一些薄弱环节出现更多的中国声音。

不同的社交媒体在其关于中国文化的主要传播内容中呈现出各自的特点倾向与侧重,例如 Twitter 的呈现具有较强的时政和国际敏感性,也与中外之间的文化关系具有较强关联;YouTube 上中国的历史文化、传统文化出现较多,涉及艺术、文学、音乐、社会生活的诸多方面;Tumblr 的呈现与中国的现当代文化要素具有较为紧密的关联;Google+中艺术文化具有与其他媒体相比更显著的中心性,政治化、历史化内容则相对较低;Flickr 的突出特征是其空间化和地理化的文化呈现,这与它的图像传播的手段是具有内在约束性和吻合性的;Reddit 中纯粹的文化、艺术内容偏于弱化,而更突出文化内容的时政性和国家政治内涵。这需要针对不同的媒体,实施差异化的内容选择和传播策略。

（三）受众和接受层面

受众的国家分布，呈现欧美发达国家和东南亚近邻两大重点区域。欧美发达国家的受众中，以美国和英国最为主要，它们也是中国文化在国际社交媒体中最重要的受众国家。这和其很高的社交媒体使用率也有关系。而在亚洲近邻中，印度、日本、马来西亚、印尼、菲律宾、韩国、泰国也是不可忽视的重要受众区域。

受众的区域传受结构上，美国、英国、加拿大、西欧其他发达国家对受众区域具有较强和较为广泛的覆盖规模。马来西亚、菲律宾、新加坡、印尼是中国在南亚和东南亚地区的主要近邻，从社交媒体的传受关系上显示它们是与美国走的比较近的国家。另一方面，亚洲近邻国家如新加坡、印尼、马来西亚、韩国等国也是中国文化国际传播的重要中间角色，它们与亚洲、美洲、欧洲以及加拿大的受众都形成广泛覆盖，而这些受众国是中国传播源指向和覆盖比较少的。特别是菲律宾、泰国、马来西亚等近邻传播源与国际上的欧洲发达国家以及澳洲、美洲等地区有较强的关联，高于中国在这些地区的传播，同时它们与中国同处东亚或亚太文化圈，对中国文化具有更近的接触和更多的了解，是针对中国本土传播源的受众覆盖不足而值得倚重、挖掘的力量。

从内容与受众的接受关系来看，风俗类、民族类、政治类等类型的中国文化内容，其受众在多数媒体都表现出较高的活跃度、互动性或影响力，是社交媒体中最具有活性的部分，也是需要加大挖掘和争取的受众群体。这些类型的内容具有较强的公共领域和公共议题性，更加需要注重对其受众引导的难度和重要性。节日类、旅游类、自然类、医疗/卫生/健康类、文化艺术类、历史类等内容类型，其受众在接受信息的过程中，活跃性和互动性、影响力总体上不如前几类受众。

从传受关系的话语结构来看，中国文化在国际社交媒体的传播中存在着传者和受众之间的层级对称性趋同和趋近的"话语圈层"现象。中国文化在国际社交媒体传播中的传受关系并不是发散和非对称的，而是存在着一种话语的圈层结构，这些圈层看似界限松散、交互自由，但是层级更倾向于其相同或相近层级的交流、传播。从社交媒体中的活跃度、互动性、影响力来考察用户的话语层级，那么传者的层级与其吸引什么层级的受众密切相关；同时，受众也更倾向于对与自己线上活跃度、互动性、影响力相近层级的传者进行信息反馈和传播反馈，形成有效传播通路。中国在国际社交媒体中的传播需充分重视传受关系中的"话语圈层"效应和机制，以及在这种交互语境下的信息流动有效性及其传播约束。

(四) 传播效果

传播效果呈现出很大的不均衡性与长尾特征,中值低于平均值的差距较大;少数帖子具有较为理想的效果,但大多数帖子的影响和反馈热度处于低水平。

在几种社交媒体中,与传播效果的关联最为主要的是传者因素,包括传者的影响力以及扩散力。在此意义上,中国文化的对外传播必须充分重视和发挥好中外社交媒体意见领袖的作用,利用他们的传者影响力和扩散力做好一次传播、二次传播乃至多级传播。

传者互动性在部分媒介类型中具有显著作用,但一部分媒介中并未表现出传者互动性的作用。需要针对实际媒介类型的不同,采取合适的积极互动策略。而传者自身资料的详实度在多数情况下是没有作用或作用微弱的。

在内容的层面,内容的类型以及丰富性对于传播效果并无一致的强关联,但是内容的话题度及其对"议程"的把握能力仍是和传播效果有关联的。中国在对外文化传播中需要掌握好敏感的议程,针对不同媒体的特点针对性的,更好地提升公众的反馈和实现传播效果。例如在 Twitter 中重视经济/商务类和国际类、风俗-节日类等内容的传播;在 Google+ 中加大文化艺术类、自然类、环境/生态类内容的传播;在 YouTube 中注重饮食、科技、国防/军事、风俗、节日等类型内容的传播;在 Flickr 中注重民族、宗教、旅游、经济/商务类的传播。我国对外文化传播需在内容上加强分类处理和应对,重点针对帖子数量少、传播效果佳的那部分类型的内容,强化文化"走出去";对于传播帖子较多、传播效果尚可的那部分类型,保持一定的重视;对于传播效果差的部分类型,则可以避免多做无用功。

尽管有些传播形式的差异并不会带来效果的必然变化,但必要的传播形式仍是有益的,例如帖子关键词的设置等。在不同的社交平台可以采取不同的传播环节及形式,促进中国文化的传播。

传播的时间跨度,包括内容和传者的持续度在几种媒体中都显现出虽然有一定的正相关,但这种相关性很微弱,近乎可以忽视其作用力。这给我们的启示是,社交媒体作为一种新型媒介话语竞争场域,先发积淀并不会对后来者形成重大的阻碍,也有助于中国加大追赶步伐,在社交媒体中加强自身的话语权。

二 对策与建议

中国的国际传播能力和体系建设要正视与积极应对社交媒体时代带来的挑战

和机遇,加强社交媒体传播的战略规划与策略优化。这是改变当前中国社交媒体对外传播薄弱状态、推进我国现代传播体系建设的现实要求,是应对国际势力在新兴社交媒体领域进行传播渗透的现实诉求,也是在新媒体背景下提升我国国际传播能力和话语权、推动国际传播新秩序构建的战略需要。基于本书的实证考察与研究分析,提出如下建议。

(一)从国家传播战略层面,高度重视中国文化国际传播的社交媒体文化软实力战略。新型社交媒体对国际传播范式和文化生成传播方式带来深度渗透和冲击,成为许多国家高度重视和积极利用的传播新领域,显现出在全球信息文化传播中的显著效应与战略价值。社交媒体不仅是一种社会联系工具和信息传输媒介,还是一种新兴的文化载体和文化形态。当前中国对外社交媒体传播战略还处于薄弱状态,应用实践中的自发性和零散性较多,缺乏在国家网络战略层面的自觉整合和引导,在国际社交媒体领域的信息传播力和文化软实力亟待加强提高。例如,当前国际社交媒体中关于中国文化的发声仍以国外传者为主,其中美国、英国具有重要的话语权,而中国传者的活跃度、互动性和影响力较之国外传者还有差距。多数关于中国文化的帖子内容出自国外制作或视角,其语言、文化、心态等往往带着西方社会的烙印,优秀的本土内容由于语言差异以及语境背景等原因,在国际化的社交媒体公共领域中扩散力和影响程度都不够。加强中国在国际社交媒体的文化传播,有助于中国文化"走出去"机制创新发展、新媒介文化生成传播、社交媒体文化安全和国际社交媒体话语权的构建提升。新时期中国文化的传播要重视和强化在国际话语竞争语境下的"社交媒体文化"战略意识,深刻把握和发挥社交媒体文化传播在主体建设、媒介渠道、文化资源、内容形态等方面的特殊性,从基础层、主体层、供给层、内容层、渠道层、效果层加以综合构建和系统推进,为中国特色文化软实力发展与传播寻找新的增长维度。

(二)基于社交媒体的传播特质与交互特点,推动实施多元主体的中国文化传播动力机制。社交媒体不同于传统的电视、广播、报刊甚至政府网站、门户网站等媒体形式,其传播具有典型的交互性、人际性、公众性,社交媒体也具有更为鲜明的网络传播2.0的特点。社交媒体时代的对外传播和国际传播,要利用和顺应社交媒体的主体特征,引导、鼓励和开展传播主体丰富多元的传播动力格局。加强多种多样的独立机构、公益组织、社会团体对国际社交网络的入驻和信息发布互动,充分发挥NGO组织、公益机构、企业、意见领袖、公民等在社交媒体对外传播中的作用,改善政府和官方媒体在国际传播格局中的单一格局状态,在政府和官方话语难以有效到达和渗透的领域、对象发挥强有力作用,与传统媒体传播产生协同效应和多元话语整合效果,增强中国文化在国际传播中的议程设置、意见气候营造、文化引导和认同建构方面的影响实效,推进国际文化传播的体系、渠道与能力建设。

(三)从媒介形式拓展提升中国文化在社交媒体的传播力和软实力,构建现代国际传播新媒介体系。社交媒体呈现出多样化的发展趋势,既有 Twitter 等注重话题讨论和弱关系分享的社交媒体,也有 Facebook 等基于实际"强关系"的社会网络服务;既有 YouTube 等视频分享社交媒体,也有 Flickr 等图片分享社交媒体,以及其他各种社交媒体服务,它们具有不同的应用特点。社交媒体的发展体现出对多种媒体的融合,成为传播视频、图片、广播、MTV、文字的有力新平台。社交媒体中传播的各种短小精悍的文化对受众具有广泛而重要的影响,并且还处于快速发展的过程中,微电影、播客、拍客、MV 以及在线音乐、数字广播等与社交媒体都具有天然的契合度,社交媒体的分享、互动、人际传播功能也使得这些新兴文化内容的传播,具有不同于传统的门户网站、论坛等的文化特征与裂变效力。西方国家在国际传播中积极使用多样化的社交媒体,例如美国对博客、微博乃至 LBS 等新兴社交媒体服务的多元应用,提升国家的"双屏外交"、YouTube 公共外交、Twitter 文化外交的能力。社交媒体不仅仅是一种社会化的网络工具,它具有丰富的媒介潜能,我国的社交媒体软实力建设要针对不同社交媒体在内容倾向、受众特点方面的差异,注重其传播手段和媒介平台多元化建设,加强对人际关系型、知识文化型、视频分享型、生活信息型等不同社交媒体的覆盖,不断开掘拍客、播客、微电台、微电影、社交电视、社交游戏等社交媒体化的新传播形态在对外传播中的作用丰富国际社交媒体的内容供给体系,扩展在社交媒体空间中的传播阵地。

(四)加强对传者中企业主体和知识技术人群的引导,塑造优化中国文化在国际社交媒体中的"企业传播源"和"知识技术阶层意见领袖"。(1)根据本书对传者现状的实证考察,企业是在海外关于中国文化重要的传播主体,其重要性易于被低估。然而在这一领域,我国还缺乏很有效的引导、管理机制,中国企业在海外传播中国文化也多处于自发和零散的状态。对此,可以加以分类对待,一方面通过鼓励政策促进与文化相关联程度较高的文化企业,加大在社交媒体平台的传播力度;另一方面也要加强宣传和指导,促进非文化类的公司、企业明确起承担文化责任的观念,让其意识到它们在海外传播中国文化的重要作用,并加强有关外宣部门、外宣媒体与这些企业的公关合作。(2)根据对几种主流社交媒体的调查,传媒从业人员、专业技术人员、教师或学者都是个体传者中的重要构成,其活跃度也较高,他们具有较高的知识文化层次,在社会文化中具有中坚性。要改善对于这些新兴社交媒体意见阶层引导与合作的薄弱状态,加强对于这些重点领域人群的挖掘与利用。

探索媒体、政府外宣机构或社会组织与这些民间意见领袖的合作；通过多种灵活形式设立社交媒体中的意见领袖奖，例如社交网络的自媒体新闻奖、文化类奖项，对于具有公众认可度且符合中国文化传播需要的用户予以奖励；逐步建立完善与传媒人士、技术阶层、知识教育人士等人群在中国文化海外传播的重大事件和公共传播的沟通平台；促进我国传媒企业在国际社交媒体平台中与民间性或商业性专栏作者、拍客、播客的良性联动；设立各种民间形式、官方资助或半官方性的社交媒体意见领袖阶层的共同体或研究会等。

（五）探索实施"亚太亲邻"间接传播战略，针对中国直接对外传播在覆盖和影响力上的不足，优化面向国际受众的传播能效。本研究的实证分析得出，直接来自中国的传播源在面向全球各区域的受众还显得效力不足，美国、西欧主要国家的传播源仍占有主要地位；美国对亚洲和全球的中国文化传播都具有很强的辐射力，例如 Twitter 中菲律宾、马拉西亚、沙特、泰国、印尼等地相对比例最高的传者国家都是美国；而中国则在多数国家或区域的受众中，在关于中国文化的领域并未体现出作为首要或居于前列的传播来源的地位。然而在对区域间传受结构的分析中，菲律宾、印度、马来西亚、印尼、泰国、新加坡等亚太地区的国家，显现出对于美国、西欧乃至全球多个国家和地区的传播活跃性。例如 Google+ 中，菲律宾作为多个区域的传者来源相对比例最高的国家，显现出很高的活跃度，甚至超过了美国。从总体结构上看来，菲律宾、泰国、马来西亚等亚洲近邻在中国文化的国际传播中，与国际上的欧洲发达国家以及澳洲、美洲等地区有较强的关联，高于中国在这些地区的传播，而同时它们也具有和中华文化圈更为毗邻和更为熟悉的优势，是需要注意和值得倚重、挖掘的传播力量。与之相类似的还有法国、德国等国家和地区，它们也对中国文化具有较强的转达传播能力，同时中国对这些国家也有相对较好的社交媒体辐射能力。针对这些情况，中国在对外文化传播能力的建设中，可以选择若干对中国文化具有较好传播能力的"亚太近邻"乃至"国际亲善"国家区域进行重点传播，例如菲律宾、马来西亚、新加坡、法国等，加强社交媒体乃至多方位的文化纽带，在直接传播存在困难或影响效力不足的情况下，通过这些中间国家强化面向全球的文化传播。

（六）改善关于中国文化形象的传播结构，优化中国文化在国际社交媒体中的内容构成。其一，中国文化的国际传播中，我国悠久和优秀的传统文化确是一笔丰厚的资源和财富，但是对其过度的呈现和依赖会带来对于新的文化成就的遮蔽，因此要避免传统文化意象与现代中国形象之间的失衡。以 YouTube 上一个题为 *This is China* 的点击过百万、评论数万条的热门视频为例，它对中国的呈现主要还是故宫、布达拉宫、舞狮、琵琶、刀削面、饺子、太极拳、京剧等传统文化意象,而上海滩、鸟巢等现代意象只在长达八分钟的该片段中出现了最后几十秒,而且内容并不丰富。其二,针对一些重点负面文化领域,及时加强面向跨文化受众的引导。在社交媒体上,玉林狗肉节、西藏文化、雾霾和环保文化、饮食文化、体育伦理等诸多领域都产生着对中国不利的舆论生态,出现对国家文化形象的扭曲和丑化。例如,Twitter、Google+等平台都有大量对于玉林狗肉节的批判和遣责;YouTube 上关于中国烹饪蛇、老鼠等内容的视频都取得逾数百万次的观看量,相比之下《舌尖上的中国》等传播正面的中国饮食文化的内容其观看量和影响力都不如前者。针对性的纠偏和改善刻板印象,是中国文化国际传播需要解决的难点问题。其三,加强实施中国特色"社交化"文化内容工程,注重更多的文化精品在社交媒体的供给和呈现。社交媒体上对于中国的文化进行了多方面的记录和呈现,但是其中还是缺乏制作精良、内容经典、认同广泛的力作,不少都是生活化、日常化的碎片,而由国家或政府实力主导、投入高质量的人力物力、具有权威性和精品性的社交媒体内容更是缺乏。这种精品内容是必需的也是国际社会所需求的,我国优秀的影音节目、微电影、社交电视、微小说、图片摄影和拍客文化、新闻作品和自媒体内容需要更多地通过社交化平台走向世界。

(七)针对不同社交媒体的内容现状和特征,调整改善重点主题领域的议程结构与传播效果。其一,注重具有国际社交媒体议程效力的"泛文化"与"大文化"传播,加强饮食、教育、地方文化、建筑、节庆以及个体生活等内容的日常塑造,以日常文化形成对精英文化和经典文化的有力平衡,例如对于中国当代文化生活元素、百姓的娱玩器用行的平民化审视和融入,强化中国文化内容、文化价值在国际社会和国际受众中的接受与传播。其二,注重民族文化、科技文化、生态文化等具有重要性但是国外受众探讨和传播不够的重点领域,完善对外传播的内容生态。例如,关于我国科技文化的科学传播在社交媒体中仍然较为匮乏,科技作为一种广义上的文化成果和文明结晶,很大程度上体现着中国的文化竞争力与软实力。然而当前对于中国文化的传播中,对外展示的文化成就过于偏重历史、流行、娱乐等层面,关于科技的传播与中国作为一个文化大国的地位并不对称。在全球重视生态与绿色文明的背景下,中国在自然、环境/生态方面的内容传播仍然力度不足,不利于塑造中国的生态文明与对外展示负责任的、人与自然和谐发展的国家形象。其三,注重全球化语境下的文化交互性,妥善处理应对国家间的文化关系,加大与周边国家以及国际传播范围内的文化交往和互动,注重边陲地区和少数民族文化在国际公共领域的影响。其四,加大探索与深化"商务文化传播""旅游传播"等重点路径。根据实证调研结果,经济/商务类内容在多种社交媒体中都具有重要性,经济/商务类传者主题也具有较为普遍而凸显的作用。中国对外文化传播需要更好地联结经济/商务主题,把文化故事和文化元素融入于商业和经济生活领域进行传播,注重工商界成功人士和意见领袖的吸纳,加大对外的经济与商务元素的传播,在经济传播中深化文化影响。挖掘"旅游传播",加强对于国际媒体空间中的旅游目的地、旅游体验、旅游元素的展示,满足国际社交媒体参与者对于中国旅游的认知需求,塑造美丽中国的形象与魅力。

参考文献

1. 安珊珊.公共性的衰落:网络舆论中的互动参与及影响[M].北京:中国社会科学出版社,2013.
2. 白晓婷.分众理论下的"圈层受众"理论及其研究[J].西部广播电视,2015(17):35.
3. 包雪琳,刘昶.试论公共外交的针对性和人文指向——以美、英、法驻华使馆的"微博外交"为例[J].现代传播(中国传媒大学学报),2012,34(06):145-146.
4. 鲍立泉.技术视野下媒介融合的历史与未来[M].武汉:华中科技大学出版社,2013.
5. 北京外国语大学公共外交研究中心.中国公共外交研究报告[M].北京:时事出版社,2012.
6. 毕研韬,王金岭.战略传播纲要[M].北京:国家行政学院出版社,2011.
7. 蔡帼芬.国际传播与对外宣传[M].北京广播学院出版社,2000.
8. 蔡胜龙,范以锦.微博给传统媒体带来的不仅仅是挑战[J].新闻传播,2011(03):16-18+1.
9. 蔡雯."全媒体战略"中的内容生产创新——对新形势下传统媒体转型的思考[J].新闻战线,2013(01):86-88.
10. 曹博林.社交媒体:概念、发展历程、特征与未来——兼谈当下对社交媒体认识的模糊之处[J].湖南广播电视大学学报,2011(03):65-69.
11. 曾芸.新媒体视角下非物质文化遗产发展研究[J].传媒观察,2010(08):42-44.
12. 查尔斯·赖特·米尔斯.权力精英[M].王崑,许荣,译.南京:南京大学出版社,2004.
13. 常江,文家宝.社交媒体环境下的电视传播模式及其社会影响[J].新闻与写作,2013(12):25-28.
14. 陈昌凤,陈之琰.社交媒体融汇2.0新闻业[J].新闻实践,2011(01):54-56.
15. 陈娟.微博以及报刊的若干"玩法"——当下传统媒体转型的一个视角[J].新闻记者,2010(03):64-67.
16. 陈立敏.微博与传统媒体关系探微[J].新闻爱好者,2011(06):8-9.
17. 陈柳桐.传统媒体与社交网络服务的融合[J].新闻世界,2011(12):100-101.
18. 陈伟宏,郁欢.展示文化特色 打造外宣品牌[J].江南论坛,2006(02):54-55.
19. 陈先红,张明新.中国社会化媒体发展报告(2013卷)[M].武汉:华中科技大学出版社,2013.

20. 陈序经.文化学概观[M].长沙:岳麓书社,2009.
21. 陈嬿如.运用跨文化传播原理 增强电视外宣效果[J].中国广播电视学刊,2007(04):17-18+16.
22. 陈月华,迟玉琴,盖龙涛.中国传统文化走出去的民众助推机制研究[J].哈尔滨工业大学学报(社会科学版),2011,13(05):124-128.
23. 程曼丽,王维佳.对外传播及其效果研究[M].北京:北京大学出版社,2011.
24. 程晓萱,夏舟波.外宣中的文化策略解构性分析[J].新闻前哨,2006(09):25-27.
25. 邓建国.融合与渗透:网络时代国际传播的新特征及对策[J].对外传播,2009(12):7-8.
26. 邓君洋,郑敏.媒体融合时代下微博的传播效果[J].新闻世界,2011(01):80-81.
27. 董青岭,孙瑞蓬.新媒体外交:一场新的外交革命?[J].国际观察,2012(05):31-38.
28. 杜献宁,杨英法,李文华.文化分类之我见[J].电影评介,2006(18):104-105.
29. 段连城.对外传播学初探[M].北京:中国建设出版社,1988.
30. 范晨虹.融入与超越——社交媒体时代都市报国际新闻的平台拓展[J].新闻知识,2012(10):60-61+17.
31. 方行,范惠闵.浅谈传统媒体与社交媒体的互补共赢[J].中国广播电视学刊,2013(09):50-51.
32. 冯辉.关于文化的分类[J].中州大学学报,2005(04):40-41+47.
33. 付晓光,陈妍凌."电视新闻"如何用好社交媒体——以"央视新闻"微博的融合实践为例[J].新闻与写作,2013(06):53-55.
34. 郜书锴.新媒体如何加快向国际传播模式转型[J].新闻前哨,2011(03):88-89.
35. 郜书锴.数字未来:媒介融合与报业发展[M].北京:人民日报出版社,2013.
36. 顾明毅.中国网民社交媒体传播需求研究[M].广州:世界图书广东出版公司,2014.
37. 关世杰.跨文化交流与国际传播研究[M].北京:中国社会科学出版社,2011.
38. 郭可.当代对外传播[M].上海:复旦大学出版社,2003.
39. 郭可.国际传播学导论[M].上海:复旦大学出版社,2004.
40. 韩娜.社交媒体对政治传播影响的研究——基于批判的视角[J].新闻记者,2015(08):81-86.
41. 韩晓芳.微博时代传统媒体的生存之道[J].编辑之友,2010(02):59-62.
42. 韩召颖.输出美国:美国新闻署与美国公众外交[M].天津:天津人民出版社,2000.
43. 何辉,刘朋,等.新传媒环境中国家形象的构建与传播[M].北京:外文出版社,2008.
44. 贺巍.省级卫视微博宣传策略研究[J].声屏世界,2011(09):61-62.
45. 胡雁.构建新世纪中国对外文化战略[J].中国特色社会主义研究,2003(06):73-76.
46. 胡正荣,关娟娟.世界主要媒体的国际传播战略[M].北京:中国传媒大学出版社,2011.
47. 胡正荣,赵树清,马建宇.媒介融合时代的电视新闻创新[M].北京:中国传媒大学出版社,2011.
48. 胡正荣.媒介融合时代的电视新闻创新[M].北京:中国传媒大学出版社,2011.

49. 黄楚新.论报纸对微博的应用[J].中国报业,2011(11):35-38.
50. 黄楚新.媒介融合背景下的传媒创新[M].杭州:浙江大学出版社,2011.
51. 黄红霞,章成志.中文微博用户标签的调查分析——以新浪微博为例[J].现代图书情报技术,2012(10):49-54.
52. 黄培.微博与电视频道竞争力[J].声屏世界,2011(07):58.
53. 黄泽存.新时期对外宣传论稿[M].北京:五洲传播出版社,2002.
54. 纪硕鸣.中国传播要使用国际语言[C]// 公共外交通讯 2010 年春季号. 2010.
55. 贾建慧.与社交媒体全方位合作　开创电视媒体新思路[J].新闻知识,2011(08):30-31.
56. 贾立梁."社交媒体"带给广播的新机遇[J].中国广播,2011(06):107-109.
57. 鞠文宙,季秀环.浅析电视媒体与社交媒体的融合之道[J].科技创新与应用,2013(19):77.
58. 凯斯.R.桑斯坦.信息乌托邦——众人如何生产知识[M].毕竞悦,译.北京:法律出版社,2008.
59. 肯尼迪·沃尔兹.国际政治理论[M].胡少华,译.北京:中国人民公安大学出版社,1992.
60. 孔祥军.传媒全球化与中国新闻传播学发展[J].新闻与写作,2007(12):61.
61. 黎斌.电视融合变革:新媒体时代传统电视的转型之路[M].北京:中国国际广播出版社,2011.
62. 李德奎.社交网站用户群细分研究[M].北京:中国财政经济出版社,2014.
63. 李玲.微博时代传统媒体的挑战、机遇与对策[J].理论探索,2011(03):91-93.
64. 李岭涛,姚远,毛飞.全媒体时代的电视竞争研究[M].北京:中国广播电视出版社,2013.
65. 李鹏.媒聚变:媒介融合背景下报纸转型研究[M].北京:北京大学出版社,2012.
66. 李泉佃.媒介融合时代的党报路径探索[M].北京:中国传媒大学出版社,2011.
67. 李树榕.怎样为文化资源分类[J].内蒙古大学艺术学院学报,2014,11(03):10-14.
68. 李希光,周庆安.软力量与全球传播[M]. 北京:清华大学出版社,2005.
69. 李希光.全力量与全球传播[M].北京:清华大学出版社,2005.
70. 李妍祯.社交媒体环境下传统媒体意见传播的现状分析[J].新闻研究导刊,2015,6(07):225.
71. 李义芳.文化传统对新中国外交的影响[J].长江大学学报(社会科学版),2007(04):124-126.
72. 李轶凡.西方报业对社交媒体的运用——以《纽约时报》为例[J].新闻世界,2014(07):152-153.
73. 李应红.美国媒体对社交媒体的最新运用[J].中国记者,2010(05):92-93.
74. 李智.全球传播学引论[M].北京:新华出版社,2010.
75. 李智.试论美国的文化外交:软权力的运用[J].太平洋学报,2004(02):64-69.
76. 李智.试论文化外交[J].外交学院学报,2003(01):83-87.
77. 李智.文化外交:一种传播学的解读[M].北京:北京大学出版社,2005.
78. 梁岩.中国文化外宣研究[M].北京:中国传媒大学出版社,2010.
79. 廖雷.提升外交"四力"的重要新渠道——试析"新新媒介"在公共外交中的作用[J].当代世界,2011(11):48-49.

80. 林升栋.中国微博活跃用户研究报告[M].厦门:厦门大学出版社,2014.
81. 刘洪潮主编.怎样做对外宣传报道[M].北京:中国传媒大学出版社,2005.
82. 刘继南,周积华,段鹏.国际传播与国家形象——国际关系的新视角[M].北京:北京广播学院出版社,2002.
83. 刘建明.宣传舆论学大辞典[M].北京:经济日报出版社,1993.
84. 刘婧一.应对媒介融合[M].北京:中国传媒大学出版社,2008.
85. 刘乃京.文化外交——国家意志的柔性传播[J].新视野,2002(03):66-68.
86. 刘强.融合媒体受众采纳行为研究[M].上海:上海交通大学出版社,2012.
87. 刘瑞生.新媒体时代的国际传播转型[N].中国社会科学报,2012-01-04.
88. 刘曦,何亦星.杭州国际形象的社交媒体传播效果研究[J].浙江理工大学学报,2015,34(08):318-324.
89. 刘小燕.政府对外传播[M].北京:中国大百科全书出版社,2010.
90. 刘雪.文化分类问题研究综述[J].泰安教育学院学报岱宗学刊,2006(04):9-11.
91. 刘滢.社交媒体的奥运战略[J].中国报业,2012(15):76.
92. 龙小农.从国际传播技术范式变迁看我国国际话语权提升的战略选择[J].现代传播(中国传媒大学学报),2012,34(05):47-52.
93. 芦鑫.2011年新媒体外宣的三个亮点[J].对外传播,2011(12):9-10.
94. 陆小华.新媒体发展对传媒内容生产方式的影响[J].中国广播,2012(06):87-88.
95. 栾轶玫.国际传播平台的新媒体转移——国外媒介机构利用新媒体进行国际传播的案例研究[J].新闻与写作,2012(07):40-43.
96. 栾轶玫.新媒体新论[M].北京:人民出版社,2012.
97. 罗伯特·福特纳.国际传播:全球都市的历史、冲突及控制[M].刘利群,译.北京:华夏出版社,2000.
98. 罗建波.构建中国崛起的对外文化战略[J].现代国际关系,2006(03):33-37.
99. 罗朋,申玲玲.电视新闻节目基于微博平台的互动策略研究[J].当代传播,2014(05):79-80+86.
100. 骆玉安.关于实施中华文化走出去战略的思考[J].殷都学刊,2007(02):153-156.
101. 马军.探析跨文化民族体育文化的对外宣传[J].体育文化导刊,2006(12):24-26.
102. 马胜荣,唐润华.新闻媒介的融合与管理[M].重庆:重庆大学出版社,2010.
103. 马特拉.世界传播与文化霸权[M].北京:中央编译出版社,2001.
104. 毛峰.中国文化传播的战略与策略[J].对外大传播,2005(11):32-35.
105. 门洪华.中国外交哲学的演变[J].教学与研究,2005(04):47-53.
106. 闵令超.建立超越Web2.0的交互式传播模式——关于在对外传播中应用新媒体的几点思考[J].对外传播,2010(04):46-47+1.
107. 闵庆飞,王彦博.社会化媒体的影响与应用[M].北京:科学出版社,2013.

108. 牛光夏.融合、转型:电视新闻传播新论[M].上海:复旦大学出版社,2012.
109. 潘一禾.文化与国际关系[M].杭州:浙江大学出版社,2005.
110. 庞井君.中国视听新媒体发展报告(2011)[M].北京:社会科学文献出版社,2011.
111. 彭侃.社交网络里的文化软实力[N].新华每日电讯,2012-10-25.
112. 彭兰.媒体微博传播的策略选择[J].中国记者,2011(02):82-84.
113. 彭希羨,朱庆华,刘璇.微博客用户特征分析及分类研究——以"新浪微博"为例[J].情报科学,2015,33(01):69-75.
114. 彭新良.文化外交与中国的软实力———种全球化的视角[M].北京:外语教学与研究出版社,2010.
115. 乔纳森·弗里德曼.文化认同与全球性过程[M].北京:商务印书馆,2003.
116. 邵鹏.媒介融合语境下的新闻生产[M].杭州:浙江工商大学出版社,2013.
117. 沈国明,朱敏彦.国外社会科学前沿[M].上海:上海社会科学院出版社,1999.
118. 司马云杰.文化社会学[M].济南:山东人民出版社,1990.
119. 孙红霞,李爱华.文化外交的独特价值[J].国际资料信息,2007(06):17-21.
120. 孙凯飞.文化学——现代国富论[M].北京:经济管理出版社,1997.
121. 覃信刚.媒介融合、台网互动解析[M].昆明:云南人民出版社,2013.
122. 谭天,王晶晶.对外传播新媒体平台的构建与应用[J].对外传播,2012(12):51-53.
123. 汤莉萍.影像叙述现实:网络视频新媒体播客传播研究[M].成都:四川大学出版社,2012.
124. 田丽,胡璇.社会化媒体概念的起源与发展[J].新闻与写作,2013(09):27-29.
125. 田智辉.论新媒体语境下的国际传播[J].现代传播(中国传媒大学学报),2010(07):39-42.
126. 田智辉.新媒体环境下的国际传播[M].北京:中国传媒大学出版社,2010.
127. 佟力强.中国微博发展报告(2013—2014)[M].北京:人民出版社,2014
128. 童兵.中西新闻比较论纲[M].北京:新华出版社,1999.
129. 王帆.我国对外传播的现状及面临的挑战[J].新闻传播,2012(03):34-36.
130. 王庚年.新媒体国际传播研究[M].北京:中国国际广播出版社,2012.
131. 王虎.媒体社交化语境下的社会资本扩张与传统电视变革[J].新闻记者,2014(06):57-62.
132. 王沪宁.作为国家实力的文化:软权力[J].复旦学报(社会科学版),1993(03):91-96+75.
133. 王建磊.草根报道与视频见证:公民视频新闻研究[M].北京:中国书籍出版社,2012.
134. 王建强.从参与到融入——中国外交理念的转变与中国参与世界的历程[J].廊坊师范学院学报,2007(03):51-55.
135. 王珺.从微博上的"中法文化之春"看公共外交的新媒体应用[J].中国传媒科技,2012(08):122-123.
136. 王兰柱.跨媒体传播中的受众选择——以奥运跨媒体传播为例[J].现代传播(中国传媒大学学报),2009(05):38-42.
137. 王宁宁.关于海外"孔子学院"的全面认识[J].科教文汇(上旬刊),2007(06):134.

138. 王求.新媒体环境下的广播战略转型[M].北京:中国广播电视出版社,2015.
139. 王素华.积极开展多种形式的对外文化交流[J].理论与当代,1997(Z2):78.
140. 王文.Web 2.0时代的社交媒体与世界政治[J].外交评论(外交学院学报),2011,28(06):61-72.
141. 王文杰.文化走出去[M].北京:人民日报出版社,2013.
142. 王晓德.美国文化与外交[M].北京:世界知识出版社,2000.
143. 王晓光,郭淑娟.社会性媒体初论[EB/OL].http://news.163.com/08/1217/14/4TCEO1DH000131UN.html.
144. 王晓青.走文化外宣道路 树文化强省形象[J].对外大传播,2004(01):6-7.
145. 王仲莘.对外宣传初论[M].福州:福建人民出版社,2000.
146. 李希光.网络公众外交平台上的国际话语竞争[J].中国记者,2009(08):24-26.
147. 韦路,吴飞,丁方舟.新媒体,新中国?网络使用与美国人的中国形象认知[J].新闻与传播研究,2013,20(07):15-33+126.
148. 韦路.传播技术研究与传播理论的范式转移[M].杭州:浙江大学出版社,2010.
149. 魏新龙.文化外交:实现国家国际战略目标的重要手段[J].理论与改革,2002(02):89-90.
150. 文卫华,刘嘉丽,王雅萱.试析社交媒体在新闻传播中的运用与边界[J].中国报业,2012(08):11-13.
151. 问题,刘国轶.运用新媒体提升中国国际传播力的有效性[J].现代传播(中国传媒大学学报),2012,34(12):108-111.
152. 乌丙安,向云驹,潘鲁生,赵屹.中国民间文化分类[J].中国民族,2003(05):21-22.
153. 吴兵,王立.微博在对外传播中的作用及其实现[J].对外传播,2011(01):49-50.
154. 吴瑛,李莉,宋韵雅.多种声音 一个世界:中国与国际媒体互引的社会网络分析[J].新闻与传播研究,2015,22(09):5-21+126.
155. 吴瑛.孔子学院与中国文化的国际传播[M].杭州:浙江大学出版社,2013.
156. 吴瑛.文化对外传播:理论与实践[M].上海:上海交通大学出版社,2009.
157. 吴瑛.中国文化对外传播效果研究——对5国16所孔子学院的调查[J].浙江社会科学,2012(04):144-151+160.
158. 吴泽林.英国对华新公共外交:以英国文化协会为例[J].国际论坛,2012,14(05):36-41+80.
159. 伍刚.传统媒体和新兴媒体融合发展的愿景与路径[M].北京:社会科学文献出版社,2014.
160. 西部e网.2013全球年度社交网站排行榜(名单)[EB/OL].http://www.weste.net/2014/1-24/95247.html.
161. 夏雨禾.微博空间的生产实践:理论建构与实证研究[M].北京:中国社会科学出版社,2013.
162. 相德宝.国际自媒体涉华舆论传者特征及影响力研究——以Twitter为例[J].新闻与传播研究,2015,22(01):58-69+127.

163. 相德宝.自媒体时代的中国对外传播策略[J].当代传播,2011(06):98-101.
164. 肖薇.Twitter 在国际传播中的优劣势分析[J].中国报业,2010(10):47-49.
165. 肖叶飞,刘祥平.传媒产业融合的动因、路径与效应[J].现代传播(中国传媒大学学报),2014,36(01):68-71.
166. 谢新洲,安静.社交媒体用户自我表露的影响因素分析[J].出版科学,2016,24(01):10-14.
167. 徐沁.媒介融合论:信息化时代的存续之道[M].杭州:浙江大学出版社,2009.
168. 严兴平,张喜燕.美军战略传播的新型载体——社交媒体[J].军事记者,2012(02):52-53.
169. 杨鸿玺.传承中华文化独特魅力的文化外交[J].当代世界,2005(03):30-31.
170. 杨继红.新媒体融合与数字电视[M].北京:清华大学出版社,2008.
171. 杨佳.微博与民族文化对外传播——以伍皓微博征歌为例[J].红河学院学报,2012,10(03):116-118.
172. 杨娟.中国媒介生产融合研究[M].北京:中国广播电视出版社,2014.
173. 姚争.新兴媒体竞合下的中国广播[M].北京:中国广播电视出版社,2014.
174. 叶海亚·伽摩利铂.全球传播[M].北京:清华大学出版社,2003.
175. 尹韵公.中国新媒体发展报告(2012)[M].北京:社会科学文献出版社.
176. 英纳斯·默格尔,郑思斯,袁嘉祺,等.公共部门的社交媒体策略[J].中国行政管理,2012(07):128.
177. 于潇.社交媒体时代报纸的互动传播策略[J].闽江学院学报,2011,32(04):94-97.
178. 余泽梅.跨文化传播与外宣新闻策略思考[J].新闻知识,2007(06):6-8.
179. 喻国明,欧亚,张佰明,等.微博:一种新传播形态的考察[M].北京:人民日报出版社,2011.
180. 喻国明.新型传播方式的崛起与传统媒介的价值落点[J].新闻与写作,2010(07):57-59.
181. 喻国明,等.微博:一种新传播形态的考察[M].北京:人民日报出版社,2011.
182. 张斌.共词网络的结构与演化:概念与理论进展[J].情报杂志,2014,33(07):103-109.
183. 张彩芹.社交媒体:掀动"网络革命"[J].世界知识.2011(10):57-59.
184. 张春波.形塑中国:YouTube 视频对中国形象的表征[J].现代传播(中国传媒大学学报),2013,35(09):53-57.
185. 张桂珍.中国对外传播[M].北京:中国传媒大学出版社,2006.
186. 张洪.从边缘到主流——文化报道在对外宣传中的作用[J].对外大传播,2006(05):56-57.
187. 张斯琦.微博文化研究[M].长春:吉林大学出版社,2013.
188. 张妍.传统文化与中国外交[J].国际关系学院学报,1998(03):8-12.
189. 张翼.文化与当代国际政治[M].北京:人民出版社,2003.
190. 张志安,束开荣.微信舆论研究:关系网络与生态特征[J].新闻记者,2016(06):29-37.
191. 赵高辉.圈子、想象与语境消解:微博人际传播探析[J].新闻记者,2013(05):66-71.
192. 赵可金.软战时代的中美公共外交[M].北京:时事出版社,2011.
193. 赵先权.文化策略:对外传播的新途径(上)[J].对外大传播,2004(02):41-43.

194. 赵先权.文化策略：对外传播的新途径(下)[J].对外大传播,2004(03):44-47.
195. 赵岩,杨菁.社交网络情绪感知及演化规律研究[M].北京：经济科学出版社,2014.
196. 赵战花,来向武.微博客对新闻信息传播的影响探析——基于 Twitter.com[J].理论导刊,2010(04):93-95.
197. 郑华.新公共外交内涵对中国公共外交的启示[J].世界经济与政治,2011(04):143-153+160.
198. 郑强.从传统报业到全媒体的探索之路[J].传媒,2008(10):37-39.
199. 郑莹,彭飞.社交媒体催生电视媒体的社会性[J].媒体时代,2012(Z1):48-50.
200. 中关村在线.全球社交网络排名出炉：腾讯名列前茅[EB/OL].http://soft.zol.com.cn/421/4218409.html.
201. 中央对外宣传办公室研究室.对外宣传工作论文集[C].北京：五洲传播出版社,1998.
202. 钟敬文.关于文化建设问题的一点意见[A].东西方文化研究(第一辑)[C].郑州：河南人民出版社,1987.
203. 钟伟金,李佳.共词分析法研究(二)——类团分析[J].情报杂志,2008(06):141-143.
204. 钟伟金.共词聚类分析法的类团实例研究——对肿瘤治疗热点主题的分析[J].中华医学图书情报杂志,2009,18(02):48-53.
205. 钟新,陆佳怡.公共外交 2.0：美国驻华使馆微博博客研究[J].国际新闻界,2011,33(12):47-54.
206. 周红.基于自身优势的报纸与微博融合模式探讨[J].科技传播,2011(16):2-3.
207. 周庆安.从传播模式看 21 世纪公共外交研究的学术路径[J].现代传播(中国传媒大学学报),2011(08):60-63.
208. 周宪.视觉文化的转向[M].北京：北京大学出版社,2008.
209. 朱天,张诚.概念、形态、影响：当下中国互联网媒介平台上的圈子传播现象解析[J].四川大学学报(哲学社会科学版),2014(06):71-80.
210. 朱天,张诚.框架理论视域下互联网圈子的传播结构认知[J].现代传播(中国传媒大学学报),2015,37(10):128-132.
211. 宗焕平.孔子学院的独特影响力[J].瞭望,2007(11):96-97.
212. Acar A, Takamura D, Sakamoto K, et al. Culture and brand communications in social media: an exploratory analysis of Japanese and US brands[C]// International Conference on Biometrics. 2013:1-6.
213. Allocca, J. Connected Culture: The Art of Communicating with the Digital Generation[M]. Connected Culture Publishing, 2011.
214. Beer D D. Social network(ing) sites... revisiting the story so far: A response to danahboyd & Nicole Ellison[J]. Journal of Computer-mediated Communication, 2008, 13(2): 516-529.

215. Boyd, d. m., Ellison, N. B. Social Network Sites: Definition, History and Sholarship[J]. Journal of Computer-Mediated Communication, 2008, 13(1), 210-230.

216. Burgess J, Green J. YouTube: online video and participatory culture[M]. Malden, MA: Polity Press, 2009.

217. Burns, K.S. Celeb 2.0: how social media foster our fascination with popular culture[M]. Westport: Praeger Publishers, 2009.

218. Callon M, Courtial J J P, Turner W A, et al. From translations to problematic networks-an introduction to co-word analysis. Soc Sci Inf Sur Les Sci Soc[J]. Social Science Information, 1983, 22(2):191-235.

219. Young P. International Communications Strategy: Developments in Cross-cultural Communications, PR and Social Media[J]. Global Media Journal Canadian Edition, 2011, 4(1):1314-1319.

220. Carleen, R., Ryall, C. Social Networking Profiles & Cultural Dimensions: An Empirical Investigation[A]. Margaret, C., Campbell, J. I., Pieters, Rik., Duluth, M. N. (eds.). Advances in Consumer Research Volume 37[C]. Association for Consumer Research: 888-889.

221. Lekakos G. Introduction to Social TV: Enhancing the Shared Experience with Interactive TV[J]. International Journal of Human-Computer Interaction, 2008, 24(2):113-120.

222. Cohen, B. The Press and Foreign Policy [M]. Princeton, NJ: Princeton University Press, 1963.

223. Cross, M. Bloggerati, twitterati: how blogs and Twitter are transforming popular culture [M]. Westport:Praeger Publishers, 2011.

224. Cull, N.J, wikileaks public diplomacy 2.0 and the state of digital public diplomacy cull[EB/OL]. http://palgrave-ournals.eom/pb/journal/v7/nl/full/pb20112a.

225. Dauohue, J, C. Understanding Scientific Literatures: A Biblio Metric Approach[M]. Cambridge: The MIT Press, 1973.

226. Dijck, J.V. The Culture of Connectivity: A Critical History of Social Media[M]. Oxford: Oxford University Press, 2013.

227. Dotan, A. A Cross-Cultural Analysis of Flickr Users from Peru, Israel, Iran, Taiwan and the United Kingdom[R]. MSc Project report, supervised by Dr. Panayiotis Zaphiris, City University.

228. Farrelly G. Does Rotten Tomatoes Spoil Users?, Examining Whether Social Media Features Foster Participatory Culture[J]. Stream Culture/politics/technology, 2009, 1(2).

229. Giaccardi, E. Heritage and social media: Understanding and experiencing heritage in a participatory culture[M]. London & New York: Routledge, 2012.

230. Gibbons L. Testing the continuum: user-generated cultural heritage on YouTube[J]. Archives & Manuscripts, 2009, 37(2):90-113.

231. Grincheva, N. The "Starfish" of Cultural Diplomacy: Social Media In the Toolbox of Museums[M]. New York: Social Science Electronic Publishing, 2011.

232. Gross T, Fetter M, Paul-Stueve T. Toward Advanced Social TV in a Cooperative Media Space[J]. International Journal of Humanâcomputer Interaction, 2008, 24(2):155-173.

233. Hamid Moelana. Global Information and World Communication[M]. New York: Longman,1986.

234. Hayden, C. The Rhetoric of Soft Power: Public Diplomacy in Global Contexts[M]. Lanham, MD: Lexington Books, 2011.

235. Helle, C. D. Public Diplomacy 2.0: Where the US Government Meets "new Media"[EB/OL]. http://s3.amazonaws.com/thf_media/2009/pdf/bg2346.pdf

236. Howard, H. F. Global Communication and International Relations[M]. Belmont, California: Wadsworth Publishing Company,1993.

237. Howard Rheingold. The Virtual Community: Homesteadingonthe Electronic Frontier[M]. London: MITPress, 1993.

238. Jenkins, H. Convergence Culture: Where Oldand New Media Collide[M]. NewYork: New York University Press, 2006.

239. Kaplan A M, Haenlein M. Users of the world, unite! The challenges and opportunities of Social Media[J]. Business Horizons, 2010, 53(1):59-68.

240. Meyers E A. Celeb 2.0: How Social Media Foster Our Fascination with Popular Culture by Kelli S. Burns[J]. Journal of American Culture, 2011, 34(2):202 - 203.

241. Kim W, Jeong O R, Lee S W. On social Web sites[J]. Information Systems, 2010, 35(2): 215-236.

242. Kroeber, A. L., Clyde Kluckhohn, Culture: A Critical Review of Concepts and Definitions [M]. Cambridge, Mass.: Peabody Museum Papers, 1952.

243. Matthew. A. Russel.挖掘社交网络[M].南京:东南大学出版社,2014.

244. Mayfield, A. What is social media[EB/OL]. http://www.icrossing.co.uk/fileadmin/uploads/eBooks/What_is_Social_Media_iCrossing_ebook.pdf.

245. Terras M. The Digital Wunderkammer: Flickr as a Platform for Amateur Cultural and Heritage Content[J]. Library Trends, 2011, 59(4):686-706.

246. Mjos, O.J. Music, Social Media and Global Mobility: My Space, Facebook, YouTube[M]. London & New York: Routledge, 2012.

247. Reardon K J. Personal photography, mobile media, and postmodernity: Analyzing space, time, and the visual culture of Social Networking Sites[J]. Dissertations & Theses-

Gradworks, 2012.

248. Rotman D, Vieweg S, Yardi S, et al. From slacktivism to activism: participatory culture in the age of social media[C]// CHI'11 Extended Abstracts on Human Factors in Computing Systems. ACM, 2011:819-822.

249. Russo A, Watkins J. New literacy, new audiences: social media and cultural institutions [C]// EVA London 2008: Electronic Visualisation and the Arts. 2015.

250. Russo A, Watkins J, Kelly L, et al. Social media and cultural interactive experiences in museums[J]. Nordisk Museologi, 2007, 2007(1):19-29.

251. Russo A, Watkins J, Kelly L, et al. Participatory Communication with Social Media[J]. Curator the Museum Journal, 2008, 51(1):21-31.

252. Seib, P. Real-time diplomacy: Politics and power in the social media Era[M]. New York: Palgrave Macmillan, 2012.

253. Solomon, A.N. Measuring international public opinion using social networks: Can Twitter replace or complement public opinion polls? [A]. International Studies Association Annual Conference[C].San Diego, California,2012.

254. Thomas Crampton. Infographic: China's Social Media Evolution [EB/OL]. http://thomascrampton.com/china/china-social-media-evolution/

255. Uysal N, Schroeder J, Taylor M. Social Media and Soft Power: Positioning Turkey's Image on Twitter[J]. Middle East Journal of Culture & Communication, 2012, 5(3):338-359.

256. WeAreSocial. 2015年全球移动 & 社交报告精华解读[EB/OL]. http://www.199it.com/archives/326417.html.

257. WeAreSocial. Digital, Social & Mobile Worldwide in 2015[EB/OL]. http://wearesocial.net/blog/2015/01/digital-social-mobile-worldwide-2015/.

258. Whittaker J. Creativity and Conformity in Science: Titles, Keywords and Co-word Analysis [J]. Social Studies of Science An International Review of Research in the Social Dimensions of Science & Technology, 1989, 19(3):473-496.

259. Wright D K, Hinson M D. An updated look at the impact of social media on public relations practice[J]. Public Relations Journal, 2009(3):1-27.

后 记

本书是我所主持的国家社会科学基金项目"中国文化对外社交媒体传播机制研究"(13CXW050)的研究成果。该课题从立项到结项历时数年，期间作者经历了理论考察和分析框架设计、网络数据抓取、计算处理和代码编写、实证分析和撰写成文等多种辛勤的学术工作阶段。课题得以完成和结项出版之时，也感到松了一口气。

课题的研究过程中，形成了部分的阶段性研究成果，感谢《现代传播》《同济大学学报》《中国人民大学复印报刊资料》《暨南学报》《新华文摘(网络版)》等若干学术期刊、出版物对这些阶段成果的认可与刊发。课题的研究过程要衷心感谢课题组中孙书敏、王晶的投入，以及同济大学研究生宋薇、阳恬、喜罕娇、周伟琳、王晓露的投入和参与。此外，本书的部分成果获得我国青年新媒体学术研究"启皓奖"，向奖项的评选及学术同仁的认可也表示衷心感谢。

本人所在的同济大学及其艺术与传媒学院，对本书的写作和研究提供了优良的环境。众多的优秀领导和老师，对我提供了各种各样的鼓励和帮助。人生路上，那些为你前行提供动力和支持的人，都是难以言谢的珍贵财富；人生路上，每一道阳光雨露和风霜刻痕，都让春天更加蓬勃。

在书稿的研究和撰写过程中，由于一些外在原因，我能见到儿子天心的机会很少。看到你的逐渐长大，心中有深深的想念与欣慰。见面不易，爱你的爸爸希望你健康平安。

感谢父母和家人对于我的学术工作的理解和支持。这本书是我在同济大学出版社出版的第二部学术著作了，感谢同济大学出版社以及本书的责编丁会欣老师对本书出版的大力支持。

徐 翔

2019 年 1 月 28 日于同济大学